U0782774

人民法院办案参考丛书

人民法院办理劳动争议案件实用手册

人民法院出版社 编

人民法院出版社

图书在版编目（CIP）数据

人民法院办理劳动争议案件实用手册 / 人民法院出
版社编. -- 北京 : 人民法院出版社，2024. 12.
ISBN 978-7-5109-4379-9

Ⅰ. D925.118.2-62

中国国家版本馆CIP数据核字第20246PL792号

人民法院办理劳动争议案件实用手册

人民法院出版社　编

责任编辑	李　瑞	
出版发行	人民法院出版社	
地　　址	北京市东城区东交民巷 27 号（100745）	
电　　话	（010）67550607（责任编辑）　67550558（发行部查询）	
	65223677（读者服务部）	
客 服 QQ	2092078039	
网　　址	http://www.courtbook.com.cn	
E - mail	courtpress@sohu.com	
印　　刷	三河市国英印务有限公司	
经　　销	新华书店	
开　　本	710 毫米×1000 毫米　1/16	
字　　数	452 千字	
印　　张	20.75	
版　　次	2024 年 12 月第 1 版　2024 年 12 月第 1 次印刷	
书　　号	ISBN 978 - 7 - 5109 - 4379 - 9	
定　　价	68.00 元	

编写说明

　　长期以来，婚姻家庭与继承、劳动争议、民间借贷、买卖合同、建设工程等领域案件，在人民法院受理的民事案件中占据较大比重，而要办理相关案件，离不开一本设计简明、内容丰富、查阅便捷的实用手册。为满足人民法院办案需要，切实提高人民法院审判质效，我们编写了本套"人民法院办案实用手册"。本丛书针对人民法院收案量较大的民事领域分门别类汇编成册，分为婚姻家庭继承、劳动争议、民间借贷、买卖合同、建设工程、道路交通、房屋、土地8册，每册包含法律法规、司法解释、司法指导性文件、指导案例、人民法院案例库参考案例等，内容全面、编排细致、实用性强。将法律条文与权威案例相结合，将理论与实践相融合，帮助读者准确理解与适用法律条文，助力人民法院统一法律适用。

　　本丛书具有以下特点：

　　第一，内容权威、收录全面。本书较为全面的收录了劳动争议及相关领域现行有效的法律规范，包括法律法规、部门规章、司法解释、司法指导性文件等。紧密联系司法实务，精选收录最高人民法院指导性案例、人民法院案例库参考案例，所有文件均为现行有效的文本，文件及案例均来源于最高人民法院权威版本。

　　第二，体例简明科学，实用性强。本书收录劳动争议相关法律规范，立足法律规范的实用性，按照文件效力和发布时间综合编排，一体呈现，读者一册在手，即能按图索骥，查疑解惑。

第三，专题展现指导性案例及案例库参考案例。"一个案例胜过一沓文件"，本书收录相关领域的最高人民法院指导性案例和人民法院案例库参考案例，精选裁判要点及案例要旨，为读者提供权威、专业、全面的办案参考。本书收录的案例截至 2024 年 12 月。

本书内容丰富，设计简明，实用性强，但疏漏之处在所难免，欢迎广大读者提出批评和改进意见，以便为读者提供更好的法律服务。

人民法院出版社

二〇二四年十二月

目　录

一、法律规范

（一）法律法规

3. 部门规章及规范性文件

（二）司法解释

（三）司法文件

二、最高人民法院指导性案例与人民法院案例库参考案例

（一）劳动关系的认定

（二）劳动合同的终止与解除

（三）　劳动报酬

（四）　工伤

一、法律规范

（一）法律法规

1. 法 律

中华人民共和国劳动法

（1994 年 7 月 5 日第八届全国人民代表大会常务委员会第八次会议通过 根据 2009 年 8 月 27 日第十一届全国人民代表大会常务委员会第十次会议 《关于修改部分法律的决定》第一次修正 根据 2018 年 12 月 29 日 第十三届全国人民代表大会常务委员会第七次会议《关于修改 〈中华人民共和国劳动法〉等七部法律的决定》第二次修正）

目 录

第一章 总 则

第一条 为了保护劳动者的合法权益，调整劳动关系，建立和维护适应社

1

会主义市场经济的劳动制度，促进经济发展和社会进步，根据宪法，制定本法。

第二条　在中华人民共和国境内的企业、个体经济组织（以下统称用人单位）和与之形成劳动关系的劳动者，适用本法。

国家机关、事业组织、社会团体和与之建立劳动合同关系的劳动者，依照本法执行。

第三条　劳动者享有平等就业和选择职业的权利、取得劳动报酬的权利、休息休假的权利、获得劳动安全卫生保护的权利、接受职业技能培训的权利、享受社会保险和福利的权利、提请劳动争议处理的权利以及法律规定的其他劳动权利。

劳动者应当完成劳动任务，提高职业技能，执行劳动安全卫生规程，遵守劳动纪律和职业道德。

第四条　用人单位应当依法建立和完善规章制度，保障劳动者享有劳动权利和履行劳动义务。

第五条　国家采取各种措施，促进劳动就业，发展职业教育，制定劳动标准，调节社会收入，完善社会保险，协调劳动关系，逐步提高劳动者的生活水平。

第六条　国家提倡劳动者参加社会义务劳动，开展劳动竞赛和合理化建议活动，鼓励和保护劳动者进行科学研究、技术革新和发明创造，表彰和奖励劳动模范和先进工作者。

第七条　劳动者有权依法参加和组织工会。

工会代表和维护劳动者的合法权益，依法独立自主地开展活动。

第八条　劳动者依照法律规定，通过职工大会、职工代表大会或者其他形式，参与民主管理或者就保护劳动者合法权益与用人单位进行平等协商。

第九条　国务院劳动行政部门主管全国劳动工作。

县级以上地方人民政府劳动行政部门主管本行政区域内的劳动工作。

第二章　促进就业

第十条　国家通过促进经济和社会发展，创造就业条件，扩大就业机会。

国家鼓励企业、事业组织、社会团体在法律、行政法规规定的范围内兴办产业或者拓展经营，增加就业。

国家支持劳动者自愿组织起来就业和从事个体经营实现就业。

第十一条　地方各级人民政府应当采取措施，发展多种类型的职业介绍机构，提供就业服务。

第十二条　劳动者就业，不因民族、种族、性别、宗教信仰不同而受歧视。

第十三条　妇女享有与男子平等的就业权利。在录用职工时，除国家规定的不适合妇女的工种或者岗位外，不得以性别为由拒绝录用妇女或者提高对妇女的录用标准。

第十四条　残疾人、少数民族人员、退出现役的军人的就业，法律、法规有特别规定的，从其规定。

第十五条　禁止用人单位招用未满十六周岁的未成年人。

文艺、体育和特种工艺单位招用未满十六周岁的未成年人，必须遵守国家有关规定，并保障其接受义务教育的权利。

第三章　劳动合同和集体合同

第十六条　劳动合同是劳动者与用人单位确立劳动关系、明确双方权利和义务的协议。

建立劳动关系应当订立劳动合同。

第十七条 订立和变更劳动合同,应当遵循平等自愿、协商一致的原则,不得违反法律、行政法规的规定。

劳动合同依法订立即具有法律约束力,当事人必须履行劳动合同规定的义务。

第十八条 下列劳动合同无效:

(一)违反法律、行政法规的劳动合同;

(二)采取欺诈、威胁等手段订立的劳动合同。

无效的劳动合同,从订立的时候起,就没有法律约束力。确认劳动合同部分无效的,如果不影响其余部分的效力,其余部分仍然有效。

劳动合同的无效,由劳动争议仲裁委员会或者人民法院确认。

第十九条 劳动合同应当以书面形式订立,并具备以下条款:

(一)劳动合同期限;

(二)工作内容;

(三)劳动保护和劳动条件;

(四)劳动报酬;

(五)劳动纪律;

(六)劳动合同终止的条件;

(七)违反劳动合同的责任。

劳动合同除前款规定的必备条款外,当事人可以协商约定其他内容。

第二十条 劳动合同的期限分为有固定期限、无固定期限和以完成一定的工作为期限。

劳动者在同一用人单位连续工作满十年以上,当事人双方同意续延劳动合同的,如果劳动者提出订立无固定期限的劳动合同,应当订立无固定期限的劳动合同。

第二十一条 劳动合同可以约定试用期。试用期最长不得超过六个月。

第二十二条 劳动合同当事人可以在劳动合同中约定保守用人单位商业秘密的有关事项。

第二十三条 劳动合同期满或者当事人约定的劳动合同终止条件出现,劳动合同即行终止。

第二十四条 经劳动合同当事人协商一致,劳动合同可以解除。

第二十五条 劳动者有下列情形之一的,用人单位可以解除劳动合同:

(一)在试用期间被证明不符合录用条件的;

(二)严重违反劳动纪律或者用人单位规章制度的;

(三)严重失职,营私舞弊,对用人单位利益造成重大损害的;

(四)被依法追究刑事责任的。

第二十六条 有下列情形之一的,用人单位可以解除劳动合同,但是应当提前三十日以书面形式通知劳动者本人:

(一)劳动者患病或者非因工负伤,医疗期满后,不能从事原工作也不能从事由用人单位另行安排的工作的;

(二)劳动者不能胜任工作,经过培训或者调整工作岗位,仍不能胜任工作的;

(三)劳动合同订立时所依据的客观情况发生重大变化,致使原劳动合同无法履行,经当事人协商不能就变更劳动合同达成协议的。

第二十七条 用人单位濒临破产进行法定整顿期间或者生产经营状况发生严重困难,确需裁减人员的,应当提前三十日向工会或者全体职工说明情况,听取工会或者职工的意见,经向劳动行政部门报告后,可以裁减人员。

用人单位依据本条规定裁减人员,在六个月内录用人员的,应当优先录用被裁减的人员。

第二十八条 用人单位依据本法第二十四条、第二十六条、第二十七条的规定解除劳动合同的，应当依照国家有关规定给予经济补偿。

第二十九条 劳动者有下列情形之一的，用人单位不得依据本法第二十六条、第二十七条的规定解除劳动合同：

（一）患职业病或者因工负伤并被确认丧失或者部分丧失劳动能力的；

（二）患病或者负伤，在规定的医疗期内的；

（三）女职工在孕期、产期、哺乳期内的；

（四）法律、行政法规规定的其他情形。

第三十条 用人单位解除劳动合同，工会认为不适当的，有权提出意见。如果用人单位违反法律、法规或者劳动合同，工会有权要求重新处理；劳动者申请仲裁或者提起诉讼的，工会应当依法给予支持和帮助。

第三十一条 劳动者解除劳动合同，应当提前三十日以书面形式通知用人单位。

第三十二条 有下列情形之一的，劳动者可以随时通知用人单位解除劳动合同：

（一）在试用期内的；

（二）用人单位以暴力、威胁或者非法限制人身自由的手段强迫劳动的；

（三）用人单位未按照劳动合同约定支付劳动报酬或者提供劳动条件的。

第三十三条 企业职工一方与企业可以就劳动报酬、工作时间、休息休假、劳动安全卫生、保险福利等事项，签订集体合同。集体合同草案应当提交职工代表大会或者全体职工讨论通过。

集体合同由工会代表职工与企业签订；没有建立工会的企业，由职工推举的代表与企业签订。

第三十四条 集体合同签订后应当报送劳动行政部门；劳动行政部门自收

到集体合同文本之日起十五日内未提出异议的，集体合同即行生效。

第三十五条 依法签订的集体合同对企业和企业全体职工具有约束力。职工个人与企业订立的劳动合同中劳动条件和劳动报酬等标准不得低于集体合同的规定。

第四章 工作时间和休息休假

第三十六条 国家实行劳动者每日工作时间不超过八小时、平均每周工作时间不超过四十四小时的工时制度。

第三十七条 对实行计件工作的劳动者，用人单位应当根据本法第三十六条规定的工时制度合理确定其劳动定额和计件报酬标准。

第三十八条 用人单位应当保证劳动者每周至少休息一日。

第三十九条 企业因生产特点不能实行本法第三十六条、第三十八条规定的，经劳动行政部门批准，可以实行其他工作和休息办法。

第四十条 用人单位在下列节日期间应当依法安排劳动者休假：

（一）元旦；

（二）春节；

（三）国际劳动节；

（四）国庆节；

（五）法律、法规规定的其他休假节日。

第四十一条 用人单位由于生产经营需要，经与工会和劳动者协商后可以延长工作时间，一般每日不得超过一小时；因特殊原因需要延长工作时间的，在保障劳动者身体健康的条件下延长工作时间每日不得超过三小时，但是每月不得超过三十六小时。

第四十二条 有下列情形之一的，延长工作时间不受本法第四十一条规定的限制：

（一）发生自然灾害、事故或者因其他原因，威胁劳动者生命健康和财产安全，需要紧急处理的；

（二）生产设备、交通运输线路、公共设施发生故障，影响生产和公众利益，必须及时抢修的；

（三）法律、行政法规规定的其他情形。

第四十三条 用人单位不得违反本法规定延长劳动者的工作时间。

第四十四条 有下列情形之一的，用人单位应当按照下列标准支付高于劳动者正常工作时间工资的工资报酬：

（一）安排劳动者延长工作时间的，支付不低于工资的百分之一百五十的工资报酬；

（二）休息日安排劳动者工作又不能安排补休的，支付不低于工资的百分之二百的工资报酬；

（三）法定休假日安排劳动者工作的，支付不低于工资的百分之三百的工资报酬。

第四十五条 国家实行带薪年休假制度。

劳动者连续工作一年以上的，享受带薪年休假。具体办法由国务院规定。

第五章　工　资

第四十六条 工资分配应当遵循按劳分配原则，实行同工同酬。

工资水平在经济发展的基础上逐步提高。国家对工资总量实行宏观调控。

第四十七条 用人单位根据本单位的生产经营特点和经济效益，依法自主确定本单位的工资分配方式和工资水平。

第四十八条 国家实行最低工资保障制度。最低工资的具体标准由省、自治区、直辖市人民政府规定，报国务院备案。

用人单位支付劳动者的工资不得低于当地最低工资标准。

第四十九条 确定和调整最低工资标准应当综合参考下列因素：

（一）劳动者本人及平均赡养人口的最低生活费用；

（二）社会平均工资水平；

（三）劳动生产率；

（四）就业状况；

（五）地区之间经济发展水平的差异。

第五十条 工资应当以货币形式按月支付给劳动者本人。不得克扣或者无故拖欠劳动者的工资。

第五十一条 劳动者在法定休假日和婚丧假期间以及依法参加社会活动期间，用人单位应当依法支付工资。

第六章　劳动安全卫生

第五十二条 用人单位必须建立、健全劳动安全卫生制度，严格执行国家劳动安全卫生规程和标准，对劳动者进行劳动安全卫生教育，防止劳动过程中的事故，减少职业危害。

第五十三条 劳动安全卫生设施必须符合国家规定的标准。

新建、改建、扩建工程的劳动安全卫生设施必须与主体工程同时设计、同时施工、同时投入生产和使用。

第五十四条 用人单位必须为劳动者提供符合国家规定的劳动安全卫生条件和必要的劳动防护用品，对从事有职业危害作业的劳动者应当定期进行健康检查。

第五十五条 从事特种作业的劳动者必须经过专门培训并取得特种作业资格。

第五十六条 劳动者在劳动过程中必须严格遵守安全操作规程。

劳动者对用人单位管理人员违章指

挥、强令冒险作业，有权拒绝执行；对危害生命安全和身体健康的行为，有权提出批评、检举和控告。

第五十七条 国家建立伤亡事故和职业病统计报告和处理制度。县级以上各级人民政府劳动行政部门、有关部门和用人单位应当依法对劳动者在劳动过程中发生的伤亡事故和劳动者的职业病状况，进行统计、报告和处理。

第七章 女职工和未成年工特殊保护

第五十八条 国家对女职工和未成年工实行特殊劳动保护。

未成年工是指年满十六周岁未满十八周岁的劳动者。

第五十九条 禁止安排女职工从事矿山井下、国家规定的第四级体力劳动强度的劳动和其他禁忌从事的劳动。

第六十条 不得安排女职工在经期从事高处、低温、冷水作业和国家规定的第三级体力劳动强度的劳动。

第六十一条 不得安排女职工在怀孕期间从事国家规定的第三级体力劳动强度的劳动和孕期禁忌从事的劳动。对怀孕七个月以上的女职工，不得安排其延长工作时间和夜班劳动。

第六十二条 女职工生育享受不少于九十天的产假。

第六十三条 不得安排女职工在哺乳未满一周岁的婴儿期间从事国家规定的第三级体力劳动强度的劳动和哺乳期禁忌从事的其他劳动，不得安排其延长工作时间和夜班劳动。

第六十四条 不得安排未成年工从事矿山井下、有毒有害、国家规定的第四级体力劳动强度的劳动和其他禁忌从事的劳动。

第六十五条 用人单位应当对未成年工定期进行健康检查。

第八章 职业培训

第六十六条 国家通过各种途径，采取各种措施，发展职业培训事业，开发劳动者的职业技能，提高劳动者素质，增强劳动者的就业能力和工作能力。

第六十七条 各级人民政府应当把发展职业培训纳入社会经济发展的规划，鼓励和支持有条件的企业、事业组织、社会团体和个人进行各种形式的职业培训。

第六十八条 用人单位应当建立职业培训制度，按照国家规定提取和使用职业培训经费，根据本单位实际，有计划地对劳动者进行职业培训。

从事技术工种的劳动者，上岗前必须经过培训。

第六十九条 国家确定职业分类，对规定的职业制定职业技能标准，实行职业资格证书制度，由经备案的考核鉴定机构负责对劳动者实施职业技能考核鉴定。

第九章 社会保险和福利

第七十条 国家发展社会保险事业，建立社会保险制度，设立社会保险基金，使劳动者在年老、患病、工伤、失业、生育等情况下获得帮助和补偿。

第七十一条 社会保险水平应当与社会经济发展水平和社会承受能力相适应。

第七十二条 社会保险基金按照保险类型确定资金来源，逐步实行社会统筹。用人单位和劳动者必须依法参加社会保险，缴纳社会保险费。

第七十三条 劳动者在下列情形下，依法享受社会保险待遇：

（一）退休；

（二）患病、负伤；

（三）因工伤残或者患职业病；

（四）失业；

（五）生育。

劳动者死亡后，其遗属依法享受遗属津贴。

劳动者享受社会保险待遇的条件和标准由法律、法规规定。

劳动者享受的社会保险金必须按时足额支付。

第七十四条 社会保险基金经办机构依照法律规定收支、管理和运营社会保险基金，并负有使社会保险基金保值增值的责任。

社会保险基金监督机构依照法律规定，对社会保险基金的收支、管理和运营实施监督。

社会保险基金经办机构和社会保险基金监督机构的设立和职能由法律规定。

任何组织和个人不得挪用社会保险基金。

第七十五条 国家鼓励用人单位根据本单位实际情况为劳动者建立补充保险。

国家提倡劳动者个人进行储蓄性保险。

第七十六条 国家发展社会福利事业，兴建公共福利设施，为劳动者休息、休养和疗养提供条件。

用人单位应当创造条件，改善集体福利，提高劳动者的福利待遇。

第十章 劳动争议

第七十七条 用人单位与劳动者发生劳动争议，当事人可以依法申请调解、仲裁、提起诉讼，也可以协商解决。

调解原则适用于仲裁和诉讼程序。

第七十八条 解决劳动争议，应当根据合法、公正、及时处理的原则，依

法维护劳动争议当事人的合法权益。

第七十九条 劳动争议发生后，当事人可以向本单位劳动争议调解委员会申请调解；调解不成，当事人一方要求仲裁的，可以向劳动争议仲裁委员会申请仲裁。当事人一方也可以直接向劳动争议仲裁委员会申请仲裁。对仲裁裁决不服的，可以向人民法院提起诉讼。

第八十条 在用人单位内，可以设立劳动争议调解委员会。劳动争议调解委员会由职工代表、用人单位代表和工会代表组成。劳动争议调解委员会主任由工会代表担任。

劳动争议经调解达成协议的，当事人应当履行。

第八十一条 劳动争议仲裁委员会由劳动行政部门代表、同级工会代表、用人单位方面的代表组成。劳动争议仲裁委员会主任由劳动行政部门代表担任。

第八十二条 提出仲裁要求的一方应当自劳动争议发生之日起六十日内向劳动争议仲裁委员会提出书面申请。仲裁裁决一般应在收到仲裁申请的六十日内作出。对仲裁裁决无异议的，当事人必须履行。

第八十三条 劳动争议当事人对仲裁裁决不服的，可以自收到仲裁裁决书之日起十五日内向人民法院提起诉讼。一方当事人在法定期限内不起诉又不履行仲裁裁决的，另一方当事人可以申请人民法院强制执行。

第八十四条 因签订集体合同发生争议，当事人协商解决不成的，当地人民政府劳动行政部门可以组织有关各方协调处理。

因履行集体合同发生争议，当事人协商解决不成的，可以向劳动争议仲裁委员会申请仲裁；对仲裁裁决不服的，可以自收到仲裁裁决书之日起十五日内

向人民法院提起诉讼。

第十一章 监督检查

第八十五条 县级以上各级人民政府劳动行政部门依法对用人单位遵守劳动法律、法规的情况进行监督检查，对违反劳动法律、法规的行为有权制止，并责令改正。

第八十六条 县级以上各级人民政府劳动行政部门监督检查人员执行公务，有权进入用人单位了解执行劳动法律、法规的情况，查阅必要的资料，并对劳动场所进行检查。

县级以上各级人民政府劳动行政部门监督检查人员执行公务，必须出示证件，秉公执法并遵守有关规定。

第八十七条 县级以上各级人民政府有关部门在各自职责范围内，对用人单位遵守劳动法律、法规的情况进行监督。

第八十八条 各级工会依法维护劳动者的合法权益，对用人单位遵守劳动法律、法规的情况进行监督。

任何组织和个人对于违反劳动法律、法规的行为有权检举和控告。

第十二章 法律责任

第八十九条 用人单位制定的劳动规章制度违反法律、法规规定的，由劳动行政部门给予警告，责令改正；对劳动者造成损害的，应当承担赔偿责任。

第九十条 用人单位违反本法规定，延长劳动者工作时间的，由劳动行政部门给予警告，责令改正，并可以处以罚款。

第九十一条 用人单位有下列侵害劳动者合法权益情形之一的，由劳动行政部门责令支付劳动者的工资报酬、经济补偿，并可以责令支付赔偿金：

（一）克扣或者无故拖欠劳动者工资的；

（二）拒不支付劳动者延长工作时间工资报酬的；

（三）低于当地最低工资标准支付劳动者工资的；

（四）解除劳动合同后，未依照本法规定给予劳动者经济补偿的。

第九十二条 用人单位的劳动安全设施和劳动卫生条件不符合国家规定或者未向劳动者提供必要的劳动防护用品和劳动保护设施的，由劳动行政部门或者有关部门责令改正，可以处以罚款；情节严重的，提请县级以上人民政府决定责令停产整顿；对事故隐患不采取措施，致使发生重大事故，造成劳动者生命和财产损失的，对责任人员依照刑法有关规定追究刑事责任。

第九十三条 用人单位强令劳动者违章冒险作业，发生重大伤亡事故，造成严重后果的，对责任人员依法追究刑事责任。

第九十四条 用人单位非法招用未满十六周岁的未成年人的，由劳动行政部门责令改正，处以罚款；情节严重的，由市场监督管理部门吊销营业执照。

第九十五条 用人单位违反本法对女职工和未成年工的保护规定，侵害其合法权益的，由劳动行政部门责令改正，处以罚款；对女职工或者未成年工造成损害的，应当承担赔偿责任。

第九十六条 用人单位有下列行为之一，由公安机关对责任人员处以十五日以下拘留、罚款或者警告；构成犯罪的，对责任人员依法追究刑事责任：

（一）以暴力、威胁或者非法限制人身自由的手段强迫劳动的；

（二）侮辱、体罚、殴打、非法搜查和拘禁劳动者的。

第九十七条 由于用人单位的原因

订立的无效合同，对劳动者造成损害的，应当承担赔偿责任。

第九十八条 用人单位违反本法规定的条件解除劳动合同或者故意拖延不订立劳动合同的，由劳动行政部门责令改正；对劳动者造成损害的，应当承担赔偿责任。

第九十九条 用人单位招用尚未解除劳动合同的劳动者，对原用人单位造成经济损失的，该用人单位应当依法承担连带赔偿责任。

第一百条 用人单位无故不缴纳社会保险费的，由劳动行政部门责令其限期缴纳；逾期不缴的，可以加收滞纳金。

第一百零一条 用人单位无理阻挠劳动行政部门、有关部门及其工作人员行使监督检查权，打击报复举报人员的，由劳动行政部门或者有关部门处以罚款；构成犯罪的，对责任人员依法追究刑事责任。

第一百零二条 劳动者违反本法规定的条件解除劳动合同或者违反劳动合同中约定的保密事项，对用人单位造成经济损失的，应当依法承担赔偿责任。

第一百零三条 劳动行政部门或者有关部门的工作人员滥用职权、玩忽职守、徇私舞弊，构成犯罪的，依法追究刑事责任；不构成犯罪的，给予行政处分。

第一百零四条 国家工作人员和社会保险基金经办机构的工作人员挪用社会保险基金，构成犯罪的，依法追究刑事责任。

第一百零五条 违反本法规定侵害劳动者合法权益，其他法律、行政法规已规定处罚的，依照该法律、行政法规的规定处罚。

第十三章 附 则

第一百零六条 省、自治区、直辖市人民政府根据本法和本地区的实际情况，规定劳动合同制度的实施步骤，报国务院备案。

第一百零七条 本法自1995年1月1日起施行。

中华人民共和国劳动合同法

（2007年6月29日第十届全国人民代表大会常务委员会第二十八次会议通过 根据2012年12月28日第十一届全国人民代表大会常务委员会第三十次会议《关于修改〈中华人民共和国劳动合同法〉的决定》修正）

目 录

第一章 总 则

第一条 为了完善劳动合同制度，明确劳动合同双方当事人的权利和义务，保护劳动者的合法权益，构建和发展和谐稳定的劳动关系，制定本法。

第二条 中华人民共和国境内的企业、个体经济组织、民办非企业单位等组织（以下称用人单位）与劳动者建立劳动关系，订立、履行、变更、解除或者终止劳动合同，适用本法。

国家机关、事业单位、社会团体和与其建立劳动关系的劳动者，订立、履行、变更、解除或者终止劳动合同，依照本法执行。

第三条 订立劳动合同，应当遵循合法、公平、平等自愿、协商一致、诚实信用的原则。

依法订立的劳动合同具有约束力，用人单位与劳动者应当履行劳动合同约定的义务。

第四条 用人单位应当依法建立和完善劳动规章制度，保障劳动者享有劳动权利、履行劳动义务。

用人单位在制定、修改或者决定有关劳动报酬、工作时间、休息休假、劳动安全卫生、保险福利、职工培训、劳动纪律以及劳动定额管理等直接涉及劳动者切身利益的规章制度或者重大事项时，应当经职工代表大会或者全体职工讨论，提出方案和意见，与工会或者职工代表平等协商确定。

在规章制度和重大事项决定实施过程中，工会或者职工认为不适当的，有权向用人单位提出，通过协商予以修改完善。

用人单位应当将直接涉及劳动者切身利益的规章制度和重大事项决定公示，或者告知劳动者。

第五条 县级以上人民政府劳动行政部门会同工会和企业方面代表，建立健全协调劳动关系三方机制，共同研究解决有关劳动关系的重大问题。

第六条 工会应当帮助、指导劳动者与用人单位依法订立和履行劳动合同，并与用人单位建立集体协商机制，维护劳动者的合法权益。

第二章 劳动合同的订立

第七条 用人单位自用工之日起即与劳动者建立劳动关系。用人单位应当建立职工名册备查。

第八条 用人单位招用劳动者时，应当如实告知劳动者工作内容、工作条件、工作地点、职业危害、安全生产状况、劳动报酬，以及劳动者要求了解的其他情况；用人单位有权了解劳动者与劳动合同直接相关的基本情况，劳动者应当如实说明。

第九条 用人单位招用劳动者，不得扣押劳动者的居民身份证和其他证件，不得要求劳动者提供担保或者以其他名义向劳动者收取财物。

第十条 建立劳动关系，应当订立书面劳动合同。

已建立劳动关系，未同时订立书面劳动合同的，应当自用工之日起一个月内订立书面劳动合同。

用人单位与劳动者在用工前订立劳动合同的，劳动关系自用工之日起建立。

第十一条 用人单位未在用工的同时订立书面劳动合同，与劳动者约定的劳动报酬不明确的，新招用的劳动者的劳动报酬按照集体合同规定的标准执行；没有集体合同或者集体合同未规定的，实行同工同酬。

第十二条 劳动合同分为固定期限劳动合同、无固定期限劳动合同和以完成一定工作任务为期限的劳动合同。

第十三条 固定期限劳动合同，是指用人单位与劳动者约定合同终止时间的劳动合同。

用人单位与劳动者协商一致，可以订立固定期限劳动合同。

第十四条 无固定期限劳动合同，是指用人单位与劳动者约定无确定终止时间的劳动合同。

用人单位与劳动者协商一致，可以订立无固定期限劳动合同。有下列情形之一，劳动者提出或者同意续订、订立劳动合同的，除劳动者提出订立固定期限劳动合同外，应当订立无固定期限劳动合同：

（一）劳动者在该用人单位连续工作满十年的；

（二）用人单位初次实行劳动合同制度或者国有企业改制重新订立劳动合同时，劳动者在该用人单位连续工作满十年且距法定退休年龄不足十年的；

（三）连续订立二次固定期限劳动合同，且劳动者没有本法第三十九条和第四十条第一项、第二项规定的情形，续订劳动合同的。

用人单位自用工之日起满一年不与劳动者订立书面劳动合同的，视为用人单位与劳动者已订立无固定期限劳动合同。

第十五条 以完成一定工作任务为期限的劳动合同，是指用人单位与劳动者约定以某项工作的完成为合同期限的劳动合同。

用人单位与劳动者协商一致，可以订立以完成一定工作任务为期限的劳动合同。

第十六条 劳动合同由用人单位与劳动者协商一致，并经用人单位与劳动者在劳动合同文本上签字或者盖章生效。

劳动合同文本由用人单位和劳动者各执一份。

第十七条 劳动合同应当具备以下条款：

（一）用人单位的名称、住所和法定代表人或者主要负责人；

（二）劳动者的姓名、住址和居民身份证或者其他有效身份证件号码；

（三）劳动合同期限；

（四）工作内容和工作地点；

（五）工作时间和休息休假；

（六）劳动报酬；

（七）社会保险；

（八）劳动保护、劳动条件和职业危害防护；

（九）法律、法规规定应当纳入劳动合同的其他事项。

劳动合同除前款规定的必备条款外，用人单位与劳动者可以约定试用期、培训、保守秘密、补充保险和福利待遇等其他事项。

第十八条 劳动合同对劳动报酬和劳动条件等标准约定不明确，引发争议的，用人单位与劳动者可以重新协商；协商不成的，适用集体合同规定；没有集体合同或者集体合同未规定劳动报酬的，实行同工同酬；没有集体合同或者集体合同未规定劳动条件等标准的，适用国家有关规定。

第十九条 劳动合同期限三个月以上不满一年的，试用期不得超过一个月；劳动合同期限一年以上不满三年的，试用期不得超过二个月；三年以上固定期限和无固定期限的劳动合同，试用期不得超过六个月。

同一用人单位与同一劳动者只能约定一次试用期。

以完成一定工作任务为期限的劳动合同或者劳动合同期限不满三个月的，不得约定试用期。

试用期包含在劳动合同期限内。劳

动合同仅约定试用期的，试用期不成立，该期限为劳动合同期限。

第二十条　劳动者在试用期的工资不得低于本单位相同岗位最低档工资或者劳动合同约定工资的百分之八十，并不得低于用人单位所在地的最低工资标准。

第二十一条　在试用期中，除劳动者有本法第三十九条和第四十条第一项、第二项规定的情形外，用人单位不得解除劳动合同。用人单位在试用期解除劳动合同的，应当向劳动者说明理由。

第二十二条　用人单位为劳动者提供专项培训费用，对其进行专业技术培训的，可以与该劳动者订立协议，约定服务期。

劳动者违反服务期约定的，应当按照约定向用人单位支付违约金。违约金的数额不得超过用人单位提供的培训费用。用人单位要求劳动者支付的违约金不得超过服务期尚未履行部分所应分摊的培训费用。

用人单位与劳动者约定服务期的，不影响按照正常的工资调整机制提高劳动者在服务期期间的劳动报酬。

第二十三条　用人单位与劳动者可以在劳动合同中约定保守用人单位的商业秘密和与知识产权相关的保密事项。

对负有保密义务的劳动者，用人单位可以在劳动合同或者保密协议中与劳动者约定竞业限制条款，并约定在解除或者终止劳动合同后，在竞业限制期限内按月给予劳动者经济补偿。劳动者违反竞业限制约定的，应当按照约定向用人单位支付违约金。

第二十四条　竞业限制的人员限于用人单位的高级管理人员、高级技术人员和其他负有保密义务的人员。竞业限制的范围、地域、期限由用人单位与劳动者约定，竞业限制的约定不得违反法律、法规的规定。

在解除或者终止劳动合同后，前款规定的人员到与本单位生产或者经营同类产品、从事同类业务的有竞争关系的其他用人单位，或者自己开业生产或者经营同类产品、从事同类业务的竞业限制期限，不得超过二年。

第二十五条　除本法第二十二条和第二十三条规定的情形外，用人单位不得与劳动者约定由劳动者承担违约金。

第二十六条　下列劳动合同无效或者部分无效：

（一）以欺诈、胁迫的手段或者乘人之危，使对方在违背真实意思的情况下订立或者变更劳动合同的；

（二）用人单位免除自己的法定责任、排除劳动者权利的；

（三）违反法律、行政法规强制性规定的。

对劳动合同的无效或者部分无效有争议的，由劳动争议仲裁机构或者人民法院确认。

第二十七条　劳动合同部分无效，不影响其他部分效力的，其他部分仍然有效。

第二十八条　劳动合同被确认无效，劳动者已付出劳动的，用人单位应当向劳动者支付劳动报酬。劳动报酬的数额，参照本单位相同或者相近岗位劳动者的劳动报酬确定。

第三章　劳动合同的履行和变更

第二十九条　用人单位与劳动者应当按照劳动合同的约定，全面履行各自的义务。

第三十条　用人单位应当按照劳动合同约定和国家规定，向劳动者及时足额支付劳动报酬。

用人单位拖欠或者未足额支付劳动

报酬的，劳动者可以依法向当地人民法院申请支付令，人民法院应当依法发出支付令。

第三十一条 用人单位应当严格执行劳动定额标准，不得强迫或者变相强迫劳动者加班。用人单位安排加班的，应当按照国家有关规定向劳动者支付加班费。

第三十二条 劳动者拒绝用人单位管理人员违章指挥、强令冒险作业的，不视为违反劳动合同。

劳动者对危害生命安全和身体健康的劳动条件，有权对用人单位提出批评、检举和控告。

第三十三条 用人单位变更名称、法定代表人、主要负责人或者投资人等事项，不影响劳动合同的履行。

第三十四条 用人单位发生合并或者分立等情况，原劳动合同继续有效，劳动合同由承继其权利和义务的用人单位继续履行。

第三十五条 用人单位与劳动者协商一致，可以变更劳动合同约定的内容。变更劳动合同，应当采用书面形式。

变更后的劳动合同文本由用人单位和劳动者各执一份。

第四章 劳动合同的解除和终止

第三十六条 用人单位与劳动者协商一致，可以解除劳动合同。

第三十七条 劳动者提前三十日以书面形式通知用人单位，可以解除劳动合同。劳动者在试用期内提前三日通知用人单位，可以解除劳动合同。

第三十八条 用人单位有下列情形之一的，劳动者可以解除劳动合同：

（一）未按照劳动合同约定提供劳动保护或者劳动条件的；

（二）未及时足额支付劳动报酬的；

（三）未依法为劳动者缴纳社会保险费的；

（四）用人单位的规章制度违反法律、法规的规定，损害劳动者权益的；

（五）因本法第二十六条第一款规定的情形致使劳动合同无效的；

（六）法律、行政法规规定劳动者可以解除劳动合同的其他情形。

用人单位以暴力、威胁或者非法限制人身自由的手段强迫劳动者劳动的，或者用人单位违章指挥、强令冒险作业危及劳动者人身安全的，劳动者可以立即解除劳动合同，不需事先告知用人单位。

第三十九条 劳动者有下列情形之一的，用人单位可以解除劳动合同：

（一）在试用期间被证明不符合录用条件的；

（二）严重违反用人单位的规章制度的；

（三）严重失职，营私舞弊，给用人单位造成重大损害的；

（四）劳动者同时与其他用人单位建立劳动关系，对完成本单位的工作任务造成严重影响，或者经用人单位提出，拒不改正的；

（五）因本法第二十六条第一款第一项规定的情形致使劳动合同无效的；

（六）被依法追究刑事责任的。

第四十条 有下列情形之一的，用人单位提前三十日以书面形式通知劳动者本人或者额外支付劳动者一个月工资后，可以解除劳动合同：

（一）劳动者患病或者非因工负伤，在规定的医疗期满后不能从事原工作，也不能从事由用人单位另行安排的工作的；

（二）劳动者不能胜任工作，经过培训或者调整工作岗位，仍不能胜任工作的；

（三）劳动合同订立时所依据的客观情况发生重大变化，致使劳动合同无法履行，经用人单位与劳动者协商，未能就变更劳动合同内容达成协议的。

第四十一条　有下列情形之一，需要裁减人员二十人以上或者裁减不足二十人但占企业职工总数百分之十以上的，用人单位提前三十日向工会或者全体职工说明情况，听取工会或者职工的意见后，裁减人员方案经向劳动行政部门报告，可以裁减人员：

（一）依照企业破产法规定进行重整的；

（二）生产经营发生严重困难的；

（三）企业转产、重大技术革新或者经营方式调整，经变更劳动合同后，仍需裁减人员的；

（四）其他因劳动合同订立时所依据的客观经济情况发生重大变化，致使劳动合同无法履行的。

裁减人员时，应当优先留用下列人员：

（一）与本单位订立较长期限的固定期限劳动合同的；

（二）与本单位订立无固定期限劳动合同的；

（三）家庭无其他就业人员，有需要扶养的老人或者未成年人的。

用人单位依照本条第一款规定裁减人员，在六个月内重新招用人员的，应当通知被裁减的人员，并在同等条件下优先招用被裁减的人员。

第四十二条　劳动者有下列情形之一的，用人单位不得依照本法第四十条、第四十一条的规定解除劳动合同：

（一）从事接触职业病危害作业的劳动者未进行离岗前职业健康检查，或者疑似职业病病人在诊断或者医学观察期间的；

（二）在本单位患职业病或者因工负伤并被确认丧失或者部分丧失劳动能力的；

（三）患病或者非因工负伤，在规定的医疗期内的；

（四）女职工在孕期、产期、哺乳期的；

（五）在本单位连续工作满十五年，且距法定退休年龄不足五年的；

（六）法律、行政法规规定的其他情形。

第四十三条　用人单位单方解除劳动合同，应当事先将理由通知工会。用人单位违反法律、行政法规规定或者劳动合同约定的，工会有权要求用人单位纠正。用人单位应当研究工会的意见，并将处理结果书面通知工会。

第四十四条　有下列情形之一的，劳动合同终止：

（一）劳动合同期满的；

（二）劳动者开始依法享受基本养老保险待遇的；

（三）劳动者死亡，或者被人民法院宣告死亡或者宣告失踪的；

（四）用人单位被依法宣告破产的；

（五）用人单位被吊销营业执照、责令关闭、撤销或者用人单位决定提前解散的；

（六）法律、行政法规规定的其他情形。

第四十五条　劳动合同期满，有本法第四十二条规定情形之一的，劳动合同应当续延至相应的情形消失时终止。但是，本法第四十二条第二项规定丧失或者部分丧失劳动能力劳动者的劳动合同的终止，按照国家有关工伤保险的规定执行。

第四十六条　有下列情形之一的，用人单位应当向劳动者支付经济补偿：

（一）劳动者依照本法第三十八条规定解除劳动合同的；

（二）用人单位依照本法第三十六条规定向劳动者提出解除劳动合同并与劳动者协商一致解除劳动合同的；

（三）用人单位依照本法第四十条规定解除劳动合同的；

（四）用人单位依照本法第四十一条第一款规定解除劳动合同的；

（五）除用人单位维持或者提高劳动合同约定条件续订劳动合同，劳动者不同意续订的情形外，依照本法第四十四条第一项规定终止固定期限劳动合同的；

（六）依照本法第四十四条第四项、第五项规定终止劳动合同的；

（七）法律、行政法规规定的其他情形。

第四十七条 经济补偿按劳动者在本单位工作的年限，每满一年支付一个月工资的标准向劳动者支付。六个月以上不满一年的，按一年计算；不满六个月的，向劳动者支付半个月工资的经济补偿。

劳动者月工资高于用人单位所在直辖市、设区的市级人民政府公布的本地区上年度职工月平均工资三倍的，向其支付经济补偿的标准按职工月平均工资三倍的数额支付，向其支付经济补偿的年限最高不超过十二年。

本条所称月工资是指劳动者在劳动合同解除或者终止前十二个月的平均工资。

第四十八条 用人单位违反本法规定解除或者终止劳动合同，劳动者要求继续履行劳动合同的，用人单位应当继续履行；劳动者不要求继续履行劳动合同或者劳动合同已经不能继续履行的，用人单位应当依照本法第八十七条规定支付赔偿金。

第四十九条 国家采取措施，建立健全劳动者社会保险关系跨地区转移接续制度。

第五十条 用人单位应当在解除或者终止劳动合同时出具解除或者终止劳动合同的证明，并在十五日内为劳动者办理档案和社会保险关系转移手续。

劳动者应当按照双方约定，办理工作交接。用人单位依照本法有关规定应当向劳动者支付经济补偿的，在办结工作交接时支付。

用人单位对已经解除或者终止的劳动合同的文本，至少保存二年备查。

第五章　特别规定

第一节　集体合同

第五十一条 企业职工一方与用人单位通过平等协商，可以就劳动报酬、工作时间、休息休假、劳动安全卫生、保险福利等事项订立集体合同。集体合同草案应当提交职工代表大会或者全体职工讨论通过。

集体合同由工会代表企业职工一方与用人单位订立；尚未建立工会的用人单位，由上级工会指导劳动者推举的代表与用人单位订立。

第五十二条 企业职工一方与用人单位可以订立劳动安全卫生、女职工权益保护、工资调整机制等专项集体合同。

第五十三条 在县级以下区域内，建筑业、采矿业、餐饮服务业等行业可以由工会与企业方面代表订立行业性集体合同，或者订立区域性集体合同。

第五十四条 集体合同订立后，应当报送劳动行政部门；劳动行政部门自收到集体合同文本之日起十五日内未提出异议的，集体合同即行生效。

依法订立的集体合同对用人单位和劳动者具有约束力。行业性、区域性集体合同对当地本行业、本区域的用人单位和劳动者具有约束力。

第五十五条 集体合同中劳动报酬和劳动条件等标准不得低于当地人民政府规定的最低标准；用人单位与劳动者订立的劳动合同中劳动报酬和劳动条件等标准不得低于集体合同规定的标准。

第五十六条 用人单位违反集体合同，侵犯职工劳动权益的，工会可以依法要求用人单位承担责任；因履行集体合同发生争议，经协商解决不成的，工会可以依法申请仲裁、提起诉讼。

第二节 劳务派遣

第五十七条 经营劳务派遣业务应当具备下列条件：

（一）注册资本不得少于人民币二百万元；

（二）有与开展业务相适应的固定的经营场所和设施；

（三）有符合法律、行政法规规定的劳务派遣管理制度；

（四）法律、行政法规规定的其他条件。

经营劳务派遣业务，应当向劳动行政部门依法申请行政许可；经许可的，依法办理相应的公司登记。未经许可，任何单位和个人不得经营劳务派遣业务。

第五十八条 劳务派遣单位是本法所称用人单位，应当履行用人单位对劳动者的义务。劳务派遣单位与被派遣劳动者订立的劳动合同，除应当载明本法第十七条规定的事项外，还应当载明被派遣劳动者的用工单位以及派遣期限、工作岗位等情况。

劳务派遣单位应当与被派遣劳动者订立二年以上的固定期限劳动合同，按月支付劳动报酬；被派遣劳动者在无工作期间，劳务派遣单位应当按照所在地人民政府规定的最低工资标准，向其按月支付报酬。

第五十九条 劳务派遣单位派遣劳动者应当与接受以劳务派遣形式用工的单位（以下称用工单位）订立劳务派遣协议。劳务派遣协议应当约定派遣岗位和人员数量、派遣期限、劳动报酬和社会保险费的数额与支付方式以及违反协议的责任。

用工单位应当根据工作岗位的实际需要与劳务派遣单位确定派遣期限，不得将连续用工期限分割订立数个短期劳务派遣协议。

第六十条 劳务派遣单位应当将劳务派遣协议的内容告知被派遣劳动者。

劳务派遣单位不得克扣用工单位按照劳务派遣协议支付给被派遣劳动者的劳动报酬。

劳务派遣单位和用工单位不得向被派遣劳动者收取费用。

第六十一条 劳务派遣单位跨地区派遣劳动者的，被派遣劳动者享有的劳动报酬和劳动条件，按照用工单位所在地的标准执行。

第六十二条 用工单位应当履行下列义务：

（一）执行国家劳动标准，提供相应的劳动条件和劳动保护；

（二）告知被派遣劳动者的工作要求和劳动报酬；

（三）支付加班费、绩效奖金，提供与工作岗位相关的福利待遇；

（四）对在岗被派遣劳动者进行工作岗位所必需的培训；

（五）连续用工的，实行正常的工资调整机制。

用工单位不得将被派遣劳动者再派遣到其他用人单位。

第六十三条 被派遣劳动者享有与用工单位的劳动者同工同酬的权利。用工单位应当按照同工同酬原则，对被派遣劳动者与本单位同类岗位的劳动者实行相同的劳动报酬分配办法。用工单位无同类岗位劳动者的，参照用工单位所在地相同或者相近岗位劳动者的劳动报酬确定。

劳务派遣单位与被派遣劳动者订立的劳动合同和与用工单位订立的劳务派遣协议，载明或者约定的向被派遣劳动者支付的劳动报酬应当符合前款规定。

第六十四条 被派遣劳动者有权在劳务派遣单位或者用工单位依法参加或者组织工会，维护自身的合法权益。

第六十五条 被派遣劳动者可以依照本法第三十六条、第三十八条的规定与劳务派遣单位解除劳动合同。

被派遣劳动者有本法第三十九条和第四十条第一项、第二项规定情形的，用工单位可以将劳动者退回劳务派遣单位，劳务派遣单位依照本法有关规定，可以与劳动者解除劳动合同。

第六十六条 劳动合同用工是我国的企业基本用工形式。劳务派遣用工是补充形式，只能在临时性、辅助性或者替代性的工作岗位上实施。

前款规定的临时性工作岗位是指存续时间不超过六个月的岗位；辅助性工作岗位是指为主营业务岗位提供服务的非主营业务岗位；替代性工作岗位是指用工单位的劳动者因脱产学习、休假等原因无法工作的一定期间内，可以由其他劳动者替代工作的岗位。

用工单位应当严格控制劳务派遣用工数量，不得超过其用工总量的一定比例，具体比例由国务院劳动行政部门规定。

第六十七条 用人单位不得设立劳务派遣单位向本单位或者所属单位派遣劳动者。

第三节 非全日制用工

第六十八条 非全日制用工，是指以小时计酬为主，劳动者在同一用人单位一般平均每日工作时间不超过四小时，每周工作时间累计不超过二十四小时的用工形式。

第六十九条 非全日制用工双方当事人可以订立口头协议。

从事非全日制用工的劳动者可以与一个或者一个以上用人单位订立劳动合同；但是，后订立的劳动合同不得影响先订立的劳动合同的履行。

第七十条 非全日制用工双方当事人不得约定试用期。

第七十一条 非全日制用工双方当事人任何一方都可以随时通知对方终止用工。终止用工，用人单位不向劳动者支付经济补偿。

第七十二条 非全日制用工小时计酬标准不得低于用人单位所在地人民政府规定的最低小时工资标准。

非全日制用工劳动报酬结算支付周期最长不得超过十五日。

第六章 监督检查

第七十三条 国务院劳动行政部门负责全国劳动合同制度实施的监督管理。

县级以上地方人民政府劳动行政部门负责本行政区域内劳动合同制度实施的监督管理。

县级以上各级人民政府劳动行政部门在劳动合同制度实施的监督管理工作中，应当听取工会、企业方面代表以及有关行业主管部门的意见。

第七十四条 县级以上地方人民政府劳动行政部门依法对下列实施劳动合同制度的情况进行监督检查：

（一）用人单位制定直接涉及劳动者切身利益的规章制度及其执行的情况；

（二）用人单位与劳动者订立和解除劳动合同的情况；

（三）劳务派遣单位和用工单位遵守劳务派遣有关规定的情况；

（四）用人单位遵守国家关于劳动者工作时间和休息休假规定的情况；

（五）用人单位支付劳动合同约定的劳动报酬和执行最低工资标准的情况；

（六）用人单位参加各项社会保险和缴纳社会保险费的情况；

（七）法律、法规规定的其他劳动监察事项。

第七十五条 县级以上地方人民政府劳动行政部门实施监督检查时，有权查阅与劳动合同、集体合同有关的材料，有权对劳动场所进行实地检查，用人单位和劳动者都应当如实提供有关情况和材料。

劳动行政部门的工作人员进行监督检查，应当出示证件，依法行使职权，文明执法。

第七十六条 县级以上人民政府建设、卫生、安全生产监督管理等有关主管部门在各自职责范围内，对用人单位执行劳动合同制度的情况进行监督管理。

第七十七条 劳动者合法权益受到侵害的，有权要求有关部门依法处理，或者依法申请仲裁、提起诉讼。

第七十八条 工会依法维护劳动者的合法权益，对用人单位履行劳动合同、集体合同的情况进行监督。用人单位违反劳动法律、法规和劳动合同、集体合同的，工会有权提出意见或者要求纠正；劳动者申请仲裁、提起诉讼的，工会依法给予支持和帮助。

第七十九条 任何组织或者个人对违反本法的行为都有权举报，县级以上人民政府劳动行政部门应当及时核实、处理，并对举报有功人员给予奖励。

第七章　法律责任

第八十条 用人单位直接涉及劳动者切身利益的规章制度违反法律、法规规定的，由劳动行政部门责令改正，给予警告；给劳动者造成损害的，应当承担赔偿责任。

第八十一条 用人单位提供的劳动合同文本未载明本法规定的劳动合同必备条款或者用人单位未将劳动合同文本交付劳动者的，由劳动行政部门责令改正；给劳动者造成损害的，应当承担赔偿责任。

第八十二条 用人单位自用工之日起超过一个月不满一年未与劳动者订立书面劳动合同的，应当向劳动者每月支付二倍的工资。

用人单位违反本法规定不与劳动者订立无固定期限劳动合同的，自应当订立无固定期限劳动合同之日起向劳动者每月支付二倍的工资。

第八十三条 用人单位违反本法规定与劳动者约定试用期的，由劳动行政部门责令改正；违法约定的试用期已经履行的，由用人单位以劳动者试用期满月工资为标准，按已经履行的超过法定试用期的期间向劳动者支付赔偿金。

第八十四条 用人单位违反本法规定，扣押劳动者居民身份证等证件的，由劳动行政部门责令限期退还劳动者本人，并依照有关法律规定给予处罚。

用人单位违反本法规定，以担保或者其他名义向劳动者收取财物的，由劳动行政部门责令限期退还劳动者本人，并以每人五百元以上二千元以下的标准处以罚款；给劳动者造成损害的，应当承担赔偿责任。

劳动者依法解除或者终止劳动合同，用人单位扣押劳动者档案或者其他物品的，依照前款规定处罚。

第八十五条　用人单位有下列情形之一的，由劳动行政部门责令限期支付劳动报酬、加班费或者经济补偿；劳动报酬低于当地最低工资标准的，应当支付其差额部分；逾期不支付的，责令用人单位按应付金额百分之五十以上百分之一百以下的标准向劳动者加付赔偿金：

（一）未按照劳动合同的约定或者国家规定及时足额支付劳动者劳动报酬的；

（二）低于当地最低工资标准支付劳动者工资的；

（三）安排加班不支付加班费的；

（四）解除或者终止劳动合同，未依照本法规定向劳动者支付经济补偿的。

第八十六条　劳动合同依照本法第二十六条规定被确认无效，给对方造成损害的，有过错的一方应当承担赔偿责任。

第八十七条　用人单位违反本法规定解除或者终止劳动合同的，应当依照本法第四十七条规定的经济补偿标准的二倍向劳动者支付赔偿金。

第八十八条　用人单位有下列情形之一的，依法给予行政处罚；构成犯罪的，依法追究刑事责任；给劳动者造成损害的，应当承担赔偿责任：

（一）以暴力、威胁或者非法限制人身自由的手段强迫劳动的；

（二）违章指挥或者强令冒险作业危及劳动者人身安全的；

（三）侮辱、体罚、殴打、非法搜查或者拘禁劳动者的；

（四）劳动条件恶劣、环境污染严重，给劳动者身心健康造成严重损害的。

第八十九条　用人单位违反本法规定未向劳动者出具解除或者终止劳动合同的书面证明，由劳动行政部门责令改正；给劳动者造成损害的，应当承担赔偿责任。

第九十条　劳动者违反本法规定解除劳动合同，或者违反劳动合同中约定的保密义务或者竞业限制，给用人单位造成损失的，应当承担赔偿责任。

第九十一条　用人单位招用与其他用人单位尚未解除或者终止劳动合同的劳动者，给其他用人单位造成损失的，应当承担连带赔偿责任。

第九十二条　违反本法规定，未经许可，擅自经营劳务派遣业务的，由劳动行政部门责令停止违法行为，没收违法所得，并处违法所得一倍以上五倍以下的罚款；没有违法所得的，可以处五万元以下的罚款。

劳务派遣单位、用工单位违反本法有关劳务派遣规定的，由劳动行政部门责令限期改正；逾期不改正的，以每人五千元以上一万元以下的标准处以罚款，对劳务派遣单位，吊销其劳务派遣业务经营许可证。用工单位给被派遣劳动者造成损害的，劳务派遣单位与用工单位承担连带赔偿责任。

第九十三条　对不具备合法经营资格的用人单位的违法犯罪行为，依法追究法律责任；劳动者已经付出劳动的，该单位或者其出资人应当依照本法有关规定向劳动者支付劳动报酬、经济补偿、赔偿金；给劳动者造成损害的，应当承担赔偿责任。

第九十四条　个人承包经营违反本法规定招用劳动者，给劳动者造成损害的，发包的组织与个人承包经营者承担连带赔偿责任。

第九十五条　劳动行政部门和其他有关主管部门及其工作人员玩忽职守、不履行法定职责，或者违法行使职权，给劳动者或者用人单位造成损害的，应当承担赔偿责任；对直接负责的主管人员和其他直接责任人员，依法给予行政处分；构成犯罪的，依法追究刑事责任。

第八章 附 则

第九十六条 事业单位与实行聘用制的工作人员订立、履行、变更、解除或者终止劳动合同，法律、行政法规或者国务院另有规定的，依照其规定；未作规定的，依照本法有关规定执行。

第九十七条 本法施行前已依法订立且在本法施行之日存续的劳动合同，继续履行；本法第十四条第二款第三项规定连续订立固定期限劳动合同的次数，自本法施行后续订固定期限劳动合同时开始计算。

本法施行前已建立劳动关系，尚未订立书面劳动合同的，应当自本法施行之日起一个月内订立。

本法施行之日存续的劳动合同在本法施行后解除或者终止，依照本法第四十六条规定应当支付经济补偿的，经济补偿年限自本法施行之日起计算；本法施行前按照当时有关规定，用人单位应当向劳动者支付经济补偿的，按照当时有关规定执行。

第九十八条 本法自 2008 年 1 月 1 日起施行。

中华人民共和国劳动争议调解仲裁法

（2007 年 12 月 29 日第十届全国人民代表大会常务委员会第三十一次会议通过
2007 年 12 月 29 日中华人民共和国主席令第八十号公布
自 2008 年 5 月 1 日起施行）

目 录

第一章 总 则

第一条 为了公正及时解决劳动争议，保护当事人合法权益，促进劳动关系和谐稳定，制定本法。

第二条 中华人民共和国境内的用人单位与劳动者发生的下列劳动争议，适用本法：

（一）因确认劳动关系发生的争议；

（二）因订立、履行、变更、解除和终止劳动合同发生的争议；

（三）因除名、辞退和辞职、离职发生的争议；

（四）因工作时间、休息休假、社会保险、福利、培训以及劳动保护发生的争议；

（五）因劳动报酬、工伤医疗费、经济补偿或者赔偿金等发生的争议；

（六）法律、法规规定的其他劳动争议。

第三条 解决劳动争议，应当根据事实，遵循合法、公正、及时、着重调解的原则，依法保护当事人的合法权益。

第四条 发生劳动争议，劳动者可以与用人单位协商，也可以请工会或者第三方共同与用人单位协商，达成和解协议。

第五条 发生劳动争议，当事人不愿协商、协商不成或者达成和解协议后不履行的，可以向调解组织申请调解；不愿调解、调解不成或者达成调解协议后不履行的，可以向劳动争议仲裁委员会申请仲裁；对仲裁裁决不服的，除本法另有规定的外，可以向人民法院提起诉讼。

第六条 发生劳动争议，当事人对自己提出的主张，有责任提供证据。与争议事项有关的证据属于用人单位掌握管理的，用人单位应当提供；用人单位不提供的，应当承担不利后果。

第七条 发生劳动争议的劳动者一方在十人以上，并有共同请求的，可以推举代表参加调解、仲裁或者诉讼活动。

第八条 县级以上人民政府劳动行政部门会同工会和企业方面代表建立协调劳动关系三方机制，共同研究解决劳动争议的重大问题。

第九条 用人单位违反国家规定，拖欠或者未足额支付劳动报酬，或者拖欠工伤医疗费、经济补偿或者赔偿金的，劳动者可以向劳动行政部门投诉，劳动行政部门应当依法处理。

第二章 调 解

第十条 发生劳动争议，当事人可以到下列调解组织申请调解：

（一）企业劳动争议调解委员会；

（二）依法设立的基层人民调解组织；

（三）在乡镇、街道设立的具有劳动争议调解职能的组织。

企业劳动争议调解委员会由职工代表和企业代表组成。职工代表由工会成员担任或者由全体职工推举产生，企业代表由企业负责人指定。企业劳动争议调解委员会主任由工会成员或者双方推举的人员担任。

第十一条 劳动争议调解组织的调解员应当由公道正派、联系群众、热心调解工作，并具有一定法律知识、政策水平和文化水平的成年公民担任。

第十二条 当事人申请劳动争议调解可以书面申请，也可以口头申请。口头申请的，调解组织应当当场记录申请人基本情况、申请调解的争议事项、理由和时间。

第十三条 调解劳动争议，应当充分听取双方当事人对事实和理由的陈述，耐心疏导，帮助其达成协议。

第十四条 经调解达成协议的，应当制作调解协议书。

调解协议书由双方当事人签名或者盖章，经调解员签名并加盖调解组织印章后生效，对双方当事人具有约束力，当事人应当履行。

自劳动争议调解组织收到调解申请之日起十五日内未达成调解协议的，当事人可以依法申请仲裁。

第十五条 达成调解协议后，一方当事人在协议约定期限内不履行调解协议的，另一方当事人可以依法申请仲裁。

第十六条 因支付拖欠劳动报酬、工伤医疗费、经济补偿或者赔偿金事项达成调解协议，用人单位在协议约定期限内不履行的，劳动者可以持调解协议书依法向人民法院申请支付令。人民法院应当依法发出支付令。

第三章 仲 裁

第一节 一般规定

第十七条 劳动争议仲裁委员会按照统筹规划、合理布局和适应实际需要的原则设立。省、自治区人民政府可以决定在市、县设立；直辖市人民政府可以决定在区、县设立。直辖市、设区的市也可以设立一个或者若干个劳动争议仲裁委员会。劳动争议仲裁委员会不按行政区划层层设立。

第十八条 国务院劳动行政部门依照本法有关规定制定仲裁规则。省、自治区、直辖市人民政府劳动行政部门对本行政区域的劳动争议仲裁工作进行指导。

第十九条 劳动争议仲裁委员会由劳动行政部门代表、工会代表和企业方面代表组成。劳动争议仲裁委员会组成人员应当是单数。

劳动争议仲裁委员会依法履行下列职责：

（一）聘任、解聘专职或者兼职仲裁员；

（二）受理劳动争议案件；

（三）讨论重大或者疑难的劳动争议案件；

（四）对仲裁活动进行监督。

劳动争议仲裁委员会下设办事机构，负责办理劳动争议仲裁委员会的日常工作。

第二十条 劳动争议仲裁委员会应当设仲裁员名册。

仲裁员应当公道正派并符合下列条件之一：

（一）曾任审判员的；

（二）从事法律研究、教学工作并具有中级以上职称的；

（三）具有法律知识、从事人力资源管理或者工会等专业工作满五年的；

（四）律师执业满三年的。

第二十一条 劳动争议仲裁委员会负责管辖本区域内发生的劳动争议。

劳动争议由劳动合同履行地或者用人单位所在地的劳动争议仲裁委员会管辖。双方当事人分别向劳动合同履行地和用人单位所在地的劳动争议仲裁委员会申请仲裁的，由劳动合同履行地的劳动争议仲裁委员会管辖。

第二十二条 发生劳动争议的劳动者和用人单位为劳动争议仲裁案件的双方当事人。

劳务派遣单位或者用工单位与劳动者发生劳动争议的，劳务派遣单位和用工单位为共同当事人。

第二十三条 与劳动争议案件的处理结果有利害关系的第三人，可以申请参加仲裁活动或者由劳动争议仲裁委员会通知其参加仲裁活动。

第二十四条 当事人可以委托代理人参加仲裁活动。委托他人参加仲裁活动，应当向劳动争议仲裁委员会提交有委托人签名或者盖章的委托书，委托书应当载明委托事项和权限。

第二十五条 丧失或者部分丧失民事行为能力的劳动者，由其法定代理人代为参加仲裁活动；无法定代理人的，由劳动争议仲裁委员会为其指定代理人。劳动者死亡的，由其近亲属或者代理人参加仲裁活动。

第二十六条 劳动争议仲裁公开进行，但当事人协议不公开进行或者涉及国家秘密、商业秘密和个人隐私的除外。

第二节 申请和受理

第二十七条 劳动争议申请仲裁的时效期间为一年。仲裁时效期间从当事人知道或者应当知道其权利被侵害之日起计算。

前款规定的仲裁时效，因当事人一方向对方当事人主张权利，或者向有关部门请求权利救济，或者对方当事人同意履行义务而中断。从中断时起，仲裁时效期间重新计算。

因不可抗力或者有其他正当理由，当事人不能在本条第一款规定的仲裁时效期间申请仲裁的，仲裁时效中止。从中止时效的原因消除之日起，仲裁时效期间继续计算。

劳动关系存续期间因拖欠劳动报酬发生争议的，劳动者申请仲裁不受本条第一款规定的仲裁时效期间的限制；但是，劳动关系终止的，应当自劳动关系终止之日起一年内提出。

第二十八条 申请人申请仲裁应当提交书面仲裁申请，并按照被申请人人数提交副本。

仲裁申请书应当载明下列事项：

（一）劳动者的姓名、性别、年龄、职业、工作单位和住所，用人单位的名称、住所和法定代表人或者主要负责人的姓名、职务；

（二）仲裁请求和所根据的事实、理由；

（三）证据和证据来源、证人姓名和住所。

书写仲裁申请确有困难的，可以口头申请，由劳动争议仲裁委员会记入笔录，并告知对方当事人。

第二十九条 劳动争议仲裁委员会收到仲裁申请之日起五日内，认为符合受理条件的，应当受理，并通知申请人；认为不符合受理条件的，应当书面通知申请人不予受理，并说明理由。对劳动争议仲裁委员会不予受理或者逾期未作出决定的，申请人可以就该劳动争议事项向人民法院提起诉讼。

第三十条 劳动争议仲裁委员会受理仲裁申请后，应当在五日内将仲裁申请书副本送达被申请人。

被申请人收到仲裁申请书副本后，应当在十日内向劳动争议仲裁委员会提交答辩书。劳动争议仲裁委员会收到答辩书后，应当在五日内将答辩书副本送达申请人。被申请人未提交答辩书的，不影响仲裁程序的进行。

第三节 开庭和裁决

第三十一条 劳动争议仲裁委员会裁决劳动争议案件实行仲裁庭制。仲裁庭由三名仲裁员组成，设首席仲裁员。简单劳动争议案件可以由一名仲裁员独任仲裁。

第三十二条 劳动争议仲裁委员会应当在受理仲裁申请之日起五日内将仲裁庭的组成情况书面通知当事人。

第三十三条 仲裁员有下列情形之一，应当回避，当事人也有权以口头或者书面方式提出回避申请：

（一）是本案当事人或者当事人、代理人的近亲属的；

（二）与本案有利害关系的；

（三）与本案当事人、代理人有其他关系，可能影响公正裁决的；

（四）私自会见当事人、代理人，或者接受当事人、代理人的请客送礼的。

劳动争议仲裁委员会对回避申请应当及时作出决定，并以口头或者书面方式通知当事人。

第三十四条 仲裁员有本法第三十三条第四项规定情形，或者有索贿受贿、徇私舞弊、枉法裁决行为的，应当依法承担法律责任。劳动争议仲裁委员会应当将其解聘。

第三十五条 仲裁庭应当在开庭五日前，将开庭日期、地点书面通知双方当事人。当事人有正当理由的，可以在开庭三日前请求延期开庭。是否延期，由劳动争议仲裁委员会决定。

第三十六条 申请人收到书面通知，无正当理由拒不到庭或者未经仲裁庭同意中途退庭的，可以视为撤回仲裁申请。

被申请人收到书面通知，无正当理由拒不到庭或者未经仲裁庭同意中途退庭的，可以缺席裁决。

第三十七条 仲裁庭对专门性问题认为需要鉴定的，可以交由当事人约定的鉴定机构鉴定；当事人没有约定或者无法达成约定的，由仲裁庭指定的鉴定机构鉴定。

根据当事人的请求或者仲裁庭的要求，鉴定机构应当派鉴定人参加开庭。当事人经仲裁庭许可，可以向鉴定人提问。

第三十八条 当事人在仲裁过程中有权进行质证和辩论。质证和辩论终结时，首席仲裁员或者独任仲裁员应当征询当事人的最后意见。

第二十九条 当事人提供的证据经查证属实的，仲裁庭应当将其作为认定事实的根据。

劳动者无法提供由用人单位掌握管理的与仲裁请求有关的证据，仲裁庭可以要求用人单位在指定期限内提供。用人单位在指定期限内不提供的，应当承担不利后果。

第四十条 仲裁庭应当将开庭情况记入笔录。当事人和其他仲裁参加人认为对自己陈述的记录有遗漏或者差错的，有权申请补正。如果不予补正，应当记录该申请。

笔录由仲裁员、记录人员、当事人和其他仲裁参加人签名或者盖章。

第四十一条 当事人申请劳动争议仲裁后，可以自行和解。达成和解协议的，可以撤回仲裁申请。

第四十二条 仲裁庭在作出裁决前，应当先行调解。

调解达成协议的，仲裁庭应当制作调解书。

调解书应当写明仲裁请求和当事人协议的结果。调解书由仲裁员签名，加盖劳动争议仲裁委员会印章，送达双方当事人。调解书经双方当事人签收后，发生法律效力。

调解不成或者调解书送达前，一方当事人反悔的，仲裁庭应当及时作出裁决。

第四十三条 仲裁庭裁决劳动争议案件，应当自劳动争议仲裁委员会受理仲裁申请之日起四十五日内结束。案情复杂需要延期的，经劳动争议仲裁委员会主任批准，可以延期并书面通知当事人，但是延长期限不得超过十五日。逾期未作出仲裁裁决的，当事人可以就该劳动争议事项向人民法院提起诉讼。

仲裁庭裁决劳动争议案件时，其中一部分事实已经清楚，可以就该部分先行裁决。

第四十四条 仲裁庭对追索劳动报酬、工伤医疗费、经济补偿或者赔偿金的案件，根据当事人的申请，可以裁决先予执行，移送人民法院执行。

仲裁庭裁决先予执行的，应当符合下列条件：

（一）当事人之间权利义务关系明确；

（二）不先予执行将严重影响申请人的生活。

劳动者申请先予执行的，可以不提供担保。

第四十五条 裁决应当按照多数仲裁员的意见作出，少数仲裁员的不同意见应当记入笔录。仲裁庭不能形成多数意见时，裁决应当按照首席仲裁员的意见作出。

第四十六条 裁决书应当载明仲裁

请求、争议事实、裁决理由、裁决结果和裁决日期。裁决书由仲裁员签名，加盖劳动争议仲裁委员会印章。对裁决持不同意见的仲裁员，可以签名，也可以不签名。

第四十七条　下列劳动争议，除本法另有规定的外，仲裁裁决为终局裁决，裁决书自作出之日起发生法律效力：

（一）追索劳动报酬、工伤医疗费、经济补偿或者赔偿金，不超过当地月最低工资标准十二个月金额的争议；

（二）因执行国家的劳动标准在工作时间、休息休假、社会保险等方面发生的争议。

第四十八条　劳动者对本法第四十七条规定的仲裁裁决不服的，可以自收到仲裁裁决书之日起十五日内向人民法院提起诉讼。

第四十九条　用人单位有证据证明本法第四十七条规定的仲裁裁决有下列情形之一，可以自收到仲裁裁决书之日起三十日内向劳动争议仲裁委员会所在地的中级人民法院申请撤销裁决：

（一）适用法律、法规确有错误的；

（二）劳动争议仲裁委员会无管辖权的；

（三）违反法定程序的；

（四）裁决所根据的证据是伪造的；

（五）对方当事人隐瞒了足以影响公正裁决的证据的；

（六）仲裁员在仲裁该案时有索贿受贿、徇私舞弊、枉法裁决行为的。

人民法院经组成合议庭审查核实裁决有前款规定情形之一的，应当裁定撤销。

仲裁裁决被人民法院裁定撤销的，当事人可以自收到裁定书之日起十五日内就该劳动争议事项向人民法院提起诉讼。

第五十条　当事人对本法第四十七条规定以外的其他劳动争议案件的仲裁裁决不服的，可以自收到仲裁裁决书之日起十五日内向人民法院提起诉讼；期满不起诉的，裁决书发生法律效力。

第五十一条　当事人对发生法律效力的调解书、裁决书，应当依照规定的期限履行。一方当事人逾期不履行的，另一方当事人可以依照民事诉讼法的有关规定向人民法院申请执行。受理申请的人民法院应当依法执行。

第四章　附　则

第五十二条　事业单位实行聘用制的工作人员与本单位发生劳动争议的，依照本法执行；法律、行政法规或者国务院另有规定的，依照其规定。

第五十三条　劳动争议仲裁不收费。劳动争议仲裁委员会的经费由财政予以保障。

第五十四条　本法自 2008 年 5 月 1 日起施行。

中华人民共和国工会法

（1992 年 4 月 3 日第七届全国人民代表大会第五次会议通过　根据 2001 年 10 月 27 日第九届全国人民代表大会常务委员会第二十四次会议《关于修改〈中华人民共和国工会法〉的决定》第一次修正　根据 2009 年 8 月 27 日第十一届全国人民代表大会常务委员会第十次会议《关于修改部分法律的决定》第二次修正　根据 2021 年 12 月 24 日第十三届全国人民代表大会常务委员会第三十二次会议《关于修改〈中华人民共和国工会法〉的决定》第三次修正）

目　录

第一章　总　则

第一条　为保障工会在国家政治、经济和社会生活中的地位，确定工会的权利与义务，发挥工会在社会主义现代化建设事业中的作用，根据宪法，制定本法。

第二条　工会是中国共产党领导的职工自愿结合的工人阶级群众组织，是中国共产党联系职工群众的桥梁和纽带。

中华全国总工会及其各工会组织代表职工的利益，依法维护职工的合法权益。

第三条　在中国境内的企业、事业单位、机关、社会组织（以下统称用人单位）中以工资收入为主要生活来源的劳动者，不分民族、种族、性别、职业、宗教信仰、教育程度，都有依法参加和组织工会的权利。任何组织和个人不得阻挠和限制。

工会适应企业组织形式、职工队伍结构、劳动关系、就业形态等方面的发展变化，依法维护劳动者参加和组织工会的权利。

第四条　工会必须遵守和维护宪法，以宪法为根本的活动准则，以经济建设为中心，坚持社会主义道路，坚持人民民主专政，坚持中国共产党的领导，坚持马克思列宁主义、毛泽东思想、邓小平理论、"三个代表"重要思想、科学发展观、习近平新时代中国特色社会主义思想，坚持改革开放，保持和增强政治性、先进性、群众性，依照工会章程独立自主地开展工作。

工会会员全国代表大会制定或者修改《中国工会章程》，章程不得与宪法和法律相抵触。

国家保护工会的合法权益不受侵犯。

第五条　工会组织和教育职工依照宪法和法律的规定行使民主权利，发挥国家主人翁的作用，通过各种途径和形式，参与管理国家事务、管理经济和文化事业、管理社会事务；协助人民政府开展工作，维护工人阶级领导的、以工农联盟为基础的人民民主专政的社会主义国家政权。

第六条 维护职工合法权益、竭诚服务职工群众是工会的基本职责。工会在维护全国人民总体利益的同时，代表和维护职工的合法权益。

工会通过平等协商和集体合同制度等，推动健全劳动关系协调机制，维护职工劳动权益，构建和谐劳动关系。

工会依照法律规定通过职工代表大会或者其他形式，组织职工参与本单位的民主选举、民主协商、民主决策、民主管理和民主监督。

工会建立联系广泛、服务职工的工会工作体系，密切联系职工，听取和反映职工的意见和要求，关心职工的生活，帮助职工解决困难，全心全意为职工服务。

第七条 工会动员和组织职工积极参加经济建设，努力完成生产任务和工作任务。教育职工不断提高思想道德、技术业务和科学文化素质，建设有理想、有道德、有文化、有纪律的职工队伍。

第八条 工会推动产业工人队伍建设改革，提高产业工人队伍整体素质，发挥产业工人骨干作用，维护产业工人合法权益，保障产业工人主人翁地位，造就一支有理想守信念、懂技术会创新、敢担当讲奉献的宏大产业工人队伍。

第九条 中华全国总工会根据独立、平等、互相尊重、互不干涉内部事务的原则，加强同各国工会组织的友好合作关系。

第二章　工会组织

第十条 工会各级组织按照民主集中制原则建立。

各级工会委员会由会员大会或者会员代表大会民主选举产生。企业主要负责人的近亲属不得作为本企业基层工会委员会成员的人选。

各级工会委员会向同级会员大会或者会员代表大会负责并报告工作，接受其监督。

工会会员大会或者会员代表大会有权撤换或者罢免其所选举的代表或者工会委员会组成人员。

上级工会组织领导下级工会组织。

第十一条 用人单位有会员二十五人以上的，应当建立基层工会委员会；不足二十五人的，可以单独建立基层工会委员会，也可以由两个以上单位的会员联合建立基层工会委员会，也可以选举组织员一人，组织会员开展活动。女职工人数较多的，可以建立工会女职工委员会，在同级工会领导下开展工作；女职工人数较少的，可以在工会委员会中设女职工委员。

企业职工较多的乡镇、城市街道，可以建立基层工会的联合会。

县级以上地方建立地方各级总工会。

同一行业或者性质相近的几个行业，可以根据需要建立全国的或者地方的产业工会。

全国建立统一的中华全国总工会。

第十二条 基层工会、地方各级总工会、全国或者地方产业工会组织的建立，必须报上一级工会批准。

上级工会可以派员帮助和指导企业职工组建工会，任何单位和个人不得阻挠。

第十三条 任何组织和个人不得随

意撤销、合并工会组织。

基层工会所在的用人单位终止或者被撤销，该工会组织相应撤销，并报告上一级工会。

依前款规定被撤销的工会，其会员的会籍可以继续保留，具体管理办法由中华全国总工会制定。

第十四条 职工二百人以上的企业、事业单位、社会组织的工会，可以设专职工会主席。工会专职工作人员的人数由工会与企业、事业单位、社会组织协商确定。

第十五条 中华全国总工会、地方总工会、产业工会具有社会团体法人资格。

基层工会组织具备民法典规定的法人条件的，依法取得社会团体法人资格。

第十六条 基层工会委员会每届任期三年或者五年。各级地方总工会委员会和产业工会委员会每届任期五年。

第十七条 基层工会委员会定期召开会员大会或者会员代表大会，讨论决定工会工作的重大问题。经基层工会委员会或者三分之一以上的工会会员提议，可以临时召开会员大会或者会员代表大会。

第十八条 工会主席、副主席任期未满时，不得随意调动其工作。因工作需要调动时，应当征得本级工会委员会和上一级工会的同意。

罢免工会主席、副主席必须召开会员大会或者会员代表大会讨论，非经会员大会全体会员或者会员代表大会全体代表过半数通过，不得罢免。

第十九条 基层工会专职主席、副主席或者委员自任职之日起，其劳动合同期限自动延长，延长期限相当于其任职期间；非专职主席、副主席或者委员自任职之日起，其尚未履行的劳动合同

期限短于任期的，劳动合同期限自动延长至任期期满。但是，任职期间个人严重过失或者达到法定退休年龄的除外。

第三章 工会的权利和义务

第二十条 企业、事业单位、社会组织违反职工代表大会制度和其他民主管理制度，工会有权要求纠正，保障职工依法行使民主管理的权利。

法律、法规规定应当提交职工大会或者职工代表大会审议、通过、决定的事项，企业、事业单位、社会组织应当依法办理。

第二十一条 工会帮助、指导职工与企业、实行企业化管理的事业单位、社会组织签订劳动合同。

工会代表职工与企业、实行企业化管理的事业单位、社会组织进行平等协商，依法签订集体合同。集体合同草案应当提交职工代表大会或者全体职工讨论通过。

工会签订集体合同，上级工会应当给予支持和帮助。

企业、事业单位、社会组织违反集体合同，侵犯职工劳动权益的，工会可以依法要求企业、事业单位、社会组织予以改正并承担责任；因履行集体合同发生争议，经协商解决不成的，工会可以向劳动争议仲裁机构提请仲裁，仲裁机构不予受理或者对仲裁裁决不服的，可以向人民法院提起诉讼。

第二十二条 企业、事业单位、社会组织处分职工，工会认为不适当的，有权提出意见。

用人单位单方面解除职工劳动合同时，应当事先将理由通知工会，工会认为用人单位违反法律、法规和有关合同，要求重新研究处理时，用人单位应当研究工会的意见，并将处理结果书面通知工会。

职工认为用人单位侵犯其劳动权益而申请劳动争议仲裁或者向人民法院提起诉讼的，工会应当给予支持和帮助。

第二十三条 企业、事业单位、社会组织违反劳动法律法规规定，有下列侵犯职工劳动权益情形，工会应当代表职工与企业、事业单位、社会组织交涉，要求企业、事业单位、社会组织采取措施予以改正；企业、事业单位、社会组织应当予以研究处理，并向工会作出答复；企业、事业单位、社会组织拒不改正的，工会可以提请当地人民政府依法作出处理：

（一）克扣、拖欠职工工资的；

（二）不提供劳动安全卫生条件的；

（三）随意延长劳动时间的；

（四）侵犯女职工和未成年工特殊权益的；

（五）其他严重侵犯职工劳动权益的。

第二十四条 工会依照国家规定对新建、扩建企业和技术改造工程中的劳动条件和安全卫生设施与主体工程同时设计、同时施工、同时投产使用进行监督。对工会提出的意见，企业或者主管部门应当认真处理，并将处理结果书面通知工会。

第二十五条 工会发现企业违章指挥、强令工人冒险作业，或者生产过程中发现明显重大事故隐患和职业危害，有权提出解决的建议，企业应当及时研究答复；发现危及职工生命安全的情况时，工会有权向企业建议组织职工撤离危险现场，企业必须及时作出处理决定。

第二十六条 工会有权对企业、事业单位、社会组织侵犯职工合法权益的问题进行调查，有关单位应当予以协助。

第二十七条 职工因工伤亡事故和其他严重危害职工健康问题的调查处理，必须有工会参加。工会应当向有关部门提出处理意见，并有权要求追究直接负责的主管人员和有关责任人员的责任。对工会提出的意见，应当及时研究，给予答复。

第二十八条 企业、事业单位、社会组织发生停工、怠工事件，工会应当代表职工同企业、事业单位、社会组织或者有关方面协商，反映职工的意见和要求并提出解决意见。对于职工的合理要求，企业、事业单位、社会组织应当予以解决。工会协助企业、事业单位、社会组织做好工作，尽快恢复生产、工作秩序。

第二十九条 工会参加企业的劳动争议调解工作。

地方劳动争议仲裁组织应当有同级工会代表参加。

第三十条 县级以上各级总工会依法为所属工会和职工提供法律援助等法律服务。

第三十一条 工会协助用人单位办好职工集体福利事业，做好工资、劳动安全卫生和社会保险工作。

第三十二条 工会会同用人单位加强对职工的思想政治引领，教育职工以国家主人翁态度对待劳动，爱护国家和单位的财产；组织职工开展群众性的合理化建议、技术革新、劳动和技能竞赛活动，进行业余文化技术学习和职工培训，参加职业教育和文化体育活动，推进职业安全健康教育和劳动保护工作。

第三十三条 根据政府委托，工会与有关部门共同做好劳动模范和先进生产（工作）者的评选、表彰、培养和管理工作。

第三十四条 国家机关在组织起草或者修改直接涉及职工切身利益的法律、法规、规章时，应当听取工会意见。

县级以上各级人民政府制定国民经济和社会发展计划，对涉及职工利益的重大问题，应当听取同级工会的意见。

县级以上各级人民政府及其有关部门研究制定劳动就业、工资、劳动安全卫生、社会保险等涉及职工切身利益的政策、措施时，应当吸收同级工会参加研究，听取工会意见。

第三十五条 县级以上地方各级人民政府可以召开会议或者采取适当方式，向同级工会通报政府的重要的工作部署和与工会工作有关的行政措施，研究解决工会反映的职工群众的意见和要求。

各级人民政府劳动行政部门应当会同同级工会和企业方面代表，建立劳动关系三方协商机制，共同研究解决劳动关系方面的重大问题。

第四章　基层工会组织

第三十六条 国有企业职工代表大会是企业实行民主管理的基本形式，是职工行使民主管理权力的机构，依照法律规定行使职权。

国有企业的工会委员会是职工代表大会的工作机构，负责职工代表大会的日常工作，检查、督促职工代表大会决议的执行。

第三十七条 集体企业的工会委员会，应当支持和组织职工参加民主管理和民主监督，维护职工选举和罢免管理人员、决定经营管理的重大问题的权力。

第三十八条 本法第三十六条、第三十七条规定以外的其他企业、事业单位的工会委员会，依照法律规定组织职工采取与企业、事业单位相适应的形式，参与企业、事业单位民主管理。

第三十九条 企业、事业单位、社会组织研究经营管理和发展的重大问题应当听取工会的意见；召开会议讨论有关工资、福利、劳动安全卫生、工作时间、休息休假、女职工保护和社会保险等涉及职工切身利益的问题，必须有工会代表参加。

企业、事业单位、社会组织应当支持工会依法开展工作，工会应当支持企业、事业单位、社会组织依法行使经营管理权。

第四十条 公司的董事会、监事会中职工代表的产生，依照公司法有关规定执行。

第四十一条 基层工会委员会召开会议或者组织职工活动，应当在生产或者工作时间以外进行，需要占用生产或者工作时间的，应当事先征得企业、事业单位、社会组织的同意。

基层工会的非专职委员占用生产或者工作时间参加会议或者从事工会工作，每月不超过三个工作日，其工资照发，其他待遇不受影响。

第四十二条 用人单位工会委员会的专职工作人员的工资、奖励、补贴，由所在单位支付。社会保险和其他福利待遇等，享受本单位职工同等待遇。

第五章　工会的经费和财产

第四十三条 工会经费的来源：

（一）工会会员缴纳的会费；

（二）建立工会组织的用人单位按每月全部职工工资总额的百分之二向工会拨缴的经费；

（三）工会所属的企业、事业单位上缴的收入；

（四）人民政府的补助；

（五）其他收入。

前款第二项规定的企业、事业单位、社会组织拨缴的经费在税前列支。

工会经费主要用于为职工服务和工会活动。经费使用的具体办法由中华全国总工会制定。

第四十四条 企业、事业单位、社会组织无正当理由拖延或者拒不拨缴工会经费，基层工会或者上级工会可以向当地人民法院申请支付令；拒不执行支付令的，工会可以依法申请人民法院强制执行。

第四十五条 工会应当根据经费独立原则，建立预算、决算和经费审查监督制度。

各级工会建立经费审查委员会。

各级工会经费收支情况应当由同级工会经费审查委员会审查，并且定期向会员大会或者会员代表大会报告，接受监督。工会会员大会或者会员代表大会有权对经费使用情况提出意见。

工会经费的使用应当依法接受国家的监督。

第四十六条 各级人民政府和用人单位应当为工会办公和开展活动，提供必要的设施和活动场所等物质条件。

第四十七条 工会的财产、经费和国家拨给工会使用的不动产，任何组织和个人不得侵占、挪用和任意调拨。

第四十八条 工会所属的为职工服务的企业、事业单位，其隶属关系不得随意改变。

第四十九条 县级以上各级工会的离休、退休人员的待遇，与国家机关工作人员同等对待。

第六章 法律责任

第五十条 工会对违反本法规定侵犯其合法权益的，有权提请人民政府或者有关部门予以处理，或者向人民法院提起诉讼。

第五十一条 违反本法第三条、第十二条规定，阻挠职工依法参加和组织工会或者阻挠上级工会帮助、指导职工筹建工会的，由劳动行政部门责令其改正；拒不改正的，由劳动行政部门提请县级以上人民政府处理；以暴力、威胁等手段阻挠造成严重后果，构成犯罪的，依法追究刑事责任。

第五十二条 违反本法规定，对依法履行职责的工会工作人员无正当理由调动工作岗位，进行打击报复的，由劳动行政部门责令改正、恢复原工作；造成损失的，给予赔偿。

对依法履行职责的工会工作人员进行侮辱、诽谤或者进行人身伤害，构成犯罪的，依法追究刑事责任；尚未构成犯罪的，由公安机关依照治安管理处罚法的规定处罚。

第五十三条 违反本法规定，有下列情形之一的，由劳动行政部门责令恢复其工作，并补发被解除劳动合同期间应得的报酬，或者责令给予本人年收入二倍的赔偿：

（一）职工因参加工会活动而被解除劳动合同的；

（二）工会工作人员因履行本法规定的职责而被解除劳动合同的。

第五十四条 违反本法规定，有下列情形之一的，由县级以上人民政府责令改正，依法处理：

（一）妨碍工会组织职工通过职工代表大会和其他形式依法行使民主权利的；

（二）非法撤销、合并工会组织的；

（三）妨碍工会参加职工因工伤亡事故以及其他侵犯职工合法权益问题的调查处理的；

（四）无正当理由拒绝进行平等协商的。

第五十五条 违反本法第四十七条规定，侵占工会经费和财产拒不返还的，工会可以向人民法院提起诉讼，要求返还，并赔偿损失。

第五十六条 工会工作人员违反本法规定，损害职工或者工会权益的，由同级工会或者上级工会责令改正，或者予以处分；情节严重的，依照《中国工会章程》予以罢免；造成损失的，应当承担赔偿责任；构成犯罪的，依法追究刑事责任。

第七章 附 则

第五十七条 中华全国总工会会同有关国家机关制定机关工会实施本法的具体办法。

第五十八条 本法自公布之日起施行。1950 年 6 月 29 日中央人民政府颁布的《中华人民共和国工会法》同时废止。

中华人民共和国安全生产法

（2002 年 6 月 29 日第九届全国人民代表大会常务委员会第二十八次会议通过 根据 2009 年 8 月 27 日第十一届全国人民代表大会常务委员会第十次会议《关于修改部分法律的决定》第一次修正 根据 2014 年 8 月 31 日第十二届全国人民代表大会常务委员会第十次会议《关于修改〈中华人民共和国安全生产法〉的决定》第二次修正 根据 2021 年 6 月 10 日第十三届全国人民代表大会常务委员会第二十九次会议《关于修改〈中华人民共和国安全生产法〉的决定》第三次修正）

目 录

第一章 总 则

第一条 为了加强安全生产工作，防止和减少生产安全事故，保障人民群众生命和财产安全，促进经济社会持续健康发展，制定本法。

第二条 在中华人民共和国领域内从事生产经营活动的单位（以下统称生产经营单位）的安全生产，适用本法；有关法律、行政法规对消防安全和道路交通安全、铁路交通安全、水上交通安全、民用航空安全以及核与辐射安全、特种设备安全另有规定的，适用其规定。

第三条 安全生产工作坚持中国共产党的领导。

安全生产工作应当以人为本，坚持人民至上、生命至上，把保护人民生命安全摆在首位，树牢安全发展理念，坚持安全第一、预防为主、综合治理的方针，从源头上防范化解重大安全风险。

安全生产工作实行管行业必须管安全、管业务必须管安全、管生产经营必须管安全，强化和落实生产经营单位主体责任与政府监管责任，建立生产经营单位负责、职工参与、政府监管、行业自律和社会监督的机制。

第四条 生产经营单位必须遵守本

法和其他有关安全生产的法律、法规，加强安全生产管理，建立健全全员安全生产责任制和安全生产规章制度，加大对安全生产资金、物资、技术、人员的投入保障力度，改善安全生产条件，加强安全生产标准化、信息化建设，构建安全风险分级管控和隐患排查治理双重预防机制，健全风险防范化解机制，提高安全生产水平，确保安全生产。

平台经济等新兴行业、领域的生产经营单位应当根据本行业、领域的特点，建立健全并落实全员安全生产责任制，加强从业人员安全生产教育和培训，履行本法和其他法律、法规规定的有关安全生产义务。

第五条 生产经营单位的主要负责人是本单位安全生产第一责任人，对本单位的安全生产工作全面负责。其他负责人对职责范围内的安全生产工作负责。

第六条 生产经营单位的从业人员有依法获得安全生产保障的权利，并应当依法履行安全生产方面的义务。

第七条 工会依法对安全生产工作进行监督。

生产经营单位的工会依法组织职工参加本单位安全生产工作的民主管理和民主监督，维护职工在安全生产方面的合法权益。生产经营单位制定或者修改有关安全生产的规章制度，应当听取工会的意见。

第八条 国务院和县级以上地方各级人民政府应当根据国民经济和社会发展规划制定安全生产规划，并组织实施。安全生产规划应当与国土空间规划等相关规划相衔接。

各级人民政府应当加强安全生产基础设施建设和安全生产监管能力建设，所需经费列入本级预算。

县级以上地方各级人民政府应当组织有关部门建立完善安全风险评估与论证机制，按照安全风险管控要求，进行产业规划和空间布局，并对位置相邻、行业相近、业态相似的生产经营单位实施重大安全风险联防联控。

第九条 国务院和县级以上地方各级人民政府应当加强对安全生产工作的领导，建立健全安全生产工作协调机制，支持、督促各有关部门依法履行安全生产监督管理职责，及时协调、解决安全生产监督管理中存在的重大问题。

乡镇人民政府和街道办事处，以及开发区、工业园区、港区、风景区等应当明确负责安全生产监督管理的有关工作机构及其职责，加强安全生产监管力量建设，按照职责对本行政区域或者管理区域内生产经营单位安全生产状况进行监督检查，协助人民政府有关部门或者按照授权依法履行安全生产监督管理职责。

第十条 国务院应急管理部门依照本法，对全国安全生产工作实施综合监督管理；县级以上地方各级人民政府应急管理部门依照本法，对本行政区域内安全生产工作实施综合监督管理。

国务院交通运输、住房和城乡建设、水利、民航等有关部门依照本法和其他有关法律、行政法规的规定，在各自的职责范围内对有关行业、领域的安全生产工作实施监督管理；县级以上地方各级人民政府有关部门依照本法和其他有关法律、法规的规定，在各自的职责范围内对有关行业、领域的安全生产工作实施监督管理。对新兴行业、领域的安全生产监督管理职责不明确的，由县级以上地方各级人民政府按照业务相近的原则确定监督管理部门。

应急管理部门和对有关行业、领域的安全生产工作实施监督管理的部门，统称负有安全生产监督管理职责的部门。负有安全生产监督管理职责的部门应当相互配合、齐抓共管、信息共享、资源共用，依法加强安全生产监督管理工作。

第十一条　国务院有关部门应当按照保障安全生产的要求，依法及时制定有关的国家标准或者行业标准，并根据科技进步和经济发展适时修订。

生产经营单位必须执行依法制定的保障安全生产的国家标准或者行业标准。

第十二条　国务院有关部门按照职责分工负责安全生产强制性国家标准的项目提出、组织起草、征求意见、技术审查。国务院应急管理部门统筹提出安全生产强制性国家标准的立项计划。国务院标准化行政主管部门负责安全生产强制性国家标准的立项、编号、对外通报和授权批准发布工作。国务院标准化行政主管部门、有关部门依据法定职责对安全生产强制性国家标准的实施进行监督检查。

第十三条　各级人民政府及其有关部门应当采取多种形式，加强对有关安全生产的法律、法规和安全生产知识的宣传，增强全社会的安全生产意识。

第十四条　有关协会组织依照法律、行政法规和章程，为生产经营单位提供安全生产方面的信息、培训等服务，发挥自律作用，促进生产经营单位加强安全生产管理。

第十五条　依法设立的为安全生产提供技术、管理服务的机构，依照法律、行政法规和执业准则，接受生产经营单位的委托为其安全生产工作提供技术、管理服务。

生产经营单位委托前款规定的机构提供安全生产技术、管理服务的，保证安全生产的责任仍由本单位负责。

第十六条　国家实行生产安全事故责任追究制度，依照本法和有关法律、法规的规定，追究生产安全事故责任单位和责任人员的法律责任。

第十七条　县级以上各级人民政府应当组织负有安全生产监督管理职责的部门依法编制安全生产权力和责任清单，公开并接受社会监督。

第十八条　国家鼓励和支持安全生产科学技术研究和安全生产先进技术的推广应用，提高安全生产水平。

第十九条　国家对在改善安全生产条件、防止生产安全事故、参加抢险救护等方面取得显著成绩的单位和个人，给予奖励。

第二章　生产经营单位的安全生产保障

第二十条　生产经营单位应当具备本法和有关法律、行政法规和国家标准或者行业标准规定的安全生产条件；不具备安全生产条件的，不得从事生产经营活动。

第二十一条　生产经营单位的主要负责人对本单位安全生产工作负有下列职责：

（一）建立健全并落实本单位全员安全生产责任制，加强安全生产标准化建设；

（二）组织制定并实施本单位安全生产规章制度和操作规程；

（三）组织制定并实施本单位安全生产教育和培训计划；

（四）保证本单位安全生产投入的有效实施；

（五）组织建立并落实安全风险分级管控和隐患排查治理双重预防工作机制，督促、检查本单位的安全生产工作，及时消除生产安全事故隐患；

（六）组织制定并实施本单位的生产安全事故应急救援预案；

（七）及时、如实报告生产安全事故。

第二十二条 生产经营单位的全员安全生产责任制应当明确各岗位的责任人员、责任范围和考核标准等内容。

生产经营单位应当建立相应的机制，加强对全员安全生产责任制落实情况的监督考核，保证全员安全生产责任制的落实。

第二十三条 生产经营单位应当具备的安全生产条件所必需的资金投入，由生产经营单位的决策机构、主要负责人或者个人经营的投资人予以保证，并对由于安全生产所必需的资金投入不足导致的后果承担责任。

有关生产经营单位应当按照规定提取和使用安全生产费用，专门用于改善安全生产条件。安全生产费用在成本中据实列支。安全生产费用提取、使用和监督管理的具体办法由国务院财政部门会同国务院应急管理部门征求国务院有关部门意见后制定。

第二十四条 矿山、金属冶炼、建筑施工、运输单位和危险物品的生产、经营、储存、装卸单位，应当设置安全生产管理机构或者配备专职安全生产管理人员。

前款规定以外的其他生产经营单位，从业人员超过一百人的，应当设置安全生产管理机构或者配备专职安全生产管理人员；从业人员在一百人以下的，应当配备专职或者兼职的安全生产管理人员。

第二十五条 生产经营单位的安全生产管理机构以及安全生产管理人员履行下列职责：

（一）组织或者参与拟订本单位安全生产规章制度、操作规程和生产安全事故应急救援预案；

（二）组织或者参与本单位安全生产教育和培训，如实记录安全生产教育和培训情况；

（三）组织开展危险源辨识和评估，督促落实本单位重大危险源的安全管理措施；

（四）组织或者参与本单位应急救援演练；

（五）检查本单位的安全生产状况，及时排查生产安全事故隐患，提出改进安全生产管理的建议；

（六）制止和纠正违章指挥、强令冒险作业、违反操作规程的行为；

（七）督促落实本单位安全生产整改措施。

生产经营单位可以设置专职安全生产分管负责人，协助本单位主要负责人履行安全生产管理职责。

第二十六条 生产经营单位的安全生产管理机构以及安全生产管理人员应当恪尽职守，依法履行职责。

生产经营单位作出涉及安全生产的经营决策，应当听取安全生产管理机构以及安全生产管理人员的意见。

生产经营单位不得因安全生产管理人员依法履行职责而降低其工资、福利等待遇或者解除与其订立的劳动合同。

危险物品的生产、储存单位以及矿山、金属冶炼单位的安全生产管理人员的任免，应当告知主管的负有安全生产监督管理职责的部门。

第二十七条 生产经营单位的主要负责人和安全生产管理人员必须具备与本单位所从事的生产经营活动相应的安全生产知识和管理能力。

危险物品的生产、经营、储存、装卸单位以及矿山、金属冶炼、建筑施工、运输单位的主要负责人和安全生产管理人员，应当由主管的负有安全生产监督管理职责的部门对其安全生产知识和管理能力考核合格。考核不得收费。

危险物品的生产、储存、装卸单位以及矿山、金属冶炼单位应当有注册安全工程师从事安全生产管理工作。鼓励其他生产经营单位聘用注册安全工程师从事安全生产管理工作。注册安全工程师按专业分类管理，具体办法由国务院人力资源和社会保障部门、国务院应急管理部门会同国务院有关部门制定。

第二十八条 生产经营单位应当对从业人员进行安全生产教育和培训，保证从业人员具备必要的安全生产知识，熟悉有关的安全生产规章制度和安全操作规程，掌握本岗位的安全操作技能，了解事故应急处理措施，知悉自身在安全生产方面的权利和义务。未经安全生产教育和培训合格的从业人员，不得上岗作业。

生产经营单位使用被派遣劳动者的，应当将被派遣劳动者纳入本单位从业人员统一管理，对被派遣劳动者进行岗位安全操作规程和安全操作技能的教育和培训。劳务派遣单位应当对被派遣劳动者进行必要的安全生产教育和培训。

生产经营单位接收中等职业学校、高等学校学生实习的，应当对实习学生进行相应的安全生产教育和培训，提供必要的劳动防护用品。学校应当协助生产经营单位对实习学生进行安全生产教育和培训。

生产经营单位应当建立安全生产教育和培训档案，如实记录安全生产教育和培训的时间、内容、参加人员以及考核结果等情况。

第二十九条 生产经营单位采用新工艺、新技术、新材料或者使用新设备，必须了解、掌握其安全技术特性，采取有效的安全防护措施，并对从业人员进行专门的安全生产教育和培训。

第三十条 生产经营单位的特种作业人员必须按照国家有关规定经专门的安全作业培训，取得相应资格，方可上岗作业。

特种作业人员的范围由国务院应急管理部门会同国务院有关部门确定。

第三十一条 生产经营单位新建、改建、扩建工程项目（以下统称建设项目）的安全设施，必须与主体工程同时设计、同时施工、同时投入生产和使用。安全设施投资应当纳入建设项目概算。

第三十二条 矿山、金属冶炼建设项目和用于生产、储存、装卸危险物品的建设项目，应当按照国家有关规定进行安全评价。

第三十三条 建设项目安全设施的设计人、设计单位应当对安全设施设计负责。

矿山、金属冶炼建设项目和用于生产、储存、装卸危险物品的建设项目的安全设施设计应当按照国家有关规定报经有关部门审查，审查部门及其负责审查的人员对审查结果负责。

第三十四条 矿山、金属冶炼建设项目和用于生产、储存、装卸危险物品的建设项目的施工单位必须按照批准的安全设施设计施工，并对安全设施的工程质量负责。

矿山、金属冶炼建设项目和用于生产、储存、装卸危险物品的建设项目竣工投入生产或者使用前，应当由建设单位负责组织对安全设施进行验收；验收合格后，方可投入生产和使用。负有安全生产监督管理职责的部门应当加强对建设单位验收活动和验收结果的监督核查。

第三十五条 生产经营单位应当在有较大危险因素的生产经营场所和有关设施、设备上，设置明显的安全警示标志。

第三十六条 安全设备的设计、制造、安装、使用、检测、维修、改造和报废，应当符合国家标准或者行业标准。

生产经营单位必须对安全设备进行经常性维护、保养，并定期检测，保证正常运转。维护、保养、检测应当作好记录，并由有关人员签字。

生产经营单位不得关闭、破坏直接关系生产安全的监控、报警、防护、救生设备、设施，或者篡改、隐瞒、销毁其相关数据、信息。

餐饮等行业的生产经营单位使用燃气的，应当安装可燃气体报警装置，并保障其正常使用。

第三十七条 生产经营单位使用的危险物品的容器、运输工具，以及涉及人身安全、危险性较大的海洋石油开采特种设备和矿山井下特种设备，必须按照国家有关规定，由专业生产单位生产，并经具有专业资质的检测、检验机构检测、检验合格，取得安全使用证或者安全标志，方可投入使用。检测、检验机构对检测、检验结果负责。

第三十八条 国家对严重危及生产安全的工艺、设备实行淘汰制度，具体目录由国务院应急管理部门会同国务院有关部门制定并公布。法律、行政法规对目录的制定另有规定的，适用其规定。

省、自治区、直辖市人民政府可以根据本地区实际情况制定并公布具体目录，对前款规定以外的危及生产安全的工艺、设备予以淘汰。

生产经营单位不得使用应当淘汰的危及生产安全的工艺、设备。

第三十九条 生产、经营、运输、储存、使用危险物品或者处置废弃危险物品的，由有关主管部门依照有关法律、法规的规定和国家标准或者行业标准审批并实施监督管理。

生产经营单位生产、经营、运输、储存、使用危险物品或者处置废弃危险物品，必须执行有关法律、法规和国家标准或者行业标准，建立专门的安全管理制度，采取可靠的安全措施，接受有关主管部门依法实施的监督管理。

第四十条 生产经营单位对重大危险源应当登记建档，进行定期检测、评估、监控，并制定应急预案，告知从业人员和相关人员在紧急情况下应当采取的应急措施。

生产经营单位应当按照国家有关规定将本单位重大危险源及有关安全措施、应急措施报有关地方人民政府应急管理部门和有关部门备案。有关地方人民政府应急管理部门和有关部门应当通过相关信息系统实现信息共享。

第四十一条 生产经营单位应当建立安全风险分级管控制度，按照安全风险分级采取相应的管控措施。

生产经营单位应当建立健全并落实生产安全事故隐患排查治理制度，采取技术、管理措施，及时发现并消除事故隐患。事故隐患排查治理情况应当如实记录，并通过职工大会或者职工代表大会、信息公示栏等方式向从业人员通报。其中，重大事故隐患排查治理情况应当及时向负有安全生产监督管理职责的部门和职工大会或者职工代表大会报告。

县级以上地方各级人民政府负有安全生产监督管理职责的部门应当将重大事故隐患纳入相关信息系统，建立健全重大事故隐患治理督办制度，督促生产经营单位消除重大事故隐患。

第四十二条 生产、经营、储存、使用危险物品的车间、商店、仓库不得与员工宿舍在同一座建筑物内，并应当与员工宿舍保持安全距离。

生产经营场所和员工宿舍应当设有符合紧急疏散要求、标志明显、保持畅通的出口、疏散通道。禁止占用、锁闭、封堵生产经营场所或者员工宿舍的出口、疏散通道。

第四十三条　生产经营单位进行爆破、吊装、动火、临时用电以及国务院应急管理部门会同国务院有关部门规定的其他危险作业，应当安排专门人员进行现场安全管理，确保操作规程的遵守和安全措施的落实。

第四十四条　生产经营单位应当教育和督促从业人员严格执行本单位的安全生产规章制度和安全操作规程；并向从业人员如实告知作业场所和工作岗位存在的危险因素、防范措施以及事故应急措施。

生产经营单位应当关注从业人员的身体、心理状况和行为习惯，加强对从业人员的心理疏导、精神慰藉，严格落实岗位安全生产责任，防范从业人员行为异常导致事故发生。

第四十五条　生产经营单位必须为从业人员提供符合国家标准或者行业标准的劳动防护用品，并监督、教育从业人员按照使用规则佩戴、使用。

第四十六条　生产经营单位的安全生产管理人员应当根据本单位的生产经营特点，对安全生产状况进行经常性检查；对检查中发现的安全问题，应当立即处理；不能处理的，应当及时报告本单位有关负责人，有关负责人应当及时处理。检查及处理情况应当如实记录在案。

生产经营单位的安全生产管理人员在检查中发现重大事故隐患，依照前款规定向本单位有关负责人报告，有关负责人不及时处理的，安全生产管理人员可以向主管的负有安全生产监督管理职责的部门报告，接到报告的部门应当依

法及时处理。

第四十七条　生产经营单位应当安排用于配备劳动防护用品、进行安全生产培训的经费。

第四十八条　两个以上生产经营单位在同一作业区域内进行生产经营活动，可能危及对方生产安全的，应当签订安全生产管理协议，明确各自的安全生产管理职责和应当采取的安全措施，并指定专职安全生产管理人员进行安全检查与协调。

第四十九条　生产经营单位不得将生产经营项目、场所、设备发包或者出租给不具备安全生产条件或者相应资质的单位或者个人。

生产经营项目、场所发包或者出租给其他单位的，生产经营单位应当与承包单位、承租单位签订专门的安全生产管理协议，或者在承包合同、租赁合同中约定各自的安全生产管理职责；生产经营单位对承包单位、承租单位的安全生产工作统一协调、管理，定期进行安全检查，发现安全问题的，应当及时督促整改。

矿山、金属冶炼建设项目和用于生产、储存、装卸危险物品的建设项目的施工单位应当加强对施工项目的安全管理，不得倒卖、出租、出借、挂靠或者以其他形式非法转让施工资质，不得将其承包的全部建设工程转包给第三人或者将其承包的全部建设工程支解以后以分包的名义分别转包给第三人，不得将工程分包给不具备相应资质条件的单位。

第五十条　生产经营单位发生生产安全事故时，单位的主要负责人应当立即组织抢救，并不得在事故调查处理期间擅离职守。

第五十一条　生产经营单位必须依法参加工伤保险，为从业人员缴纳保

险费。

国家鼓励生产经营单位投保安全生产责任保险；属于国家规定的高危行业、领域的生产经营单位，应当投保安全生产责任保险。具体范围和实施办法由国务院应急管理部门会同国务院财政部门、国务院保险监督管理机构和相关行业主管部门制定。

第三章 从业人员的安全 生产权利义务

第五十二条 生产经营单位与从业人员订立的劳动合同，应当载明有关保障从业人员劳动安全、防止职业危害的事项，以及依法为从业人员办理工伤保险的事项。

生产经营单位不得以任何形式与从业人员订立协议，免除或者减轻其对从业人员因生产安全事故伤亡依法应承担的责任。

第五十三条 生产经营单位的从业人员有权了解其作业场所和工作岗位存在的危险因素、防范措施及事故应急措施，有权对本单位的安全生产工作提出建议。

第五十四条 从业人员有权对本单位安全生产工作中存在的问题提出批评、检举、控告；有权拒绝违章指挥和强令冒险作业。

生产经营单位不得因从业人员对本单位安全生产工作提出批评、检举、控告或者拒绝违章指挥、强令冒险作业而降低其工资、福利等待遇或者解除与其订立的劳动合同。

第五十五条 从业人员发现直接危及人身安全的紧急情况时，有权停止作业或者在采取可能的应急措施后撤离作业场所。

生产经营单位不得因从业人员在前款紧急情况下停止作业或者采取紧急撤离措施而降低其工资、福利等待遇或者解除与其订立的劳动合同。

第五十六条 生产经营单位发生生产安全事故后，应当及时采取措施救治有关人员。

因生产安全事故受到损害的从业人员，除依法享有工伤保险外，依照有关民事法律尚有获得赔偿的权利的，有权提出赔偿要求。

第五十七条 从业人员在作业过程中，应当严格落实岗位安全责任，遵守本单位的安全生产规章制度和操作规程，服从管理，正确佩戴和使用劳动防护用品。

第五十八条 从业人员应当接受安全生产教育和培训，掌握本职工作所需的安全生产知识，提高安全生产技能，增强事故预防和应急处理能力。

第五十九条 从业人员发现事故隐患或者其他不安全因素，应当立即向现场安全生产管理人员或者本单位负责人报告；接到报告的人员应当及时予以处理。

第六十条 工会有权对建设项目的安全设施与主体工程同时设计、同时施工、同时投入生产和使用进行监督，提出意见。

工会对生产经营单位违反安全生产法律、法规，侵犯从业人员合法权益的行为，有权要求纠正；发现生产经营单位违章指挥、强令冒险作业或者发现事故隐患时，有权提出解决的建议，生产经营单位应当及时研究答复；发现危及从业人员生命安全的情况时，有权向生产经营单位建议组织从业人员撤离危险场所，生产经营单位必须立即作出处理。

工会有权依法参加事故调查，向有关部门提出处理意见，并要求追究有关人员的责任。

第六十一条 生产经营单位使用被派遣劳动者的，被派遣劳动者享有本法规定的从业人员的权利，并应当履行本法规定的从业人员的义务。

第四章 安全生产的监督管理

第六十二条 县级以上地方各级人民政府应当根据本行政区域内的安全生产状况，组织有关部门按照职责分工，对本行政区域内容易发生重大生产安全事故的生产经营单位进行严格检查。

应急管理部门应当按照分类分级监督管理的要求，制定安全生产年度监督检查计划，并按照年度监督检查计划进行监督检查，发现事故隐患，应当及时处理。

第六十三条 负有安全生产监督管理职责的部门依照有关法律、法规的规定，对涉及安全生产的事项需要审查批准（包括批准、核准、许可、注册、认证、颁发证照等，下同）或者验收的，必须严格依照有关法律、法规和国家标准或者行业标准规定的安全生产条件和程序进行审查；不符合有关法律、法规和国家标准或者行业标准规定的安全生产条件的，不得批准或者验收通过。对未依法取得批准或者验收合格的单位擅自从事有关活动的，负责行政审批的部门发现或者接到举报后应当立即予以取缔，并依法予以处理。对已经依法取得批准的单位，负责行政审批的部门发现其不再具备安全生产条件的，应当撤销原批准。

第六十四条 负有安全生产监督管理职责的部门对涉及安全生产的事项进行审查、验收，不得收取费用；不得要求接受审查、验收的单位购买其指定品牌或者指定生产、销售单位的安全设备、器材或者其他产品。

第六十五条 应急管理部门和其他负有安全生产监督管理职责的部门依法开展安全生产行政执法工作，对生产经营单位执行有关安全生产的法律、法规和国家标准或者行业标准的情况进行监督检查，行使以下职权：

（一）进入生产经营单位进行检查，调阅有关资料，向有关单位和人员了解情况；

（二）对检查中发现的安全生产违法行为，当场予以纠正或者要求限期改正；对依法应当给予行政处罚的行为，依照本法和其他有关法律、行政法规的规定作出行政处罚决定；

（三）对检查中发现的事故隐患，应当责令立即排除；重大事故隐患排除前或者排除过程中无法保证安全的，应当责令从危险区域内撤出作业人员，责令暂时停产停业或者停止使用相关设施、设备；重大事故隐患排除后，经审查同意，方可恢复生产经营和使用；

（四）对有根据认为不符合保障安全生产的国家标准或者行业标准的设施、设备、器材以及违法生产、储存、使用、经营、运输的危险物品予以查封或者扣押，对违法生产、储存、使用、经营危险物品的作业场所予以查封，并依法作出处理决定。

监督检查不得影响被检查单位的正常生产经营活动。

第六十六条 生产经营单位对负有安全生产监督管理职责的部门的监督检查人员（以下统称安全生产监督检查人员）依法履行监督检查职责，应当予以配合，不得拒绝、阻挠。

第六十七条 安全生产监督检查人员应当忠于职守，坚持原则，秉公执法。

安全生产监督检查人员执行监督检查任务时，必须出示有效的行政执法证件；对涉及被检查单位的技术秘密和业务秘密，应当为其保密。

第六十八条　安全生产监督检查人员应当将检查的时间、地点、内容、发现的问题及其处理情况，作出书面记录，并由检查人员和被检查单位的负责人签字；被检查单位的负责人拒绝签字的，检查人员应当将情况记录在案，并向负有安全生产监督管理职责的部门报告。

第六十九条　负有安全生产监督管理职责的部门在监督检查中，应当互相配合，实行联合检查；确需分别进行检查的，应当互通情况，发现存在的安全问题应当由其他有关部门进行处理的，应当及时移送其他有关部门并形成记录备查，接受移送的部门应当及时进行处理。

第七十条　负有安全生产监督管理职责的部门依法对存在重大事故隐患的生产经营单位作出停产停业、停止施工、停止使用相关设施或者设备的决定，生产经营单位应当依法执行，及时消除事故隐患。生产经营单位拒不执行，有发生生产安全事故的现实危险的，在保证安全的前提下，经本部门主要负责人批准，负有安全生产监督管理职责的部门可以采取通知有关单位停止供电、停止供应民用爆炸物品等措施，强制生产经营单位履行决定。通知应当采用书面形式，有关单位应当予以配合。

负有安全生产监督管理职责的部门依照前款规定采取停止供电措施，除有危及生产安全的紧急情形外，应当提前二十四小时通知生产经营单位。生产经营单位依法履行行政决定、采取相应措施消除事故隐患的，负有安全生产监督管理职责的部门应当及时解除前款规定的措施。

第七十一条　监察机关依照监察法的规定，对负有安全生产监督管理职责的部门及其工作人员履行安全生产监督管理职责实施监察。

第七十二条　承担安全评价、认证、检测、检验职责的机构应当具备国家规定的资质条件，并对其作出的安全评价、认证、检测、检验结果的合法性、真实性负责。资质条件由国务院应急管理部门会同国务院有关部门制定。

承担安全评价、认证、检测、检验职责的机构应当建立并实施服务公开和报告公开制度，不得租借资质、挂靠、出具虚假报告。

第七十三条　负有安全生产监督管理职责的部门应当建立举报制度，公开举报电话、信箱或者电子邮件地址等网络举报平台，受理有关安全生产的举报；受理的举报事项经调查核实后，应当形成书面材料；需要落实整改措施的，报经有关负责人签字并督促落实。对不属于本部门职责，需要由其他有关部门进行调查处理的，转交其他有关部门处理。

涉及人员死亡的举报事项，应当由县级以上人民政府组织核查处理。

第七十四条　任何单位或者个人对事故隐患或者安全生产违法行为，均有权向负有安全生产监督管理职责的部门报告或者举报。

因安全生产违法行为造成重大事故隐患或者导致重大事故，致使国家利益或者社会公共利益受到侵害的，人民检察院可以根据民事诉讼法、行政诉讼法的相关规定提起公益诉讼。

第七十五条　居民委员会、村民委员会发现其所在区域内的生产经营单位存在事故隐患或者安全生产违法行为时，应当向当地人民政府或者有关部门报告。

第七十六条　县级以上各级人民政

府及其有关部门对报告重大事故隐患或者举报安全生产违法行为的有功人员，给予奖励。具体奖励办法由国务院应急管理部门会同国务院财政部门制定。

第七十七条　新闻、出版、广播、电影、电视等单位有进行安全生产公益宣传教育的义务，有对违反安全生产法律、法规的行为进行舆论监督的权利。

第七十八条　负有安全生产监督管理职责的部门应当建立安全生产违法行为信息库，如实记录生产经营单位及其有关从业人员的安全生产违法行为信息；对违法行为情节严重的生产经营单位及其有关从业人员，应当及时向社会公告，并通报行业主管部门、投资主管部门、自然资源主管部门、生态环境主管部门、证券监督管理机构以及有关金融机构。有关部门和机构应当对存在失信行为的生产经营单位及其有关从业人员采取加大执法检查频次、暂停项目审批、上调有关保险费率、行业或者职业禁入等联合惩戒措施，并向社会公示。

负有安全生产监督管理职责的部门应当加强对生产经营单位行政处罚信息的及时归集、共享、应用和公开，对生产经营单位作出处罚决定后七个工作日内在监督管理部门公示系统予以公开曝光，强化对违法失信生产经营单位及其有关从业人员的社会监督，提高全社会安全生产诚信水平。

第五章　生产安全事故的应急救援与调查处理

第七十九条　国家加强生产安全事故应急能力建设，在重点行业、领域建立应急救援基地和应急救援队伍，并由国家安全生产应急救援机构统一协调指挥；鼓励生产经营单位和其他社会力量建立应急救援队伍，配备相应的应急救援装备和物资，提高应急救援的专业化

水平。

国务院应急管理部门牵头建立全国统一的生产安全事故应急救援信息系统，国务院交通运输、住房和城乡建设、水利、民航等有关部门和县级以上地方人民政府建立健全相关行业、领域、地区的生产安全事故应急救援信息系统，实现互联互通、信息共享，通过推行网上安全信息采集、安全监管和监测预警，提升监管的精准化、智能化水平。

第八十条　县级以上地方各级人民政府应当组织有关部门制定本行政区域内生产安全事故应急救援预案，建立应急救援体系。

乡镇人民政府和街道办事处，以及开发区、工业园区、港区、风景区等应当制定相应的生产安全事故应急救援预案，协助人民政府有关部门或者按照授权依法履行生产安全事故应急救援工作职责。

第八十一条　生产经营单位应当制定本单位生产安全事故应急救援预案，与所在地县级以上地方人民政府组织制定的生产安全事故应急救援预案相衔接，并定期组织演练。

第八十二条　危险物品的生产、经营、储存单位以及矿山、金属冶炼、城市轨道交通运营、建筑施工单位应当建立应急救援组织；生产经营规模较小的，可以不建立应急救援组织，但应当指定兼职的应急救援人员。

危险物品的生产、经营、储存、运输单位以及矿山、金属冶炼、城市轨道交通运营、建筑施工单位应当配备必要的应急救援器材、设备和物资，并进行经常性维护、保养，保证正常运转。

第八十三条　生产经营单位发生生产安全事故后，事故现场有关人员应当立即报告本单位负责人。

单位负责人接到事故报告后，应当迅速采取有效措施，组织抢救，防止事故扩大，减少人员伤亡和财产损失，并按照国家有关规定立即如实报告当地负有安全生产监督管理职责的部门，不得隐瞒不报、谎报或者迟报，不得故意破坏事故现场、毁灭有关证据。

第八十四条 负有安全生产监督管理职责的部门接到事故报告后，应当立即按照国家有关规定上报事故情况。负有安全生产监督管理职责的部门和有关地方人民政府对事故情况不得隐瞒不报、谎报或者迟报。

第八十五条 有关地方人民政府和负有安全生产监督管理职责的部门的负责人接到生产安全事故报告后，应当按照生产安全事故应急救援预案的要求立即赶到事故现场，组织事故抢救。

参与事故抢救的部门和单位应当服从统一指挥，加强协同联动，采取有效的应急救援措施，并根据事故救援的需要采取警戒、疏散等措施，防止事故扩大和次生灾害的发生，减少人员伤亡和财产损失。

事故抢救过程中应当采取必要措施，避免或者减少对环境造成的危害。

任何单位和个人都应当支持、配合事故抢救，并提供一切便利条件。

第八十六条 事故调查处理应当按照科学严谨、依法依规、实事求是、注重实效的原则，及时、准确地查清事故原因，查明事故性质和责任，评估应急处置工作，总结事故教训，提出整改措施，并对事故责任单位和人员提出处理建议。事故调查报告应当依法及时向社会公布。事故调查和处理的具体办法由国务院制定。

事故发生单位应当及时全面落实整改措施，负有安全生产监督管理职责的部门应当加强监督检查。

负责事故调查处理的国务院有关部门和地方人民政府应当在批复事故调查报告后一年内，组织有关部门对事故整改和防范措施落实情况进行评估，并及时向社会公开评估结果；对不履行职责导致事故整改和防范措施没有落实的有关单位和人员，应当按照有关规定追究责任。

第八十七条 生产经营单位发生生产安全事故，经调查确定为责任事故的，除了应当查明事故单位的责任并依法予以追究外，还应当查明对安全生产的有关事项负有审查批准和监督职责的行政部门的责任，对有失职、渎职行为的，依照本法第九十条的规定追究法律责任。

第八十八条 任何单位和个人不得阻挠和干涉对事故的依法调查处理。

第八十九条 县级以上地方各级人民政府应急管理部门应当定期统计分析本行政区域内发生生产安全事故的情况，并定期向社会公布。

第六章　法律责任

第九十条 负有安全生产监督管理职责的部门的工作人员，有下列行为之一的，给予降级或者撤职的处分；构成犯罪的，依照刑法有关规定追究刑事责任：

（一）对不符合法定安全生产条件的涉及安全生产的事项予以批准或者验收通过的；

（二）发现未依法取得批准、验收的单位擅自从事有关活动或者接到举报后不予取缔或者不依法予以处理的；

（三）对已经依法取得批准的单位不履行监督管理职责，发现其不再具备安全生产条件而不撤销原批准或者发现安全生产违法行为不予查处的；

（四）在监督检查中发现重大事故

隐患，不依法及时处理的。

负有安全生产监督管理职责的部门的工作人员有前款规定以外的滥用职权、玩忽职守、徇私舞弊行为的，依法给予处分；构成犯罪的，依照刑法有关规定追究刑事责任。

第九十一条 负有安全生产监督管理职责的部门，要求被审查、验收的单位购买其指定的安全设备、器材或者其他产品的，在对安全生产事项的审查、验收中收取费用的，由其上级机关或者监察机关责令改正，责令退还收取的费用；情节严重的，对直接负责的主管人员和其他直接责任人员依法给予处分。

第九十二条 承担安全评价、认证、检测、检验职责的机构出具失实报告的，责令停业整顿，并处三万元以上十万元以下的罚款；给他人造成损害的，依法承担赔偿责任。

承担安全评价、认证、检测、检验职责的机构租借资质、挂靠、出具虚假报告的，没收违法所得；违法所得在十万元以上的，并处违法所得二倍以上五倍以下的罚款，没有违法所得或者违法所得不足十万元的，单处或者并处十万元以上二十万元以下的罚款；对其直接负责的主管人员和其他直接责任人员处五万元以上十万元以下的罚款；给他人造成损害的，与生产经营单位承担连带赔偿责任；构成犯罪的，依照刑法有关规定追究刑事责任。

对有前款违法行为的机构及其直接责任人员，吊销其相应资质和资格，五年内不得从事安全评价、认证、检测、检验等工作；情节严重的，实行终身行业和职业禁入。

第九十三条 生产经营单位的决策机构、主要负责人或者个人经营的投资人不依照本法规定保证安全生产所必需的资金投入，致使生产经营单位不具备

安全生产条件的，责令限期改正，提供必需的资金；逾期未改正的，责令生产经营单位停产停业整顿。

有前款违法行为，导致发生生产安全事故的，对生产经营单位的主要负责人给予撤职处分，对个人经营的投资人处二万元以上二十万元以下的罚款；构成犯罪的，依照刑法有关规定追究刑事责任。

第九十四条 生产经营单位的主要负责人未履行本法规定的安全生产管理职责的，责令限期改正，处二万元以上五万元以下的罚款；逾期未改正的，处五万元以上十万元以下的罚款，责令生产经营单位停产停业整顿。

生产经营单位的主要负责人有前款违法行为，导致发生生产安全事故的，给予撤职处分；构成犯罪的，依照刑法有关规定追究刑事责任。

生产经营单位的主要负责人依照前款规定受刑事处罚或者撤职处分的，自刑罚执行完毕或者受处分之日起，五年内不得担任任何生产经营单位的主要负责人；对重大、特别重大生产安全事故负有责任的，终身不得担任本行业生产经营单位的主要负责人。

第九十五条 生产经营单位的主要负责人未履行本法规定的安全生产管理职责，导致发生生产安全事故的，由应急管理部门依照下列规定处以罚款：

（一）发生一般事故的，处上一年年收入百分之四十的罚款；

（二）发生较大事故的，处上一年年收入百分之六十的罚款；

（三）发生重大事故的，处上一年年收入百分之八十的罚款；

（四）发生特别重大事故的，处上一年年收入百分之一百的罚款。

第九十六条 生产经营单位的其他负责人和安全生产管理人员未履行本法

规定的安全生产管理职责的，责令限期改正，处一万元以上三万元以下的罚款；导致发生生产安全事故的，暂停或者吊销其与安全生产有关的资格，并处上一年年收入百分之二十以上百分之五十以下的罚款；构成犯罪的，依照刑法有关规定追究刑事责任。

第九十七条 生产经营单位有下列行为之一的，责令限期改正，处十万元以下的罚款；逾期未改正的，责令停产停业整顿，并处十万元以上二十万元以下的罚款，对其直接负责的主管人员和其他直接责任人员处二万元以上五万元以下的罚款：

（一）未按照规定设置安全生产管理机构或者配备安全生产管理人员、注册安全工程师的；

（二）危险物品的生产、经营、储存、装卸单位以及矿山、金属冶炼、建筑施工、运输单位的主要负责人和安全生产管理人员未按照规定经考核合格的；

（三）未按照规定对从业人员、被派遣劳动者、实习学生进行安全生产教育和培训，或者未按照规定如实告知有关的安全生产事项的；

（四）未如实记录安全生产教育和培训情况的；

（五）未将事故隐患排查治理情况如实记录或者未向从业人员通报的；

（六）未按照规定制定生产安全事故应急救援预案或者未定期组织演练的；

（七）特种作业人员未按照规定经专门的安全作业培训并取得相应资格，上岗作业的。

第九十八条 生产经营单位有下列行为之一的，责令停止建设或者停产停业整顿，限期改正，并处十万元以上五十万元以下的罚款，对其直接负责的主管人员和其他直接责任人员处二万元以上五万元以下的罚款；逾期未改正的，处五十万元以上一百万元以下的罚款，对其直接负责的主管人员和其他直接责任人员处五万元以上十万元以下的罚款；构成犯罪的，依照刑法有关规定追究刑事责任：

（一）未按照规定对矿山、金属冶炼建设项目或者用于生产、储存、装卸危险物品的建设项目进行安全评价的；

（二）矿山、金属冶炼建设项目或者用于生产、储存、装卸危险物品的建设项目没有安全设施设计或者安全设施设计未按照规定报经有关部门审查同意的；

（三）矿山、金属冶炼建设项目或者用于生产、储存、装卸危险物品的建设项目的施工单位未按照批准的安全设施设计施工的；

（四）矿山、金属冶炼建设项目或者用于生产、储存、装卸危险物品的建设项目竣工投入生产或者使用前，安全设施未经验收合格的。

第九十九条 生产经营单位有下列行为之一的，责令限期改正，处五万元以下的罚款；逾期未改正的，处五万元以上二十万元以下的罚款，对其直接负责的主管人员和其他直接责任人员处一万元以上二万元以下的罚款；情节严重的，责令停产停业整顿；构成犯罪的，依照刑法有关规定追究刑事责任：

（一）未在有较大危险因素的生产经营场所和有关设施、设备上设置明显的安全警示标志的；

（二）安全设备的安装、使用、检测、改造和报废不符合国家标准或者行业标准的；

（三）未对安全设备进行经常性维护、保养和定期检测的；

（四）关闭、破坏直接关系生产安

全的监控、报警、防护、救生设备、设施，或者篡改、隐瞒、销毁其相关数据、信息的；

（五）未为从业人员提供符合国家标准或者行业标准的劳动防护用品的；

（六）危险物品的容器、运输工具，以及涉及人身安全、危险性较大的海洋石油开采特种设备和矿山井下特种设备未经具有专业资质的机构检测、检验合格，取得安全使用证或者安全标志，投入使用的；

（七）使用应当淘汰的危及生产安全的工艺、设备的；

（八）餐饮等行业的生产经营单位使用燃气未安装可燃气体报警装置的。

第一百条 未经依法批准，擅自生产、经营、运输、储存、使用危险物品或者处置废弃危险物品的，依照有关危险物品安全管理的法律、行政法规的规定予以处罚；构成犯罪的，依照刑法有关规定追究刑事责任。

第一百零一条 生产经营单位有下列行为之一的，责令限期改正，处十万元以下的罚款；逾期未改正的，责令停产停业整顿，并处十万元以上二十万元以下的罚款，对其直接负责的主管人员和其他直接责任人员处二万元以上五万元以下的罚款；构成犯罪的，依照刑法有关规定追究刑事责任：

（一）生产、经营、运输、储存、使用危险物品或者处置废弃危险物品，未建立专门安全管理制度、未采取可靠的安全措施的；

（二）对重大危险源未登记建档，未进行定期检测、评估、监控，未制定应急预案，或者未告知应急措施的；

（三）进行爆破、吊装、动火、临时用电以及国务院应急管理部门会同国务院有关部门规定的其他危险作业，未安排专门人员进行现场安全管理的；

（四）未建立安全风险分级管控制度或者未按照安全风险分级采取相应管控措施的；

（五）未建立事故隐患排查治理制度，或者重大事故隐患排查治理情况未按照规定报告的。

第一百零二条 生产经营单位未采取措施消除事故隐患的，责令立即消除或者限期消除，处五万元以下的罚款；生产经营单位拒不执行的，责令停产停业整顿，对其直接负责的主管人员和其他直接责任人员处五万元以上十万元以下的罚款；构成犯罪的，依照刑法有关规定追究刑事责任。

第一百零三条 生产经营单位将生产经营项目、场所、设备发包或者出租给不具备安全生产条件或者相应资质的单位或者个人的，责令限期改正，没收违法所得；违法所得十万元以上的，并处违法所得二倍以上五倍以下的罚款；没有违法所得或者违法所得不足十万元的，单处或者并处十万元以上二十万元以下的罚款；对其直接负责的主管人员和其他直接责任人员处一万元以上二万元以下的罚款；导致发生生产安全事故给他人造成损害的，与承包方、承租方承担连带赔偿责任。

生产经营单位未与承包单位、承租单位签订专门的安全生产管理协议或者未在承包合同、租赁合同中明确各自的安全生产管理职责，或者未对承包单位、承租单位的安全生产统一协调、管理的，责令限期改正，处五万元以下的罚款，对其直接负责的主管人员和其他直接责任人员处一万元以下的罚款；逾期未改正的，责令停产停业整顿。

矿山、金属冶炼建设项目和用于生产、储存、装卸危险物品的建设项目的施工单位未按照规定对施工项目进行安全管理的，责令限期改正，处十万元以下的罚款，对其直接负责的主管人员和其他直接责任人员处二万元以下的罚款；逾期未改正的，责令停产停业整顿。以上施工单位倒卖、出租、出借、挂靠或者以其他形式非法转让施工资质的，责令停产停业整顿，吊销资质证书，没收违法所得；违法所得十万元以上的，并处违法所得二倍以上五倍以下的罚款，没有违法所得或者违法所得不足十万元的，单处或者并处十万元以上二十万元以下的罚款；对其直接负责的主管人员和其他直接责任人员处五万元以上十万元以下的罚款；构成犯罪的，依照刑法有关规定追究刑事责任。

第一百零四条 两个以上生产经营单位在同一作业区域内进行可能危及对方安全生产的生产经营活动，未签订安全生产管理协议或者未指定专职安全生产管理人员进行安全检查与协调的，责令限期改正，处五万元以下的罚款，对其直接负责的主管人员和其他直接责任人员处一万元以下的罚款；逾期未改正的，责令停产停业。

第一百零五条 生产经营单位有下列行为之一的，责令限期改正，处五万元以下的罚款，对其直接负责的主管人员和其他直接责任人员处一万元以下的罚款；逾期未改正的，责令停产停业整顿；构成犯罪的，依照刑法有关规定追究刑事责任：

（一）生产、经营、储存、使用危险物品的车间、商店、仓库与员工宿舍在同一座建筑内，或者与员工宿舍的距离不符合安全要求的；

（二）生产经营场所和员工宿舍未设有符合紧急疏散需要、标志明显、保持畅通的出口、疏散通道，或者占用、锁闭、封堵生产经营场所或者员工宿舍出口、疏散通道的。

第一百零六条 生产经营单位与从业人员订立协议，免除或者减轻其对从业人员因生产安全事故伤亡依法应承担的责任的，该协议无效；对生产经营单位的主要负责人、个人经营的投资人处二万元以上十万元以下的罚款。

第一百零七条 生产经营单位的从业人员不落实岗位安全责任，不服从管理，违反安全生产规章制度或者操作规程的，由生产经营单位给予批评教育，依照有关规章制度给予处分；构成犯罪的，依照刑法有关规定追究刑事责任。

第一百零八条 违反本法规定，生产经营单位拒绝、阻碍负有安全生产监督管理职责的部门依法实施监督检查的，责令改正；拒不改正的，处二万元以上二十万元以下的罚款；对其直接负责的主管人员和其他直接责任人员处一万元以上二十万元以下的罚款；构成犯罪的，依照刑法有关规定追究刑事责任。

第一百零九条 高危行业、领域的生产经营单位未按照国家规定投保安全生产责任保险的，责令限期改正，处五万元以上十万元以下的罚款；逾期未改正的，处十万元以上二十万元以下的罚款。

第一百一十条 生产经营单位的主要负责人在本单位发生生产安全事故时，不立即组织抢救或者在事故调查处理期间擅离职守或者逃匿的，给予降级、撤职的处分，并由应急管理部门处上一年年收入百分之六十至百分之一百的罚款；对逃匿的处十五日以下拘留；构成犯罪的，依照刑法有关规定追究刑事责任。

生产经营单位的主要负责人对生产安全事故隐瞒不报、谎报或者迟报的，依照前款规定处罚。

第一百一十一条 有关地方人民政府、负有安全生产监督管理职责的部门，对生产安全事故隐瞒不报、谎报或者迟报的，对直接负责的主管人员和其他直接责任人员依法给予处分；构成犯罪的，依照刑法有关规定追究刑事责任。

第一百一十二条 生产经营单位违反本法规定，被责令改正且受到罚款处罚，拒不改正的，负有安全生产监督管理职责的部门可以自作出责令改正之日的次日起，按照原处罚数额按日连续处罚。

第一百一十三条 生产经营单位存在下列情形之一的，负有安全生产监督管理职责的部门应当提请地方人民政府予以关闭，有关部门应当依法吊销其有关证照。生产经营单位主要负责人五年内不得担任任何生产经营单位的主要负责人；情节严重的，终身不得担任本行业生产经营单位的主要负责人：

（一）存在重大事故隐患，一百八十日内三次或者一年内四次受到本法规定的行政处罚的；

（二）经停产停业整顿，仍不具备法律、行政法规和国家标准或者行业标准规定的安全生产条件的；

（三）不具备法律、行政法规和国家标准或者行业标准规定的安全生产条件，导致发生重大、特别重大生产安全事故的；

（四）拒不执行负有安全生产监督管理职责的部门作出的停产停业整顿决定的。

第一百一十四条 发生生产安全事故，对负有责任的生产经营单位除要求其依法承担相应的赔偿等责任外，由应急管理部门依照下列规定处以罚款：

（一）发生一般事故的，处三十万元以上一百万元以下的罚款；

（二）发生较大事故的，处一百万元以上二百万元以下的罚款；

（三）发生重大事故的，处二百万元以上一千万元以下的罚款；

（四）发生特别重大事故的，处一千万元以上二千万元以下的罚款。

发生生产安全事故，情节特别严重、影响特别恶劣的，应急管理部门可以按照前款罚款数额的二倍以上五倍以下对负有责任的生产经营单位处以罚款。

第一百一十五条 本法规定的行政处罚，由应急管理部门和其他负有安全生产监督管理职责的部门按照职责分工决定；其中，根据本法第九十五条、第一百一十条、第一百一十四条的规定应当给予民航、铁路、电力行业的生产经营单位及其主要负责人行政处罚的，也可以由主管的负有安全生产监督管理职责的部门进行处罚。予以关闭的行政处罚，由负有安全生产监督管理职责的部门报请县级以上人民政府按照国务院规定的权限决定；给予拘留的行政处罚，由公安机关依照治安管理处罚的规定决定。

第一百一十六条 生产经营单位发生生产安全事故造成人员伤亡、他人财产损失的，应当依法承担赔偿责任；拒不承担或者其负责人逃匿的，由人民法院依法强制执行。

生产安全事故的责任人未依法承担赔偿责任，经人民法院依法采取执行措施后，仍不能对受害人给予足额赔偿的，应当继续履行赔偿义务；受害人发现责任人有其他财产的，可以随时请求人民法院执行。

第七章 附 则

第一百一十七条 本法下列用语的含义：

危险物品，是指易燃易爆物品、危险化学品、放射性物品等能够危及人身安全和财产安全的物品。

重大危险源，是指长期地或者临时地生产、搬运、使用或者储存危险物品，且危险物品的数量等于或者超过临界量的单元（包括场所和设施）。

第一百一十八条　本法规定的生产安全一般事故、较大事故、重大事故、特别重大事故的划分标准由国务院规定。

国务院应急管理部门和其他负有安全生产监督管理职责的部门应当根据各自的职责分工，制定相关行业、领域重大危险源的辨识标准和重大事故隐患的判定标准。

第一百一十九条　本法自 2002 年 11 月 1 日起施行。

中华人民共和国社会保险法

（2010 年 10 月 28 日第十一届全国人民代表大会常务委员会第十七次会议通过
根据 2018 年 12 月 29 日第十三届全国人民代表大会常务委员会第七次会议
《关于修改〈中华人民共和国社会保险法〉的决定》修正）

目　　录

第一章　总　　则

第一条　为了规范社会保险关系，维护公民参加社会保险和享受社会保险待遇的合法权益，使公民共享发展成果，促进社会和谐稳定，根据宪法，制定本法。

第二条　国家建立基本养老保险、基本医疗保险、工伤保险、失业保险、生育保险等社会保险制度，保障公民在年老、疾病、工伤、失业、生育等情况下依法从国家和社会获得物质帮助的权利。

第三条　社会保险制度坚持广覆盖、保基本、多层次、可持续的方针，社会保险水平应当与经济社会发展水平相适应。

第四条　中华人民共和国境内的用人单位和个人依法缴纳社会保险费，有权查询缴费记录、个人权益记录，要求社会保险经办机构提供社会保险咨询等相关服务。

个人依法享受社会保险待遇，有权监督本单位为其缴费情况。

第五条　县级以上人民政府将社会保险事业纳入国民经济和社会发展规划。

国家多渠道筹集社会保险资金。县级以上人民政府对社会保险事业给予必要的经费支持。

国家通过税收优惠政策支持社会保险事业。

第六条 国家对社会保险基金实行严格监管。

国务院和省、自治区、直辖市人民政府建立健全社会保险基金监督管理制度，保障社会保险基金安全、有效运行。

县级以上人民政府采取措施，鼓励和支持社会各方面参与社会保险基金的监督。

第七条 国务院社会保险行政部门负责全国的社会保险管理工作，国务院其他有关部门在各自的职责范围内负责有关的社会保险工作。

县级以上地方人民政府社会保险行政部门负责本行政区域的社会保险管理工作，县级以上地方人民政府其他有关部门在各自的职责范围内负责有关的社会保险工作。

第八条 社会保险经办机构提供社会保险服务，负责社会保险登记、个人权益记录、社会保险待遇支付等工作。

第九条 工会依法维护职工的合法权益，有权参与社会保险重大事项的研究，参加社会保险监督委员会，对与职工社会保险权益有关的事项进行监督。

第二章　基本养老保险

第十条 职工应当参加基本养老保险，由用人单位和职工共同缴纳基本养老保险费。

无雇工的个体工商户、未在用人单位参加基本养老保险的非全日制从业人员以及其他灵活就业人员可以参加基本养老保险，由个人缴纳基本养老保险费。

公务员和参照公务员法管理的工作人员养老保险的办法由国务院规定。

第十一条 基本养老保险实行社会统筹与个人账户相结合。

基本养老保险基金由用人单位和个人缴费以及政府补贴等组成。

第十二条 用人单位应当按照国家规定的本单位职工工资总额的比例缴纳基本养老保险费，记入基本养老保险统筹基金。

职工应当按照国家规定的本人工资的比例缴纳基本养老保险费，记入个人账户。

无雇工的个体工商户、未在用人单位参加基本养老保险的非全日制从业人员以及其他灵活就业人员参加基本养老保险的，应当按照国家规定缴纳基本养老保险费，分别记入基本养老保险统筹基金和个人账户。

第十三条 国有企业、事业单位职工参加基本养老保险前，视同缴费年限期间应当缴纳的基本养老保险费由政府承担。

基本养老保险基金出现支付不足时，政府给予补贴。

第十四条 个人账户不得提前支取，记账利率不得低于银行定期存款利率，免征利息税。个人死亡的，个人账户余额可以继承。

第十五条 基本养老金由统筹养老金和个人账户养老金组成。

基本养老金根据个人累计缴费年限、缴费工资、当地职工平均工资、个人账户金额、城镇人口平均预期寿命等因素确定。

第十六条 参加基本养老保险的个人，达到法定退休年龄时累计缴费满十五年的，按月领取基本养老金。

参加基本养老保险的个人，达到法定退休年龄时累计缴费不足十五年的，可以缴费至满十五年，按月领取基本养老金；也可以转入新型农村社会养老保险或者城镇居民社会养老保险，按照国务院规定享受相应的养老保险待遇。

第十七条　参加基本养老保险的个人，因病或者非因工死亡的，其遗属可以领取丧葬补助金和抚恤金；在未达到法定退休年龄时因病或者非因工致残完全丧失劳动能力的，可以领取病残津贴。所需资金从基本养老保险基金中支付。

第十八条　国家建立基本养老金正常调整机制。根据职工平均工资增长、物价上涨情况，适时提高基本养老保险待遇水平。

第十九条　个人跨统筹地区就业的，其基本养老保险关系随本人转移，缴费年限累计计算。个人达到法定退休年龄时，基本养老金分段计算、统一支付。具体办法由国务院规定。

第二十条　国家建立和完善新型农村社会养老保险制度。

新型农村社会养老保险实行个人缴费、集体补助和政府补贴相结合。

第二十一条　新型农村社会养老保险待遇由基础养老金和个人账户养老金组成。

参加新型农村社会养老保险的农村居民，符合国家规定条件的，按月领取新型农村社会养老保险待遇。

第二十二条　国家建立和完善城镇居民社会养老保险制度。

省、自治区、直辖市人民政府根据实际情况，可以将城镇居民社会养老保险和新型农村社会养老保险合并实施。

第三章　基本医疗保险

第二十三条　职工应当参加职工基本医疗保险，由用人单位和职工按照国家规定共同缴纳基本医疗保险费。

无雇工的个体工商户、未在用人单位参加职工基本医疗保险的非全日制从业人员以及其他灵活就业人员可以参加职工基本医疗保险，由个人按照国家规定缴纳基本医疗保险费。

第二十四条　国家建立和完善新型农村合作医疗制度。

新型农村合作医疗的管理办法，由国务院规定。

第二十五条　国家建立和完善城镇居民基本医疗保险制度。

城镇居民基本医疗保险实行个人缴费和政府补贴相结合。

享受最低生活保障的人、丧失劳动能力的残疾人、低收入家庭六十周岁以上的老年人和未成年人等所需个人缴费部分，由政府给予补贴。

第二十六条　职工基本医疗保险、新型农村合作医疗和城镇居民基本医疗保险的待遇标准按照国家规定执行。

第二十七条　参加职工基本医疗保险的个人，达到法定退休年龄时累计缴费达到国家规定年限的，退休后不再缴纳基本医疗保险费，按照国家规定享受基本医疗保险待遇；未达到国家规定年限的，可以缴费至国家规定年限。

第二十八条　符合基本医疗保险药品目录、诊疗项目、医疗服务设施标准以及急诊、抢救的医疗费用，按照国家规定从基本医疗保险基金中支付。

第二十九条　参保人员医疗费用中应当由基本医疗保险基金支付的部分，由社会保险经办机构与医疗机构、药品经营单位直接结算。

社会保险行政部门和卫生行政部门应当建立异地就医医疗费用结算制度，方便参保人员享受基本医疗保险待遇。

第三十条　下列医疗费用不纳入基本医疗保险基金支付范围：

（一）应当从工伤保险基金中支付的；

（二）应当由第三人负担的；

（三）应当由公共卫生负担的；

（四）在境外就医的。

医疗费用依法应当由第三人负担，第三人不支付或者无法确定第三人的，由基本医疗保险基金先行支付。基本医疗保险基金先行支付后，有权向第三人追偿。

第三十一条　社会保险经办机构根据管理服务的需要，可以与医疗机构、药品经营单位签订服务协议，规范医疗服务行为。

医疗机构应当为参保人员提供合理、必要的医疗服务。

第三十二条　个人跨统筹地区就业的，其基本医疗保险关系随本人转移，缴费年限累计计算。

第四章　工伤保险

第三十三条　职工应当参加工伤保险，由用人单位缴纳工伤保险费，职工不缴纳工伤保险费。

第三十四条　国家根据不同行业的工伤风险程度确定行业的差别费率，并根据使用工伤保险基金、工伤发生率等情况在每个行业内确定费率档次。行业差别费率和行业内费率档次由国务院社会保险行政部门制定，报国务院批准后公布施行。

社会保险经办机构根据用人单位使用工伤保险基金、工伤发生率和所属行业费率档次等情况，确定用人单位缴费费率。

第三十五条　用人单位应当按照本单位职工工资总额，根据社会保险经办机构确定的费率缴纳工伤保险费。

第三十六条　职工因工作原因受到事故伤害或者患职业病，且经工伤认定的，享受工伤保险待遇；其中，经劳动能力鉴定丧失劳动能力的，享受伤残待遇。

工伤认定和劳动能力鉴定应当简捷、方便。

第三十七条　职工因下列情形之一导致本人在工作中伤亡的，不认定为工伤：

（一）故意犯罪；

（二）醉酒或者吸毒；

（三）自残或者自杀；

（四）法律、行政法规规定的其他情形。

第三十八条　因工伤发生的下列费用，按照国家规定从工伤保险基金中支付：

（一）治疗工伤的医疗费用和康复费用；

（二）住院伙食补助费；

（三）到统筹地区以外就医的交通食宿费；

（四）安装配置伤残辅助器具所需费用；

（五）生活不能自理的，经劳动能力鉴定委员会确认的生活护理费；

（六）一次性伤残补助金和一至四级伤残职工按月领取的伤残津贴；

（七）终止或者解除劳动合同时，应当享受的一次性医疗补助金；

（八）因工死亡的，其遗属领取的丧葬补助金、供养亲属抚恤金和因工死亡补助金；

（九）劳动能力鉴定费。

第三十九条　因工伤发生的下列费用，按照国家规定由用人单位支付：

（一）治疗工伤期间的工资福利；

（二）五级、六级伤残职工按月领取的伤残津贴；

（三）终止或者解除劳动合同时，应当享受的一次性伤残就业补助金。

第四十条　工伤职工符合领取基本养老金条件的，停发伤残津贴，享受基本养老保险待遇。基本养老保险待遇低于伤残津贴的，从工伤保险基金中补足差额。

第四十一条　职工所在用人单位未依法缴纳工伤保险费，发生工伤事故的，由用人单位支付工伤保险待遇。用人单位不支付的，从工伤保险基金中先行支付。

从工伤保险基金中先行支付的工伤保险待遇应当由用人单位偿还。用人单位不偿还的，社会保险经办机构可以依照本法第六十三条的规定追偿。

第四十二条　由于第三人的原因造成工伤，第三人不支付工伤医疗费用或者无法确定第三人的，由工伤保险基金先行支付。工伤保险基金先行支付后，有权向第三人追偿。

第四十三条　工伤职工有下列情形之一的，停止享受工伤保险待遇：

（一）丧失享受待遇条件的；

（二）拒不接受劳动能力鉴定的；

（三）拒绝治疗的。

第五章　失业保险

第四十四条　职工应当参加失业保险，由用人单位和职工按照国家规定共同缴纳失业保险费。

第四十五条　失业人员符合下列条件的，从失业保险基金中领取失业保险金：

（一）失业前用人单位和本人已经缴纳失业保险费满一年的；

（二）非因本人意愿中断就业的；

（三）已经进行失业登记，并有求职要求的。

第四十六条　失业人员失业前用人单位和本人累计缴费满一年不足五年的，领取失业保险金的期限最长为十二个月；累计缴费满五年不足十年的，领取失业保险金的期限最长为十八个月；累计缴费十年以上的，领取失业保险金

的期限最长为二十四个月。重新就业后，再次失业的，缴费时间重新计算，领取失业保险金的期限与前次失业应当领取而尚未领取的失业保险金的期限合并计算，最长不超过二十四个月。

第四十七条　失业保险金的标准，由省、自治区、直辖市人民政府确定，不得低于城市居民最低生活保障标准。

第四十八条　失业人员在领取失业保险金期间，参加职工基本医疗保险，享受基本医疗保险待遇。

失业人员应当缴纳的基本医疗保险费从失业保险基金中支付，个人不缴纳基本医疗保险费。

第四十九条　失业人员在领取失业保险金期间死亡的，参照当地对在职职工死亡的规定，向其遗属发给一次性丧葬补助金和抚恤金。所需资金从失业保险基金中支付。

个人死亡同时符合领取基本养老保险丧葬补助金、工伤保险丧葬补助金和失业保险丧葬补助金条件的，其遗属只能选择领取其中的一项。

第五十条　用人单位应当及时为失业人员出具终止或者解除劳动关系的证明，并将失业人员的名单自终止或者解除劳动关系之日起十五日内告知社会保险经办机构。

失业人员应当持本单位为其出具的终止或者解除劳动关系的证明，及时到指定的公共就业服务机构办理失业登记。

失业人员凭失业登记证明和个人身份证明；到社会保险经办机构办理领取失业保险金的手续。失业保险金领取期限自办理失业登记之日起计算。

第五十一条　失业人员在领取失业保险金期间有下列情形之一的，停止领取失业保险金，并同时停止享受其他失业保险待遇：

（一）重新就业的；

（二）应征服兵役的；

（三）移居境外的；

（四）享受基本养老保险待遇的；

（五）无正当理由，拒不接受当地人民政府指定部门或者机构介绍的适当工作或者提供的培训的。

第五十二条 职工跨统筹地区就业的，其失业保险关系随本人转移，缴费年限累计计算。

第六章　生育保险

第五十三条 职工应当参加生育保险，由用人单位按照国家规定缴纳生育保险费，职工不缴纳生育保险费。

第五十四条 用人单位已经缴纳生育保险费的，其职工享受生育保险待遇；职工未就业配偶按照国家规定享受生育医疗费用待遇。所需资金从生育保险基金中支付。

生育保险待遇包括生育医疗费用和生育津贴。

第五十五条 生育医疗费用包括下列各项：

（一）生育的医疗费用；

（二）计划生育的医疗费用；

（三）法律、法规规定的其他项目费用。

第五十六条 职工有下列情形之一的，可以按照国家规定享受生育津贴：

（一）女职工生育享受产假；

（二）享受计划生育手术休假；

（三）法律、法规规定的其他情形。

生育津贴按照职工所在用人单位上年度职工月平均工资计发。

第七章　社会保险费征缴

第五十七条 用人单位应当自成立之日起三十日内凭营业执照、登记证书或者单位印章，向当地社会保险经办机构申请办理社会保险登记。社会保险经办机构应当自收到申请之日起十五日内予以审核，发给社会保险登记证件。

用人单位的社会保险登记事项发生变更或者用人单位依法终止的，应当自变更或者终止之日起三十日内，到社会保险经办机构办理变更或者注销社会保险登记。

市场监督管理部门、民政部门和机构编制管理机关应当及时向社会保险经办机构通报用人单位的成立、终止情况，公安机关应当及时向社会保险经办机构通报个人的出生、死亡以及户口登记、迁移、注销等情况。

第五十八条 用人单位应当自用工之日起三十日内为其职工向社会保险经办机构申请办理社会保险登记。未办理社会保险登记的，由社会保险经办机构核定其应当缴纳的社会保险费。

自愿参加社会保险的无雇工的个体工商户、未在用人单位参加社会保险的非全日制从业人员以及其他灵活就业人员，应当向社会保险经办机构申请办理社会保险登记。

国家建立全国统一的个人社会保障号码。个人社会保障号码为公民身份号码。

第五十九条 县级以上人民政府加强社会保险费的征收工作。

社会保险费实行统一征收，实施步骤和具体办法由国务院规定。

第六十条 用人单位应当自行申报、按时足额缴纳社会保险费，非因不可抗力等法定事由不得缓缴、减免。职工应当缴纳的社会保险费由用人单位代扣代缴，用人单位应当按月将缴纳社会保险费的明细情况告知本人。

无雇工的个体工商户、未在用人单位参加社会保险的非全日制从业人员以及其他灵活就业人员，可以直接向社会保险费征收机构缴纳社会保险费。

第六十一条　社会保险费征收机构应当依法按时足额征收社会保险费，并将缴费情况定期告知用人单位和个人。

第六十二条　用人单位未按规定申报应当缴纳的社会保险费数额的，按照该单位上月缴费额的百分之一百一十确定应当缴纳数额；缴费单位补办申报手续后，由社会保险费征收机构按照规定结算。

第六十三条　用人单位未按时足额缴纳社会保险费的，由社会保险费征收机构责令其限期缴纳或者补足。

用人单位逾期仍未缴纳或者补足社会保险费的，社会保险费征收机构可以向银行和其他金融机构查询其存款账户；并可以申请县级以上有关行政部门作出划拨社会保险费的决定，书面通知其开户银行或者其他金融机构划拨社会保险费。用人单位账户余额少于应当缴纳的社会保险费的，社会保险费征收机构可以要求该用人单位提供担保，签订延期缴费协议。

用人单位未足额缴纳社会保险费且未提供担保的，社会保险费征收机构可以申请人民法院扣押、查封、拍卖其价值相当于应当缴纳社会保险费的财产，以拍卖所得抵缴社会保险费。

第八章　社会保险基金

第六十四条　社会保险基金包括基本养老保险基金、基本医疗保险基金、工伤保险基金、失业保险基金和生育保险基金。除基本医疗保险基金与生育保险基金合并建账及核算外，其他各项社会保险基金按照社会保险险种分别建账，分账核算。社会保险基金执行国家统一的会计制度。

社会保险基金专款专用，任何组织和个人不得侵占或者挪用。

基本养老保险基金逐步实行全国统筹，其他社会保险基金逐步实行省级统筹，具体时间、步骤由国务院规定。

第六十五条　社会保险基金通过预算实现收支平衡。

县级以上人民政府在社会保险基金出现支付不足时，给予补贴。

第六十六条　社会保险基金按照统筹层次设立预算。除基本医疗保险基金与生育保险基金预算合并编制外，其他社会保险基金预算按照社会保险项目分别编制。

第六十七条　社会保险基金预算、决算草案的编制、审核和批准，依照法律和国务院规定执行。

第六十八条　社会保险基金存入财政专户，具体管理办法由国务院规定。

第六十九条　社会保险基金在保证安全的前提下，按照国务院规定投资运营实现保值增值。

社会保险基金不得违规投资运营，不得用于平衡其他政府预算，不得用于兴建、改建办公场所和支付人员经费、运行费用、管理费用，或者违反法律、行政法规规定挪作其他用途。

第七十条　社会保险经办机构应当定期向社会公布参加社会保险情况以及社会保险基金的收入、支出、结余和收益情况。

第七十一条　国家设立全国社会保障基金，由中央财政预算拨款以及国务院批准的其他方式筹集的资金构成，用于社会保障支出的补充、调剂。全国社会保障基金由全国社会保障基金管理运营机构负责管理运营，在保证安全的前提下实现保值增值。

全国社会保障基金应当定期向社会公布收支、管理和投资运营的情况。国务院财政部门、社会保险行政部门、审计机关对全国社会保障基金的收支、管理和投资运营情况实施监督。

第九章　社会保险经办

第七十二条　统筹地区设立社会保险经办机构。社会保险经办机构根据工作需要，经所在地的社会保险行政部门和机构编制管理机关批准，可以在本统筹地区设立分支机构和服务网点。

社会保险经办机构的人员经费和经办社会保险发生的基本运行费用、管理费用，由同级财政按照国家规定予以保障。

第七十三条　社会保险经办机构应当建立健全业务、财务、安全和风险管理制度。

社会保险经办机构应当按时足额支付社会保险待遇。

第七十四条　社会保险经办机构通过业务经办、统计、调查获取社会保险工作所需的数据，有关单位和个人应当及时、如实提供。

社会保险经办机构应当及时为用人单位建立档案，完整、准确地记录参加社会保险的人员、缴费等社会保险数据，妥善保管登记、申报的原始凭证和支付结算的会计凭证。

社会保险经办机构应当及时、完整、准确地记录参加社会保险的个人缴费和用人单位为其缴费，以及享受社会保险待遇等个人权益记录，定期将个人权益记录单免费寄送本人。

用人单位和个人可以免费向社会保险经办机构查询、核对其缴费和享受社会保险待遇记录，要求社会保险经办机构提供社会保险咨询等相关服务。

第七十五条　全国社会保险信息系统按照国家统一规划，由县级以上人民政府按照分级负责的原则共同建设。

第十章　社会保险监督

第七十六条　各级人民代表大会常务委员会听取和审议本级人民政府对社会保险基金的收支、管理、投资运营以及监督检查情况的专项工作报告，组织对本法实施情况的执法检查等，依法行使监督职权。

第七十七条　县级以上人民政府社会保险行政部门应当加强对用人单位和个人遵守社会保险法律、法规情况的监督检查。

社会保险行政部门实施监督检查时，被检查的用人单位和个人应当如实提供与社会保险有关的资料，不得拒绝检查或者谎报、瞒报。

第七十八条　财政部门、审计机关按照各自职责，对社会保险基金的收支、管理和投资运营情况实施监督。

第七十九条　社会保险行政部门对社会保险基金的收支、管理和投资运营情况进行监督检查，发现存在问题的，应当提出整改建议，依法作出处理决定或者向有关行政部门提出处理建议。社会保险基金检查结果应当定期向社会公布。

社会保险行政部门对社会保险基金实施监督检查，有权采取下列措施：

（一）查阅、记录、复制与社会保险基金收支、管理和投资运营相关的资料，对可能被转移、隐匿或者灭失的资料予以封存；

（二）询问与调查事项有关的单位和个人，要求其对与调查事项有关的问题作出说明、提供有关证明材料；

（三）对隐匿、转移、侵占、挪用社会保险基金的行为予以制止并责令改正。

第八十条　统筹地区人民政府成立由用人单位代表、参保人员代表，以及工会代表、专家等组成的社会保险监督委员会，掌握、分析社会保险基金的收支、管理和投资运营情况，对社会保险工作提出咨询意见和建议，实施社会监督。

社会保险经办机构应当定期向社会保险监督委员会汇报社会保险基金的收支、管理和投资运营情况。社会保险监督委员会可以聘请会计师事务所对社会保险基金的收支、管理和投资运营情况进行年度审计和专项审计。审计结果应当向社会公开。

社会保险监督委员会发现社会保险基金收支、管理和投资运营中存在问题的，有权提出改正建议；对社会保险经办机构及其工作人员的违法行为，有权向有关部门提出依法处理建议。

第八十一条 社会保险行政部门和其他有关行政部门、社会保险经办机构、社会保险费征收机构及其工作人员，应当依法为用人单位和个人的信息保密，不得以任何形式泄露。

第八十二条 任何组织或者个人有权对违反社会保险法律、法规的行为进行举报、投诉。

社会保险行政部门、卫生行政部门、社会保险经办机构、社会保险费征收机构和财政部门、审计机关对属于本部门、本机构职责范围的举报、投诉，应当依法处理；对不属于本部门、本机构职责范围的，应当书面通知并移交有权处理的部门、机构处理。有权处理的部门、机构应当及时处理，不得推诿。

第八十三条 用人单位或者个人认为社会保险费征收机构的行为侵害自己合法权益的，可以依法申请行政复议或者提起行政诉讼。

用人单位或者个人对社会保险经办机构不依法办理社会保险登记、核定社会保险费、支付社会保险待遇、办理社

会保险转移接续手续或者侵害其他社会保险权益的行为，可以依法申请行政复议或者提起行政诉讼。

个人与所在用人单位发生社会保险争议的，可以依法申请调解、仲裁，提起诉讼。用人单位侵害个人社会保险权益的，个人也可以要求社会保险行政部门或者社会保险费征收机构依法处理。

第十一章 法律责任

第八十四条 用人单位不办理社会保险登记的，由社会保险行政部门责令限期改正；逾期不改正的，对用人单位处应缴社会保险费数额一倍以上三倍以下的罚款，对其直接负责的主管人员和其他直接责任人员处五百元以上三千元以下的罚款。

第八十五条 用人单位拒不出具终止或者解除劳动关系证明的，依照《中华人民共和国劳动合同法》的规定处理。

第八十六条 用人单位未按时足额缴纳社会保险费的，由社会保险费征收机构责令限期缴纳或者补足，并自欠缴之日起，按日加收万分之五的滞纳金；逾期仍不缴纳的，由有关行政部门处欠缴数额一倍以上三倍以下的罚款。

第八十七条 社会保险经办机构以及医疗机构、药品经营单位等社会保险服务机构以欺诈、伪造证明材料或者其他手段骗取社会保险基金支出的，由社会保险行政部门责令退回骗取的社会保险金，处骗取金额二倍以上五倍以下的罚款；属于社会保险服务机构的，解除服务协议；直接负责的主管人员和其他直接责任人员有执业资格的，依法吊销其执业资格。

第八十八条 以欺诈、伪造证明材料或者其他手段骗取社会保险待遇的，由社会保险行政部门责令退回骗取的社

会保险金，处骗取金额二倍以上五倍以下的罚款。

第八十九条 社会保险经办机构及其工作人员有下列行为之一的，由社会保险行政部门责令改正；给社会保险基金、用人单位或者个人造成损失的，依法承担赔偿责任；对直接负责的主管人员和其他直接责任人员依法给予处分：

（一）未履行社会保险法定职责的；

（二）未将社会保险基金存入财政专户的；

（三）克扣或者拒不按时支付社会保险待遇的；

（四）丢失或者篡改缴费记录、享受社会保险待遇记录等社会保险数据、个人权益记录的；

（五）有违反社会保险法律、法规的其他行为的。

第九十条 社会保险费征收机构擅自更改社会保险费缴费基数、费率，导致少收或者多收社会保险费的，由有关行政部门责令其追缴应当缴纳的社会保险费或者退还不应当缴纳的社会保险费；对直接负责的主管人员和其他直接责任人员依法给予处分。

第九十一条 违反本法规定，隐匿、转移、侵占、挪用社会保险基金或者违规投资运营的，由社会保险行政部门、财政部门、审计机关责令追回；有违法所得的，没收违法所得；对直接负责的主管人员和其他直接责任人员依法给予处分。

第九十二条 社会保险行政部门和其他有关行政部门、社会保险经办机构、社会保险费征收机构及其工作人员泄露用人单位和个人信息的，对直接负责的主管人员和其他直接责任人员依法给予处分；给用人单位或者个人造成损失的，应当承担赔偿责任。

第九十三条 国家工作人员在社会保险管理、监督工作中滥用职权、玩忽职守、徇私舞弊的，依法给予处分。

第九十四条 违反本法规定，构成犯罪的，依法追究刑事责任。

第十二章　附　则

第九十五条 进城务工的农村居民依照本法规定参加社会保险。

第九十六条 征收农村集体所有的土地，应当足额安排被征地农民的社会保险费，按照国务院规定将被征地农民纳入相应的社会保险制度。

第九十七条 外国人在中国境内就业的，参照本法规定参加社会保险。

第九十八条 本法自 2011 年 7 月 1 日起施行。

中华人民共和国职业病防治法

（2001 年 10 月 27 日第九届全国人民代表大会常务委员会第二十四次会议通过 根据 2011 年 12 月 31 日第十一届全国人民代表大会常务委员会第二十四次会议《关于修改〈中华人民共和国职业病防治法〉的决定》第一次修正 根据 2016 年 7 月 2 日第十二届全国人民代表大会常务委员会第二十一次会议《关于修改〈中华人民共和国节约能源法〉等六部法律的决定》第二次修正 根据 2017 年 11 月 4 日第十二届全国人民代表大会常务委员会第三十次会议《关于修改〈中华人民共和国会计法〉等十一部法律的决定》第三次修正 根据 2018 年 12 月 29 日第十三届全国人民代表大会常务委员会第七次会议《关于修改〈中华人民共和国劳动法〉等七部法律的决定》第四次修正）

目　录

第一章　总　则

第一条　为了预防、控制和消除职业病危害，防治职业病，保护劳动者健康及其相关权益，促进经济社会发展，根据宪法，制定本法。

第二条　本法适用于中华人民共和国领域内的职业病防治活动。

本法所称职业病，是指企业、事业单位和个体经济组织等用人单位的劳动者在职业活动中，因接触粉尘、放射性物质和其他有毒、有害因素而引起的疾病。

职业病的分类和目录由国务院卫生行政部门会同国务院劳动保障行政部门制定、调整并公布。

第三条　职业病防治工作坚持预防为主、防治结合的方针，建立用人单位负责、行政机关监管、行业自律、职工参与和社会监督的机制，实行分类管理、综合治理。

第四条　劳动者依法享有职业卫生保护的权利。

用人单位应当为劳动者创造符合国家职业卫生标准和卫生要求的工作环境和条件，并采取措施保障劳动者获得职业卫生保护。

工会组织依法对职业病防治工作进行监督，维护劳动者的合法权益。用人单位制定或者修改有关职业病防治的规章制度，应当听取工会组织的意见。

第五条　用人单位应当建立、健全职业病防治责任制，加强对职业病防治的管理，提高职业病防治水平，对本单位产生的职业病危害承担责任。

第六条　用人单位的主要负责人对本单位的职业病防治工作全面负责。

第七条　用人单位必须依法参加工伤保险。

国务院和县级以上地方人民政府劳动保障行政部门应当加强对工伤保险的监督管理，确保劳动者依法享受工伤保险待遇。

第八条 国家鼓励和支持研制、开发、推广、应用有利于职业病防治和保护劳动者健康的新技术、新工艺、新设备、新材料，加强对职业病的机理和发生规律的基础研究，提高职业病防治科学技术水平；积极采用有效的职业病防治技术、工艺、设备、材料；限制使用或者淘汰职业病危害严重的技术、工艺、设备、材料。

国家鼓励和支持职业病医疗康复机构的建设。

第九条 国家实行职业卫生监督制度。

国务院卫生行政部门、劳动保障行政部门依照本法和国务院确定的职责，负责全国职业病防治的监督管理工作。国务院有关部门在各自的职责范围内负责职业病防治的有关监督管理工作。

县级以上地方人民政府卫生行政部门、劳动保障行政部门依据各自职责，负责本行政区域内职业病防治的监督管理工作。县级以上地方人民政府有关部门在各自的职责范围内负责职业病防治的有关监督管理工作。

县级以上人民政府卫生行政部门、劳动保障行政部门（以下统称职业卫生监督管理部门）应当加强沟通，密切配合，按照各自职责分工，依法行使职权，承担责任。

第十条 国务院和县级以上地方人民政府应当制定职业病防治规划，将其纳入国民经济和社会发展计划，并组织实施。

县级以上地方人民政府统一负责、领导、组织、协调本行政区域的职业病防治工作，建立健全职业病防治工作体制、机制，统一领导、指挥职业卫生突发事件应对工作；加强职业病防治能力建设和服务体系建设，完善、落实职业病防治工作责任制。

乡、民族乡、镇的人民政府应当认真执行本法，支持职业卫生监督管理部门依法履行职责。

第十一条 县级以上人民政府职业卫生监督管理部门应当加强对职业病防治的宣传教育，普及职业病防治的知识，增强用人单位的职业病防治观念，提高劳动者的职业健康意识、自我保护意识和行使职业卫生保护权利的能力。

第十二条 有关防治职业病的国家职业卫生标准，由国务院卫生行政部门组织制定并公布。

国务院卫生行政部门应当组织开展重点职业病监测和专项调查，对职业健康风险进行评估，为制定职业卫生标准和职业病防治政策提供科学依据。

县级以上地方人民政府卫生行政部门应当定期对本行政区域的职业病防治情况进行统计和调查分析。

第十三条 任何单位和个人有权对违反本法的行为进行检举和控告。有关部门收到相关的检举和控告后，应当及时处理。

对防治职业病成绩显著的单位和个人，给予奖励。

第二章 前期预防

第十四条 用人单位应当依照法律、法规要求，严格遵守国家职业卫生标准，落实职业病预防措施，从源头上控制和消除职业病危害。

第十五条 产生职业病危害的用人单位的设立除应当符合法律、行政法规规定的设立条件外，其工作场所还应当符合下列职业卫生要求：

（一）职业病危害因素的强度或者

浓度符合国家职业卫生标准；

（二）有与职业病危害防护相适应的设施；

（三）生产布局合理，符合有害与无害作业分开的原则；

（四）有配套的更衣间、洗浴间、孕妇休息间等卫生设施；

（五）设备、工具、用具等设施符合保护劳动者生理、心理健康的要求；

（六）法律、行政法规和国务院卫生行政部门关于保护劳动者健康的其他要求。

第十六条 国家建立职业病危害项目申报制度。

用人单位工作场所存在职业病目录所列职业病的危害因素的，应当及时、如实向所在地卫生行政部门申报危害项目，接受监督。

职业病危害因素分类目录由国务院卫生行政部门制定、调整并公布。职业病危害项目申报的具体办法由国务院卫生行政部门制定。

第十七条 新建、扩建、改建建设项目和技术改造、技术引进项目（以下统称建设项目）可能产生职业病危害的，建设单位在可行性论证阶段应当进行职业病危害预评价。

医疗机构建设项目可能产生放射性职业病危害的，建设单位应当向卫生行政部门提交放射性职业病危害预评价报告。卫生行政部门应当自收到预评价报告之日起三十日内，作出审核决定并书面通知建设单位。未提交预评价报告或者预评价报告未经卫生行政部门审核同意的，不得开工建设。

职业病危害预评价报告应当对建设项目可能产生的职业病危害因素及其对工作场所和劳动者健康的影响作出评价，确定危害类别和职业病防护措施。

建设项目职业病危害分类管理办法由国务院卫生行政部门制定。

第十八条 建设项目的职业病防护设施所需费用应当纳入建设项目工程预算，并与主体工程同时设计，同时施工，同时投入生产和使用。

建设项目的职业病防护设施设计应当符合国家职业卫生标准和卫生要求；其中，医疗机构放射性职业病危害严重的建设项目的防护设施设计，应当经卫生行政部门审查同意后，方可施工。

建设项目在竣工验收前，建设单位应当进行职业病危害控制效果评价。

医疗机构可能产生放射性职业病危害的建设项目竣工验收时，其放射性职业病防护设施经卫生行政部门验收合格后，方可投入使用；其他建设项目的职业病防护设施应当由建设单位负责依法组织验收，验收合格后，方可投入生产和使用。卫生行政部门应当加强对建设单位组织的验收活动和验收结果的监督核查。

第十九条 国家对从事放射性、高毒、高危粉尘等作业实行特殊管理。具体管理办法由国务院制定。

第三章 劳动过程中的防护与管理

第二十条 用人单位应当采取下列职业病防治管理措施：

（一）设置或者指定职业卫生管理机构或者组织，配备专职或者兼职的职业卫生管理人员，负责本单位的职业病防治工作；

（二）制定职业病防治计划和实施方案；

（三）建立、健全职业卫生管理制度和操作规程；

（四）建立、健全职业卫生档案和劳动者健康监护档案；

（五）建立、健全工作场所职业病危害因素监测及评价制度；

（六）建立、健全职业病危害事故应急救援预案。

第二十一条 用人单位应当保障职业病防治所需的资金投入，不得挤占、挪用，并对因资金投入不足导致的后果承担责任。

第二十二条 用人单位必须采用有效的职业病防护设施，并为劳动者提供个人使用的职业病防护用品。

用人单位为劳动者个人提供的职业病防护用品必须符合防治职业病的要求；不符合要求的，不得使用。

第二十三条 用人单位应当优先采用有利于防治职业病和保护劳动者健康的新技术、新工艺、新设备、新材料，逐步替代职业病危害严重的技术、工艺、设备、材料。

第二十四条 产生职业病危害的用人单位，应当在醒目位置设置公告栏，公布有关职业病防治的规章制度、操作规程、职业病危害事故应急救援措施和工作场所职业病危害因素检测结果。

对产生严重职业病危害的作业岗位，应当在其醒目位置，设置警示标识和中文警示说明。警示说明应当载明产生职业病危害的种类、后果、预防以及应急救治措施等内容。

第二十五条 对可能发生急性职业损伤的有毒、有害工作场所，用人单位应当设置报警装置，配置现场急救用品、冲洗设备、应急撤离通道和必要的泄险区。

对放射工作场所和放射性同位素的运输、贮存，用人单位必须配置防护设备和报警装置，保证接触放射线的工作人员佩戴个人剂量计。

对职业病防护设备、应急救援设施和个人使用的职业病防护用品，用人单位应当进行经常性的维护、检修，定期检测其性能和效果，确保其处于正常状态，不得擅自拆除或者停止使用。

第二十六条 用人单位应当实施由专人负责的职业病危害因素日常监测，并确保监测系统处于正常运行状态。

用人单位应当按照国务院卫生行政部门的规定，定期对工作场所进行职业病危害因素检测、评价。检测、评价结果存入用人单位职业卫生档案，定期向所在地卫生行政部门报告并向劳动者公布。

职业病危害因素检测、评价由依法设立的取得国务院卫生行政部门或者设区的市级以上地方人民政府卫生行政部门按照职责分工给予资质认可的职业卫生技术服务机构进行。职业卫生技术服务机构所作检测、评价应当客观、真实。

发现工作场所职业病危害因素不符合国家职业卫生标准和卫生要求时，用人单位应当立即采取相应治理措施，仍然达不到国家职业卫生标准和卫生要求的，必须停止存在职业病危害因素的作业；职业病危害因素经治理后，符合国家职业卫生标准和卫生要求的，方可重新作业。

第二十七条 职业卫生技术服务机构依法从事职业病危害因素检测、评价工作，接受卫生行政部门的监督检查。卫生行政部门应当依法履行监督职责。

第二十八条 向用人单位提供可能产生职业病危害的设备的，应当提供中文说明书，并在设备的醒目位置设置警示标识和中文警示说明。警示说明应当载明设备性能、可能产生的职业病危害、安全操作和维护注意事项、职业病防护以及应急救治措施等内容。

第二十九条 向用人单位提供可能产生职业病危害的化学品、放射性同位素和含有放射性物质的材料的，应当提供中文说明书。说明书应当载明产品特性、主要成份、存在的有害因素、可能产生的危害后果、安全使用注意事项、职业病防护以及应急救治措施等内容。产品包装应当有醒目的警示标识和中文警示说明。贮存上述材料的场所应当在规定的部位设置危险物品标识或者放射性警示标识。

国内首次使用或者首次进口与职业病危害有关的化学材料，使用单位或者进口单位按照国家规定经国务院有关部门批准后，应当向国务院卫生行政部门报送该化学材料的毒性鉴定以及经有关部门登记注册或者批准进口的文件等资料。

进口放射性同位素、射线装置和含有放射性物质的物品的，按照国家有关规定办理。

第三十条 任何单位和个人不得生产、经营、进口和使用国家明令禁止使用的可能产生职业病危害的设备或者材料。

第三十一条 任何单位和个人不得将产生职业病危害的作业转移给不具备职业病防护条件的单位和个人。不具备职业病防护条件的单位和个人不得接受产生职业病危害的作业。

第三十二条 用人单位对采用的技术、工艺、设备、材料，应当知悉其产生的职业病危害，对有职业病危害的技术、工艺、设备、材料隐瞒其危害而采用的，对所造成的职业病危害后果承担责任。

第三十三条 用人单位与劳动者订立劳动合同（含聘用合同，下同）时，应当将工作过程中可能产生的职业病危害及其后果、职业病防护措施和待遇等如实告知劳动者，并在劳动合同中写明，不得隐瞒或者欺骗。

劳动者在已订立劳动合同期间因工作岗位或者工作内容变更，从事与所订立劳动合同中未告知的存在职业病危害的作业时，用人单位应当依照前款规定，向劳动者履行如实告知的义务，并协商变更原劳动合同相关条款。

用人单位违反前两款规定的，劳动者有权拒绝从事存在职业病危害的作业，用人单位不得因此解除与劳动者所订立的劳动合同。

第三十四条 用人单位的主要负责人和职业卫生管理人员应当接受职业卫生培训，遵守职业病防治法律、法规，依法组织本单位的职业病防治工作。

用人单位应当对劳动者进行上岗前的职业卫生培训和在岗期间的定期职业卫生培训，普及职业卫生知识，督促劳动者遵守职业病防治法律、法规、规章和操作规程，指导劳动者正确使用职业病防护设备和个人使用的职业病防护用品。

劳动者应当学习和掌握相关的职业卫生知识，增强职业病防范意识，遵守职业病防治法律、法规、规章和操作规程，正确使用、维护职业病防护设备和个人使用的职业病防护用品，发现职业病危害事故隐患应当及时报告。

劳动者不履行前款规定义务的，用人单位应当对其进行教育。

第三十五条 对从事接触职业病危害的作业的劳动者，用人单位应当按照国务院卫生行政部门的规定组织上岗前、在岗期间和离岗时的职业健康检查，并将检查结果书面告知劳动者。职业健康检查费用由用人单位承担。

用人单位不得安排未经上岗前职业健康检查的劳动者从事接触职业病危害的作业；不得安排有职业禁忌的劳动者从事其所禁忌的作业；对在职业健康检查中发现有与所从事的职业相关的健康损害的劳动者，应当调离原工作岗位，并妥善安置；对未进行离岗前职业健检查的劳动者不得解除或者终止与其订立的劳动合同。

职业健康检查应当由取得《医疗机构执业许可证》的医疗卫生机构承担。卫生行政部门应当加强对职业健康检查工作的规范管理，具体管理办法由国务院卫生行政部门制定。

第三十六条 用人单位应当为劳动者建立职业健康监护档案，并按照规定的期限妥善保存。

职业健康监护档案应当包括劳动者的职业史、职业病危害接触史、职业健康检查结果和职业病诊疗等有关个人健康资料。

劳动者离开用人单位时，有权索取本人职业健康监护档案复印件，用人单位应当如实、无偿提供，并在所提供的复印件上签章。

第三十七条 发生或者可能发生急性职业病危害事故时，用人单位应当立即采取应急救援和控制措施，并及时报告所在地卫生行政部门和有关部门。卫生行政部门接到报告后，应当及时会同有关部门组织调查处理；必要时，可以采取临时控制措施。卫生行政部门应当组织做好医疗救治工作。

对遭受或者可能遭受急性职业病危害的劳动者，用人单位应当及时组织救治、进行健康检查和医学观察，所需费用由用人单位承担。

第三十八条 用人单位不得安排未成年工从事接触职业病危害的作业；不得安排孕期、哺乳期的女职工从事对本人和胎儿、婴儿有危害的作业。

第三十九条 劳动者享有下列职业卫生保护权利：

（一）获得职业卫生教育、培训；

（二）获得职业健康检查、职业病诊疗、康复等职业病防治服务；

（三）了解工作场所产生或者可能产生的职业病危害因素、危害后果和应当采取的职业病防护措施；

（四）要求用人单位提供符合防治职业病要求的职业病防护设施和个人使用的职业病防护用品，改善工作条件；

（五）对违反职业病防治法律、法规以及危及生命健康的行为提出批评、检举和控告；

（六）拒绝违章指挥和强令进行没有职业病防护措施的作业；

（七）参与用人单位职业卫生工作的民主管理，对职业病防治工作提出意见和建议。

用人单位应当保障劳动者行使前款所列权利。因劳动者依法行使正当权利而降低其工资、福利等待遇或者解除、终止与其订立的劳动合同的，其行为无效。

第四十条 工会组织应当督促并协助用人单位开展职业卫生宣传教育和培训，有权对用人单位的职业病防治工作提出意见和建议，依法代表劳动者与用人单位签订劳动安全卫生专项集体合同，与用人单位就劳动者反映的有关职业病防治的问题进行协调并督促解决。

工会组织对用人单位违反职业病防治法律、法规，侵犯劳动者合法权益的行为，有权要求纠正；产生严重职业病危害时，有权要求采取防护措施，或者向政府有关部门建议采取强制性措施；发生职业病危害事故时，有权参与事故调查处理；发现危及劳动者生命健康的情形时，有权向用人单位建议组织劳动者撤离危险现场，用人单位应当立即作出处理。

第四十一条 用人单位按照职业病防治要求，用于预防和治理职业病危害、工作场所卫生检测、健康监护和职业卫生培训等费用，按照国家有关规定，在生产成本中据实列支。

第四十二条 职业卫生监督管理部门应当按照职责分工，加强对用人单位落实职业病防护管理措施情况的监督检查，依法行使职权，承担责任。

第四章 职业病诊断与职业病病人保障

第四十三条 职业病诊断应当由取得《医疗机构执业许可证》的医疗卫生机构承担。卫生行政部门应当加强对职业病诊断工作的规范管理，具体管理办法由国务院卫生行政部门制定。

承担职业病诊断的医疗卫生机构还应当具备下列条件：

（一）具有与开展职业病诊断相适应的医疗卫生技术人员；

（二）具有与开展职业病诊断相适应的仪器、设备；

（三）具有健全的职业病诊断质量管理制度。

承担职业病诊断的医疗卫生机构不得拒绝劳动者进行职业病诊断的要求。

第四十四条 劳动者可以在用人单位所在地、本人户籍所在地或者经常居住地依法承担职业病诊断的医疗卫生机构进行职业病诊断。

第四十五条 职业病诊断标准和职业病诊断、鉴定办法由国务院卫生行政部门制定。职业病伤残等级的鉴定办法由国务院劳动保障行政部门会同国务院卫生行政部门制定。

第四十六条 职业病诊断，应当综合分析下列因素：

（一）病人的职业史；

（二）职业病危害接触史和工作场所职业病危害因素情况；

（三）临床表现以及辅助检查结果等。

没有证据否定职业病危害因素与病人临床表现之间的必然联系的，应当诊断为职业病。

职业病诊断证明书应当由参与诊断的取得职业病诊断资格的执业医师签署，并经承担职业病诊断的医疗卫生机构审核盖章。

第四十七条 用人单位应当如实提供职业病诊断、鉴定所需的劳动者职业史和职业病危害接触史、工作场所职业病危害因素检测结果等资料；卫生行政部门应当监督检查和督促用人单位提供上述资料；劳动者和有关机构也应当提供与职业病诊断、鉴定有关的资料。

职业病诊断、鉴定机构需要了解工作场所职业病危害因素情况时，可以对工作场所进行现场调查，也可以向卫生行政部门提出，卫生行政部门应当在十日内组织现场调查。用人单位不得拒绝、阻挠。

第四十八条 职业病诊断、鉴定过程中，用人单位不提供工作场所职业病危害因素检测结果等资料的，诊断、鉴定机构应当结合劳动者的临床表现、辅助检查结果和劳动者的职业史、职业病危害接触史，并参考劳动者的自述、卫生行政部门提供的日常监督检查信息等，作出职业病诊断、鉴定结论。

劳动者对用人单位提供的工作场所职业病危害因素检测结果等资料有异议，或者因劳动者的用人单位解散、破产，无用人单位提供上述资料的，诊断、鉴定机构应当提请卫生行政部门进行调查，卫生行政部门应当自接到申请之日起三十日内对存在异议的资料或者工作场所职业病危害因素情况作出判定；有关部门应当配合。

第四十九条 职业病诊断、鉴定过程中，在确认劳动者职业史、职业病危害接触史时，当事人对劳动关系、工种、工作岗位或者在岗时间有争议的，可以向当地的劳动人事争议仲裁委员会申请仲裁；接到申请的劳动人事争议仲裁委员会应当受理，并在三十日内作出裁决。

当事人在仲裁过程中对自己提出的主张，有责任提供证据。劳动者无法提供由用人单位掌握管理的与仲裁主张有关的证据的，仲裁庭应当要求用人单位在指定期限内提供；用人单位在指定期限内不提供的，应当承担不利后果。

劳动者对仲裁裁决不服的，可以依法向人民法院提起诉讼。

用人单位对仲裁裁决不服的，可以在职业病诊断、鉴定程序结束之日起十五日内依法向人民法院提起诉讼；诉讼期间，劳动者的治疗费用按照职业病待遇规定的途径支付。

第五十条 用人单位和医疗卫生机构发现职业病病人或者疑似职业病病人时，应当及时向所在地卫生行政部门报告。确诊为职业病的，用人单位还应当向所在地劳动保障行政部门报告。接到报告的部门应当依法作出处理。

第五十一条 县级以上地方人民政府卫生行政部门负责本行政区域内的职业病统计报告的管理工作，并按照规定上报。

第五十二条 当事人对职业病诊断有异议的，可以向作出诊断的医疗卫生机构所在地地方人民政府卫生行政部门申请鉴定。

职业病诊断争议由设区的市级以上地方人民政府卫生行政部门根据当事人的申请，组织职业病诊断鉴定委员会进行鉴定。

当事人对设区的市级职业病诊断鉴定委员会的鉴定结论不服的，可以向省、自治区、直辖市人民政府卫生行政部门申请再鉴定。

第五十三条 职业病诊断鉴定委员会由相关专业的专家组成。

省、自治区、直辖市人民政府卫生行政部门应当设立相关的专家库，需要对职业病争议作出诊断鉴定时，由当事人或者当事人委托有关卫生行政部门从专家库中以随机抽取的方式确定参加诊断鉴定委员会的专家。

职业病诊断鉴定委员会应当按照国务院卫生行政部门颁布的职业病诊断标准和职业病诊断、鉴定办法进行职业病诊断鉴定，向当事人出具职业病诊断鉴定书。职业病诊断、鉴定费用由用人单位承担。

第五十四条 职业病诊断鉴定委员会组成人员应当遵守职业道德，客观、公正地进行诊断鉴定，并承担相应的责任。职业病诊断鉴定委员会组成人员不得私下接触当事人，不得收受当事人的财物或者其他好处，与当事人有利害关系的，应当回避。

人民法院受理有关案件需要进行职业病鉴定时，应当从省、自治区、直辖市人民政府卫生行政部门依法设立的相关的专家库中选取参加鉴定的专家。

第五十五条 医疗卫生机构发现疑似职业病病人时，应当告知劳动者本人并及时通知用人单位。

用人单位应当及时安排对疑似职业病病人进行诊断；在疑似职业病病人诊断或者医学观察期间，不得解除或者终止与其订立的劳动合同。

疑似职业病病人在诊断、医学观察期间的费用，由用人单位承担。

第五十六条 用人单位应当保障职业病病人依法享受国家规定的职业病待遇。

用人单位应当按照国家有关规定，安排职业病病人进行治疗、康复和定期检查。

用人单位对不适宜继续从事原工作的职业病病人，应当调离原岗位，并妥善安置。

用人单位对从事接触职业病危害的作业的劳动者，应当给予适当岗位津贴。

第五十七条　职业病病人的诊疗、康复费用，伤残以及丧失劳动能力的职业病病人的社会保障，按照国家有关工伤保险的规定执行。

第五十八条　职业病病人除依法享有工伤保险外，依照有关民事法律，尚有获得赔偿的权利的，有权向用人单位提出赔偿要求。

第五十九条　劳动者被诊断患有职业病，但用人单位没有依法参加工伤保险的，其医疗和生活保障由该用人单位承担。

第六十条　职业病病人变动工作单位，其依法享有的待遇不变。

用人单位在发生分立、合并、解散、破产等情形时，应当对从事接触职业病危害的作业的劳动者进行健康检查，并按照国家有关规定妥善安置职业病病人。

第六十一条　用人单位已经不存在或者无法确认劳动关系的职业病病人，可以向地方人民政府医疗保障、民政部门申请医疗救助和生活等方面的救助。

地方各级人民政府应当根据本地区的实际情况，采取其他措施，使前款规定的职业病病人获得医疗救治。

第五章　监督检查

第六十二条　县级以上人民政府职业卫生监督管理部门依照职业病防治法律、法规、国家职业卫生标准和卫生要求，依据职责划分，对职业病防治工作进行监督检查。

第六十三条　卫生行政部门履行监督检查职责时，有权采取下列措施：

（一）进入被检查单位和职业病危害现场，了解情况，调查取证；

（二）查阅或者复制与违反职业病防治法律、法规的行为有关的资料和采集样品；

（三）责令违反职业病防治法律、法规的单位和个人停止违法行为。

第六十四条　发生职业病危害事故或者有证据证明危害状态可能导致职业病危害事故发生时，卫生行政部门可以采取下列临时控制措施：

（一）责令暂停导致职业病危害事故的作业；

（二）封存造成职业病危害事故或者可能导致职业病危害事故发生的材料和设备；

（三）组织控制职业病危害事故现场。

在职业病危害事故或者危害状态得到有效控制后，卫生行政部门应当及时解除控制措施。

第六十五条　职业卫生监督执法人员依法执行职务时，应当出示监督执法证件。

职业卫生监督执法人员应当忠于职守，秉公执法，严格遵守执法规范；涉及用人单位的秘密的，应当为其保密。

第六十六条　职业卫生监督执法人员依法执行职务时，被检查单位应当接受检查并予以支持配合，不得拒绝和阻碍。

第六十七条　卫生行政部门及其职业卫生监督执法人员履行职责时，不得有下列行为：

（一）对不符合法定条件的，发给建设项目有关证明文件、资质证明文件或者予以批准；

（二）对已经取得有关证明文件的，不履行监督检查职责；

（三）发现用人单位存在职业病危害的，可能造成职业病危害事故，不及时依法采取控制措施；

（四）其他违反本法的行为。

第六十八条　职业卫生监督执法人员应当依法经过资格认定。

职业卫生监督管理部门应当加强队伍建设，提高职业卫生监督执法人员的政治、业务素质，依照本法和其他有关法律、法规的规定，建立、健全内部监督制度，对其工作人员执行法律、法规和遵守纪律的情况，进行监督检查。

第六章　法律责任

第六十九条　建设单位违反本法规定，有下列行为之一的，由卫生行政部门给予警告，责令限期改正；逾期不改正的，处十万元以上五十万元以下的罚款；情节严重的，责令停止产生职业病危害的作业，或者提请有关人民政府按照国务院规定的权限责令停建、关闭：

（一）未按照规定进行职业病危害预评价的；

（二）医疗机构可能产生放射性职业病危害的建设项目未按照规定提交放射性职业病危害预评价报告，或者放射性职业病危害预评价报告未经卫生行政部门审核同意，开工建设的；

（三）建设项目的职业病防护设施未按照规定与主体工程同时设计、同时施工、同时投入生产和使用的；

（四）建设项目的职业病防护设施设计不符合国家职业卫生标准和卫生要求，或者医疗机构放射性职业病危害严重的建设项目的防护设施设计未经卫生行政部门审查同意擅自施工的；

（五）未按照规定对职业病防护设施进行职业病危害控制效果评价的；

（六）建设项目竣工投入生产和使用前，职业病防护设施未按照规定验收合格的。

第七十条　违反本法规定，有下列

行为之一的，由卫生行政部门给予警告，责令限期改正；逾期不改正的，处十万元以下的罚款：

（一）工作场所职业病危害因素检测、评价结果没有存档、上报、公布的；

（二）未采取本法第二十条规定的职业病防治管理措施的；

（三）未按照规定公布有关职业病防治的规章制度、操作规程、职业病危害事故应急救援措施的；

（四）未按照规定组织劳动者进行职业卫生培训，或者未对劳动者个人职业病防护采取指导、督促措施的；

（五）国内首次使用或者首次进口与职业病危害有关的化学材料，未按照规定报送毒性鉴定资料以及经有关部门登记注册或者批准进口的文件的。

第七十一条　用人单位违反本法规定，有下列行为之一的，由卫生行政部门责令限期改正，给予警告，可以并处五万元以上十万元以下的罚款：

（一）未按照规定及时、如实向卫生行政部门申报产生职业病危害的项目的；

（二）未实施由专人负责的职业病危害因素日常监测，或者监测系统不能正常监测的；

（三）订立或者变更劳动合同时，未告知劳动者职业病危害真实情况的；

（四）未按照规定组织职业健康检查、建立职业健康监护档案或者未将检查结果书面告知劳动者的；

（五）未依照本法规定在劳动者离开用人单位时提供职业健康监护档案复印件的。

第七十二条　用人单位违反本法规定，有下列行为之一的，由卫生行政部门给予警告，责令限期改正，逾期不改正的，处五万元以上二十万元以下的罚款；情节严重的，责令停止产生职业病危害的作业，或者提请有关人民政府按照国务院规定的权限责令关闭：

（一）工作场所职业病危害因素的强度或者浓度超过国家职业卫生标准的；

（二）未提供职业病防护设施和个人使用的职业病防护用品，或者提供的职业病防护设施和个人使用的职业病防护用品不符合国家职业卫生标准和卫生要求的；

（三）对职业病防护设备、应急救援设施和个人使用的职业病防护用品未按照规定进行维护、检修、检测，或者不能保持正常运行、使用状态的；

（四）未按照规定对工作场所职业病危害因素进行检测、评价的；

（五）工作场所职业病危害因素经治理仍然达不到国家职业卫生标准和卫生要求时，未停止存在职业病危害因素的作业的；

（六）未按照规定安排职业病病人、疑似职业病病人进行诊治的；

（七）发生或者可能发生急性职业病危害事故时，未立即采取应急救援和控制措施或者未按照规定及时报告的；

（八）未按照规定在产生严重职业病危害的作业岗位醒目位置设置警示标识和中文警示说明的；

（九）拒绝职业卫生监督管理部门监督检查的；

（十）隐瞒、伪造、篡改、毁损职业健康监护档案、工作场所职业病危害因素检测评价结果等相关资料，或者拒不提供职业病诊断、鉴定所需资料的；

（十一）未按照规定承担职业病诊断、鉴定费用和职业病病人的医疗、生活保障费用的。

第七十三条 向用人单位提供可能产生职业病危害的设备、材料，未按照规定提供中文说明书或者设置警示标识和中文警示说明的，由卫生行政部门责令限期改正，给予警告，并处五万元以上二十万元以下的罚款。

第七十四条 用人单位和医疗卫生机构未按照规定报告职业病、疑似职业病的，由有关主管部门依据职责分工责令限期改正，给予警告，可以并处一万元以下的罚款；弄虚作假的，并处二万元以上五万元以下的罚款；对直接负责的主管人员和其他直接责任人员，可以依法给予降级或者撤职的处分。

第七十五条 违反本法规定，有下列情形之一的，由卫生行政部门责令限期治理，并处五万元以上三十万元以下的罚款；情节严重的，责令停止产生职业病危害的作业，或者提请有关人民政府按照国务院规定的权限责令关闭：

（一）隐瞒技术、工艺、设备、材料所产生的职业病危害而采用的；

（二）隐瞒本单位职业卫生真实情况的；

（三）可能发生急性职业损伤的有毒、有害工作场所、放射工作场所或者放射性同位素的运输、贮存不符合本法第二十五条规定的；

（四）使用国家明令禁止使用的可能产生职业病危害的设备或者材料的；

（五）将产生职业病危害的作业转移给没有职业病防护条件的单位和个人，或者没有职业病防护条件的单位和个人接受产生职业病危害的作业的；

（六）擅自拆除、停止使用职业病防护设备或者应急救援设施的；

（七）安排未经职业健康检查的劳动者、有职业禁忌的劳动者、未成年工或者孕期、哺乳期女职工从事接触职业病危害的作业或者禁忌作业的；

（八）违章指挥和强令劳动者进行没有职业病防护措施的作业的。

第七十六条 生产、经营或者进口国家明令禁止使用的可能产生职业病危害的设备或者材料的,依照有关法律、行政法规的规定给予处罚。

第七十七条 用人单位违反本法规定,已经对劳动者生命健康造成严重损害的,由卫生行政部门责令停止产生职业病危害的作业,或者提请有关人民政府按照国务院规定的权限责令关闭,并处十万元以上五十万元以下的罚款。

第七十八条 用人单位违反本法规定,造成重大职业病危害事故或者其他严重后果,构成犯罪的,对直接负责的主管人员和其他直接责任人员,依法追究刑事责任。

第七十九条 未取得职业卫生技术服务资质认可擅自从事职业卫生技术服务的,由卫生行政部门责令立即停止违法行为,没收违法所得;违法所得五千元以上的,并处违法所得二倍以上十倍以下的罚款;没有违法所得或者违法所得不足五千元的,并处五千元以上五万元以下的罚款;情节严重的,对直接负责的主管人员和其他直接责任人员,依法给予降级、撤职或者开除的处分。

第八十条 从事职业卫生技术服务的机构和承担职业病诊断的医疗卫生机构违反本法规定,有下列行为之一的,由卫生行政部门责令立即停止违法行为,给予警告,没收违法所得;违法所得五千元以上的,并处违法所得二倍以上五倍以下的罚款;没有违法所得或者违法所得不足五千元的,并处五千元以上二万元以下的罚款;情节严重的,由原认可或者登记机关取消其相应的资格;对直接负责的主管人员和其他直接责任人员,依法给予降级、撤职或者开除的处分;构成犯罪的,依法追究刑事责任:

(一)超出资质认可或者诊疗项目登记范围从事职业卫生技术服务或者职业病诊断的;

(二)不按照本法规定履行法定职责的;

(三)出具虚假证明文件的。

第八十一条 职业病诊断鉴定委员会组成人员收受职业病诊断争议当事人的财物或者其他好处的,给予警告,没收收受的财物,可以并处三千元以上五万元以下的罚款,取消其担任职业病诊断鉴定委员会组成人员的资格,并从省、自治区、直辖市人民政府卫生行政部门设立的专家库中予以除名。

第八十二条 卫生行政部门不按照规定报告职业病和职业病危害事故的,由上一级行政部门责令改正,通报批评,给予警告;虚报、瞒报的,对单位负责人、直接负责的主管人员和其他直接责任人员依法给予降级、撤职或者开除的处分。

第八十三条 县级以上地方人民政府在职业病防治工作中未依照本法履行职责,本行政区域出现重大职业病危害事故、造成严重社会影响的,依法对直接负责的主管人员和其他直接责任人员给予记大过直至开除的处分。

县级以上人民政府职业卫生监督管理部门不履行本法规定的职责,滥用职权、玩忽职守、徇私舞弊,依法对直接负责的主管人员和其他直接责任人员给予记大过或者降级的处分;造成职业病危害事故或者其他严重后果的,依法给予撤职或者开除的处分。

第八十四条 违反本法规定,构成犯罪的,依法追究刑事责任。

第七章 附 则

第八十五条 本法下列用语的含义:
职业病危害,是指对从事职业活动的劳动者可能导致职业病的各种危害。

职业病危害因素包括：职业活动中存在的各种有害的化学、物理、生物因素以及在作业过程中产生的其他职业有害因素。

职业禁忌，是指劳动者从事特定职业或者接触特定职业病危害因素时，比一般职业人群更易于遭受职业病危害和罹患职业病或者可能导致原有自身疾病病情加重，或者在从事作业过程中诱发可能导致对他人生命健康构成危险的疾病的个人特殊生理或者病理状态。

第八十六条　本法第二条规定的用人单位以外的单位，产生职业病危害的，其职业病防治活动可以参照本法执行。

劳务派遣用工单位应当履行本法规定的用人单位的义务。

中国人民解放军参照执行本法的办法，由国务院、中央军事委员会制定。

第八十七条　对医疗机构放射性职业病危害控制的监督管理，由卫生行政部门依照本法的规定实施。

第八十八条　本法自 2002 年 5 月 1 日起施行。

中华人民共和国个人所得税法

（1980 年 9 月 10 日第五届全国人民代表大会第三次会议通过根据
1993 年 10 月 31 日第八届全国人民代表大会常务委员会第四次会议
《关于修改〈中华人民共和国个人所得税法〉的决定》第一次修正
根据 1999 年 8 月 30 日第九届全国人民代表大会常务委员会第十一次会议
《关于修改〈中华人民共和国个人所得税法〉的决定第二次修正
根据 2005 年 10 月 27 日第十届全国人民代表大会常务委员会第十八次会议
《关于修改〈中华人民共和国个人所得税法〉的决定第三次修正
根据 2007 年 6 月 29 日第十届全国人民代表大会常务委员会第二十八次会议
《关于修改〈中华人民共和国个人所得税法〉的决定第四次修正
根据 2007 年 12 月 29 日第十届全国人民代表大会常务委员会第三十一次会议
《关于修改〈中华人民共和国个人所得税法〉的决定第五次修正
根据 2011 年 6 月 30 日第十一届全国人民代表大会常务委员会第二十一次会议
《关于修改〈中华人民共和国个人所得税法〉的决定第六次修正
根据 2018 年 8 月 31 日第十三届全国人民代表大会常务委员会第五次会议
《关于修改〈中华人民共和国个人所得税法〉的决定第七次修正）

第一条　在中国境内有住所，或者无住所而一个纳税年度内在中国境内居住累计满一百八十三天的个人，为居民个人。居民个人从中国境内和境外取得的所得，依照本法规定缴纳个人所得税。

在中国境内无住所又不居住，或者无住所而一个纳税年度内在中国境内居住累计不满一百八十三天的个人，为非居民个人。非居民个人从中国境内取得的所得，依照本法规定缴纳个人所得税。

纳税年度，自公历一月一日起至十二月三十一日止。

第二条　下列各项个人所得，应当缴纳个人所得税：

（一）工资、薪金所得；

（二）劳务报酬所得；

（三）稿酬所得；

（四）特许权使用费所得；

（五）经营所得；

（六）利息、股息、红利所得；

（七）财产租赁所得；

（八）财产转让所得；

（九）偶然所得。

居民个人取得前款第一项至第四项所得（以下称综合所得），按纳税年度合并计算个人所得税；非居民个人取得前款第一项至第四项所得，按月或者按次分项计算个人所得税。纳税人取得前款第五项至第九项所得，依照本法规定分别计算个人所得税。

第三条　个人所得税的税率：

（一）综合所得，适用百分之三至百分之四十五的超额累进税率（税率表附后）；

（二）经营所得，适用百分之五至百分之三十五的超额累进税率（税率表附后）；

（三）利息、股息、红利所得，财产租赁所得，财产转让所得和偶然所得，适用比例税率，税率为百分之二十。

第四条　下列各项个人所得，免征个人所得税：

（一）省级人民政府、国务院部委和中国人民解放军军以上单位，以及外国组织、国际组织颁发的科学、教育、技术、文化、卫生、体育、环境保护等方面的奖金；

（二）国债和国家发行的金融债券利息；

（三）按照国家统一规定发给的补贴、津贴；

（四）福利费、抚恤金、救济金；

（五）保险赔款；

（六）军人的转业费、复员费、退役金；

（七）按照国家统一规定发给干部、职工的安家费、退职费、基本养老金或者退休费、离休费、离休生活补助费；

（八）依照有关法律规定应予免税的各国驻华使馆、领事馆的外交代表、领事官员和其他人员的所得；

（九）中国政府参加的国际公约、签订的协议中规定免税的所得；

（十）国务院规定的其他免税所得。

前款第十项免税规定，由国务院报全国人民代表大会常务委员会备案。

第五条　有下列情形之一的，可以减征个人所得税，具体幅度和期限，由省、自治区、直辖市人民政府规定，并报同级人民代表大会常务委员会备案：

（一）残疾、孤老人员和烈属的所得；

（二）因自然灾害遭受重大损失的。

国务院可以规定其他减税情形，报全国人民代表大会常务委员会备案。

第六条　应纳税所得额的计算：

（一）居民个人的综合所得，以每一纳税年度的收入额减除费用六万元以及专项扣除、专项附加扣除和依法确定的其他扣除后的余额，为应纳税所得额。

（二）非居民个人的工资、薪金所得，以每月收入额减除费用五千元后的余额为应纳税所得额；劳务报酬所得、稿酬所得、特许权使用费所得，以每次收入额为应纳税所得额。

（三）经营所得，以每一纳税年度的收入总额减除成本、费用以及损失后的余额，为应纳税所得额。

（四）财产租赁所得，每次收入不超过四千元的，减除费用八百元；四千元以上的，减除百分之二十的费用，其余额为应纳税所得额。

（五）财产转让所得，以转让财产的收入额减除财产原值和合理费用后的余额，为应纳税所得额。

（六）利息、股息、红利所得和偶然所得，以每次收入额为应纳税所得额。

劳务报酬所得、稿酬所得、特许权使用费所得以收入减除百分之二十的费用后的余额为收入额。稿酬所得的收入额减按百分之七十计算。

个人将其所得对教育、扶贫、济困等公益慈善事业进行捐赠，捐赠额未超过纳税人申报的应纳税所得额百分之三十的部分，可以从其应纳税所得额中扣除；国务院规定对公益慈善事业捐赠实行全额税前扣除的，从其规定。

本条第一款第一项规定的专项扣除，包括居民个人按照国家规定的范围和标准缴纳的基本养老保险、基本医疗保险、失业保险等社会保险费和住房公积金等；专项附加扣除，包括子女教育、继续教育、大病医疗、住房贷款利息或者住房租金、赡养老人等支出，具体范围、标准和实施步骤由国务院确定，并报全国人民代表大会常务委员会备案。

第七条 居民个人从中国境外取得的所得，可以从其应纳税额中抵免已在境外缴纳的个人所得税税额，但抵免额不得超过该纳税人境外所得依照本法规定计算的应纳税额。

第八条 有下列情形之一的，税务机关有权按照合理方法进行纳税调整：

（一）个人与其关联方之间的业务往来不符合独立交易原则而减少本人或者其关联方应纳税额，且无正当理由；

（二）居民个人控制的，或者居民个人和居民企业共同控制的设立在实际税负明显偏低的国家（地区）的企业，无合理经营需要，对应当归属于居民个人的利润不作分配或者减少分配；

（三）个人实施其他不具有合理商业目的的安排而获取不当税收利益。

税务机关依照前款规定作出纳税调整，需要补征税款的，应当补征税款，并依法加收利息。

第九条 个人所得税以所得人为纳税人，以支付所得的单位或者个人为扣缴义务人。

纳税人有中国公民身份号码的，以中国公民身份号码为纳税人识别号；纳税人没有中国公民身份号码的，由税务机关赋予其纳税人识别号。扣缴义务人扣缴税款时，纳税人应当向扣缴义务人提供纳税人识别号。

第十条 有下列情形之一的，纳税人应当依法办理纳税申报：

（一）取得综合所得需要办理汇算清缴；

（二）取得应税所得没有扣缴义务人；

（三）取得应税所得，扣缴义务人未扣缴税款；

（四）取得境外所得；

（五）因移居境外注销中国户籍；

（六）非居民个人在中国境内从两处以上取得工资、薪金所得；

（七）国务院规定的其他情形。

扣缴义务人应当按照国家规定办理全员全额扣缴申报，并向纳税人提供其个人所得和已扣缴税款等信息。

第十一条 居民个人取得综合所得，按年计算个人所得税；有扣缴义务人的，由扣缴义务人按月或者按次预扣预缴税款；需要办理汇算清缴的，应当在取得所得的次年三月一日至六月三十日内办理汇算清缴。预扣预缴办法由国务院税务主管部门制定。

居民个人向扣缴义务人提供专项附加扣除信息的，扣缴义务人按月预扣预缴税款时应当按照规定予以扣除，不得拒绝。

非居民个人取得工资、薪金所得，劳务报酬所得，稿酬所得和特许权使用费所得，有扣缴义务人的，由扣缴义务人按月或者按次代扣代缴税款，不办理汇算清缴。

第十二条　纳税人取得经营所得，按年计算个人所得税，由纳税人在月度或者季度终了后十五日内向税务机关报送纳税申报表，并预缴税款；在取得所得的次年三月三十一日前办理汇算清缴。

纳税人取得利息、股息、红利所得，财产租赁所得，财产转让所得和偶然所得，按月或者按次计算个人所得税，有扣缴义务人的，由扣缴义务人按月或者按次代扣代缴税款。

第十三条　纳税人取得应税所得没有扣缴义务人的，应当在取得所得的次月十五日内向税务机关报送纳税申报表，并缴纳税款。

纳税人取得应税所得，扣缴义务人未扣缴税款的，纳税人应当在取得所得的次年六月三十日前，缴纳税款；税务机关通知限期缴纳的，纳税人应当按照期限缴纳税款。

居民个人从中国境外取得所得的，应当在取得所得的次年三月一日至六月三十日内申报纳税。

非居民个人在中国境内从两处以上取得工资、薪金所得的，应当在取得所得的次月十五日内申报纳税。

纳税人因移居境外注销中国户籍的，应当在注销中国户籍前办理税款清算。

第十四条　扣缴义务人每月或者每次预扣、代扣的税款，应当在次月十五日内缴入国库，并向税务机关报送扣缴个人所得税申报表。

纳税人办理汇算清缴退税或者扣缴义务人为纳税人办理汇算清缴退税的，税务机关审核后，按照国库管理的有关规定办理退税。

第十五条　公安、人民银行、金融监督管理等相关部门应当协助税务机关确认纳税人的身份、金融账户信息。教育、卫生、医疗保障、民政、人力资源社会保障、住房城乡建设、公安、人民银行、金融监督管理等相关部门应当向税务机关提供纳税人子女教育、继续教育、大病医疗、住房贷款利息、住房租金、赡养老人等专项附加扣除信息。

个人转让不动产的，税务机关应当根据不动产登记等相关信息核验应缴的个人所得税，登记机构办理转移登记时，应当查验与该不动产转让相关的个人所得税的完税凭证。个人转让股权办理变更登记的，市场主体登记机关应当查验与该股权交易相关的个人所得税的完税凭证。

有关部门依法将纳税人、扣缴义务人遵守本法的情况纳入信用信息系统，并实施联合激励或者惩戒。

第十六条　各项所得的计算，以人民币为单位。所得为人民币以外的货币的，按照人民币汇率中间价折合成人民币缴纳税款。

第十七条　对扣缴义务人按照所扣缴的税款，付给百分之二的手续费。

第十八条　对储蓄存款利息所得开征、减征、停征个人所得税及其具体办法，由国务院规定，并报全国人民代表大会常务委员会备案。

第十九条　纳税人、扣缴义务人和税务机关及其工作人员违反本法规定的，依照《中华人民共和国税收征收管理法》和有关法律法规的规定追究法律责任。

第二十条 个人所得税的征收管理，依照本法和《中华人民共和国税收征收管理法》的规定执行。

第二十一条 国务院根据本法制定实施条例。

第二十二条 本法自公布之日起施行。

续表

级数	全年应纳税所得额	税率（％）
7	超过 960000 元的部分	45

（注1：本表所称全年应纳税所得额是指依照本法第六条的规定，居民个人取得综合所得以每一纳税年度收入额减除费用六万元以及专项扣除、专项附加扣除和依法确定的其他扣除后的余额。

注2：非居民个人取得工资、薪金所得，劳务报酬所得，稿酬所得和特许权使用费所得，依照本表按月换算后计算应纳税额。）

个人所得税税率表一
（综合所得适用）

级数	全年应纳税所得额	税率（％）
1	不超过 36000 元的	3
2	超过 36000 元至 144000 元的部分	10
3	超过 144000 元至 300000 元的部分	20
4	超过 300000 元至 420000 元的部分	25
5	超过 420000 元至 660000 元的部分	30
6	超过 660000 元至 960000 元的部分	35

个人所得税税率表二
（经营所得适用）

级数	全年应纳税所得额	税率（％）
1	不超过 30000 元的	5
2	超过 30000 元至 90000 元的部分	10
3	超过 90000 元至 300000 元的部分	20
4	超过 300000 元至 500000 元的部分	30
5	超过 500000 元的部分	35

（注：本表所称全年应纳税所得额是指依照本法第六条的规定，以每一纳税年度的收入总额减除成本、费用以及损失后的余额。）

中华人民共和国就业促进法

（2007 年 8 月 30 日第十届全国人民代表大会常务委员会第二十九次会议通过
根据 2015 年 4 月 24 日第十二届全国人民代表大会常务委员会第十四次会议
《关于修改〈中华人民共和国电力法〉等六部法律的决定》修正）

目　　录

第一章　总　　则

第一条　为了促进就业，促进经济发展与扩大就业相协调，促进社会和谐稳定，制定本法。

第二条　国家把扩大就业放在经济社会发展的突出位置，实施积极的就业政策，坚持劳动者自主择业、市场调节就业、政府促进就业的方针，多渠道扩大就业。

第三条　劳动者依法享有平等就业和自主择业的权利。

劳动者就业，不因民族、种族、性别、宗教信仰等不同而受歧视。

第四条　县级以上人民政府把扩大就业作为经济和社会发展的重要目标，纳入国民经济和社会发展规划，并制定促进就业的中长期规划和年度工作计划。

第五条　县级以上人民政府通过发展经济和调整产业结构、规范人力资源市场、完善就业服务、加强职业教育和培训、提供就业援助等措施，创造就业条件，扩大就业。

第六条　国务院建立全国促进就业工作协调机制，研究就业工作中的重大问题，协调推动全国的促进就业工作。国务院劳动行政部门具体负责全国的促进就业工作。

省、自治区、直辖市人民政府根据促进就业工作的需要，建立促进就业工作协调机制，协调解决本行政区域就业工作中的重大问题。

县级以上人民政府有关部门按照各自的职责分工，共同做好促进就业工作。

第七条　国家倡导劳动者树立正确的择业观念，提高就业能力和创业能力；鼓励劳动者自主创业、自谋职业。

各级人民政府和有关部门应当简化程序，提高效率，为劳动者自主创业、自谋职业提供便利。

第八条　用人单位依法享有自主用人的权利。

用人单位应当依照本法以及其他法律、法规的规定，保障劳动者的合法权益。

第九条　工会、共产主义青年团、妇女联合会、残疾人联合会以及其他社会组织，协助人民政府开展促进就业工作，依法维护劳动者的劳动权利。

第十条 各级人民政府和有关部门对在促进就业工作中作出显著成绩的单位和个人，给予表彰和奖励。

第二章 政策支持

第十一条 县级以上人民政府应当把扩大就业作为重要职责，统筹协调产业政策与就业政策。

第十二条 国家鼓励各类企业在法律、法规规定的范围内，通过兴办产业或者拓展经营，增加就业岗位。

国家鼓励发展劳动密集型产业、服务业，扶持中小企业，多渠道、多方式增加就业岗位。

国家鼓励、支持、引导非公有制经济发展，扩大就业，增加就业岗位。

第十三条 国家发展国内外贸易和国际经济合作，拓宽就业渠道。

第十四条 县级以上人民政府在安排政府投资和确定重大建设项目时，应当发挥投资和重大建设项目带动就业的作用，增加就业岗位。

第十五条 国家实行有利于促进就业的财政政策，加大资金投入，改善就业环境，扩大就业。

县级以上人民政府应当根据就业状况和就业工作目标，在财政预算中安排就业专项资金用于促进就业工作。

就业专项资金用于职业介绍、职业培训、公益性岗位、职业技能鉴定、特定就业政策和社会保险等的补贴，小额贷款担保基金和微利项目的小额担保贷款贴息，以及扶持公共就业服务等。就业专项资金的使用管理办法由国务院财政部门和劳动行政部门规定。

第十六条 国家建立健全失业保险制度，依法确保失业人员的基本生活，并促进其实现就业。

第十七条 国家鼓励企业增加就业岗位，扶持失业人员和残疾人就业，对下列企业、人员依法给予税收优惠：

（一）吸纳符合国家规定条件的失业人员达到规定要求的企业；

（二）失业人员创办的中小企业；

（三）安置残疾人员达到规定比例或者集中使用残疾人的企业；

（四）从事个体经营的符合国家规定条件的失业人员；

（五）从事个体经营的残疾人；

（六）国务院规定给予税收优惠的其他企业、人员。

第十八条 对本法第十七条第四项、第五项规定的人员，有关部门应当在经营场地等方面给予照顾，免除行政事业性收费。

第十九条 国家实行有利于促进就业的金融政策，增加中小企业的融资渠道；鼓励金融机构改进金融服务，加大对中小企业的信贷支持，并对自主创业人员在一定期限内给予小额信贷等扶持。

第二十条 国家实行城乡统筹的就业政策，建立健全城乡劳动者平等就业的制度，引导农业富余劳动力有序转移就业。

县级以上地方人民政府推进小城镇建设和加快县域经济发展，引导农业富余劳动力就地就近转移就业；在制定小城镇规划时，将本地区农业富余劳动力转移就业作为重要内容。

县级以上地方人民政府引导农业富余劳动力有序向城市异地转移就业；劳动力输出地和输入地人民政府应当互相配合，改善农村劳动者进城就业的环境和条件。

第二十一条 国家支持区域经济发展，鼓励区域协作，统筹协调不同地区就业的均衡增长。

国家支持民族地区发展经济，扩大就业。

第二十二条 各级人民政府统筹做好城镇新增劳动力就业、农业富余劳动力转移就业和失业人员就业工作。

第二十三条 各级人民政府采取措施，逐步完善和实施与非全日制用工等灵活就业相适应的劳动和社会保险政策，为灵活就业人员提供帮助和服务。

第二十四条 地方各级人民政府和有关部门应当加强对失业人员从事个体经营的指导，提供政策咨询、就业培训和开业指导等服务。

第三章 公平就业

第二十五条 各级人民政府创造公平就业的环境，消除就业歧视，制定政策并采取措施对就业困难人员给予扶持和援助。

第二十六条 用人单位招用人员、职业中介机构从事职业中介活动，应当向劳动者提供平等的就业机会和公平的就业条件，不得实施就业歧视。

第二十七条 国家保障妇女享有与男子平等的劳动权利。

用人单位招用人员，除国家规定的不适合妇女的工种或者岗位外，不得以性别为由拒绝录用妇女或者提高对妇女的录用标准。

用人单位录用女职工，不得在劳动合同中规定限制女职工结婚、生育的内容。

第二十八条 各民族劳动者享有平等的劳动权利。

用人单位招用人员，应当依法对少数民族劳动者给予适当照顾。

第二十九条 国家保障残疾人的劳动权利。

各级人民政府应当对残疾人就业统筹规划，为残疾人创造就业条件。

用人单位招用人员，不得歧视残疾人。

第三十条 用人单位招用人员，不得以是传染病病原携带者为由拒绝录用。但是，经医学鉴定传染病病原携带者在治愈前或者排除传染嫌疑前，不得从事法律、行政法规和国务院卫生行政部门规定禁止从事的易使传染病扩散的工作。

第三十一条 农村劳动者进城就业享有与城镇劳动者平等的劳动权利，不得对农村劳动者进城就业设置歧视性限制。

第四章 就业服务和管理

第三十二条 县级以上人民政府培育和完善统一开放、竞争有序的人力资源市场，为劳动者就业提供服务。

第三十三条 县级以上人民政府鼓励社会各方面依法开展就业服务活动，加强对公共就业服务和职业中介服务的指导和监督，逐步完善覆盖城乡的就业服务体系。

第三十四条 县级以上人民政府加强人力资源市场信息网络及相关设施建设，建立健全人力资源市场信息服务体系，完善市场信息发布制度。

第三十五条 县级以上人民政府建立健全公共就业服务体系，设立公共就业服务机构，为劳动者免费提供下列服务：

（一）就业政策法规咨询；

（二）职业供求信息、市场工资指导价位信息和职业培训信息发布；

（三）职业指导和职业介绍；

（四）对就业困难人员实施就业援助；

（五）办理就业登记、失业登记等事务；

（六）其他公共就业服务。

公共就业服务机构应当不断提高服务的质量和效率，不得从事经营性活动。

公共就业服务经费纳入同级财政预算。

第三十六条 县级以上地方人民政府对职业中介机构提供公益性就业服务的，按照规定给予补贴。

国家鼓励社会各界为公益性就业服务提供捐赠、资助。

第三十七条 地方各级人民政府和有关部门不得举办或者与他人联合举办经营性的职业中介机构。

地方各级人民政府和有关部门、公共就业服务机构举办的招聘会，不得向劳动者收取费用。

第三十八条 县级以上人民政府和有关部门加强对职业中介机构的管理，鼓励其提高服务质量，发挥其在促进就业中的作用。

第三十九条 从事职业中介活动，应当遵循合法、诚实信用、公平、公开的原则。

用人单位通过职业中介机构招用人员，应当如实向职业中介机构提供岗位需求信息。

禁止任何组织或者个人利用职业中介活动侵害劳动者的合法权益。

第四十条 设立职业中介机构应当具备下列条件：

（一）有明确的章程和管理制度；

（二）有开展业务必备的固定场所、办公设施和一定数额的开办资金；

（三）有一定数量具备相应职业资格的专职工作人员；

（四）法律、法规规定的其他条件。

设立职业中介机构应当在工商行政管理部门办理登记后，向劳动行政部门申请行政许可。

未经依法许可和登记的机构，不得从事职业中介活动。

国家对外商投资职业中介机构和向劳动者提供境外就业服务的职业中介机构另有规定的，依照其规定。

第四十一条 职业中介机构不得有下列行为：

（一）提供虚假就业信息；

（二）为无合法证照的用人单位提供职业中介服务；

（三）伪造、涂改、转让职业中介许可证；

（四）扣押劳动者的居民身份证和其他证件，或者向劳动者收取押金；

（五）其他违反法律、法规规定的行为。

第四十二条 县级以上人民政府建立失业预警制度，对可能出现的较大规模的失业，实施预防、调节和控制。

第四十三条 国家建立劳动力调查统计制度和就业登记、失业登记制度，开展劳动力资源和就业、失业状况调查统计，并公布调查统计结果。

统计部门和劳动行政部门进行劳动力调查统计和就业、失业登记时，用人单位和个人应当如实提供调查统计和登记所需要的情况。

第五章　职业教育和培训

第四十四条 国家依法发展职业教育，鼓励开展职业培训，促进劳动者提高职业技能，增强就业能力和创业能力。

第四十五条 县级以上人民政府根据经济社会发展和市场需求，制定并实施职业能力开发计划。

第四十六条 县级以上人民政府加强统筹协调，鼓励和支持各类职业院校、职业技能培训机构和用人单位依法开展就业前培训、在职培训、再就业培训和创业培训；鼓励劳动者参加各种形式的培训。

第四十七条 县级以上地方人民政府和有关部门根据市场需求和产业发展方向，鼓励、指导企业加强职业教育和培训。

职业院校、职业技能培训机构与企业应当密切联系，实行产教结合，为经济建设服务，培养实用人才和熟练劳动者。

企业应当按照国家有关规定提取职工教育经费，对劳动者进行职业技能培训和继续教育培训。

第四十八条 国家采取措施建立健全劳动预备制度，县级以上地方人民政府对有就业要求的初高中毕业生实行一定期限的职业教育和培训，使其取得相应的职业资格或者掌握一定的职业技能。

第四十九条 地方各级人民政府鼓励和支持开展就业培训，帮助失业人员提高职业技能，增强其就业能力和创业能力。失业人员参加就业培训的，按照有关规定享受政府培训补贴。

第五十条 地方各级人民政府采取有效措施，组织和引导进城就业的农村劳动者参加技能培训，鼓励各类培训机构为进城就业的农村劳动者提供技能培训，增强其就业能力和创业能力。

第五十一条 国家对从事涉及公共安全、人身健康、生命财产安全等特殊工种的劳动者，实行职业资格证书制度，具体办法由国务院规定。

第六章 就业援助

第五十二条 各级人民政府建立健全就业援助制度，采取税费减免、贷款贴息、社会保险补贴、岗位补贴等办法，通过公益性岗位安置等途径，对就业困难人员实行优先扶持和重点帮助。

就业困难人员是指因身体状况、技能水平、家庭因素、失去土地等原因难以实现就业，以及连续失业一定时间仍未能实现就业的人员。就业困难人员的具体范围，由省、自治区、直辖市人民政府根据本行政区域的实际情况规定。

第五十三条 政府投资开发的公益性岗位，应当优先安排符合岗位要求的就业困难人员。被安排在公益性岗位工作的，按照国家规定给予岗位补贴。

第五十四条 地方各级人民政府加强基层就业援助服务工作，对就业困难人员实施重点帮助，提供有针对性的就业服务和公益性岗位援助。

地方各级人民政府鼓励和支持社会各方面为就业困难人员提供技能培训、岗位信息等服务。

第五十五条 各级人民政府采取特别扶助措施，促进残疾人就业。

用人单位应当按照国家规定安排残疾人就业，具体办法由国务院规定。

第五十六条 县级以上地方人民政府采取多种就业形式，拓宽公益性岗位范围，开发就业岗位，确保城市有就业需求的家庭至少有一人实现就业。

法定劳动年龄内的家庭人员均处于失业状况的城市居民家庭，可以向住所地街道、社区公共就业服务机构申请就业援助。街道、社区公共就业服务机构经确认属实的，应当为该家庭中至少一人提供适当的就业岗位。

第五十七条 国家鼓励资源开采型城市和独立工矿区发展与市场需求相适应的产业，引导劳动者转移就业。

对因资源枯竭或者经济结构调整等原因造成就业困难人员集中的地区，上级人民政府应当给予必要的扶持和帮助。

第七章 监督检查

第五十八条 各级人民政府和有关

部门应当建立促进就业的目标责任制度。县级以上人民政府按照促进就业目标责任制的要求,对所属的有关部门和下一级人民政府进行考核和监督。

第五十九条 审计机关、财政部门应当依法对就业专项资金的管理和使用情况进行监督检查。

第六十条 劳动行政部门应当对本法实施情况进行监督检查,建立举报制度,受理对违反本法行为的举报,并及时予以核实、处理。

第八章 法律责任

第六十一条 违反本法规定,劳动行政等有关部门及其工作人员滥用职权、玩忽职守、徇私舞弊的,对直接负责的主管人员和其他直接责任人员依法给予处分。

第六十二条 违反本法规定,实施就业歧视的,劳动者可以向人民法院提起诉讼。

第六十三条 违反本法规定,地方各级人民政府和有关部门、公共就业服务机构举办经营性的职业中介机构,从事经营性职业中介活动,向劳动者收取费用的,由上级主管机关责令限期改正,将违法收取的费用退还劳动者,并对直接负责的主管人员和其他直接责任人员依法给予处分。

第六十四条 违反本法规定,未经许可和登记,擅自从事职业中介活动的,由劳动行政部门或者其他主管部门

依法予以关闭;有违法所得的,没收违法所得,并处一万元以上五万元以下的罚款。

第六十五条 违反本法规定,职业中介机构提供虚假就业信息,为无合法证照的用人单位提供职业中介服务,伪造、涂改、转让职业中介许可证的,由劳动行政部门或者其他主管部门责令改正;有违法所得的,没收违法所得,并处一万元以上五万元以下的罚款;情节严重的,吊销职业中介许可证。

第六十六条 违反本法规定,职业中介机构扣押劳动者居民身份证等证件的,由劳动行政部门责令限期退还劳动者,并依照有关法律规定给予处罚。

违反本法规定,职业中介机构向劳动者收取押金的,由劳动行政部门责令限期退还劳动者,并以每人五百元以上二千元以下的标准处以罚款。

第六十七条 违反本法规定,企业未按照国家规定提取职工教育经费,或者挪用职工教育经费的,由劳动行政部门责令改正,并依法给予处罚。

第六十八条 违反本法规定,侵害劳动者合法权益,造成财产损失或者其他损害的,依法承担民事责任;构成犯罪的,依法追究刑事责任。

第九章 附 则

第六十九条 本法自 2008 年 1 月 1 日起施行。

2. 行政法规

保障农民工工资支付条例

（2019年12月4日国务院第73次常务会议通过　2019年12月30日
中华人民共和国国务院令第724号公布　自2020年5月1日起施行）

第一章　总　则

第一条　为了规范农民工工资支付行为，保障农民工按时足额获得工资，根据《中华人民共和国劳动法》及有关法律规定，制定本条例。

第二条　保障农民工工资支付，适用本条例。

本条例所称农民工，是指为用人单位提供劳动的农村居民。

本条例所称工资，是指农民工为用人单位提供劳动后应当获得的劳动报酬。

第三条　农民工有按时足额获得工资的权利。任何单位和个人不得拖欠农民工工资。

农民工应当遵守劳动纪律和职业道德，执行劳动安全卫生规程，完成劳动任务。

第四条　县级以上地方人民政府对本行政区域内保障农民工工资支付工作负责，建立保障农民工工资支付工作协调机制，加强监管能力建设，健全保障农民工工资支付工作目标责任制，并纳入对本级人民政府有关部门和下级人民政府进行考核和监督的内容。

乡镇人民政府、街道办事处应当加强对拖欠农民工工资矛盾的排查和调处工作，防范和化解矛盾，及时调解纠纷。

第五条　保障农民工工资支付，应当坚持市场主体负责、政府依法监管、社会协同监督，按照源头治理、预防为主、防治结合、标本兼治的要求，依法根治拖欠农民工工资问题。

第六条　用人单位实行农民工劳动用工实名制管理，与招用的农民工书面约定或者通过依法制定的规章制度规定工资支付标准、支付时间、支付方式等内容。

第七条　人力资源社会保障行政部门负责保障农民工工资支付工作的组织协调、管理指导和农民工工资支付情况的监督检查，查处有关拖欠农民工工资案件。

住房城乡建设、交通运输、水利等相关行业工程建设主管部门按照职责履行行业监管责任，督办因违法发包、转包、违法分包、挂靠、拖欠工程款等导致的拖欠农民工工资案件。

发展改革等部门按照职责负责政府投资项目的审批管理，依法审查政府投资项目的资金来源和筹措方式，按规定及时安排政府投资，加强社会信用体系建设，组织对拖欠农民工工资失信联合惩戒对象依法依规予以限制和惩戒。

财政部门负责政府投资资金的预算管理，根据经批准的预算按规定及时足额拨付政府投资资金。

公安机关负责及时受理、侦办涉嫌拒不支付劳动报酬刑事案件，依法处置因农民工工资拖欠引发的社会治安案件。

司法行政、自然资源、人民银行、审计、国有资产管理、税务、市场监管、金融监管等部门，按照职责做好与保障农民工工资支付相关的工作。

第八条　工会、共产主义青年团、妇女联合会、残疾人联合会等组织按照职责依法维护农民工获得工资的权利。

第九条　新闻媒体应当开展保障农民工工资支付法律法规政策的公益宣传和先进典型的报道，依法加强对拖欠农民工工资违法行为的舆论监督，引导用人单位增强依法用工、按时足额支付工资的法律意识，引导农民工依法维权。

第十条　被拖欠工资的农民工有权依法投诉，或者申请劳动争议调解仲裁和提起诉讼。

任何单位和个人对拖欠农民工工资的行为，有权向人力资源社会保障行政部门或者其他有关部门举报。

人力资源社会保障行政部门和其他有关部门应当公开举报投诉电话、网站等渠道，依法接受对拖欠农民工工资行为的举报、投诉。对于举报、投诉的处理实行首问负责制，属于本部门受理的，应当依法及时处理；不属于本部门受理的，应当及时转送相关部门，相关部门应当依法及时处理，并将处理结果告知举报、投诉人。

第二章　工资支付形式与周期

第十一条　农民工工资应当以货币形式，通过银行转账或者现金支付给农民工本人，不得以实物或者有价证券等其他形式替代。

第十二条　用人单位应当按照与农民工书面约定或者依法制定的规章制度规定的工资支付周期和具体支付日期足额支付工资。

第十三条　实行月、周、日、小时工资制的，按照月、周、日、小时为周期支付工资；实行计件工资制的，工资支付周期由双方依法约定。

第十四条　用人单位与农民工书面约定或者依法制定的规章制度规定的具体支付日期，可以在农民工提供劳动的当期或者次期。具体支付日期遇法定节假日或者休息日的，应当在法定节假日或者休息日前支付。

用人单位因不可抗力未能在支付日期支付工资的，应当在不可抗力消除后及时支付。

第十五条　用人单位应当按照工资支付周期编制书面工资支付台账，并至少保存 3 年。

书面工资支付台账应当包括用人单位名称，支付周期，支付日期，支付对象姓名、身份证号码、联系方式，工作时间，应发工资项目及数额，代扣、代缴、扣除项目和数额，实发工资数额，银行代发工资凭证或者农民工签字等内容。

用人单位向农民工支付工资时，应当提供农民工本人的工资清单。

第三章　工资清偿

第十六条　用人单位拖欠农民工工资的，应当依法予以清偿。

第十七条　不具备合法经营资格的

单位招用农民工，农民工已经付出劳动而未获得工资的，依照有关法律规定执行。

第十八条 用工单位使用个人、不具备合法经营资格的单位或者未依法取得劳务派遣许可证的单位派遣的农民工，拖欠农民工工资的，由用工单位清偿，并可以依法进行追偿。

第十九条 用人单位将工作任务发包给个人或者不具备合法经营资格的单位，导致拖欠所招用农民工工资的，依照有关法律规定执行。

用人单位允许个人、不具备合法经营资格或者未取得相应资质的单位以用人单位的名义对外经营，导致拖欠所招用农民工工资的，由用人单位清偿，并可以依法进行追偿。

第二十条 合伙企业、个人独资企业、个体经济组织等用人单位拖欠农民工工资的，应当依法予以清偿；不清偿的，由出资人依法清偿。

第二十一条 用人单位合并或者分立时，应当在实施合并或者分立前依法清偿拖欠的农民工工资；经与农民工书面协商一致的，可以由合并或者分立后承继其权利和义务的用人单位清偿。

第二十二条 用人单位被依法吊销营业执照或者登记证书、被责令关闭、被撤销或者依法解散的，应当在申请注销登记前依法清偿拖欠的农民工工资。

未依据前款规定清偿农民工工资的用人单位主要出资人，应当在注册新用人单位前清偿拖欠的农民工工资。

第四章 工程建设领域特别规定

第二十三条 建设单位应当有满足施工所需要的资金安排。没有满足施工所需要的资金安排的，工程建设项目不得开工建设；依法需要办理施工许可证的，相关行业工程建设主管部门不予颁

发施工许可证。

政府投资项目所需资金，应当按照国家有关规定落实到位，不得由施工单位垫资建设。

第二十四条 建设单位应当向施工单位提供工程款支付担保。

建设单位与施工总承包单位依法订立书面工程施工合同，应当约定工程款计量周期、工程款进度结算办法以及人工费用拨付周期，并按照保障农民工工资按时足额支付的要求约定人工费用。人工费用拨付周期不得超过1个月。

建设单位与施工总承包单位应当将工程施工合同保存备查。

第二十五条 施工总承包单位与分包单位依法订立书面分包合同，应当约定工程款计量周期、工程款进度结算办法。

第二十六条 施工总承包单位应当按照有关规定开设农民工工资专用账户，专项用于支付该工程建设项目农民工工资。

开设、使用农民工工资专用账户有关资料应当由施工总承包单位妥善保存备查。

第二十七条 金融机构应当优化农民工工资专用账户开设服务流程，做好农民工工资专用账户的日常管理工作；发现资金未按约定拨付等情况的，及时通知施工总承包单位，由施工总承包单位报告人力资源社会保障行政部门和相关行业工程建设主管部门，并纳入欠薪预警系统。

工程完工且未拖欠农民工工资的，施工总承包单位公示30日后，可以申请注销农民工工资专用账户，账户内余额归施工总承包单位所有。

第二十八条 施工总承包单位或者分包单位应当依法与所招用的农民工订立劳动合同并进行用工实名登记，具备

条件的行业应当通过相应的管理服务信息平台进行用工实名登记、管理。未与施工总承包单位或者分包单位订立劳动合同并进行用工实名登记的人员，不得进入项目现场施工。

施工总承包单位应当在工程项目部配备劳资专管员，对分包单位劳动用工实施监督管理，掌握施工现场用工、考勤、工资支付等情况，审核分包单位编制的农民工工资支付表，分包单位应当予以配合。

施工总承包单位、分包单位应当建立用工管理台账，并保存至工程完工且工资全部结清后至少3年。

第二十九条 建设单位应当按照合同约定及时拨付工程款，并将人工费用及时足额拨付至农民工工资专用账户，加强对施工总承包单位按时足额支付农民工工资的监督。

因建设单位未按照合同约定及时拨付工程款导致农民工工资拖欠的，建设单位应当以未结清的工程款为限先行垫付被拖欠的农民工工资。

建设单位应当以项目为单位建立保障农民工工资支付协调机制和工资拖欠预防机制，督促施工总承包单位加强劳动用工管理，妥善处理与农民工工资支付相关的矛盾纠纷。发生农民工集体讨薪事件的，建设单位应当会同施工总承包单位及时处理，并向项目所在地人力资源社会保障行政部门和相关行业工程建设主管部门报告有关情况。

第三十条 分包单位对所招用农民工的实名制管理和工资支付负直接责任。

施工总承包单位对分包单位劳动用工和工资发放等情况进行监督。

分包单位拖欠农民工工资的，由施工总承包单位先行清偿，再依法进行追偿。

工程建设项目转包，拖欠农民工工资的，由施工总承包单位先行清偿，再依法进行追偿。

第三十一条 工程建设领域推行分包单位农民工工资委托施工总承包单位代发制度。

分包单位应当按月考核农民工工作量并编制工资支付表，经农民工本人签字确认后，与当月工程进度等情况一并交施工总承包单位。

施工总承包单位根据分包单位编制的工资支付表，通过农民工工资专用账户直接将工资支付到农民工本人的银行账户，并向分包单位提供代发工资凭证。

用于支付农民工工资的银行账户所绑定的农民工本人社会保障卡或者银行卡，用人单位或者其他人员不得以任何理由扣押或者变相扣押。

第三十二条 施工总承包单位应当按照有关规定存储工资保证金，专项用于支付为所承包工程提供劳动的农民工被拖欠的工资。

工资保证金实行差异化存储办法，对一定时期内未发生工资拖欠的单位实行减免措施，对发生工资拖欠的单位适当提高存储比例。工资保证金可以用金融机构保函替代。

工资保证金的存储比例、存储形式、减免措施等具体办法，由国务院人力资源社会保障行政部门会同有关部门制定。

第三十三条 除法律另有规定外，农民工工资专用账户资金和工资保证金不得因支付为本项目提供劳动的农民工工资之外的原因被查封、冻结或者划拨。

第三十四条 施工总承包单位应当在施工现场醒目位置设立维权信息告示牌，明示下列事项：

（一）建设单位、施工总承包单位及所在项目部、分包单位、相关行业工程建设主管部门、劳资专管员等基本信息；

（二）当地最低工资标准、工资支付日期等基本信息；

（三）相关行业工程建设主管部门和劳动保障监察投诉举报电话、劳动争议调解仲裁申请渠道、法律援助申请渠道、公共法律服务热线等信息。

第三十五条 建设单位与施工总承包单位或者承包单位与分包单位因工程数量、质量、造价等产生争议的，建设单位不得因争议不按照本条例第二十四条的规定拨付工程款中的人工费用，施工总承包单位也不得因争议不按照规定代发工资。

第三十六条 建设单位或者施工总承包单位将建设工程发包或者分包给个人或者不具备合法经营资格的单位，导致拖欠农民工工资的，由建设单位或者施工总承包单位清偿。

施工单位允许其他单位和个人以施工单位的名义对外承揽建设工程，导致拖欠农民工工资的，由施工单位清偿。

第三十七条 工程建设项目违反国土空间规划、工程建设等法律法规，导致拖欠农民工工资的，由建设单位清偿。

第五章　监督检查

第三十八条 县级以上地方人民政府应当建立农民工工资支付监控预警平台，实现人力资源社会保障、发展改革、司法行政、财政、住房城乡建设、交通运输、水利等部门的工程项目审批、资金落实、施工许可、劳动用工、工资支付等信息及时共享。

人力资源社会保障行政部门根据水电燃气供应、物业管理、信贷、税收等反映企业生产经营相关指标的变化情况，及时监控和预警工资支付隐患并做好防范工作，市场监管、金融监管、税务等部门应当予以配合。

第三十九条 人力资源社会保障行政部门、相关行业工程建设主管部门和其他有关部门应当按照职责，加强对用人单位与农民工签订劳动合同、工资支付以及工程建设项目实行农民工实名制管理、农民工工资专用账户管理、施工总承包单位代发工资、工资保证金存储、维权信息公示等情况的监督检查，预防和减少拖欠农民工工资行为的发生。

第四十条 人力资源社会保障行政部门在查处拖欠农民工工资案件时，需要依法查询相关单位金融账户和相关当事人拥有房产、车辆等情况的，应当经设区的市级以上地方人民政府人力资源社会保障行政部门负责人批准，有关金融机构和登记部门应当予以配合。

第四十一条 人力资源社会保障行政部门在查处拖欠农民工工资案件时，发生用人单位拒不配合调查、清偿责任主体及相关当事人无法联系等情形的，可以请求公安机关和其他有关部门协助处理。

人力资源社会保障行政部门发现拖欠农民工工资的违法行为涉嫌构成拒不支付劳动报酬罪的，应当按照有关规定及时移送公安机关审查并作出决定。

第四十二条 人力资源社会保障行政部门作出责令支付被拖欠的农民工工资的决定，相关单位不支付的，可以依法申请人民法院强制执行。

第四十三条 相关行业工程建设主管部门应当依法规范本领域建设市场秩序，对违法发包、转包、违法分包、挂靠等行为进行查处，并对导致拖欠农民工工资的违法行为及时予以制止、纠正。

第四十四条 财政部门、审计机关和相关行业工程建设主管部门按照职责，依法对政府投资项目建设单位按照工程施工合同约定向农民工工资专用账户拨付资金情况进行监督。

第四十五条 司法行政部门和法律援助机构应当将农民工列为法律援助的重点对象，并依法为请求支付工资的农民工提供便捷的法律援助。

公共法律服务相关机构应当积极参与相关诉讼、咨询、调解等活动，帮助解决拖欠农民工工资问题。

第四十六条 人力资源社会保障行政部门、相关行业工程建设主管部门和其他有关部门应当按照"谁执法谁普法"普法责任制的要求，通过以案释法等多种形式，加大对保障农民工工资支付相关法律法规的普及宣传。

第四十七条 人力资源社会保障行政部门应当建立用人单位及相关责任人劳动保障守法诚信档案，对用人单位开展守法诚信等级评价。

用人单位有严重拖欠农民工工资违法行为的，由人力资源社会保障行政部门向社会公布，必要时可以通过召开新闻发布会等形式向媒体公开曝光。

第四十八条 用人单位拖欠农民工工资，情节严重或者造成严重不良社会影响的，有关部门应当将该用人单位及其法定代表人或者主要负责人、直接负责的主管人员和其他直接责任人员列入拖欠农民工工资失信联合惩戒对象名单，在政府资金支持、政府采购、招投标、融资贷款、市场准入、税收优惠、评优评先、交通出行等方面依法依规予以限制。

拖欠农民工工资需要列入失信联合惩戒名单的具体情形，由国务院人力资源社会保障行政部门规定。

第四十九条 建设单位未依法提供工程款支付担保或者政府投资项目拖欠工程款，导致拖欠农民工工资的，县级以上地方人民政府应当限制其新建项目，并记入信用记录，纳入国家信用信息系统进行公示。

第五十条 农民工与用人单位就拖欠工资存在争议，用人单位应当提供依法由其保存的劳动合同、职工名册、工资支付台账和清单等材料；不提供的，依法承担不利后果。

第五十一条 工会依法维护农民工工资权益，对用人单位工资支付情况进行监督；发现拖欠农民工工资的，可以要求用人单位改正，拒不改正的，可以请求人力资源社会保障行政部门和其他有关部门依法处理。

第五十二条 单位或者个人编造虚假事实或者采取非法手段讨要农民工工资，或者以拖欠农民工工资为名讨要工程款的，依法予以处理。

第六章 法律责任

第五十三条 违反本条例规定拖欠农民工工资的，依照有关法律规定执行。

第五十四条 有下列情形之一的，由人力资源社会保障行政部门责令限期改正；逾期不改正的，对单位处2万元以上5万元以下的罚款，对法定代表人或者主要负责人、直接负责的主管人员和其他直接责任人员处1万元以上3万元以下的罚款：

（一）以实物、有价证券等形式代替货币支付农民工工资；

（二）未编制工资支付台账并依法保存，或者未向农民工提供工资清单；

（三）扣押或者变相扣押用于支付农民工工资的银行账户所绑定的农民工本人社会保障卡或者银行卡。

第五十五条 有下列情形之一的，由人力资源社会保障行政部门、相关行业工程建设主管部门按照职责责令限期改正；逾期不改正的，责令项目停工，并处5万元以上10万元以下的罚款；情节严重的，给予施工单位限制承接新工程、降低资质等级、吊销资质证书等处罚：

（一）施工总承包单位未按规定开设或者使用农民工工资专用账户；

（二）施工总承包单位未按规定存储工资保证金或者未提供金融机构保函；

（三）施工总承包单位、分包单位未实行劳动用工实名制管理。

第五十六条 有下列情形之一的，由人力资源社会保障行政部门、相关行业工程建设主管部门按照职责责令限期改正；逾期不改正的，处5万元以上10万元以下的罚款：

（一）分包单位未按月考核农民工工作量、编制工资支付表并经农民工本人签字确认；

（二）施工总承包单位未对分包单位劳动用工实施监督管理；

（三）分包单位未配合施工总承包单位对其劳动用工进行监督管理；

（四）施工总承包单位未实行施工现场维权信息公示制度。

第五十七条 有下列情形之一的，由人力资源社会保障行政部门、相关行业工程建设主管部门按照职责责令限期改正；逾期不改正的，责令项目停工，并处5万元以上10万元以下的罚款：

（一）建设单位未依法提供工程款支付担保；

（二）建设单位未按约定及时足额向农民工工资专用账户拨付工程款中的人工费用；

（三）建设单位或者施工总承包单位拒不提供或者无法提供工程施工合同、农民工工资专用账户有关资料。

第五十八条 不依法配合人力资源社会保障行政部门查询相关单位金融账户的，由金融监管部门责令改正；拒不改正的，处2万元以上5万元以下的罚款。

第五十九条 政府投资项目政府投资资金不到位拖欠农民工工资的，由人力资源社会保障行政部门报本级人民政府批准，责令限期足额拨付所拖欠的资金；逾期不拨付的，由上一级人民政府人力资源社会保障行政部门约谈直接责任部门和相关监管部门负责人，必要时进行通报，约谈地方人民政府负责人。情节严重的，对地方人民政府及其有关部门负责人、直接负责的主管人员和其他直接责任人员依法依规给予处分。

第六十条 政府投资项目建设单位未经批准立项建设、擅自扩大建设规模、擅自增加投资概算、未及时拨付工程款等导致拖欠农民工工资的，除依法承担责任外，由人力资源社会保障行政部门、其他有关部门按照职责约谈建设单位负责人，并作为其业绩考核、薪酬分配、评优评先、职务晋升等的重要依据。

第六十一条 对于建设资金不到位、违法违规开工建设的社会投资工程建设项目拖欠农民工工资的，由人力资源社会保障行政部门、其他有关部门按照职责依法对建设单位进行处罚；对建设单位负责人依法依规给予处分。相关部门工作人员未依法履行职责的，由有关机关依法依规给予处分。

第六十二条 县级以上地方人民政府人力资源社会保障、发展改革、财政、公安等部门和相关行业工程建设主管部门工作人员，在履行农民工工资支付监督管理职责过程中滥用职权、玩忽职守、徇私舞弊的，依法依规给予处分；构成犯罪的，依法追究刑事责任。

第七章 附 则

第六十三条 用人单位一时难以支付拖欠的农民工工资或者拖欠农民工工资逃匿的，县级以上地方人民政府可以动用应急周转金，先行垫付用人单位拖欠的农民工部分工资或者基本生活费。对已经垫付的应急周转金，应当依法向拖欠农民工工资的用人单位进行追偿。

第六十四条 本条例自 2020 年 5 月 1 日起施行。

人力资源市场暂行条例

（2018 年 5 月 2 日国务院第 7 次常务会议通过 2018 年 6 月 29 日中华人民共和国国务院令第 700 号公布 自 2018 年 10 月 1 日起施行）

第一章 总 则

第一条 为了规范人力资源市场活动，促进人力资源合理流动和优化配置，促进就业创业，根据《中华人民共和国就业促进法》和有关法律，制定本条例。

第二条 在中华人民共和国境内通过人力资源市场求职、招聘和开展人力资源服务，适用本条例。

法律、行政法规和国务院规定对求职、招聘和开展人力资源服务另有规定的，从其规定。

第三条 通过人力资源市场求职、招聘和开展人力资源服务，应当遵循合法、公平、诚实信用的原则。

第四条 国务院人力资源社会保障行政部门负责全国人力资源市场的统筹规划和综合管理工作。

县级以上地方人民政府人力资源社会保障行政部门负责本行政区域人力资源市场的管理工作。

县级以上人民政府发展改革、教育、公安、财政、商务、税务、市场监督管理等有关部门在各自职责范围内做好人力资源市场的管理工作。

第五条 国家加强人力资源服务标准化建设，发挥人力资源服务标准在行业引导、服务规范、市场监管等方面的作用。

第六条 人力资源服务行业协会应当依照法律、法规、规章及其章程的规定，制定行业自律规范，推进行业诚信建设，提高服务质量，对会员的人力资源服务活动进行指导、监督，依法维护会员合法权益，反映会员诉求，促进行业公平竞争。

第二章 人力资源市场培育

第七条 国家建立统一开放、竞争有序的人力资源市场体系，发挥市场在人力资源配置中的决定性作用，健全人力资源开发机制，激发人力资源创新创造创业活力，促进人力资源市场繁荣发展。

第八条 国家建立政府宏观调控、市场公平竞争、单位自主用人、个人自主择业、人力资源服务机构诚信服务的人力资源流动配置机制，促进人力资源自由有序流动。

第九条　县级以上人民政府应当将人力资源市场建设纳入国民经济和社会发展规划，运用区域、产业、土地等政策，推进人力资源市场建设，发展专业性、行业性人力资源市场，鼓励并规范高端人力资源服务等业态发展，提高人力资源服务业发展水平。

国家鼓励社会力量参与人力资源市场建设。

第十条　县级以上人民政府建立覆盖城乡和各行业的人力资源市场供求信息系统，完善市场信息发布制度，为求职、招聘提供服务。

第十一条　国家引导和促进人力资源在机关、企业、事业单位、社会组织之间以及不同地区之间合理流动。任何地方和单位不得违反国家规定在户籍、地域、身份等方面设置限制人力资源流动的条件。

第十二条　人力资源社会保障行政部门应当加强人力资源市场监管，维护市场秩序，保障公平竞争。

第十三条　国家鼓励开展平等、互利的人力资源国际合作与交流，充分开发利用国际国内人力资源。

第三章　人力资源服务机构

第十四条　本条例所称人力资源服务机构，包括公共人力资源服务机构和经营性人力资源服务机构。

公共人力资源服务机构，是指县级以上人民政府设立的公共就业和人才服务机构。

经营性人力资源服务机构，是指依法设立的从事人力资源服务经营活动的机构。

第十五条　公共人力资源服务机构提供下列服务，不得收费：

（一）人力资源供求、市场工资指导价位、职业培训等信息发布；

（二）职业介绍、职业指导和创业开业指导；

（三）就业创业和人才政策法规咨询；

（四）对就业困难人员实施就业援助；

（五）办理就业登记、失业登记等事务；

（六）办理高等学校、中等职业学校、技工学校毕业生接收手续；

（七）流动人员人事档案管理；

（八）县级以上人民政府确定的其他服务。

第十六条　公共人力资源服务机构应当加强信息化建设，不断提高服务质量和效率。

公共人力资源服务经费纳入政府预算。人力资源社会保障行政部门应当依法加强公共人力资源服务经费管理。

第十七条　国家通过政府购买服务等方式支持经营性人力资源服务机构提供公益性人力资源服务。

第十八条　经营性人力资源服务机构从事职业中介活动的，应当依法向人力资源社会保障行政部门申请行政许可，取得人力资源服务许可证。

经营性人力资源服务机构开展人力资源供求信息的收集和发布、就业和创业指导、人力资源管理咨询、人力资源测评、人力资源培训、承接人力资源服务外包等人力资源服务业务的，应当自开展业务之日起15日内向人力资源社会保障行政部门备案。

经营性人力资源服务机构从事劳务派遣业务的，执行国家有关劳务派遣的规定。

第十九条　人力资源社会保障行政部门应当自收到经营性人力资源服务机构从事职业中介活动的申请之日起20日内依法作出行政许可决定。符合条件的，颁发人力资源服务许可证；不符合条件的，作出不予批准的书面决定并说明理由。

第二十条 经营性人力资源服务机构设立分支机构的，应当自工商登记办理完毕之日起15日内，书面报告分支机构所在地人力资源社会保障行政部门。

第二十一条 经营性人力资源服务机构变更名称、住所、法定代表人或者终止经营活动的，应当自工商变更登记或者注销登记办理完毕之日起15日内，书面报告人力资源社会保障行政部门。

第二十二条 人力资源社会保障行政部门应当及时向社会公布取得行政许可或者经过备案的经营性人力资源服务机构名单及其变更、延续等情况。

第四章 人力资源市场活动规范

第二十三条 个人求职，应当如实提供本人基本信息以及与应聘岗位相关的知识、技能、工作经历等情况。

第二十四条 用人单位发布或者向人力资源服务机构提供的单位基本情况、招聘人数、招聘条件、工作内容、工作地点、基本劳动报酬等招聘信息，应当真实、合法，不得含有民族、种族、性别、宗教信仰等方面的歧视性内容。

用人单位自主招用人员，需要建立劳动关系的，应当依法与劳动者订立劳动合同，并按照国家有关规定办理社会保险等相关手续。

第二十五条 人力资源流动，应当遵守法律、法规对服务期、从业限制、保密等方面的规定。

第二十六条 人力资源服务机构接受用人单位委托招聘人员，应当要求用人单位提供招聘简章、营业执照或者有关部门批准设立的文件、经办人的身份证件、用人单位的委托证明，并对所提供材料的真实性、合法性进行审查。

第二十七条 人力资源服务机构接受用人单位委托招聘人员或者开展其他人力资源服务，不得采取欺诈、暴力、胁迫或者其他不正当手段，不得以招聘为名牟取不正当利益，不得介绍单位或者个人从事违法活动。

第二十八条 人力资源服务机构举办现场招聘会，应当制定组织实施办法、应急预案和安全保卫工作方案，核实参加招聘会的招聘单位及其招聘简章的真实性、合法性，提前将招聘会信息向社会公布，并对招聘中的各项活动进行管理。

举办大型现场招聘会，应当符合《大型群众性活动安全管理条例》等法律法规的规定。

第二十九条 人力资源服务机构发布人力资源供求信息，应当建立健全信息发布审查和投诉处理机制，确保发布的信息真实、合法、有效。

人力资源服务机构在业务活动中收集用人单位和个人信息的，不得泄露或者违法使用所知悉的商业秘密和个人信息。

第三十条 经营性人力资源服务机构接受用人单位委托提供人力资源服务外包的，不得改变用人单位与个人的劳动关系，不得与用人单位串通侵害个人的合法权益。

第三十一条 人力资源服务机构通过互联网提供人力资源服务的，应当遵守本条例和国家有关网络安全、互联网信息服务管理的规定。

第三十二条 经营性人力资源服务机构应当在服务场所明示下列事项，并接受人力资源社会保障行政部门和市场监督管理、价格等主管部门的监督检查：

（一）营业执照；

（二）服务项目；

（三）收费标准；

（四）监督机关和监督电话。

从事职业中介活动的，还应当在服务场所明示人力资源服务许可证。

第三十三条 人力资源服务机构应当加强内部制度建设，健全财务管理制度，建立服务台账，如实记录服务对象、服务过程、服务结果等信息。服务台账应当保存2年以上。

第五章 监督管理

第三十四条 人力资源社会保障行政部门对经营性人力资源服务机构实施监督检查，可以采取下列措施：

（一）进入被检查单位进行检查；

（二）询问有关人员，查阅服务台账等服务信息档案；

（三）要求被检查单位提供与检查事项相关的文件资料，并作出解释和说明；

（四）采取记录、录音、录像、照相或者复制等方式收集有关情况和资料；

（五）法律、法规规定的其他措施。

人力资源社会保障行政部门实施监督检查时，监督检查人员不得少于2人，应当出示执法证件，并对被检查单位的商业秘密予以保密。

对人力资源社会保障行政部门依法进行的监督检查，被检查单位应当配合，如实提供相关资料和信息，不得隐瞒、拒绝、阻碍。

第三十五条 人力资源社会保障行政部门采取随机抽取检查对象、随机选派执法人员的方式实施监督检查。

监督检查的情况应当及时向社会公布。其中，行政处罚、监督检查结果可以通过国家企业信用信息公示系统或者

其他系统向社会公示。

第三十六条 经营性人力资源服务机构应当在规定期限内，向人力资源社会保障行政部门提交经营情况年度报告。人力资源社会保障行政部门可以依法公示或者引导经营性人力资源服务机构依法公示年度报告的有关内容。

人力资源社会保障行政部门应当加强与市场监督管理等部门的信息共享。通过信息共享可以获取的信息，不得要求经营性人力资源服务机构重复提供。

第三十七条 人力资源社会保障行政部门应当加强人力资源市场诚信建设，把用人单位、个人和经营性人力资源服务机构的信用数据和失信情况等纳入市场诚信建设体系，建立守信激励和失信惩戒机制，实施信用分类监管。

第三十八条 人力资源社会保障行政部门应当按照国家有关规定，对公共人力资源服务机构进行监督管理。

第三十九条 在人力资源服务机构中，根据中国共产党章程及有关规定，建立党的组织并开展活动，加强对流动党员的教育监督和管理服务。人力资源服务机构应当为中国共产党组织的活动提供必要条件。

第四十条 人力资源社会保障行政部门应当畅通对用人单位和人力资源服务机构的举报投诉渠道，依法及时处理有关举报投诉。

第四十一条 公安机关应当依法查处人力资源市场的违法犯罪行为，人力资源社会保障行政部门予以配合。

第六章 法律责任

第四十二条 违反本条例第十八条第一款规定，未经许可擅自从事职业中介活动的，由人力资源社会保障行政部门予以关闭或者责令停止从事职业中介活动；有违法所得的，没收违法所得，

并处 1 万元以上 5 万元以下的罚款。

违反本条例第十八条第二款规定，开展人力资源服务业务未备案，违反本条例第二十条、第二十一条规定，设立分支机构、办理变更或者注销登记未书面报告的，由人力资源社会保障行政部门责令改正；拒不改正的，处 5000 元以上 1 万元以下的罚款。

第四十三条 违反本条例第二十四条、第二十七条、第二十八条、第二十九条、第三十条、第三十一条规定，发布的招聘信息不真实、不合法，未依法开展人力资源服务业务的，由人力资源社会保障行政部门责令改正；有违法所得的，没收违法所得；拒不改正的，处 1 万元以上 5 万元以下的罚款；情节严重的，吊销人力资源服务许可证；给个人造成损害的，依法承担民事责任。违反其他法律、行政法规的，由有关主管部门依法给予处罚。

第四十四条 未按照本条例第三十二条规定明示有关事项，未按照本条例第三十三条规定建立健全内部制度或者保存服务台账，未按照本条例第三十六条规定提交经营情况年度报告的，由人力资源社会保障行政部门责令改正；拒不改正的，处 5000 元以上 1 万元以下的罚款。违反其他法律、行政法规的，由有关主管部门依法给予处罚。

第四十五条 公共人力资源服务机构违反本条例规定的，由上级主管机关责令改正；拒不改正的，对直接负责的主管人员和其他直接责任人员依法给予处分。

第四十六条 人力资源社会保障行政部门和有关主管部门及其工作人员有下列情形之一的，对直接负责的领导人员和其他直接责任人员依法给予处分：

（一）不依法作出行政许可决定；

（二）在办理行政许可或者备案、实施监督检查中，索取或者收受他人财物，或者谋取其他利益；

（三）不依法履行监督职责或者监督不力，造成严重后果；

（四）其他滥用职权、玩忽职守、徇私舞弊的情形。

第四十七条 违反本条例规定，构成违反治安管理行为的，依法给予治安管理处罚；构成犯罪的，依法追究刑事责任。

第七章 附 则

第四十八条 本条例自 2018 年 10 月 1 日起施行。

安全生产许可证条例

(2004 年 1 月 13 日中华人民共和国国务院令第 397 号公布 根据 2013 年 7 月 18 日《国务院关于废止和修改部分行政法规的决定》第一次修订 根据 2014 年 7 月 29 日《国务院关于修改部分行政法规的决定》第二次修订)

第一条 为了严格规范安全生产条件，进一步加强安全生产监督管理，防止和减少生产安全事故，根据《中华人民共和国安全生产法》的有关规定，制定本条例。

第二条 国家对矿山企业、建筑施工企业和危险化学品、烟花爆竹、民用爆炸物品生产企业（以下统称企业）实行安全生产许可制度。

企业未取得安全生产许可证的，不得从事生产活动。

第三条 国务院安全生产监督管理部门负责中央管理的非煤矿矿山企业和危险化学品、烟花爆竹生产企业安全生产许可证的颁发和管理。

省、自治区、直辖市人民政府安全生产监督管理部门负责前款规定以外的非煤矿矿山企业和危险化学品、烟花爆竹生产企业安全生产许可证的颁发和管理，并接受国务院安全生产监督管理部门的指导和监督。

国家煤矿安全监察机构负责中央管理的煤矿企业安全生产许可证的颁发和管理。

在省、自治区、直辖市设立的煤矿安全监察机构负责前款规定以外的其他煤矿企业安全生产许可证的颁发和管理，并接受国家煤矿安全监察机构的指导和监督。

第四条 省、自治区、直辖市人民政府建设主管部门负责建筑施工企业安全生产许可证的颁发和管理，并接受国务院建设主管部门的指导和监督。

第五条 省、自治区、直辖市人民政府民用爆炸物品行业主管部门负责民用爆炸物品生产企业安全生产许可证的颁发和管理，并接受国务院民用爆炸物品行业主管部门的指导和监督。

第六条 企业取得安全生产许可证，应当具备下列安全生产条件：

（一）建立、健全安全生产责任制，制定完备的安全生产规章制度和操作规程；

（二）安全投入符合安全生产要求；

（三）设置安全生产管理机构，配备专职安全生产管理人员；

（四）主要负责人和安全生产管理人员经考核合格；

（五）特种作业人员经有关业务主管部门考核合格，取得特种作业操作资格证书；

（六）从业人员经安全生产教育和培训合格；

（七）依法参加工伤保险，为从业人员缴纳保险费；

（八）厂房、作业场所和安全设施、设备、工艺符合有关安全生产法律、法规、标准和规程的要求；

（九）有职业危害防治措施，并为从业人员配备符合国家标准或者行业标准的劳动防护用品；

（十）依法进行安全评价；

（十一）有重大危险源检测、评估、监控措施和应急预案；

（十二）有生产安全事故应急救援预案、应急救援组织或者应急救援人员，配备必要的应急救援器材、设备；

（十三）法律、法规规定的其他条件。

第七条 企业进行生产前，应当依照本条例的规定向安全生产许可证颁发管理机关申请领取安全生产许可证，并提供本条例第六条规定的相关文件、资料。安全生产许可证颁发管理机关应当自收到申请之日起 45 日内审查完毕，经审查符合本条例规定的安全生产条件的，颁发安全生产许可证；不符合本条例规定的安全生产条件的，不予颁发安全生产许可证，书面通知企业并说明理由。

煤矿企业应当以矿（井）为单位，依照本条例的规定取得安全生产许可证。

第八条 安全生产许可证由国务院

安全生产监督管理部门规定统一的式样。

第九条 安全生产许可证的有效期为3年。安全生产许可证有效期满需要延期的，企业应当于期满前3个月向原安全生产许可证颁发管理机关办理延期手续。

企业在安全生产许可证有效期内，严格遵守有关安全生产的法律法规，未发生死亡事故的，安全生产许可证有效期届满时，经原安全生产许可证颁发管理机关同意，不再审查，安全生产许可证有效期延期3年。

第十条 安全生产许可证颁发管理机关应当建立、健全安全生产许可证档案管理制度，并定期向社会公布企业取得安全生产许可证的情况。

第十一条 煤矿企业安全生产许可证颁发管理机关、建筑施工企业安全生产许可证颁发管理机关、民用爆炸物品生产企业安全生产许可证颁发管理机关，应当每年向同级安全生产监督管理部门通报其安全生产许可证颁发和管理情况。

第十二条 国务院安全生产监督管理部门和省、自治区、直辖市人民政府安全生产监督管理部门对建筑施工企业、民用爆炸物品生产企业、煤矿企业取得安全生产许可证的情况进行监督。

第十三条 企业不得转让、冒用安全生产许可证或者使用伪造的安全生产许可证。

第十四条 企业取得安全生产许可证后，不得降低安全生产条件，并应当加强日常安全生产管理，接受安全生产许可证颁发管理机关的监督检查。

安全生产许可证颁发管理机关应当加强对取得安全生产许可证的企业的监督检查，发现其不再具备本条例规定的安全生产条件的，应当暂扣或者吊销安全生产许可证。

第十五条 安全生产许可证颁发管理机关工作人员在安全生产许可证颁发、管理和监督检查工作中，不得索取或者接受企业的财物，不得谋取其他利益。

第十六条 监察机关依照《中华人民共和国行政监察法》的规定，对安全生产许可证颁发管理机关及其工作人员履行本条例规定的职责实施监察。

第十七条 任何单位或者个人对违反本条例规定的行为，有权向安全生产许可证颁发管理机关或者监察机关等有关部门举报。

第十八条 安全生产许可证颁发管理机关工作人员有下列行为之一的，给予降级或者撤职的行政处分；构成犯罪的，依法追究刑事责任：

（一）向不符合本条例规定的安全生产条件的企业颁发安全生产许可证的；

（二）发现企业未依法取得安全生产许可证擅自从事生产活动，不依法处理的；

（三）发现取得安全生产许可证的企业不再具备本条例规定的安全生产条件，不依法处理的；

（四）接到对违反本条例规定行为的举报后，不及时处理的；

（五）在安全生产许可证颁发、管理和监督检查工作中，索取或者接受企业的财物，或者谋取其他利益的。

第十九条 违反本条例规定，未取得安全生产许可证擅自进行生产的，责令停止生产，没收违法所得，并处10万元以上50万元以下的罚款；造成重大事故或者其他严重后果，构成犯罪的，依法追究刑事责任。

第二十条 违反本条例规定，安全生产许可证有效期满未办理延期手续，继续进行生产的，责令停止生产，限期补办延期手续，没收违法所得，并处 5 万元以上 10 万元以下的罚款；逾期仍不办理延期手续，继续进行生产的，依照本条例第十九条的规定处罚。

第二十一条 违反本条例规定，转让安全生产许可证的，没收违法所得，处 10 万元以上 50 万元以下的罚款，并吊销其安全生产许可证；构成犯罪的，依法追究刑事责任；接受转让的，依照本条例第十九条的规定处罚。

冒用安全生产许可证或者使用伪造的安全生产许可证的，依照本条例第十九条的规定处罚。

第二十二条 本条例施行前已经进行生产的企业，应当自本条例施行之日起 1 年内，依照本条例的规定向安全生产许可证颁发管理机关申请办理安全生产许可证；逾期不办理安全生产许可证，或者经审查不符合本条例规定的安全生产条件，未取得安全生产许可证，继续进行生产的，依照本条例第十九条的规定处罚。

第二十三条 本条例规定的行政处罚，由安全生产许可证颁发管理机关决定。

第二十四条 本条例自公布之日起施行。

工伤保险条例

（2003 年 4 月 27 日中华人民共和国国务院令第 375 号公布
根据 2010 年 12 月 20 日《国务院关于修改
〈工伤保险条例〉的决定》修订）

第一章 总 则

第一条 为了保障因工作遭受事故伤害或者患职业病的职工获得医疗救治和经济补偿，促进工伤预防和职业康复，分散用人单位的工伤风险，制定本条例。

第二条 中华人民共和国境内的企业、事业单位、社会团体、民办非企业单位、基金会、律师事务所、会计师事务所等组织和有雇工的个体工商户（以下称用人单位）应当依照本条例规定参加工伤保险，为本单位全部职工或者雇工（以下称职工）缴纳工伤保险费。

中华人民共和国境内的企业、事业单位、社会团体、民办非企业单位、基金会、律师事务所、会计师事务所等组织的职工和个体工商户的雇工，均有依照本条例的规定享受工伤保险待遇的权利。

第三条 工伤保险费的征缴按照《社会保险费征缴暂行条例》关于基本养老保险费、基本医疗保险费、失业保险费的征缴规定执行。

第四条 用人单位应当将参加工伤保险的有关情况在本单位内公示。

用人单位和职工应当遵守有关安全生产和职业病防治的法律法规，执行安全卫生规程和标准，预防工伤事故发生，避免和减少职业病危害。

职工发生工伤时，用人单位应当采取措施使工伤职工得到及时救治。

第五条　国务院社会保险行政部门负责全国的工伤保险工作。

县级以上地方各级人民政府社会保险行政部门负责本行政区域内的工伤保险工作。

社会保险行政部门按照国务院有关规定设立的社会保险经办机构（以下称经办机构）具体承办工伤保险事务。

第六条　社会保险行政部门等部门制定工伤保险的政策、标准，应当征求工会组织、用人单位代表的意见。

第二章　工伤保险基金

第七条　工伤保险基金由用人单位缴纳的工伤保险费、工伤保险基金的利息和依法纳入工伤保险基金的其他资金构成。

第八条　工伤保险费根据以支定收、收支平衡的原则，确定费率。

国家根据不同行业的工伤风险程度确定行业的差别费率，并根据工伤保险费使用、工伤发生率等情况在每个行业内确定若干费率档次。行业差别费率及行业内费率档次由国务院社会保险行政部门制定，报国务院批准后公布施行。

统筹地区经办机构根据用人单位工伤保险费使用、工伤发生率等情况，适用所属行业内相应的费率档次确定单位缴费费率。

第九条　国务院社会保险行政部门应当定期了解全国各统筹地区工伤保险基金收支情况，及时提出调整行业差别费率及行业内费率档次的方案，报国务院批准后公布施行。

第十条　用人单位应当按时缴纳工伤保险费。职工个人不缴纳工伤保险费。

用人单位缴纳工伤保险费的数额为本单位职工工资总额乘以单位缴费费率之积。

对难以按照工资总额缴纳工伤保险费的行业，其缴纳工伤保险费的具体方式，由国务院社会保险行政部门规定。

第十一条　工伤保险基金逐步实行省级统筹。

跨地区、生产流动性较大的行业，可以采取相对集中的方式异地参加统筹地区的工伤保险。具体办法由国务院社会保险行政部门会同有关行业的主管部门制定。

第十二条　工伤保险基金存入社会保障基金财政专户，用于本条例规定的工伤保险待遇，劳动能力鉴定，工伤预防的宣传、培训等费用，以及法律、法规规定的用于工伤保险的其他费用的支付。

工伤预防费用的提取比例、使用和管理的具体办法，由国务院社会保险行政部门会同国务院财政、卫生行政、安全生产监督管理等部门规定。

任何单位或者个人不得将工伤保险基金用于投资运营、兴建或者改建办公场所、发放奖金，或者挪作其他用途。

第十三条　工伤保险基金应当留有一定比例的储备金，用于统筹地区重大事故的工伤保险待遇支付；储备金不足支付的，由统筹地区的人民政府垫付。储备金占基金总额的具体比例和储备金的使用办法，由省、自治区、直辖市人民政府规定。

第三章　工伤认定

第十四条　职工有下列情形之一的，应当认定为工伤：

（一）在工作时间和工作场所内，因工作原因受到事故伤害的；

（二）工作时间前后在工作场所内，从事与工作有关的预备性或者收尾性工作受到事故伤害的；

（三）在工作时间和工作场所内，

因履行工作职责受到暴力等意外伤害的；

（四）患职业病的；

（五）因工外出期间，由于工作原因受到伤害或者发生事故下落不明的；

（六）在上下班途中，受到非本人主要责任的交通事故或者城市轨道交通、客运轮渡、火车事故伤害的；

（七）法律、行政法规规定应当认定为工伤的其他情形。

第十五条　职工有下列情形之一的，视同工伤：

（一）在工作时间和工作岗位，突发疾病死亡或者在 48 小时之内经抢救无效死亡的；

（二）在抢险救灾等维护国家利益、公共利益活动中受到伤害的；

（三）职工原在军队服役，因战、因公负伤致残，已取得革命伤残军人证，到用人单位后旧伤复发的。

职工有前款第（一）项、第（二）项情形的，按照本条例的有关规定享受工伤保险待遇；职工有前款第（三）项情形的，按照本条例的有关规定享受除一次性伤残补助金以外的工伤保险待遇。

第十六条　职工符合本条例第十四条、第十五条的规定，但是有下列情形之一的，不得认定为工伤或者视同工伤：

（一）故意犯罪的；

（二）醉酒或者吸毒的；

（三）自残或者自杀的。

第十七条　职工发生事故伤害或者按照职业病防治法规定被诊断、鉴定为职业病，所在单位应当自事故伤害发生之日或者被诊断、鉴定为职业病之日起30 日内，向统筹地区社会保险行政部门提出工伤认定申请。遇有特殊情况，经报社会保险行政部门同意，申请时限可

以适当延长。

用人单位未按前款规定提出工伤认定申请的，工伤职工或者其近亲属、工会组织在事故伤害发生之日或者被诊断、鉴定为职业病之日起 1 年内，可以直接向用人单位所在地统筹地区社会保险行政部门提出工伤认定申请。

按照本条第一款规定应当由省级社会保险行政部门进行工伤认定的事项，根据属地原则由用人单位所在地的设区的市级社会保险行政部门办理。

用人单位未在本条第一款规定的时限内提交工伤认定申请，在此期间发生符合本条例规定的工伤待遇等有关费用由该用人单位负担。

第十八条　提出工伤认定申请应当提交下列材料：

（一）工伤认定申请表；

（二）与用人单位存在劳动关系（包括事实劳动关系）的证明材料；

（三）医疗诊断证明或者职业病诊断证明书（或者职业病诊断鉴定书）。

工伤认定申请表应当包括事故发生的时间、地点、原因以及职工伤害程度等基本情况。

工伤认定申请人提供材料不完整的，社会保险行政部门应当一次性书面告知工伤认定申请人需要补正的全部材料。申请人按照书面告知要求补正材料后，社会保险行政部门应当受理。

第十九条　社会保险行政部门受理工伤认定申请后，根据审核需要可以对事故伤害进行调查核实，用人单位、职工、工会组织、医疗机构以及有关部门应当予以协助。职业病诊断和诊断争议的鉴定，依照职业病防治法的有关规定执行。对依法取得职业病诊断证明书或者职业病诊断鉴定书的，社会保险行政部门不再进行调查核实。

职工或者其近亲属认为是工伤，用

人单位不认为是工伤的，由用人单位承担举证责任。

第二十条 社会保险行政部门应当自受理工伤认定申请之日起 60 日内作出工伤认定的决定，并书面通知申请工伤认定的职工或者其近亲属和该职工所在单位。

社会保险行政部门对受理的事实清楚、权利义务明确的工伤认定申请，应当在 15 日内作出工伤认定的决定。

作出工伤认定决定需要以司法机关或者有关行政主管部门的结论为依据的，在司法机关或者有关行政主管部门尚未作出结论期间，作出工伤认定决定的时限中止。

社会保险行政部门工作人员与工伤认定申请人有利害关系的，应当回避。

第四章 劳动能力鉴定

第二十一条 职工发生工伤，经治疗伤情相对稳定后存在残疾、影响劳动能力的，应当进行劳动能力鉴定。

第二十二条 劳动能力鉴定是指劳动功能障碍程度和生活自理障碍程度的等级鉴定。

劳动功能障碍分为十个伤残等级，最重的为一级，最轻的为十级。

生活自理障碍分为三个等级：生活完全不能自理、生活大部分不能自理和生活部分不能自理。

劳动能力鉴定标准由国务院社会保险行政部门会同国务院卫生行政部门等部门制定。

第二十三条 劳动能力鉴定由用人单位、工伤职工或者其近亲属向设区的市级劳动能力鉴定委员会提出申请，并提供工伤认定决定和职工工伤医疗的有关资料。

第二十四条 省、自治区、直辖市劳动能力鉴定委员会和设区的市级劳动能力鉴定委员会分别由省、自治区、直辖市和设区的市级社会保险行政部门、卫生行政部门、工会组织、经办机构代表以及用人单位代表组成。

劳动能力鉴定委员会建立医疗卫生专家库。列入专家库的医疗卫生专业技术人员应当具备下列条件：

（一）具有医疗卫生高级专业技术职务任职资格；

（二）掌握劳动能力鉴定的相关知识；

（三）具有良好的职业品德。

第二十五条 设区的市级劳动能力鉴定委员会收到劳动能力鉴定申请后，应当从其建立的医疗卫生专家库中随机抽取 3 名或者 5 名相关专家组成专家组，由专家组提出鉴定意见。设区的市级劳动能力鉴定委员会根据专家组的鉴定意见作出工伤职工劳动能力鉴定结论；必要时，可以委托具备资格的医疗机构协助进行有关的诊断。

设区的市级劳动能力鉴定委员会应当自收到劳动能力鉴定申请之日起 60 日内作出劳动能力鉴定结论，必要时，作出劳动能力鉴定结论的期限可以延长 30 日。劳动能力鉴定结论应当及时送达申请鉴定的单位和个人。

第二十六条 申请鉴定的单位或者个人对设区的市级劳动能力鉴定委员会作出的鉴定结论不服的，可以在收到该鉴定结论之日起 15 日内向省、自治区、直辖市劳动能力鉴定委员会提出再次鉴定申请。省、自治区、直辖市劳动能力鉴定委员会作出的劳动能力鉴定结论为最终结论。

第二十七条 劳动能力鉴定工作应当客观、公正。劳动能力鉴定委员会组成人员或者参加鉴定的专家与当事人有利害关系的，应当回避。

第二十八条 自劳动能力鉴定结论

作出之日起 1 年后，工伤职工或者其近亲属、所在单位或者经办机构认为伤残情况发生变化的，可以申请劳动能力复查鉴定。

第二十九条　劳动能力鉴定委员会依照本条例第二十六条和第二十八条的规定进行再次鉴定和复查鉴定的期限，依照本条例第二十五条第二款的规定执行。

第五章　工伤保险待遇

第三十条　职工因工作遭受事故伤害或者患职业病进行治疗，享受工伤医疗待遇。

职工治疗工伤应当在签订服务协议的医疗机构就医，情况紧急时可以先到就近的医疗机构急救。

治疗工伤所需费用符合工伤保险诊疗项目目录、工伤保险药品目录、工伤保险住院服务标准的，从工伤保险基金支付。工伤保险诊疗项目目录、工伤保险药品目录、工伤保险住院服务标准，由国务院社会保险行政部门会同国务院卫生行政部门、食品药品监督管理部门等部门规定。

职工住院治疗工伤的伙食补助费，以及经医疗机构出具证明，报经办机构同意，工伤职工到统筹地区以外就医所需的交通、食宿费用从工伤保险基金支付，基金支付的具体标准由统筹地区人民政府规定。

工伤职工治疗非工伤引发的疾病，不享受工伤医疗待遇，按照基本医疗保险办法处理。

工伤职工到签订服务协议的医疗机构进行工伤康复的费用，符合规定的，从工伤保险基金支付。

第三十一条　社会保险行政部门作出认定为工伤的决定后发生行政复议、行政诉讼的，行政复议和行政诉讼期间不停止支付工伤职工治疗工伤的医疗费用。

第三十二条　工伤职工因日常生活或者就业需要，经劳动能力鉴定委员会确认，可以安装假肢、矫形器、假眼、假牙和配置轮椅等辅助器具，所需费用按照国家规定的标准从工伤保险基金支付。

第三十三条　职工因工作遭受事故伤害或者患职业病需要暂停工作接受工伤医疗的，在停工留薪期内，原工资福利待遇不变，由所在单位按月支付。

停工留薪期一般不超过 12 个月。伤情严重或者情况特殊，经设区的市级劳动能力鉴定委员会确认，可以适当延长，但延长不得超过 12 个月。工伤职工评定伤残等级后，停发原待遇，按照本章的有关规定享受伤残待遇。工伤职工在停工留薪期满后仍需治疗的，继续享受工伤医疗待遇。

生活不能自理的工伤职工在停工留薪期需要护理的，由所在单位负责。

第三十四条　工伤职工已经评定伤残等级并经劳动能力鉴定委员会确认需要生活护理的，从工伤保险基金按月支付生活护理费。

生活护理费按照生活完全不能自理、生活大部分不能自理或者生活部分不能自理 3 个不同等级支付，其标准分别为统筹地区上年度职工月平均工资的 50%、40% 或者 30%。

第三十五条　职工因工致残被鉴定为一级至四级伤残的，保留劳动关系，退出工作岗位，享受以下待遇：

（一）从工伤保险基金按伤残等级支付一次性伤残补助金，标准为：一级伤残为 27 个月的本人工资，二级伤残为 25 个月的本人工资，三级伤残为 23 个月的本人工资，四级伤残为 21 个月的本人工资；

（二）从工伤保险基金按月支付伤残津贴，标准为：一级伤残为本人工资的90%，二级伤残为本人工资的85%，三级伤残为本人工资的80%，四级伤残为本人工资的75%。伤残津贴实际金额低于当地最低工资标准的，由工伤保险基金补足差额；

（三）工伤职工达到退休年龄并办理退休手续后，停发伤残津贴，按照国家有关规定享受基本养老保险待遇。基本养老保险待遇低于伤残津贴的，由工伤保险基金补足差额。

职工因工致残被鉴定为一级至四级伤残的，由用人单位和职工个人以伤残津贴为基数，缴纳基本医疗保险费。

第三十六条 职工因工致残被鉴定为五级、六级伤残的，享受以下待遇：

（一）从工伤保险基金按伤残等级支付一次性伤残补助金，标准为：五级伤残为18个月的本人工资，六级伤残为16个月的本人工资；

（二）保留与用人单位的劳动关系，由用人单位安排适当工作。难以安排工作的，由用人单位按月发给伤残津贴，标准为：五级伤残为本人工资的70%，六级伤残为本人工资的60%，并由用人单位按照规定为其缴纳应缴纳的各项社会保险费。伤残津贴实际金额低于当地最低工资标准的，由用人单位补足差额。

经工伤职工本人提出，该职工可以与用人单位解除或者终止劳动关系，由工伤保险基金支付一次性工伤医疗补助金，由用人单位支付一次性伤残就业补助金。一次性工伤医疗补助金和一次性伤残就业补助金的具体标准由省、自治区、直辖市人民政府规定。

第三十七条 职工因工致残被鉴定为七级至十级伤残的，享受以下待遇：

（一）从工伤保险基金按伤残等级支付一次性伤残补助金，标准为：七级伤残为13个月的本人工资，八级伤残为11个月的本人工资，九级伤残为9个月的本人工资，十级伤残为7个月的本人工资；

（二）劳动、聘用合同期满终止，或者职工本人提出解除劳动、聘用合同的，由工伤保险基金支付一次性工伤医疗补助金，由用人单位支付一次性伤残就业补助金。一次性工伤医疗补助金和一次性伤残就业补助金的具体标准由省、自治区、直辖市人民政府规定。

第三十八条 工伤职工工伤复发，确认需要治疗的，享受本条例第三十条、第三十二条和第三十三条规定的工伤待遇。

第三十九条 职工因工死亡，其近亲属按照下列规定从工伤保险基金领取丧葬补助金、供养亲属抚恤金和一次性工亡补助金：

（一）丧葬补助金为6个月的统筹地区上年度职工月平均工资；

（二）供养亲属抚恤金按照职工本人工资的一定比例发给由因工死亡职工生前提供主要生活来源、无劳动能力的亲属。标准为：配偶每月40%，其他亲属每人每月30%，孤寡老人或者孤儿每人每月在上述标准的基础上增加10%。核定的各供养亲属的抚恤金之和不应高于因工死亡职工生前的工资。供养亲属的具体范围由国务院社会保险行政部门规定；

（三）一次性工亡补助金标准为上一年度全国城镇居民人均可支配收入的20倍。

伤残职工在停工留薪期内因工伤导致死亡的，其近亲属享受本条第一款规定的待遇。

一级至四级伤残职工在停工留薪期满后死亡的，其近亲属可以享受本条第一款第（一）项、第（二）项规定的待遇。

第四十条 伤残津贴、供养亲属抚恤金、生活护理费由统筹地区社会保险行政部门根据职工平均工资和生活费用变化等情况适时调整。调整办法由省、自治区、直辖市人民政府规定。

第四十一条 职工因工外出期间发生事故或者在抢险救灾中下落不明的，从事故发生当月起3个月内照发工资，从第4个月起停发工资，由工伤保险基金向其供养亲属按月支付供养亲属抚恤金。生活有困难的，可以预支一次性工亡补助金的50%。职工被人民法院宣告死亡的，按照本条例第三十九条职工因工死亡的规定处理。

第四十二条 工伤职工有下列情形之一的，停止享受工伤保险待遇：

（一）丧失享受待遇条件的；

（二）拒不接受劳动能力鉴定的；

（三）拒绝治疗的。

第四十三条 用人单位分立、合并、转让的，承继单位应当承担原用人单位的工伤保险责任；原用人单位已经参加工伤保险的，承继单位应当到当地经办机构办理工伤保险变更登记。

用人单位实行承包经营的，工伤保险责任由职工劳动关系所在单位承担。

职工被借调期间受到工伤事故伤害的，由原用人单位承担工伤保险责任，但原用人单位与借调单位可以约定补偿办法。

企业破产的，在破产清算时依法拨付应当由单位支付的工伤保险待遇费用。

第四十四条 职工被派遣出境工作，依据前往国家或者地区的法律应当参加当地工伤保险的，参加当地工伤保险，其国内工伤保险关系中止；不能参加当地工伤保险的，其国内工伤保险关系不中止。

第四十五条 职工再次发生工伤，根据规定应当享受伤残津贴的，按照新认定的伤残等级享受伤残津贴待遇。

第六章 监督管理

第四十六条 经办机构具体承办工伤保险事务，履行下列职责：

（一）根据省、自治区、直辖市人民政府规定，征收工伤保险费；

（二）核查用人单位的工资总额和职工人数，办理工伤保险登记，并负责保存用人单位缴费和职工享受工伤保险待遇情况的记录；

（三）进行工伤保险的调查、统计；

（四）按照规定管理工伤保险基金的支出；

（五）按照规定核定工伤保险待遇；

（六）为工伤职工或者其近亲属免费提供咨询服务。

第四十七条 经办机构与医疗机构、辅助器具配置机构在平等协商的基础上签订服务协议，并公布签订服务协议的医疗机构、辅助器具配置机构的名单。具体办法由国务院社会保险行政部门分别会同国务院卫生行政部门、民政部门等部门制定。

第四十八条 经办机构按照协议和国家有关目录、标准对工伤职工医疗费用、康复费用、辅助器具费用的使用情况进行核查，并按时足额结算费用。

第四十九条 经办机构应当定期公布工伤保险基金的收支情况，及时向社会保险行政部门提出调整费率的建议。

第五十条 社会保险行政部门、经办机构应当定期听取工伤职工、医疗机构、辅助器具配置机构以及社会各界对改进工伤保险工作的意见。

第五十一条 社会保险行政部门依法对工伤保险费的征缴和工伤保险基金

的支付情况进行监督检查。

财政部门和审计机关依法对工伤保险基金的收支、管理情况进行监督。

第五十二条 任何组织和个人对有关工伤保险的违法行为，有权举报。社会保险行政部门对举报应当及时调查，按照规定处理，并为举报人保密。

第五十三条 工会组织依法维护工伤职工的合法权益，对用人单位的工伤保险工作实行监督。

第五十四条 职工与用人单位发生工伤待遇方面的争议，按照处理劳动争议的有关规定处理。

第五十五条 有下列情形之一的，有关单位或者个人可以依法申请行政复议，也可以依法向人民法院提起行政诉讼：

（一）申请工伤认定的职工或者其近亲属、该职工所在单位对工伤认定申请不予受理的决定不服的；

（二）申请工伤认定的职工或者其近亲属、该职工所在单位对工伤认定结论不服的；

（三）用人单位对经办机构确定的单位缴费费率不服的；

（四）签订服务协议的医疗机构、辅助器具配置机构认为经办机构未履行有关协议或者规定的；

（五）工伤职工或者其近亲属对经办机构核定的工伤保险待遇有异议的。

第七章 法律责任

第五十六条 单位或者个人违反本条例第十二条规定挪用工伤保险基金，构成犯罪的，依法追究刑事责任；尚不构成犯罪的，依法给予处分或者纪律处分。被挪用的基金由社会保险行政部门追回，并入工伤保险基金；没收的违法所得依法上缴国库。

第五十七条 社会保险行政部门工作人员有下列情形之一的，依法给予处分；情节严重，构成犯罪的，依法追究刑事责任：

（一）无正当理由不受理工伤认定申请，或者弄虚作假将不符合工伤条件的人员认定为工伤职工的；

（二）未妥善保管申请工伤认定的证据材料，致使有关证据灭失的；

（三）收受当事人财物的。

第五十八条 经办机构有下列行为之一的，由社会保险行政部门责令改正，对直接负责的主管人员和其他责任人员依法给予纪律处分；情节严重，构成犯罪的，依法追究刑事责任；造成当事人经济损失的，由经办机构依法承担赔偿责任：

（一）未按规定保存用人单位缴费和职工享受工伤保险待遇情况记录的；

（二）不按规定核定工伤保险待遇的；

（三）收受当事人财物的。

第五十九条 医疗机构、辅助器具配置机构不按服务协议提供服务的，经办机构可以解除服务协议。

经办机构不按时足额结算费用的，由社会保险行政部门责令改正；医疗机构、辅助器具配置机构可以解除服务协议。

第六十条 用人单位、工伤职工或者其近亲属骗取工伤保险待遇，医疗机构、辅助器具配置机构骗取工伤保险基金支出的，由社会保险行政部门责令退还，处骗取金额2倍以上5倍以下的罚款；情节严重，构成犯罪的，依法追究刑事责任。

第六十一条 从事劳动能力鉴定的组织或者个人有下列情形之一的，由社会保险行政部门责令改正，处2000元以上1万元以下的罚款；情节严重，构成犯罪的，依法追究刑事责任：

（一）提供虚假鉴定意见的；

（二）提供虚假诊断证明的；

（三）收受当事人财物的。

第六十二条 用人单位依照本条例规定应当参加工伤保险而未参加的，由社会保险行政部门责令限期参加，补缴应当缴纳的工伤保险费，并自欠缴之日起，按日加收万分之五的滞纳金；逾期仍不缴纳的，处欠缴数额 1 倍以上 3 倍以下的罚款。

依照本条例规定应当参加工伤保险而未参加工伤保险的用人单位职工发生工伤的，由该用人单位按照本条例规定的工伤保险待遇项目和标准支付费用。

用人单位参加工伤保险并补缴应当缴纳的工伤保险费、滞纳金后，由工伤保险基金和用人单位依照本条例的规定支付新发生的费用。

第六十三条 用人单位违反本条例第十九条的规定，拒不协助社会保险行政部门对事故进行调查核实的，由社会保险行政部门责令改正，处 2000 元以上 2 万元以下的罚款。

第八章 附 则

第六十四条 本条例所称工资总额，是指用人单位直接支付给本单位全部职工的劳动报酬总额。

本条例所称本人工资，是指工伤职工因工作遭受事故伤害或者患职业病前 12 个月平均月缴费工资。本人工资高于统筹地区职工平均工资 300% 的，按照统筹地区职工平均工资的 300% 计算；本人工资低于统筹地区职工平均工资 60% 的，按照统筹地区职工平均工资的 60% 计算。

第六十五条 公务员和参照公务员法管理的事业单位、社会团体的工作人员因工作遭受事故伤害或者患职业病的，由所在单位支付费用。具体办法由国务院社会保险行政部门会同国务院财政部门规定。

第六十六条 无营业执照或者未经依法登记、备案的单位以及被依法吊销营业执照或者撤销登记、备案的单位的职工受到事故伤害或者患职业病的，由该单位向伤残职工或者死亡职工的近亲属给予一次性赔偿，赔偿标准不得低于本条例规定的工伤保险待遇；用人单位不得使用童工，用人单位使用童工造成童工伤残、死亡的，由该单位向童工或者童工的近亲属给予一次性赔偿，赔偿标准不得低于本条例规定的工伤保险待遇。具体办法由国务院社会保险行政部门规定。

前款规定的伤残职工或者死亡职工的近亲属就赔偿数额与单位发生争议的，以及前款规定的童工或者童工的近亲属就赔偿数额与单位发生争议的，按照处理劳动争议的有关规定处理。

第六十七条 本条例自 2004 年 1 月 1 日起施行。本条例施行前已受到事故伤害或者患职业病的职工尚未完成工伤认定的，按照本条例的规定执行。

中华人民共和国劳动合同法实施条例

（2008 年 9 月 3 日国务院第 25 次常务会议通过　2008 年 9 月 18 日
中华人民共和国国务院令第 535 号公布　自公布之日起施行）

第一章　总　则

第一条　为了贯彻实施《中华人民共和国劳动合同法》（以下简称劳动合同法），制定本条例。

第二条　各级人民政府和县级以上人民政府劳动行政等有关部门以及工会等组织，应当采取措施，推动劳动合同法的贯彻实施，促进劳动关系的和谐。

第三条　依法成立的会计师事务所、律师事务所等合伙组织和基金会，属于劳动合同法规定的用人单位。

第二章　劳动合同的订立

第四条　劳动合同法规定的用人单位设立的分支机构，依法取得营业执照或者登记证书的，可以作为用人单位与劳动者订立劳动合同；未依法取得营业执照或者登记证书的，受用人单位委托可以与劳动者订立劳动合同。

第五条　自用工之日起一个月内，经用人单位书面通知后，劳动者不与用人单位订立书面劳动合同的，用人单位应当书面通知劳动者终止劳动关系，无需向劳动者支付经济补偿，但是应当依法向劳动者支付其实际工作时间的劳动报酬。

第六条　用人单位自用工之日起超过一个月不满一年未与劳动者订立书面劳动合同的，应当依照劳动合同法第八十二条的规定向劳动者每月支付两倍的工资，并与劳动者补订书面劳动合同；劳动者不与用人单位订立书面劳动合同的，用人单位应当书面通知劳动者终止劳动关系，并依照劳动合同法第四十七条的规定支付经济补偿。

前款规定的用人单位向劳动者每月支付两倍工资的起算时间为用工之日起满一个月的次日，截止时间为补订书面劳动合同的前一日。

第七条　用人单位自用工之日起满一年未与劳动者订立书面劳动合同的，自用工之日起满一个月的次日至满一年的前一日应当依照劳动合同法第八十二条的规定向劳动者每月支付两倍的工资，并视为自用工之日起满一年的当日已经与劳动者订立无固定期限劳动合同，应当立即与劳动者补订书面劳动合同。

第八条　劳动合同法第七条规定的职工名册，应当包括劳动者姓名、性别、公民身份号码、户籍地址及现住址、联系方式、用工形式、用工起始时间、劳动合同期限等内容。

第九条　劳动合同法第十四条第二款规定的连续工作满 10 年的起始时间，应当自用人单位用工之日起计算，包括劳动合同法施行前的工作年限。

第十条　劳动者非因本人原因从原用人单位被安排到新用人单位工作的，劳动者在原用人单位的工作年限合并计算为新用人单位的工作年限。原用人单位已经向劳动者支付经济补偿的，新用人单位在依法解除、终止劳动合同计算支付经济补偿的工作年限时，不再计算劳动者在原用人单位的工作年限。

第十一条 除劳动者与用人单位协商一致的情形外，劳动者依照劳动合同法第十四条第二款的规定，提出订立无固定期限劳动合同的，用人单位应当与其订立无固定期限劳动合同。对劳动合同的内容，双方应当按照合法、公平、平等自愿、协商一致、诚实信用的原则协商确定；对协商不一致的内容，依照劳动合同法第十八条的规定执行。

第十二条 地方各级人民政府及县级以上地方人民政府有关部门为安置就业困难人员提供的给予岗位补贴和社会保险补贴的公益性岗位，其劳动合同不适用劳动合同法有关无固定期限劳动合同的规定以及支付经济补偿的规定。

第十三条 用人单位与劳动者不得在劳动合同法第四十四条规定的劳动合同终止情形之外约定其他的劳动合同终止条件。

第十四条 劳动合同履行地与用人单位注册地不一致的，有关劳动者的最低工资标准、劳动保护、劳动条件、职业危害防护和本地区上年度职工月平均工资标准等事项，按照劳动合同履行地的有关规定执行；用人单位注册地的有关标准高于劳动合同履行地的有关标准，且用人单位与劳动者约定按照用人单位注册地的有关规定执行的，从其约定。

第十五条 劳动者在试用期的工资不得低于本单位相同岗位最低档工资的80%或者不得低于劳动合同约定工资的80%，并不得低于用人单位所在地的最低工资标准。

第十六条 劳动合同法第二十二条第二款规定的培训费用，包括用人单位为了对劳动者进行专业技术培训而支付的有凭证的培训费用、培训期间的差旅费用以及因培训产生的用于该劳动者的其他直接费用。

第十七条 劳动合同期满，但是用人单位与劳动者依照劳动合同法第二十二条的规定约定的服务期尚未到期的，劳动合同应当续延至服务期满；双方另有约定的，从其约定。

第三章 劳动合同的解除和终止

第十八条 有下列情形之一的，依照劳动合同法规定的条件、程序，劳动者可以与用人单位解除固定期限劳动合同、无固定期限劳动合同或者以完成一定工作任务为期限的劳动合同：

（一）劳动者与用人单位协商一致的；

（二）劳动者提前30日以书面形式通知用人单位的；

（三）劳动者在试用期内提前3日通知用人单位的；

（四）用人单位未按照劳动合同约定提供劳动保护或者劳动条件的；

（五）用人单位未及时足额支付劳动报酬的；

（六）用人单位未依法为劳动者缴纳社会保险费的；

（七）用人单位的规章制度违反法律、法规的规定，损害劳动者权益的；

（八）用人单位以欺诈、胁迫的手段或者乘人之危，使劳动者在违背真实意思的情况下订立或者变更劳动合同的；

（九）用人单位在劳动合同中免除自己的法定责任、排除劳动者权利的；

（十）用人单位违反法律、行政法规强制性规定的；

（十一）用人单位以暴力、威胁或者非法限制人身自由的手段强迫劳动者劳动的；

（十二）用人单位违章指挥、强令冒险作业危及劳动者人身安全的；

（十三）法律、行政法规规定劳动者可以解除劳动合同的其他情形。

第十九条 有下列情形之一的，依照劳动合同法规定的条件、程序，用人单位可以与劳动者解除固定期限劳动合同、无固定期限劳动合同或者以完成一定工作任务为期限的劳动合同：

（一）用人单位与劳动者协商一致的；

（二）劳动者在试用期间被证明不符合录用条件的；

（三）劳动者严重违反用人单位的规章制度的；

（四）劳动者严重失职，营私舞弊，给用人单位造成重大损害的；

（五）劳动者同时与其他用人单位建立劳动关系，对完成本单位的工作任务造成严重影响，或者经用人单位提出，拒不改正的；

（六）劳动者以欺诈、胁迫的手段或者乘人之危，使用人单位在违背真实意思的情况下订立或者变更劳动合同的；

（七）劳动者被依法追究刑事责任的；

（八）劳动者患病或者非因工负伤，在规定的医疗期满后不能从事原工作，也不能从事由用人单位另行安排的工作的；

（九）劳动者不能胜任工作，经过培训或者调整工作岗位，仍不能胜任工作的；

（十）劳动合同订立时所依据的客观情况发生重大变化，致使劳动合同无法履行，经用人单位与劳动者协商，未能就变更劳动合同内容达成协议的；

（十一）用人单位依照企业破产法

规定进行重整的；

（十二）用人单位生产经营发生严重困难的；

（十三）企业转产、重大技术革新或者经营方式调整，经变更劳动合同后，仍需裁减人员的；

（十四）其他因劳动合同订立时所依据的客观经济情况发生重大变化，致使劳动合同无法履行的。

第二十条 用人单位依照劳动合同法第四十条的规定，选择额外支付劳动者一个月工资解除劳动合同的，其额外支付的工资应当按照该劳动者上一个月的工资标准确定。

第二十一条 劳动者达到法定退休年龄的，劳动合同终止。

第二十二条 以完成一定工作任务为期限的劳动合同因任务完成而终止的，用人单位应当依照劳动合同法第四十七条的规定向劳动者支付经济补偿。

第二十三条 用人单位依法终止工伤职工的劳动合同的，除依照劳动合同法第四十七条的规定支付经济补偿外，还应当依照国家有关工伤保险的规定支付一次性工伤医疗补助金和伤残就业补助金。

第二十四条 用人单位出具的解除、终止劳动合同的证明，应当写明劳动合同期限、解除或者终止劳动合同的日期、工作岗位、在本单位的工作年限。

第二十五条 用人单位违反劳动合同法的规定解除或者终止劳动合同，依照劳动合同法第八十七条的规定支付了赔偿金的，不再支付经济补偿。赔偿金的计算年限自用工之日起计算。

第二十六条 用人单位与劳动者约定了服务期，劳动者依照劳动合同法第三十八条的规定解除劳动合同的，不属于违反服务期的约定，用人单位不得要求劳动者支付违约金。

有下列情形之一，用人单位与劳动者解除约定服务期的劳动合同的，劳动者应当按照劳动合同的约定向用人单位支付违约金：

（一）劳动者严重违反用人单位的规章制度的；

（二）劳动者严重失职，营私舞弊，给用人单位造成重大损害的；

（三）劳动者同时与其他用人单位建立劳动关系，对完成本单位的工作任务造成严重影响，或者经用人单位提出，拒不改正的；

（四）劳动者以欺诈、胁迫的手段或者乘人之危，使用人单位在违背真实意思的情况下订立或者变更劳动合同的；

（五）劳动者被依法追究刑事责任的。

第二十七条 劳动合同法第四十七条规定的经济补偿的月工资按照劳动者应得工资计算，包括计时工资或者计件工资以及奖金、津贴和补贴等货币性收入。劳动者在劳动合同解除或者终止前12个月的平均工资低于当地最低工资标准的，按照当地最低工资标准计算。劳动者工作不满12个月的，按照实际工作的月数计算平均工资。

第四章 劳务派遣特别规定

第二十八条 用人单位或者其所属单位出资或者合伙设立的劳务派遣单位，向本单位或者所属单位派遣劳动者的，属于劳动合同法第六十七条规定的不得设立的劳务派遣单位。

第二十九条 用工单位应当履行劳动合同法第六十二条规定的义务，维护被派遣劳动者的合法权益。

第三十条 劳务派遣单位不得以非全日制用工形式招用被派遣劳动者。

第三十一条 劳务派遣单位或者被派遣劳动者依法解除、终止劳动合同的经济补偿，依照劳动合同法第四十六条、第四十七条的规定执行。

第三十二条 劳务派遣单位违法解除或者终止被派遣劳动者的劳动合同的，依照劳动合同法第四十八条的规定执行。

第五章 法律责任

第三十三条 用人单位违反劳动合同法有关建立职工名册规定的，由劳动行政部门责令限期改正；逾期不改正的，由劳动行政部门处2000元以上2万元以下的罚款。

第三十四条 用人单位依照劳动合同法的规定应当向劳动者每月支付两倍的工资或者应当向劳动者支付赔偿金而未支付的，劳动行政部门应当责令用人单位支付。

第三十五条 用工单位违反劳动合同法和本条例有关劳务派遣规定的，由劳动行政部门和其他有关主管部门责令改正；情节严重的，以每位被派遣劳动者1000元以上5000元以下的标准处以罚款；给被派遣劳动者造成损害的，劳务派遣单位和用工单位承担连带赔偿责任。

第六章 附 则

第三十六条 对违反劳动合同法和本条例的行为的投诉、举报，县级以上地方人民政府劳动行政部门依照《劳动保障监察条例》的规定处理。

第三十七条 劳动者与用人单位因订立、履行、变更、解除或者终止劳动合同发生争议的，依照《中华人民共和国劳动争议调解仲裁法》的规定处理。

第三十八条 本条例自公布之日起施行。

残疾人就业条例

(2007年2月14日国务院第169次常务会议通过　2007年2月25日
中华人民共和国国务院令第488号公布　自2007年5月1日起施行)

第一章　总　则

第一条　为了促进残疾人就业，保障残疾人的劳动权利，根据《中华人民共和国残疾人保障法》和其他有关法律，制定本条例。

第二条　国家对残疾人就业实行集中就业与分散就业相结合的方针，促进残疾人就业。

县级以上人民政府应当将残疾人就业纳入国民经济和社会发展规划，并制定优惠政策和具体扶持保护措施，为残疾人就业创造条件。

第三条　机关、团体、企业、事业单位和民办非企业单位（以下统称用人单位）应当依照有关法律、本条例和其他有关行政法规的规定，履行扶持残疾人就业的责任和义务。

第四条　国家鼓励社会组织和个人通过多种渠道、多种形式，帮助、支持残疾人就业，鼓励残疾人通过应聘等多种形式就业。禁止在就业中歧视残疾人。

残疾人应当提高自身素质，增强就业能力。

第五条　各级人民政府应当加强对残疾人就业工作的统筹规划，综合协调。县级以上人民政府负责残疾人工作的机构，负责组织、协调、指导、督促有关部门做好残疾人就业工作。

县级以上人民政府劳动保障、民政等有关部门在各自的职责范围内，做好残疾人就业工作。

第六条　中国残疾人联合会及其地方组织依照法律、法规或者接受政府委托，负责残疾人就业工作的具体组织实施与监督。

工会、共产主义青年团、妇女联合会，应当在各自的工作范围内，做好残疾人就业工作。

第七条　各级人民政府对在残疾人就业工作中做出显著成绩的单位和个人，给予表彰和奖励。

第二章　用人单位的责任

第八条　用人单位应当按照一定比例安排残疾人就业，并为其提供适当的工种、岗位。

用人单位安排残疾人就业的比例不得低于本单位在职职工总数的1.5%。具体比例由省、自治区、直辖市人民政府根据本地区的实际情况规定。

用人单位跨地区招用残疾人的，应当计入所安排的残疾人职工人数之内。

第九条　用人单位安排残疾人就业达不到其所在地省、自治区、直辖市人民政府规定比例的，应当缴纳残疾人就业保障金。

第十条　政府和社会依法兴办的残疾人福利企业、盲人按摩机构和其他福利性单位（以下统称集中使用残疾人的用人单位），应当集中安排残疾人就业。

集中使用残疾人的用人单位的资格认定，按照国家有关规定执行。

第十一条 集中使用残疾人的用人单位中从事全日制工作的残疾人职工，应当占本单位在职职工总数的25%以上。

第十二条 用人单位招用残疾人职工，应当依法与其签订劳动合同或者服务协议。

第十三条 用人单位应当为残疾人职工提供适合其身体状况的劳动条件和劳动保护，不得在晋职、晋级、评定职称、报酬、社会保险、生活福利等方面歧视残疾人职工。

第十四条 用人单位应当根据本单位残疾人职工的实际情况，对残疾人职工进行上岗、在岗、转岗等培训。

第三章 保障措施

第十五条 县级以上人民政府应当采取措施，拓宽残疾人就业渠道，开发适合残疾人就业的公益性岗位，保障残疾人就业。

县级以上地方人民政府发展社区服务事业，应当优先考虑残疾人就业。

第十六条 依法征收的残疾人就业保障金应当纳入财政预算，专项用于残疾人职业培训以及为残疾人提供就业服务和就业援助，任何组织或者个人不得贪污、挪用、截留或者私分。残疾人就业保障金征收、使用、管理的具体办法，由国务院财政部门会同国务院有关部门规定。

财政部门和审计机关应当依法加强对残疾人就业保障金使用情况的监督检查。

第十七条 国家对集中使用残疾人的用人单位依法给予税收优惠，并在生产、经营、技术、资金、物资、场地使用等方面给予扶持。

第十八条 县级以上地方人民政府及其有关部门应当确定适合残疾人生产、经营的产品、项目，优先安排集中使用残疾人的用人单位生产或者经营，并根据集中使用残疾人的用人单位的生产特点确定某些产品由其专产。

政府采购，在同等条件下，应当优先购买集中使用残疾人的用人单位的产品或者服务。

第十九条 国家鼓励扶持残疾人自主择业、自主创业。对残疾人从事个体经营的，应当依法给予税收优惠，有关部门应当在经营场地等方面给予照顾，并按照规定免收管理类、登记类和证照类的行政事业性收费。

国家对自主择业、自主创业的残疾人在一定期限内给予小额信贷等扶持。

第二十条 地方各级人民政府应当多方面筹集资金，组织和扶持农村残疾人从事种植业、养殖业、手工业和其他形式的生产劳动。

有关部门对从事农业生产劳动的农村残疾人，应当在生产服务、技术指导、农用物资供应、农副产品收购和信贷等方面给予帮助。

第四章 就业服务

第二十一条 各级人民政府和有关部门应当为就业困难的残疾人提供有针对性的就业援助服务，鼓励和扶持职业培训机构为残疾人提供职业培训，并组织残疾人定期开展职业技能竞赛。

第二十二条 中国残疾人联合会及其地方组织所属的残疾人就业服务机构应当免费为残疾人就业提供下列服务：

（一）发布残疾人就业信息；

（二）组织开展残疾人职业培训；

（三）为残疾人提供职业心理咨询、职业适应评估、职业康复训练、求职定向指导、职业介绍等服务；

（四）为残疾人自主择业提供必要的帮助；

（五）为用人单位安排残疾人就业提供必要的支持。

国家鼓励其他就业服务机构为残疾人就业提供免费服务。

第二十三条 受劳动保障部门的委托，残疾人就业服务机构可以进行残疾人失业登记、残疾人就业与失业统计；经所在地劳动保障部门批准，残疾人就业服务机构还可以进行残疾人职业技能鉴定。

第二十四条 残疾人职工与用人单位发生争议的，当地法律援助机构应当依法为其提供法律援助，各级残疾人联合会应当给予支持和帮助。

第五章 法律责任

第二十五条 违反本条例规定，有关行政主管部门及其工作人员滥用职权、玩忽职守、徇私舞弊，构成犯罪的，依法追究刑事责任；尚不构成犯罪的，依法给予处分。

第二十六条 违反本条例规定，贪污、挪用、截留、私分残疾人就业保障金，构成犯罪的，依法追究刑事责任；尚不构成犯罪的，对有关责任单位、直接负责的主管人员和其他直接责任人员依法给予处分或者处罚。

第二十七条 违反本条例规定，用人单位未按照规定缴纳残疾人就业保障金的，由财政部门给予警告，责令限期缴纳；逾期仍不缴纳的，除补缴欠缴数额外，还应当自欠缴之日起，按日加收5‰的滞纳金。

第二十八条 违反本条例规定，用人单位弄虚作假，虚报安排残疾人就业人数，骗取集中使用残疾人的用人单位享受的税收优惠待遇的，由税务机关依法处理。

第六章 附　则

第二十九条 本条例所称残疾人就业，是指符合法定就业年龄有就业要求的残疾人从事有报酬的劳动。

第三十条 本条例自 2007 年 5 月 1 日起施行。

职工带薪年休假条例

（2007 年 12 月 7 日国务院第 198 次常务会议通过　2007 年 12 月 14 日中华人民共和国国务院令第 514 号公布　自 2008 年 1 月 1 日起施行）

第一条 为了维护职工休息休假权利，调动职工工作积极性，根据劳动法和公务员法，制定本条例。

第二条 机关、团体、企业、事业单位、民办非企业单位、有雇工的个体工商户等单位的职工连续工作 1 年以上的，享受带薪年休假（以下简称年休假）。单位应当保证职工享受年休假。

职工在年休假期间享受与正常工作期间相同的工资收入。

第三条 职工累计工作已满 1 年不满 10 年的，年休假 5 天；已满 10 年不满 20 年的，年休假 10 天；已满 20 年的，年休假 15 天。

国家法定休假日、休息日不计入年休假的假期。

第四条 职工有下列情形之一的，不享受当年的年休假：

（一）职工依法享受寒暑假，其休假天数多于年休假天数的；

（二）职工请事假累计 20 天以上且单位按照规定不扣工资的；

（三）累计工作满 1 年不满 10 年的职工，请病假累计 2 个月以上的；

（四）累计工作满 10 年不满 20 年的职工，请病假累计 3 个月以上的；

（五）累计工作满 20 年以上的职工，请病假累计 4 个月以上的。

第五条 单位根据生产、工作的具体情况，并考虑职工本人意愿，统筹安排职工年休假。

年休假在 1 个年度内可以集中安排，也可以分段安排，一般不跨年度安排。单位因生产、工作特点确有必要跨年度安排职工年休假的，可以跨 1 个年度安排。

单位确因工作需要不能安排职工休年休假的，经职工本人同意，可以不安排职工休年休假。对职工应休未休的年休假天数，单位应当按照该职工日工资收入的 300% 支付年休假工资报酬。

第六条 县级以上地方人民政府人事部门、劳动保障部门应当依据职权对单位执行本条例的情况主动进行监督检查。

工会组织依法维护职工的年休假权利。

第七条 单位不安排职工休年休假又不依照本条例规定给予年休假工资报酬的，由县级以上地方人民政府人事部门或者劳动保障部门依据职权责令限期改正；对逾期不改正的，除责令该单位支付年休假工资报酬外，单位还应当按照年休假工资报酬的数额向职工加付赔偿金；对拒不支付年休假工资报酬、赔偿金的，属于公务员和参照公务员法管理的人员所在单位的，对直接负责的主管人员以及其他直接责任人员依法给予处分；属于其他单位的，由劳动保障部门、人事部门或者职工申请人民法院强制执行。

第八条 职工与单位因年休假发生的争议，依照国家有关法律、行政法规的规定处理。

第九条 国务院人事部门、国务院劳动保障部门依据职权，分别制定本条例的实施办法。

第十条 本条例自 2008 年 1 月 1 日起施行。

劳动保障监察条例

（2004 年 10 月 26 日国务院第 68 次常务会议通过　2004 年 11 月 1 日中华人民共和国国务院令第 423 号公布　自 2004 年 12 月 1 日起施行）

第一章　总　则

第一条 为了贯彻实施劳动和社会保障（以下称劳动保障）法律、法规和规章，规范劳动保障监察工作，维护劳动者的合法权益，根据劳动法和有关法律，制定本条例。

第二条　对企业和个体工商户（以下称用人单位）进行劳动保障监察，适用本条例。

对职业介绍机构、职业技能培训机构和职业技能考核鉴定机构进行劳动保障监察，依照本条例执行。

第三条　国务院劳动保障行政部门主管全国的劳动保障监察工作。县级以上地方各级人民政府劳动保障行政部门主管本行政区域内的劳动保障监察工作。

县级以上各级人民政府有关部门根据各自职责，支持、协助劳动保障行政部门的劳动保障监察工作。

第四条　县级、设区的市级人民政府劳动保障行政部门可以委托符合监察执法条件的组织实施劳动保障监察。

劳动保障行政部门和受委托实施劳动保障监察的组织中的劳动保障监察员应当经过相应的考核或者考试录用。

劳动保障监察证件由国务院劳动保障行政部门监制。

第五条　县级以上地方各级人民政府应当加强劳动保障监察工作。劳动保障监察所需经费列入本级财政预算。

第六条　用人单位应当遵守劳动保障法律、法规和规章，接受并配合劳动保障监察。

第七条　各级工会依法维护劳动者的合法权益，对用人单位遵守劳动保障法律、法规和规章的情况进行监督。

劳动保障行政部门在劳动保障监察工作中应当注意听取工会组织的意见和建议。

第八条　劳动保障监察遵循公正、公开、高效、便民的原则。

实施劳动保障监察，坚持教育与处罚相结合，接受社会监督。

第九条　任何组织或者个人对违反劳动保障法律、法规或者规章的行为，有权向劳动保障行政部门举报。

劳动者认为用人单位侵犯其劳动保障合法权益的，有权向劳动保障行政部门投诉。

劳动保障行政部门应当为举报人保密；对举报属实，为查处重大违反劳动保障法律、法规或者规章的行为提供主要线索和证据的举报人，给予奖励。

第二章　劳动保障监察职责

第十条　劳动保障行政部门实施劳动保障监察，履行下列职责：

（一）宣传劳动保障法律、法规和规章，督促用人单位贯彻执行；

（二）检查用人单位遵守劳动保障法律、法规和规章的情况；

（三）受理对违反劳动保障法律、法规或者规章的行为的举报、投诉；

（四）依法纠正和查处违反劳动保障法律、法规或者规章的行为。

第十一条　劳动保障行政部门对下列事项实施劳动保障监察：

（一）用人单位制定内部劳动保障规章制度的情况；

（二）用人单位与劳动者订立劳动合同的情况；

（三）用人单位遵守禁止使用童工规定的情况；

（四）用人单位遵守女职工和未成年工特殊劳动保护规定的情况；

（五）用人单位遵守工作时间和休息休假规定的情况；

（六）用人单位支付劳动者工资和执行最低工资标准的情况；

（七）用人单位参加各项社会保险和缴纳社会保险费的情况；

（八）职业介绍机构、职业技能培训机构和职业技能考核鉴定机构遵守国家有关职业介绍、职业技能培训和职业技能考核鉴定的规定的情况；

（九）法律、法规规定的其他劳动保障监察事项。

第十二条 劳动保障监察员依法履行劳动保障监察职责，受法律保护。

劳动保障监察员应当忠于职守，秉公执法，勤政廉洁，保守秘密。

任何组织或者个人对劳动保障监察员的违法违纪行为，有权向劳动保障行政部门或者有关机关检举、控告。

第三章 劳动保障监察的实施

第十三条 对用人单位的劳动保障监察，由用人单位用工所在地的县级或者设区的市级劳动保障行政部门管辖。

上级劳动保障行政部门根据工作需要，可以调查处理下级劳动保障行政部门管辖的案件。劳动保障行政部门对劳动保障监察管辖发生争议的，报请共同的上一级劳动保障行政部门指定管辖。

省、自治区、直辖市人民政府可以对劳动保障监察的管辖制定具体办法。

第十四条 劳动保障监察以日常巡视检查、审查用人单位按照要求报送的书面材料以及接受举报投诉等形式进行。

劳动保障行政部门认为用人单位有违反劳动保障法律、法规或者规章的行为，需要进行调查处理的，应当及时立案。

劳动保障行政部门或者受委托实施劳动保障监察的组织应当设立举报、投诉信箱和电话。

对因违反劳动保障法律、法规或者规章的行为引起的群体性事件，劳动保障行政部门应当根据应急预案，迅速会同有关部门处理。

第十五条 劳动保障行政部门实施劳动保障监察，有权采取下列调查、检查措施：

（一）进入用人单位的劳动场所进行检查；

（二）就调查、检查事项询问有关人员；

（三）要求用人单位提供与调查、检查事项相关的文件资料，并作出解释和说明，必要时可以发出调查询问书；

（四）采取记录、录音、录像、照像或者复制等方式收集有关情况和资料；

（五）委托会计师事务所对用人单位工资支付、缴纳社会保险费的情况进行审计；

（六）法律、法规规定可以由劳动保障行政部门采取的其他调查、检查措施。

劳动保障行政部门对事实清楚、证据确凿、可以当场处理的违反劳动保障法律、法规或者规章的行为有权当场予以纠正。

第十六条 劳动保障监察员进行调查、检查，不得少于2人，并应当佩戴劳动保障监察标志、出示劳动保障监察证件。

劳动保障监察员办理的劳动保障监察事项与本人或者其近亲属有直接利害关系的，应当回避。

第十七条 劳动保障行政部门对违反劳动保障法律、法规或者规章的行为的调查，应当自立案之日起60个工作日内完成；对情况复杂的，经劳动保障行政部门负责人批准，可以延长30个工作日。

第十八条 劳动保障行政部门对违反劳动保障法律、法规或者规章的行为，根据调查、检查的结果，作出以下处理：

（一）对依法应当受到行政处罚的，依法作出行政处罚决定；

（二）对应当改正未改正的，依法

责令改正或者作出相应的行政处理决定；

（三）对情节轻微且已改正的，撤销立案。

发现违法案件不属于劳动保障监察事项的，应当及时移送有关部门处理；涉嫌犯罪的，应当依法移送司法机关。

第十九条 劳动保障行政部门对违反劳动保障法律、法规或者规章的行为作出行政处罚或者行政处理决定前，应当听取用人单位的陈述、申辩；作出行政处罚或者行政处理决定，应当告知用人单位依法享有申请行政复议或者提起行政诉讼的权利。

第二十条 违反劳动保障法律、法规或者规章的行为在2年内未被劳动保障行政部门发现，也未被举报、投诉的，劳动保障行政部门不再查处。

前款规定的期限，自违反劳动保障法律、法规或者规章的行为发生之日起计算；违反劳动保障法律、法规或者规章的行为有连续或者继续状态的，自行为终了之日起计算。

第二十一条 用人单位违反劳动保障法律、法规或者规章，对劳动者造成损害的，依法承担赔偿责任。劳动者与用人单位就赔偿发生争议的，依照国家有关劳动争议处理的规定处理。

对应当通过劳动争议处理程序解决的事项或者已经按照劳动争议处理程序申请调解、仲裁或者已经提起诉讼的事项，劳动保障行政部门应当告知投诉人依照劳动争议处理或者诉讼的程序办理。

第二十二条 劳动保障行政部门应当建立用人单位劳动保障守法诚信档案。用人单位有重大违反劳动保障法律、法规或者规章的行为的，由有关的劳动保障行政部门向社会公布。

第四章 法律责任

第二十三条 用人单位有下列行为之一的，由劳动保障行政部门责令改正，按照受侵害的劳动者每人1000元以上5000元以下的标准计算，处以罚款：

（一）安排女职工从事矿山井下劳动、国家规定的第四级体力劳动强度的劳动或者其他禁忌从事的劳动的；

（二）安排女职工在经期从事高处、低温、冷水作业或者国家规定的第三级体力劳动强度的劳动的；

（三）安排女职工在怀孕期间从事国家规定的第三级体力劳动强度的劳动或者孕期禁忌从事的劳动的；

（四）安排怀孕7个月以上的女职工夜班劳动或者延长其工作时间的；

（五）女职工生育享受产假少于90天的；

（六）安排女职工在哺乳未满1周岁的婴儿期间从事国家规定的第三级体力劳动强度的劳动或者哺乳期禁忌从事的其他劳动，以及延长其工作时间或者安排其夜班劳动的；

（七）安排未成年工从事矿山井下、有毒有害、国家规定的第四级体力劳动强度的劳动或者其他禁忌从事的劳动的；

（八）未对未成年工定期进行健康检查的。

第二十四条 用人单位与劳动者建立劳动关系不依法订立劳动合同的，由劳动保障行政部门责令改正。

第二十五条 用人单位违反劳动保障法律、法规或者规章延长劳动者工作时间的，由劳动保障行政部门给予警告，责令限期改正，并可以按照受侵害的劳动者每人100元以上500元以下的标准计算，处以罚款。

第二十六条　用人单位有下列行为之一的，由劳动保障行政部门分别责令限期支付劳动者的工资报酬、劳动者工资低于当地最低工资标准的差额或者解除劳动合同的经济补偿；逾期不支付的，责令用人单位按照应付金额50%以上1倍以下的标准计算，向劳动者加付赔偿金：

（一）克扣或者无故拖欠劳动者工资报酬的；

（二）支付劳动者的工资低于当地最低工资标准的；

（三）解除劳动合同未依法给予劳动者经济补偿的。

第二十七条　用人单位向社会保险经办机构申报应缴纳的社会保险费数额时，瞒报工资总额或者职工人数的，由劳动保障行政部门责令改正，并处瞒报工资数额1倍以上3倍以下的罚款。

骗取社会保险待遇或者骗取社会保险基金支出的，由劳动保障行政部门责令退还，并处骗取金额1倍以上3倍以下的罚款；构成犯罪的，依法追究刑事责任。

第二十八条　职业介绍机构、职业技能培训机构或者职业技能考核鉴定机构违反国家有关职业介绍、职业技能培训或者职业技能考核鉴定的规定的，由劳动保障行政部门责令改正，没收违法所得，并处1万元以上5万元以下的罚款；情节严重的，吊销许可证。

未经劳动保障行政部门许可，从事职业介绍、职业技能培训或者职业技能考核鉴定的组织或者个人，由劳动保障行政部门、工商行政管理部门依照国家有关无照经营查处取缔的规定查处取缔。

第二十九条　用人单位违反《中华人民共和国工会法》，有下列行为之一的，由劳动保障行政部门责令改正：

（一）阻挠劳动者依法参加和组织工会，或者阻挠上级工会帮助、指导劳动者筹建工会的；

（二）无正当理由调动依法履行职责的工会工作人员的工作岗位，进行打击报复的；

（三）劳动者因参加工会活动而被解除劳动合同的；

（四）工会工作人员因依法履行职责被解除劳动合同的。

第三十条　有下列行为之一的，由劳动保障行政部门责令改正；对有第（一）项、第（二）项或者第（三）项规定的行为的，处2000元以上2万元以下的罚款：

（一）无理抗拒、阻挠劳动保障行政部门依照本条例的规定实施劳动保障监察的；

（二）不按照劳动保障行政部门的要求报送书面材料，隐瞒事实真相，出具伪证或者隐匿、毁灭证据的；

（三）经劳动保障行政部门责令改正拒不改正，或者拒不履行劳动保障行政部门的行政处理决定的；

（四）打击报复举报人、投诉人的。

违反前款规定，构成违反治安管理行为的，由公安机关依法给予治安管理处罚；构成犯罪的，依法追究刑事责任。

第三十一条　劳动保障监察员滥用职权、玩忽职守、徇私舞弊或者泄露在履行职责过程中知悉的商业秘密的，依法给予行政处分；构成犯罪的，依法追究刑事责任。

劳动保障行政部门和劳动保障监察员违法行使职权，侵犯用人单位或者劳动者的合法权益的，依法承担赔偿责任。

第三十二条　属于本条例规定的劳动保障监察事项，法律、其他行政法规对处罚另有规定的，从其规定。

第五章 附 则

第三十三条 对无营业执照或者已被依法吊销营业执照，有劳动用工行为的，由劳动保障行政部门依照本条例实施劳动保障监察，并及时通报工商行政管理部门予以查处取缔。

第三十四条 国家机关、事业单位、社会团体执行劳动保障法律、法规和规章的情况，由劳动保障行政部门根据其职责，依照本条例实施劳动保障监察。

第三十五条 劳动安全卫生的监督检查，由卫生部门、安全生产监督管理部门、特种设备安全监督管理部门等有关部门依照有关法律、行政法规的规定执行。

第三十六条 本条例自 2004 年 12 月 1 日起施行。

使用有毒物品作业场所劳动保护条例

(2002 年 4 月 30 日国务院第 57 次常务会议通过 2002 年 5 月 12 日
中华人民共和国国务院令第 352 号公布 自公布之日起施行)

第一章 总 则

第一条 为了保证作业场所安全使用有毒物品，预防、控制和消除职业中毒危害，保护劳动者的生命安全、身体健康及其相关权益，根据职业病防治法和其他有关法律、行政法规的规定，制定本条例。

第二条 作业场所使用有毒物品可能产生职业中毒危害的劳动保护，适用本条例。

第三条 按照有毒物品产生的职业中毒危害程度，有毒物品分为一般有毒物品和高毒物品。国家对作业场所使用高毒物品实行特殊管理。

一般有毒物品目录、高毒物品目录由国务院卫生行政部门会同有关部门依据国家标准制定、调整并公布。

第四条 从事使用有毒物品作业的用人单位（以下简称用人单位）应当使用符合国家标准的有毒物品，不得在作业场所使用国家明令禁止使用的有毒物品或者使用不符合国家标准的有毒物品。

用人单位应当尽可能使用无毒物品；需要使用有毒物品的，应当优先选择使用低毒物品。

第五条 用人单位应当依照本条例和其他有关法律、行政法规的规定，采取有效的防护措施，预防职业中毒事故的发生，依法参加工伤保险，保障劳动者的生命安全和身体健康。

第六条 国家鼓励研制、开发、推广、应用有利于预防、控制、消除职业中毒危害和保护劳动者健康的新技术、新工艺、新材料；限制使用或者淘汰有关职业中毒危害严重的技术、工艺、材料；加强对有关职业病的机理和发生规律的基础研究，提高有关职业病防治科学技术水平。

第七条 禁止使用童工。

用人单位不得安排未成年人和孕

期、哺乳期的女职工从事使用有毒物品的作业。

第八条 工会组织应当督促并协助用人单位开展职业卫生宣传教育和培训，对用人单位的职业卫生工作提出意见和建议，与用人单位就劳动者反映的职业病防治问题进行协调并督促解决。

工会组织对用人单位违反法律、法规，侵犯劳动者合法权益的行为，有权要求纠正；产生严重职业中毒危害时，有权要求用人单位采取防护措施，或者向政府有关部门建议采取强制性措施；发生职业中毒事故时，有权参与事故调查处理；发现危及劳动者生命、健康的情形时，有权建议用人单位组织劳动者撤离危险现场，用人单位应当立即作出处理。

第九条 县级以上人民政府卫生行政部门及其他有关行政部门应当依据各自的职责，监督用人单位严格遵守本条例和其他有关法律、法规的规定，加强作业场所使用有毒物品的劳动保护，防止职业中毒事故发生，确保劳动者依法享有的权利。

第十条 各级人民政府应当加强对使用有毒物品作业场所职业卫生安全及相关劳动保护工作的领导，督促、支持卫生行政部门及其他有关行政部门依法履行监督检查职责，及时协调、解决有关重大问题；在发生职业中毒事故时，应当采取有效措施，控制事故危害的蔓延并消除事故危害，并妥善处理有关善后工作。

第二章 作业场所的预防措施

第十一条 用人单位的设立，应当符合有关法律、行政法规规定的设立条件，并依法办理有关手续，取得营业执照。

用人单位的使用有毒物品作业场

所，除应当符合职业病防治法规定的职业卫生要求外，还必须符合下列要求：

（一）作业场所与生活场所分开，作业场所不得住人；

（二）有害作业与无害作业分开，高毒作业场所与其他作业场所隔离；

（三）设置有效的通风装置；可能突然泄漏大量有毒物品或者易造成急性中毒的作业场所，设置自动报警装置和事故通风设施；

（四）高毒作业场所设置应急撤离通道和必要的泄险区。

用人单位及其作业场所符合前两款规定的，由卫生行政部门发给职业卫生安全许可证，方可从事使用有毒物品的作业。

第十二条 使用有毒物品作业场所应当设置黄色区域警示线、警示标识和中文警示说明。警示说明应当载明产生职业中毒危害的种类、后果、预防以及应急救治措施等内容。

高毒作业场所应当设置红色区域警示线、警示标识和中文警示说明，并设置通讯报警设备。

第十三条 新建、扩建、改建的建设项目和技术改造、技术引进项目（以下统称建设项目），可能产生职业中毒危害的，应当依照职业病防治法的规定进行职业中毒危害预评价，并经卫生行政部门审核同意；可能产生职业中毒危害的建设项目的职业中毒危害防护设施应当与主体工程同时设计，同时施工，同时投入生产和使用；建设项目竣工，应当进行职业中毒危害控制效果评价，并经卫生行政部门验收合格。

存在高毒作业的建设项目的职业中毒危害防护设施设计，应当经卫生行政部门进行卫生审查；经审查，符合国家职业卫生标准和卫生要求的，方可施工。

第十四条 用人单位应当按照国务院卫生行政部门的规定，向卫生行政部门及时、如实申报存在职业中毒危害项目。

从事使用高毒物品作业的用人单位，在申报使用高毒物品作业项目时，应当向卫生行政部门提交下列有关资料：

（一）职业中毒危害控制效果评价报告；

（二）职业卫生管理制度和操作规程等材料；

（三）职业中毒事故应急救援预案。

从事使用高毒物品作业的用人单位变更所使用的高毒物品品种的，应当依照前款规定向原受理申报的卫生行政部门重新申报。

第十五条 用人单位变更名称、法定代表人或者负责人的，应当向原受理申报的卫生行政部门备案。

第十六条 从事使用高毒物品作业的用人单位，应当配备应急救援人员和必要的应急救援器材、设备，制定事故应急救援预案，并根据实际情况变化对应急救援预案适时进行修订，定期组织演练。事故应急救援预案和演练记录应当报当地卫生行政部门、安全生产监督管理部门和公安部门备案。

第三章 劳动过程的防护

第十七条 用人单位应当依照职业病防治法的有关规定，采取有效的职业卫生防护管理措施，加强劳动过程中的防护与管理。

从事使用高毒物品作业的用人单位，应当配备专职的或者兼职的职业卫生医师和护士；不具备配备专职的或者兼职的职业卫生医师和护士条件的，应当与依法取得资质认证的职业卫生技术服务机构签订合同，由其提供职业卫生服务。

第十八条 用人单位应当与劳动者订立劳动合同，将工作过程中可能产生的职业中毒危害及其后果、职业中毒危害防护措施和待遇等如实告知劳动者，并在劳动合同中写明，不得隐瞒或者欺骗。

劳动者在已订立劳动合同期间因工作岗位或者工作内容变更，从事劳动合同中未告知的存在职业中毒危害的作业时，用人单位应当依照前款规定，如实告知劳动者，并协商变更原劳动合同有关条款。

用人单位违反前两款规定的，劳动者有权拒绝从事存在职业中毒危害的作业，用人单位不得因此单方面解除或者终止与劳动者所订立的劳动合同。

第十九条 用人单位有关管理人员应当熟悉有关职业病防治的法律、法规以及确保劳动者安全使用有毒物品作业的知识。

用人单位应当对劳动者进行上岗前的职业卫生培训和在岗期间的定期职业卫生培训，普及有关职业卫生知识，督促劳动者遵守有关法律、法规和操作规程，指导劳动者正确使用职业中毒危害防护设备和个人使用的职业中毒危害防护用品。

劳动者经培训考核合格，方可上岗作业。

第二十条 用人单位应当确保职业中毒危害防护设备、应急救援设施、通讯报警装置处于正常适用状态，不得擅自拆除或者停止运行。

用人单位应当对前款所列设施进行经常性的维护、检修，定期检测其性能和效果，确保其处于良好运行状态。

职业中毒危害防护设备、应急救援设施和通讯报警装置处于不正常状态时，用人单位应当立即停止使用有毒物品作业；恢复正常状态后，方可重新作业。

第二十一条　用人单位应当为从事使用有毒物品作业的劳动者提供符合国家职业卫生标准的防护用品，并确保劳动者正确使用。

第二十二条　有毒物品必须附具说明书，如实载明产品特性、主要成分、存在的职业中毒危害因素、可能产生的危害后果、安全使用注意事项、职业中毒危害防护以及应急救治措施等内容；没有说明书或者说明书不符合要求的，不得向用人单位销售。

用人单位有权向生产、经营有毒物品的单位索取说明书。

第二十三条　有毒物品的包装应当符合国家标准，并以易于劳动者理解的方式加贴或者拴挂有毒物品安全标签。有毒物品的包装必须有醒目的警示标识和中文警示说明。

经营、使用有毒物品的单位，不得经营、使用没有安全标签、警示标识和中文警示说明的有毒物品。

第二十四条　用人单位维护、检修存在高毒物品的生产装置，必须事先制订维护、检修方案，明确职业中毒危害防护措施，确保维护、检修人员的生命安全和身体健康。

维护、检修存在高毒物品的生产装置，必须严格按照维护、检修方案和操作规程进行。维护、检修现场应当有专人监护，并设置警示标志。

第二十五条　需要进入存在高毒物品的设备、容器或者狭窄封闭场所作业时，用人单位应当事先采取下列措施：

（一）保持作业场所良好的通风状态，确保作业场所职业中毒危害因素浓度符合国家职业卫生标准；

（二）为劳动者配备符合国家职业卫生标准的防护用品；

（三）设置现场监护人员和现场救援设备。

未采取前款规定措施或者采取的措施不符合要求的，用人单位不得安排劳动者进入存在高毒物品的设备、容器或者狭窄封闭场所作业。

第二十六条　用人单位应当按照国务院卫生行政部门的规定，定期对使用有毒物品作业场所职业中毒危害因素进行检测、评价。检测、评价结果存入用人单位职业卫生档案，定期向所在地卫生行政部门报告并向劳动者公布。

从事使用高毒物品作业的用人单位应当至少每一个月对高毒作业场所进行一次职业中毒危害因素检测；至少每半年进行一次职业中毒危害控制效果评价。

高毒作业场所职业中毒危害因素不符合国家职业卫生标准和卫生要求时，用人单位必须立即停止高毒作业，并采取相应的治理措施；经治理，职业中毒危害因素符合国家职业卫生标准和卫生要求的，方可重新作业。

第二十七条　从事使用高毒物品作业的用人单位应当设置淋浴间和更衣室，并设置清洗、存放或者处理从事使用高毒物品作业劳动者的工作服、工作鞋帽等物品的专用间。

劳动者结束作业时，其使用的工作服、工作鞋帽等物品必须存放在高毒作业区域内，不得穿戴到非高毒作业区域。

第二十八条　用人单位应当按照规定对从事使用高毒物品作业的劳动者进行岗位轮换。

用人单位应当为从事使用高毒物品作业的劳动者提供岗位津贴。

第二十九条　用人单位转产、停产、停业或者解散、破产的，应当采取有效措施，妥善处理留存或者残留有毒物品的设备、包装物和容器。

第三十条 用人单位应当对本单位执行本条例规定的情况进行经常性的监督检查；发现问题，应当及时依照本条例规定的要求进行处理。

第四章 职业健康监护

第三十一条 用人单位应当组织从事使用有毒物品作业的劳动者进行上岗前职业健康检查。

用人单位不得安排未经上岗前职业健康检查的劳动者从事使用有毒物品的作业，不得安排有职业禁忌的劳动者从事其所禁忌的作业。

第三十二条 用人单位应当对从事使用有毒物品作业的劳动者进行定期职业健康检查。

用人单位发现有职业禁忌或者有与所从事职业相关的健康损害的劳动者，应当将其及时调离原工作岗位，并妥善安置。

用人单位对需要复查和医学观察的劳动者，应当按照体检机构的要求安排其复查和医学观察。

第三十三条 用人单位应当对从事使用有毒物品作业的劳动者进行离岗时的职业健康检查；对离岗时未进行职业健康检查的劳动者，不得解除或者终止与其订立的劳动合同。

用人单位发生分立、合并、解散、破产等情形的，应当对从事使用有毒物品作业的劳动者进行健康检查，并按照国家有关规定妥善安置职业病病人。

第三十四条 用人单位对受到或者可能受到急性职业中毒危害的劳动者，应当及时组织进行健康检查和医学观察。

第三十五条 劳动者职业健康检查和医学观察的费用，由用人单位承担。

第三十六条 用人单位应当建立职业健康监护档案。

职业健康监护档案应当包括下列内容：

（一）劳动者的职业史和职业中毒危害接触史；

（二）相应作业场所职业中毒危害因素监测结果；

（三）职业健康检查结果及处理情况；

（四）职业病诊疗等劳动者健康资料。

第五章 劳动者的权利与义务

第三十七条 从事使用有毒物品作业的劳动者在存在威胁生命安全或者身体健康危险的情况下，有权通知用人单位并从使用有毒物品造成的危险现场撤离。

用人单位不得因劳动者依据前款规定行使权利，而取消或者减少劳动者在正常工作时享有的工资、福利待遇。

第三十八条 劳动者享有下列职业卫生保护权利：

（一）获得职业卫生教育、培训；

（二）获得职业健康检查、职业病诊疗、康复等职业病防治服务；

（三）了解工作场所产生或者可能产生的职业中毒危害因素、危害后果和应当采取的职业中毒危害防护措施；

（四）要求用人单位提供符合防治职业病要求的职业中毒危害防护设施和个人使用的职业中毒危害防护用品，改善工作条件；

（五）对违反职业病防治法律、法规，危及生命、健康的行为提出批评、检举和控告；

（六）拒绝违章指挥和强令进行没有职业中毒危害防护措施的作业；

（七）参与用人单位职业卫生工作的民主管理，对职业病防治工作提出意见和建议。

用人单位应当保障劳动者行使前款所列权利。禁止因劳动者依法行使正当权利而降低其工资、福利等待遇或者解除、终止与其订立的劳动合同。

第三十九条 劳动者有权在正式上岗前从用人单位获得下列资料:

(一)作业场所使用的有毒物品的特性、有害成分、预防措施、教育和培训资料;

(二)有毒物品的标签、标识及有关资料;

(三)有毒物品安全使用说明书;

(四)可能影响安全使用有毒物品的其他有关资料。

第四十条 劳动者有权查阅、复印其本人职业健康监护档案。

劳动者离开用人单位时,有权索取本人健康监护档案复印件;用人单位应当如实、无偿提供,并在所提供的复印件上签章。

第四十一条 用人单位按照国家规定参加工伤保险的,患职业病的劳动者有权按照国家有关工伤保险的规定,享受下列工伤保险待遇:

(一)医疗费:因患职业病进行诊疗所需费用,由工伤保险基金按照规定标准支付;

(二)住院伙食补助费:由用人单位按照当地因公出差伙食标准的一定比例支付;

(三)康复费:由工伤保险基金按照规定标准支付;

(四)残疾用具费:因残疾需要配置辅助器具的,所需费用由工伤保险基金按照普及型辅助器具标准支付;

(五)停工留薪期待遇:原工资、福利待遇不变,由用人单位支付;

(六)生活护理补助费:经评残并确认需要生活护理的,生活护理补助费由工伤保险基金按照规定标准支付;

(七)一次性伤残补助金:经鉴定为十级至一级伤残的,按照伤残等级享受相当于6个月至24个月的本人工资的一次性伤残补助金,由工伤保险基金支付;

(八)伤残津贴:经鉴定为四级至一级伤残的,按照规定享受相当于本人工资75%至90%的伤残津贴,由工伤保险基金支付;

(九)死亡补助金:因职业中毒死亡的,由工伤保险基金按照不低于48个月的统筹地区上年度职工月平均工资的标准一次支付;

(十)丧葬补助金:因职业中毒死亡的,由工伤保险基金按照6个月的统筹地区上年度职工月平均工资的标准一次支付;

(十一)供养亲属抚恤金:因职业中毒死亡的,对由死者生前提供主要生活来源的亲属由工伤保险基金支付抚恤金:对其配偶每月按照统筹地区上年度职工月平均工资的40%发给,对其生前供养的直系亲属每人每月按照统筹地区上年度职工月平均工资的30%发给;

(十二)国家规定的其他工伤保险待遇。

本条例施行后,国家对工伤保险待遇的项目和标准作出调整时,从其规定。

第四十二条 用人单位未参加工伤保险的,其劳动者从事有毒物品作业患职业病的,用人单位应当按照国家有关工伤保险规定的项目和标准,保证劳动者享受工伤待遇。

第四十三条 用人单位无营业执照以及被依法吊销营业执照,其劳动者从事使用有毒物品作业患职业病的,应当按照国家有关工伤保险规定的项目和标准,给予劳动者一次性赔偿。

第四十四条 用人单位分立、合并的，承继单位应当承担由原用人单位对患职业病的劳动者承担的补偿责任。

用人单位解散、破产的，应当依法从其清算财产中优先支付患职业病的劳动者的补偿费用。

第四十五条 劳动者除依法享有工伤保险外，依照有关民事法律的规定，尚有获得赔偿的权利的，有权向用人单位提出赔偿要求。

第四十六条 劳动者应当学习和掌握相关职业卫生知识，遵守有关劳动保护的法律、法规和操作规程，正确使用和维护职业中毒危害防护设施及其用品；发现职业中毒事故隐患时，应当及时报告。

作业场所出现使用有毒物品产生的危险时，劳动者应当采取必要措施，按照规定正确使用防护设施，将危险加以消除或者减少到最低限度。

第六章 监督管理

第四十七条 县级以上人民政府卫生行政部门应当依照本条例的规定和国家有关职业卫生要求，依据职责划分，对作业场所使用有毒物品作业及职业中毒危害检测、评价活动进行监督检查。

卫生行政部门实施监督检查，不得收取费用，不得接受用人单位的财物或者其他利益。

第四十八条 卫生行政部门应当建立、健全监督制度，核查反映用人单位有关劳动保护的材料，履行监督责任。

用人单位应当向卫生行政部门如实、具体提供反映有关劳动保护的材料；必要时，卫生行政部门可以查阅或者要求用人单位报送有关材料。

第四十九条 卫生行政部门应当监督用人单位严格执行有关职业卫生规范。

卫生行政部门应当依照本条例的规定对使用有毒物品作业场所的职业卫生防护设备、设施的防护性能进行定期检验和不定期的抽查；发现职业卫生防护设备、设施存在隐患时，应当责令用人单位立即消除隐患；消除隐患期间，应当责令其停止作业。

第五十条 卫生行政部门应当采取措施，鼓励对用人单位的违法行为进行举报、投诉、检举和控告。

卫生行政部门对举报、投诉、检举和控告应当及时核实，依法作出处理，并将处理结果予以公布。

卫生行政部门对举报人、投诉人、检举人和控告人负有保密的义务。

第五十一条 卫生行政部门执法人员依法执行职务时，应当出示执法证件。

卫生行政部门执法人员应当忠于职守，秉公执法；涉及用人单位秘密的，应当为其保密。

第五十二条 卫生行政部门依法实施罚款的行政处罚，应当依照有关法律、行政法规的规定，实施罚款决定与罚款收缴分离；收缴的罚款以及依法没收的经营所得，必须全部上缴国库。

第五十三条 卫生行政部门履行监督检查职责时，有权采取下列措施：

（一）进入用人单位和使用有毒物品作业场所现场，了解情况，调查取证，进行抽样检查、检测、检验，进行实地检查；

（二）查阅或者复制与违反本条例行为有关的资料，采集样品；

（三）责令违反本条例规定的单位和个人停止违法行为。

第五十四条 发生职业中毒事故或者有证据证明职业中毒危害状态可能导致事故发生时，卫生行政部门有权采取下列临时控制措施：

（一）责令暂停导致职业中毒事故的作业；

（二）封存造成职业中毒事故或者可能导致事故发生的物品；

（三）组织控制职业中毒事故现场。

在职业中毒事故或者危害状态得到有效控制后，卫生行政部门应当及时解除控制措施。

第五十五条 卫生行政部门执法人员依法执行职务时，被检查单位应当接受检查并予以支持、配合，不得拒绝和阻碍。

第五十六条 卫生行政部门应当加强队伍建设，提高执法人员的政治、业务素质，依照本条例的规定，建立、健全内部监督制度，对执法人员执行法律、法规和遵守纪律的情况进行监督检查。

第七章 罚 则

第五十七条 卫生行政部门的工作人员有下列行为之一，导致职业中毒事故发生的，依照刑法关于滥用职权罪、玩忽职守罪或者其他罪的规定，依法追究刑事责任；造成职业中毒危害但尚未导致职业中毒事故发生，不够刑事处罚的，根据不同情节，依法给予降级、撤职或者开除的行政处分：

（一）对不符合本条例规定条件的涉及使用有毒物品作业事项，予以批准的；

（二）发现用人单位擅自从事使用有毒物品作业，不予取缔的；

（三）对依法取得批准的用人单位不履行监督检查职责，发现其不再具备本条例规定的条件而不撤销原批准或者发现违反本条例的其他行为不予查处的；

（四）发现用人单位存在职业中毒危害，可能造成职业中毒事故，不及时依法采取控制措施的。

第五十八条 用人单位违反本条例的规定，有下列情形之一的，由卫生行政部门给予警告，责令限期改正，处10万元以上50万元以下的罚款；逾期不改正的，提请有关人民政府按照国务院规定的权限责令停建、予以关闭；造成严重职业中毒危害或者导致职业中毒事故发生的，对负有责任的主管人员和其他直接责任人员依照刑法关于重大劳动安全事故罪或者其他罪的规定，依法追究刑事责任：

（一）可能产生职业中毒危害的建设项目，未依照职业病防治法的规定进行职业中毒危害预评价，或者预评价未经卫生行政部门审核同意，擅自开工的；

（二）职业卫生防护设施未与主体工程同时设计，同时施工，同时投入生产和使用的；

（三）建设项目竣工，未进行职业中毒危害控制效果评价，或者未经卫生行政部门验收或者验收不合格，擅自投入使用的；

（四）存在高毒作业的建设项目的防护设施设计未经卫生行政部门审查同意，擅自施工的。

第五十九条 用人单位违反本条例的规定，有下列情形之一的，由卫生行政部门给予警告，责令限期改正，处5万元以上20万元以下的罚款；逾期不改正的，提请有关人民政府按照国务院规定的权限予以关闭；造成严重职业中毒危害或者导致职业中毒事故发生的，对负有责任的主管人员和其他直接责任人员依照刑法关于重大劳动安全事故罪或者其他罪的规定，依法追究刑事责任：

（一）使用有毒物品作业场所未按照规定设置警示标识和中文警示说

明的；

（二）未对职业卫生防护设备、应急救援设施、通讯报警装置进行维护、检修和定期检测，导致上述设施处于不正常状态的；

（三）未依照本条例的规定进行职业中毒危害因素检测和职业中毒危害控制效果评价的；

（四）高毒作业场所未按照规定设置撤离通道和泄险区的；

（五）高毒作业场所未按照规定设置警示线的；

（六）未向从事使用有毒物品作业的劳动者提供符合国家职业卫生标准的防护用品，或者未保证劳动者正确使用的。

第六十条 用人单位违反本条例的规定，有下列情形之一的，由卫生行政部门给予警告，责令限期改正，处5万元以上30万元以下的罚款；逾期不改正的，提请有关人民政府按照国务院规定的权限予以关闭；造成严重职业中毒危害或者导致职业中毒事故发生的，对负有责任的主管人员和其他直接责任人员依照刑法关于重大责任事故罪、重大劳动安全事故罪或者其他罪的规定，依法追究刑事责任：

（一）使用有毒物品作业场所未设置有效通风装置的，或者可能突然泄漏大量有毒物品或者易造成急性中毒的作业场所未设置自动报警装置或者事故通风设施的；

（二）职业卫生防护设备、应急救援设施、通讯报警装置处于不正常状态而不停止作业，或者擅自拆除或者停止运行职业卫生防护设备、应急救援设施、通讯报警装置的。

第六十一条 从事使用高毒物品作业的用人单位违反本条例的规定，有下列行为之一的，由卫生行政部门给予警

告，责令限期改正，处5万元以上20万元以下的罚款；逾期不改正的，提请有关人民政府按照国务院规定的权限予以关闭；造成严重职业中毒危害或者导致职业中毒事故发生的，对负有责任的主管人员和其他直接责任人员依照刑法关于重大责任事故罪或者其他罪的规定，依法追究刑事责任：

（一）作业场所职业中毒危害因素不符合国家职业卫生标准和卫生要求而不立即停止高毒作业并采取相应的治理措施的，或者职业中毒危害因素治理不符合国家职业卫生标准和卫生要求重新作业的；

（二）未依照本条例的规定维护、检修存在高毒物品的生产装置的；

（三）未采取本条例规定的措施，安排劳动者进入存在高毒物品的设备、容器或者狭窄封闭场所作业的。

第六十二条 在作业场所使用国家明令禁止使用的有毒物品或者使用不符合国家标准的有毒物品的，由卫生行政部门责令立即停止使用，处5万元以上30万元以下的罚款；情节严重的，责令停止使用有毒物品作业，或者提请有关人民政府按照国务院规定的权限予以关闭；造成严重职业中毒危害或者导致职业中毒事故发生的，对负有责任的主管人员和其他直接责任人员依照刑法关于危险物品肇事罪、重大责任事故罪或者其他罪的规定，依法追究刑事责任。

第六十三条 用人单位违反本条例的规定，有下列行为之一的，由卫生行政部门给予警告，责令限期改正；逾期不改正的，处5万元以上30万元以下的罚款；造成严重职业中毒危害或者导致职业中毒事故发生的，对负有责任的主管人员和其他直接责任人员依照刑法关于重大责任事故罪或者其他罪的规定，依法追究刑事责任：

（一）使用未经培训考核合格的劳动者从事高毒作业的；

（二）安排有职业禁忌的劳动者从事所禁忌的作业的；

（三）发现有职业禁忌或者有与所从事职业相关的健康损害的劳动者，未及时调离原工作岗位，并妥善安置的；

（四）安排未成年人或者孕期、哺乳期的女职工从事使用有毒物品作业的；

（五）使用童工的。

第六十四条 违反本条例的规定，未经许可，擅自从事使用有毒物品作业的，由工商行政管理部门、卫生行政部门依据各自职权予以取缔；造成职业中毒事故的，依照刑法关于危险物品肇事罪或者其他罪的规定，依法追究刑事责任；尚不够刑事处罚的，由卫生行政部门没收经营所得，并处经营所得3倍以上5倍以下的罚款；对劳动者造成人身伤害的，依法承担赔偿责任。

第六十五条 从事使用有毒物品作业的用人单位违反本条例的规定，在转产、停产、停业或者解散、破产时未采取有效措施，妥善处理留存或者残留高毒物品的设备、包装物和容器的，由卫生行政部门责令改正，处2万元以上10万元以下的罚款；触犯刑律的，对负有责任的主管人员和其他直接责任人员依照刑法关于重大环境污染事故罪、危险物品肇事罪或者其他罪的规定，依法追究刑事责任。

第六十六条 用人单位违反本条例的规定，有下列情形之一的，由卫生行政部门给予警告，责令限期改正，处5000元以上2万元以下的罚款；逾期不改正的，责令停止使用有毒物品作业，或者提请有关人民政府按照国务院规定的权限予以关闭；造成严重职业中毒危害或者导致职业中毒事故发生的，对负

有责任的主管人员和其他直接责任人员依照刑法关于重大劳动安全事故罪、危险物品肇事罪或者其他罪的规定，依法追究刑事责任：

（一）使用有毒物品作业场所未与生活场所分开或者在作业场所住人的；

（二）未将有害作业与无害作业分开的；

（三）高毒作业场所未与其他作业场所有效隔离的；

（四）从事高毒作业未按照规定配备应急救援设施或者制定事故应急救援预案的。

第六十七条 用人单位违反本条例的规定，有下列情形之一的，由卫生行政部门给予警告，责令限期改正，处2万元以上5万元以下的罚款；逾期不改正的，提请有关人民政府按照国务院规定的权限予以关闭：

（一）未按照规定向卫生行政部门申报高毒作业项目的；

（二）变更使用高毒物品品种，未按照规定向原受理申报的卫生行政部门重新申报，或者申报不及时、有虚假的。

第六十八条 用人单位违反本条例的规定，有下列行为之一的，由卫生行政部门给予警告，责令限期改正，处2万元以上5万元以下的罚款；逾期不改正的，责令停止使用有毒物品作业，或者提请有关人民政府按照国务院规定的权限予以关闭：

（一）未组织从事使用有毒物品作业的劳动者进行上岗前职业健康检查，安排未经上岗前职业健康检查的劳动者从事使用有毒物品作业的；

（二）未组织从事使用有毒物品作业的劳动者进行定期职业健康检查的；

（三）未组织从事使用有毒物品作业的劳动者进行离岗职业健康检查的；

（四）对未进行离岗职业健康检查的劳动者，解除或者终止与其订立的劳动合同的；

（五）发生分立、合并、解散、破产情形，未对从事使用有毒物品作业的劳动者进行健康检查，并按照国家有关规定妥善安置职业病病人的；

（六）对受到或者可能受到急性职业中毒危害的劳动者，未及时组织进行健康检查和医学观察的；

（七）未建立职业健康监护档案的；

（八）劳动者离开用人单位时，用人单位未如实、无偿提供职业健康监护档案的；

（九）未依照职业病防治法和本条例的规定将工作过程中可能产生的职业中毒危害及其后果、有关职业卫生防护措施和待遇等如实告知劳动者并在劳动合同中写明的；

（十）劳动者在存在威胁生命、健康危险的情况下，从危险现场中撤离，而被取消或者减少应当享有的待遇的。

第六十九条　用人单位违反本条例的规定，有下列行为之一的，由卫生行政部门给予警告，责令限期改正，处

5000元以上2万元以下的罚款；逾期不改正的，责令停止使用有毒物品作业，或者提请有关人民政府按照国务院规定的权限予以关闭：

（一）未按照规定配备或者聘请职业卫生医师和护士的；

（二）未为从事使用高毒物品作业的劳动者设置淋浴间、更衣室或者未设置清洗、存放和处理工作服、工作鞋帽等物品的专用间，或者不能正常使用的；

（三）未安排从事使用高毒物品作业一定年限的劳动者进行岗位轮换的。

第八章　附　则

第七十条　涉及作业场所使用有毒物品可能产生职业中毒危害的劳动保护的有关事项，本条例未作规定的，依照职业病防治法和其他有关法律、行政法规的规定执行。

有毒物品的生产、经营、储存、运输、使用和废弃处置的安全管理，依照危险化学品安全管理条例执行。

第七十一条　本条例自公布之日起施行。

中华人民共和国尘肺病防治条例

（1987年12月3日国务院发布）

第一章　总　则

第一条　为保护职工健康，消除粉尘危害，防止发生尘肺病，促进生产发展，制定本条例。

第二条　本条例适用于所有有粉尘作业的企业、事业单位。

第三条　尘肺病系指在生产活动中吸入粉尘而发生的肺组织纤维化为主的疾病。

第四条　地方各级人民政府要加强对尘肺病防治工作的领导。在制定本地区国民经济和社会发展计划时，要统筹安排尘肺病防治工作。

第五条　企业、事业单位的主管部门应当根据国家卫生等有关标准，结合实际情况，制定所属企业的尘肺病防治规划，并督促其施行。

乡镇企业主管部门，必须指定专人负责乡镇企业尘肺病的防治工作，建立监督检查制度，并指导乡镇企业对尘肺病的防治工作。

第六条　企业、事业单位的负责人，对本单位的尘肺病防治工作负有直接责任，应采取有效措施使本单位的粉尘作业场所达到国家卫生标准。

第二章　防　尘

第七条　凡有粉尘作业的企业、事业单位应采取综合防尘措施和无尘或低尘的新技术、新工艺、新设备，使作业场所的粉尘浓度不超过国家卫生标准。

第八条　尘肺病诊断标准由卫生行政部门制定，粉尘浓度卫生标准由卫生行政部门会同劳动等有关部门联合制定。

第九条　防尘设施的鉴定和定型制度，由劳动部门会同卫生行政部门制定。任何企业、事业单位除特殊情况外，未经上级主管部门批准，不得停止运行或者拆除防尘设施。

第十条　防尘经费应当纳入基本建设和技术改造经费计划，专款专用，不得挪用。

第十一条　严禁任何企业、事业单位将粉尘作业转嫁、外包或以联营的形式给没有防尘设施的乡镇、街道企业或个体工商户。

中、小学校各类校办的实习工厂或车间，禁止从事有粉尘的作业。

第十二条　职工使用的防止粉尘危害的防护用品，必须符合国家的有关标准。企业、事业单位应当建立严格的管理制度，并教育职工按规定和要求使用。

对初次从事粉尘作业的职工，由其所在单位进行防尘知识教育和考核，考试合格后方可从事粉尘作业。

不满十八周岁的未成年人，禁止从事粉尘作业。

第十三条　新建、改建、扩建、续建有粉尘作业的工程项目，防尘设施必须与主体工程同时设计、同时施工、同时投产。设计任务书，必须经当地卫生行政部门、劳动部门和工会组织审查同意后，方可施工。竣工验收，应由当地卫生行政部门、劳动部门和工会组织参加，凡不符合要求的，不得投产。

第十四条　作业场所的粉尘浓度超过国家卫生标准，又未积极治理，严重影响职工安全健康时，职工有权拒绝操作。

第三章　监督和监测

第十五条　卫生行政部门、劳动部门和工会组织分工协作，互相配合，对企业、事业单位的尘肺病防治工作进行监督。

第十六条　卫生行政部门负责卫生标准的监测；劳动部门负责劳动卫生工程技术标准的监测。

工会组织负责组织职工群众对本单位的尘肺病防治工作进行监督，并教育职工遵守操作规程与防尘制度。

第十七条　凡有粉尘作业的企业、事业单位，必须定期测定作业场所的粉尘浓度。测尘结果必须向主管部门和当地卫生行政部门、劳动部门和工会组织报告，并定期向职工公布。

从事粉尘作业的单位必须建立测尘资料档案。

第十八条　卫生行政部门和劳动部门，要对从事粉尘作业的企业、事业单位的测尘机构加强业务指导，并对测尘人员加强业务指导和技术培训。

第四章　健康管理

第十九条　各企业、事业单位对新从事粉尘作业的职工，必须进行健康检查。对在职和离职的从事粉尘作业的职工，必须定期进行健康检查。检查的内容、期限和尘肺病诊断标准，按卫生行政部门有关职业病管理的规定执行。

第二十条　各企业、事业单位必须贯彻执行职业病报告制度，按期向当地卫生行政部门、劳动部门、工会组织和本单位的主管部门报告职工尘肺病发生和死亡情况。

第二十一条　各企业、事业单位对已确诊为尘肺病的职工，必须调离粉尘作业岗位，并给予治疗或疗养。尘肺病患者的社会保险待遇，按国家有关规定办理。

第五章　奖励和处罚

第二十二条　对在尘肺病防治工作中做出显著成绩的单位和个人，由其上级主管部门给予奖励。

第二十三条　凡违反本条例规定，有下列行为之一的，卫生行政部门和劳动部门，可视其情节轻重，给予警告、限期治理、罚款和停业整顿的处罚。但停业整顿的处罚，需经当地人民政府同意。

（一）作业场所粉尘浓度超过国家卫生标准，逾期不采取措施的；

（二）任意拆除防尘设施，致使粉尘危害严重的；

（三）挪用防尘措施经费的；

（四）工程设计和竣工验收未经卫生行政部门、劳动部门和工会组织审查

同意，擅自施工、投产的；

（五）将粉尘作业转嫁、外包或以联营的形式给没有防尘设施的乡镇、街道企业或个体工商户的；

（六）不执行健康检查制度和测尘制度的；

（七）强令尘肺病患者继续从事粉尘作业的；

（八）假报测尘结果或尘肺病诊断结果的；

（九）安排未成年人从事粉尘作业的。

第二十四条　当事人对处罚不服的，可在接到处罚通知之日起十五日内，向作出处理的部门的上级机关申请复议。但是，对停业整顿的决定应当立即执行。上级机关应当在接到申请之日起三十日内作出答复。对答复不服的，可以在接到答复之日起十五日内，向人民法院起诉。

第二十五条　企业、事业单位负责人和监督、监测人员玩忽职守，致使公共财产、国家和人民利益遭受损失，情节轻微的，由其主管部门给予行政处分；造成重大损失，构成犯罪的，由司法机关依法追究直接责任人员的刑事责任。

第六章　附　则

第二十六条　本条例由国务院卫生行政部门和劳动部门联合进行解释。

第二十七条　各省、自治区、直辖市人民政府应当结合当地实际情况，制定本条例的实施办法。

第二十八条　本条例自发布之日起施行。

3. 部门规章及规范性文件

人力资源和社会保障部
关于实施《劳动保障监察条例》若干规定

（2004 年 12 月 31 日劳动保障部令第 25 号公布 自 2005 年 2 月 1 日起施行
根据 2022 年 1 月 7 日《人力资源社会保障部关于修改部分规章的决定》第一次修订）

第一章 总 则

第一条 为了实施《劳动保障监察条例》，规范劳动保障监察行为，制定本规定。

第二条 劳动保障行政部门及所属劳动保障监察机构对企业和个体工商户（以下称用人单位）遵守劳动保障法律、法规和规章（以下简称劳动保障法律）的情况进行监察，适用本规定；对职业介绍机构、职业技能培训机构和职业技能考核鉴定机构进行劳动保障监察，依照本规定执行；对国家机关、事业单位、社会团体执行劳动保障法律情况进行劳动保障监察，根据劳动保障行政部门的职责，依照本规定执行。

第三条 劳动保障监察遵循公正、公开、高效、便民的原则。

实施劳动保障行政处罚坚持以事实为依据，以法律为准绳，坚持教育与处罚相结合，接受社会监督。

第四条 劳动保障监察实行回避制度。

第五条 县级以上劳动保障行政部门设立的劳动保障监察行政机构和劳动保障行政部门依法委托实施劳动保障监察的组织（以下统称劳动保障监察机构）具体负责劳动保障监察管理工作。

第二章 一般规定

第六条 劳动保障行政部门对用人单位及其劳动场所的日常巡视检查，应当制定年度计划和中长期规划，确定重点检查范围，并按照现场检查的规定进行。

第七条 劳动保障行政部门对用人单位按照要求报送的有关遵守劳动保障法律情况的书面材料应进行审查，并对审查中发现的问题及时予以纠正和查处。

第八条 劳动保障行政部门可以针对劳动保障法律实施中存在的重点问题集中组织专项检查活动，必要时，可以联合有关部门或组织共同进行。

第九条 劳动保障行政部门应当设立举报、投诉信箱，公开举报、投诉电话，依法查处举报和投诉反映的违反劳动保障法律的行为。

第三章 受理与立案

第十条 任何组织或个人对违反劳动保障法律的行为，有权向劳动保障行政部门举报。

第十一条 劳动保障行政部门对举报人反映的违反劳动保障法律的行为应当依法予以查处，并为举报人保密；对举报属实，为查处重大违反劳动保障法律的行为提供主要线索和证据的举报人，给予奖励。

第十二条 劳动者对用人单位违反劳动保障法律、侵犯其合法权益的行为，有权向劳动保障行政部门投诉。对因同一事由引起的集体投诉，投诉人可推荐代表投诉。

第十三条 投诉应当由投诉人向劳动保障行政部门递交投诉文书。书写投诉文书确有困难的，可以口头投诉，由劳动保障监察机构进行笔录，并由投诉人签字。

第十四条 投诉文书应当载明下列事项：

（一）投诉人的姓名、性别、年龄、职业、工作单位、住所和联系方式，被投诉用人单位的名称、住所、法定代表人或者主要负责人的姓名、职务；

（二）劳动保障合法权益受到侵害的事实和投诉请求事项。

第十五条 有下列情形之一的投诉，劳动保障行政部门应当告知投诉人依照劳动争议处理或者诉讼程序办理：

（一）应当通过劳动争议处理程序解决的；

（二）已经按照劳动争议处理程序申请调解、仲裁的；

（三）已经提起劳动争议诉讼的。

第十六条 下列因用人单位违反劳动保障法律行为对劳动者造成损害，劳动者与用人单位就赔偿发生争议的，依照国家有关劳动争议处理的规定处理：

（一）因用人单位制定的劳动规章制度违反法律、法规规定，对劳动者造成损害的；

（二）因用人单位违反对女职工和未成年工的保护规定，对女职工和未成年工造成损害的；

（三）因用人单位原因订立无效合同，对劳动者造成损害的；

（四）因用人单位违法解除劳动合同或者故意拖延不订立劳动合同，对劳动者造成损害的；

（五）法律、法规和规章规定的其他因用人单位违反劳动保障法律的行为，对劳动者造成损害的。

第十七条 劳动者或者用人单位与社会保险经办机构发生的社会保险行政争议，按照《社会保险行政争议处理办法》处理。

第十八条 对符合下列条件的投诉，劳动保障行政部门应当在接到投诉之日起5个工作日内依法受理，并于受理之日立案查处：

（一）违反劳动保障法律的行为发生在两年内的；

（二）有明确的被投诉用人单位，且投诉人的合法权益受到侵害是被投诉用人单位违反劳动保障法律的行为所造成的；

（三）属于劳动保障监察职权范围并由受理投诉的劳动保障行政部门管辖。

对不符合第一款第（一）项规定的投诉，劳动保障行政部门应当在接到投诉之日起5个工作日内决定不予受理，并书面通知投诉人。

对不符合第一款第（二）项规定的投诉，劳动保障监察机构应当告知投诉人补正投诉材料。

对不符合第一款第（三）项规定的投诉，即对不属于劳动保障监察职权范围的投诉，劳动保障监察机构应当告诉投诉人；对属于劳动保障监察职权范围但不属于受理投诉的劳动保障行政部门管辖的投诉，应当告知投诉人向有关劳动保障行政部门提出。

第十九条 劳动保障行政部门通过日常巡视检查、书面审查、举报等发现用人单位有违反劳动保障法律的行为，需要进行调查处理的，应当及时立案查处。

立案应当填写立案审批表，报劳动保障监察机构负责人审查批准。劳动保障监察机构负责人批准之日即为立案之日。

第四章　调查与检查

第二十条 劳动保障监察员进行调查、检查不得少于两人。

劳动保障监察机构应指定其中 1 名为主办劳动保障监察员。

第二十一条 劳动保障监察员对用人单位遵守劳动保障法律情况进行监察时，应当遵循以下规定：

（一）进入用人单位时，应佩戴劳动保障监察执法标志，出示劳动保障监察证件，并说明身份；

（二）就调查事项制作笔录，应由劳动保障监察员和被调查人（或其委托代理人）签名或盖章。被调查人拒不签名、盖章的，应注明拒签情况。

第二十二条 劳动保障监察员进行调查、检查时，承担下列义务：

（一）依法履行职责，秉公执法；

（二）保守在履行职责过程中获知的商业秘密；

（三）为举报人保密。

第二十三条 劳动保障监察员在实施劳动保障监察时，有下列情形之一的，应当回避：

（一）本人是用人单位法定代表人或主要负责人的近亲属的；

（二）本人或其近亲属与承办查处的案件事项有直接利害关系的；

（三）因其他原因可能影响案件公正处理的。

第二十四条 当事人认为劳动保障监察员符合本规定第二十三条规定应当回避的，有权向劳动保障行政部门申请，要求其回避。当事人申请劳动保障监察员回避，应当采用书面形式。

第二十五条 劳动保障行政部门应当在收到回避申请之日起 3 个工作日内依法审查，并由劳动保障行政部门负责人作出回避决定。决定作出前，不停止实施劳动保障监察。回避决定应当告知申请人。

第二十六条 劳动保障行政部门实施劳动保障监察，有权采取下列措施：

（一）进入用人单位的劳动场所进行检查；

（二）就调查、检查事项询问有关人员；

（三）要求用人单位提供与调查、检查事项相关的文件资料，必要时可以发出调查询问书；

（四）采取记录、录音、录像、照像和复制等方式收集有关的情况和资料；

（五）对事实确凿、可以当场处理的违反劳动保障法律、法规或规章的行为当场予以纠正；

（六）可以委托注册会计师事务所对用人单位工资支付、缴纳社会保险费的情况进行审计；

（七）法律、法规规定可以由劳动保障行政部门采取的其他调查、检查措施。

第二十七条 劳动保障行政部门调查、检查时，有下列情形之一的可以采取证据登记保存措施：

（一）当事人可能对证据采取伪造、变造、毁灭行为的；

（二）当事人采取措施不当可能导

致证据灭失的；

（三）不采取证据登记保存措施以后难以取得的；

（四）其他可能导致证据灭失的情形的。

第二十八条 采取证据登记保存措施应当按照下列程序进行：

（一）劳动保障监察机构根据本规定第二十七条的规定，提出证据登记保存申请，报劳动保障行政部门负责人批准；

（二）劳动保障监察员将证据登记保存通知书及证据登记清单交付当事人，由当事人签收。当事人拒不签名或者盖章的，由劳动保障监察员注明情况；

（三）采取证据登记保存措施后，劳动保障行政部门应当在 7 日内及时作出处理决定，期限届满后应当解除证据登记保存措施。

在证据登记保存期内，当事人或者有关人员不得销毁或者转移证据；劳动保障监察机构及劳动保障监察员可以随时调取证据。

第二十九条 劳动保障行政部门在实施劳动保障监察中涉及异地调查取证的，可以委托当地劳动保障行政部门协助调查。受委托方的协助调查应在双方商定的时间内完成。

第三十条 劳动保障行政部门对违反劳动保障法律的行为的调查，应当自立案之日起 60 个工作日内完成；情况复杂的，经劳动保障行政部门负责人批准，可以延长 30 个工作日。

第五章 案件处理

第三十一条 对用人单位存在的违反劳动保障法律的行为事实确凿并有法定处罚（处理）依据的，可以当场作出限期整改指令或依法当场作出行政处罚决定。

当场作出限期整改指令或行政处罚决定的，劳动保障监察员应当填写预定格式、编有号码的限期整改指令书或行政处罚决定书，当场交付当事人。

第三十二条 当场处以警告或罚款处罚的，应当按照下列程序进行：

（一）口头告知当事人违法行为的基本事实、拟作出的行政处罚、依据及其依法享有的权利；

（二）听取当事人的陈述和申辩；

（三）填写预定格式的处罚决定书；

（四）当场处罚决定书应当由劳动保障监察员签名或者盖章；

（五）将处罚决定书当场交付当事人，由当事人签收。

劳动保障监察员应当在两日内将当场限期整改指令和行政处罚决定书存档联交所属劳动保障行政部门存档。

第三十三条 对不能当场作出处理的违法案件，劳动保障监察员经调查取证，应当提出初步处理建议，并填写案件处理报批表。

案件处理报批表应写明被处理单位名称、案由、违反劳动保障法律行为事实、被处理单位的陈述、处理依据、建议处理意见。

第三十四条 对违反劳动保障法律的行为作出行政处罚或者行政处理决定前，应当告知用人单位，听取其陈述和申辩；法律、法规规定应当依法听证的，应当告知用人单位有权依法要求举行听证；用人单位要求听证的，劳动保障行政部门应当组织听证。

第三十五条 劳动保障行政部门对违反劳动保障法律的行为，根据调查、检查的结果，作出以下处理：

（一）对依法应当受到行政处罚的，依法作出行政处罚决定；

（二）对应当改正未改正的，依法

责令改正或者作出相应的行政处理决定;

(三)对情节轻微,且已改正的,撤销立案。

经调查、检查,劳动保障行政部门认定违法事实不能成立的,也应当撤销立案。

发现违法案件不属于劳动保障监察事项的,应当及时移送有部门处理;涉嫌犯罪的,应当依法移送司法机关。

第三十六条 劳动保障监察行政处罚(处理)决定书应载明下列事项:

(一)被处罚(处理)单位名称、法定代表人、单位地址;

(二)劳动保障行政部门认定的违法事实和主要证据;

(三)劳动保障行政处罚(处理)的种类和依据;

(四)处罚(处理)决定的履行方式和期限;

(五)不服行政处罚(处理)决定,申请行政复议或者提起行政诉讼的途径和期限;

(六)作出处罚(处理)决定的行政机关名称和作出处罚(处理)决定的日期。

劳动保障行政处罚(处理)决定书应当加盖劳动保障行政部门印章。

第三十七条 劳动保障行政部门立案调查完成,应在15个工作日内作出行政处罚(行政处理或者责令改正)或者撤销立案决定;特殊情况,经劳动保障行政部门负责人批准可以延长。

第三十八条 劳动保障监察限期整改指令书、劳动保障行政处理决定书、劳动保障行政处罚决定书应当在宣告后当场交付当事人;当事人不在场的,劳动保障行政部门应当在7日内依照《中华人民共和国民事诉讼法》的有关规定,将劳动保障监察限期整改指令书、劳动保障行政处理决定书、劳动保障行政处罚决定书送达当事人。

第三十九条 作出行政处罚、行政处理决定的劳动保障行政部门发现决定不适当的,应当予以纠正并及时告知当事人。

第四十条 劳动保障监察案件结案后应建立档案。档案资料应当至少保存3年。

第四十一条 劳动保障行政处理或处罚决定依法作出后,当事人应当在决定规定的期限内予以履行。

第四十二条 当事人对劳动保障行政处理或行政处罚决定不服申请行政复议或者提起行政诉讼的,行政处理或行政处罚决定不停止执行。法律另有规定的除外。

第四十三条 当事人确有经济困难,需要延期或者分期缴纳罚款的,经当事人申请和劳动保障行政部门批准,可以暂缓或者分期缴纳。

第四十四条 当事人对劳动保障行政部门作出的行政处罚决定、责令支付劳动者工资报酬、赔偿金或者征缴社会保险费等行政处理决定逾期不履行的,劳动保障行政部门可以申请人民法院强制执行,或者依法强制执行。

第四十五条 除依法当场收缴的罚款外,作出罚款决定的劳动保障行政部门及其劳动保障监察员不得自行收缴罚款。当事人应当自收到行政处罚决定书之日起15日内,到指定银行缴纳罚款。

第四十六条 地方各级劳动保障行政部门应当按照劳动保障部有关规定对承办的案件进行统计并填表上报。

地方各级劳动保障行政部门制作的行政处罚决定书,应当在10个工作日内报送上一级劳动保障行政部门备案。

第六章　附　则

第四十七条　对无营业执照或者已被依法吊销营业执照，有劳动用工行为的，由劳动保障行政部门依照本规定实施劳动保障监察。

第四十八条　本规定自2005年2月1日起施行。原《劳动监察规定》（劳部发〔1993〕167号）、《劳动监察程序规定》（劳部发〔1995〕457号）、《处理举报劳动违法行为规定》（劳动部令第5号，1996年12月17日）同时废止。

工伤职工劳动能力鉴定管理办法

（2014年2月20日人力资源和社会保障部、国家卫生和计划生育委员会令第21号公布　根据2018年12月14日《人力资源社会保障部关于修改部分规章的决定》修订）

第一章　总　则

第一条　为了加强劳动能力鉴定管理，规范劳动能力鉴定程序，根据《中华人民共和国社会保险法》、《中华人民共和国职业病防治法》和《工伤保险条例》，制定本办法。

第二条　劳动能力鉴定委员会依据《劳动能力鉴定 职工工伤与职业病致残等级》国家标准，对工伤职工劳动功能障碍程度和生活自理障碍程度组织进行技术性等级鉴定，适用本办法。

第三条　省、自治区、直辖市劳动能力鉴定委员会和设区的市级（含直辖市的市辖区、县，下同）劳动能力鉴定委员会分别由省、自治区、直辖市和设区的市级人力资源社会保障行政部门、卫生计生行政部门、工会组织、用人单位代表以及社会保险经办机构代表组成。

承担劳动能力鉴定委员会日常工作的机构，其设置方式由各地根据实际情况决定。

第四条　劳动能力鉴定委员会履行下列职责：

（一）选聘医疗卫生专家，组建医疗卫生专家库，对专家进行培训和管理；

（二）组织劳动能力鉴定；

（三）根据专家组的鉴定意见作出劳动能力鉴定结论；

（四）建立完整的鉴定数据库，保管鉴定工作档案50年；

（五）法律、法规、规章规定的其他职责。

第五条　设区的市级劳动能力鉴定委员会负责本辖区内的劳动能力初次鉴定、复查鉴定。

省、自治区、直辖市劳动能力鉴定委员会负责对初次鉴定或者复查鉴定结论不服提出的再次鉴定。

第六条　劳动能力鉴定相关政策、工作制度和业务流程应当向社会公开。

第二章　鉴定程序

第七条　职工发生工伤，经治疗伤情相对稳定后存在残疾、影响劳动能力的，或者停工留薪期满（含劳动能力鉴定委员会确认的延长期限），工伤职工或者其用人单位应当及时向设区的市级劳动能力鉴定委员会提出劳动能力鉴定申请。

第八条 申请劳动能力鉴定应当填写劳动能力鉴定申请表，并提交下列材料：

（一）有效的诊断证明、按照医疗机构病历管理有关规定复印或者复制的检查、检验报告等完整病历材料；

（二）工伤职工的居民身份证或者社会保障卡等其他有效身份证明原件。

第九条 劳动能力鉴定委员会收到劳动能力鉴定申请后，应当及时对申请人提交的材料进行审核；申请人提供材料不完整的，劳动能力鉴定委员会应当自收到劳动能力鉴定申请之日起 5 个工作日内一次性书面告知申请人需要补正的全部材料。

申请人提供材料完整的，劳动能力鉴定委员会应当及时组织鉴定，并在收到劳动能力鉴定申请之日起 60 日内作出劳动能力鉴定结论。伤情复杂、涉及医疗卫生专业较多的，作出劳动能力鉴定结论的期限可以延长 30 日。

第十条 劳动能力鉴定委员会应当视伤情程度等从医疗卫生专家库中随机抽取 3 名或者 5 名与工伤职工伤情相关科别的专家组成专家组进行鉴定。

第十一条 劳动能力鉴定委员会应当提前通知工伤职工进行鉴定的时间、地点以及应当携带的材料。工伤职工应当按照通知的时间、地点参加现场鉴定。对行动不便的工伤职工，劳动能力鉴定委员会可以组织专家上门进行劳动能力鉴定。组织劳动能力鉴定的工作人员应当对工伤职工的身份进行核实。

工伤职工因故不能按时参加鉴定的，经劳动能力鉴定委员会同意，可以调整现场鉴定的时间，作出劳动能力鉴

定结论的期限相应顺延。

第十二条 因鉴定工作需要，专家组提出应当进行有关检查和诊断的，劳动能力鉴定委员会可以委托具备资格的医疗机构协助进行有关的检查和诊断。

第十三条 专家组根据工伤职工伤情，结合医疗诊断情况，依据《劳动能力鉴定 职工工伤与职业病致残等级》国家标准提出鉴定意见。参加鉴定的专家都应当签署意见并签名。

专家意见不一致时，按照少数服从多数的原则确定专家组的鉴定意见。

第十四条 劳动能力鉴定委员会根据专家组的鉴定意见作出劳动能力鉴定结论。劳动能力鉴定结论书应当载明下列事项：

（一）工伤职工及其用人单位的基本信息；

（二）伤情介绍，包括伤残部位、器官功能障碍程度、诊断情况等；

（三）作出鉴定的依据；

（四）鉴定结论。

第十五条 劳动能力鉴定委员会应当自作出鉴定结论之日起 20 日内将劳动能力鉴定结论及时送达工伤职工及其用人单位，并抄送社会保险经办机构。

第十六条 工伤职工或者其用人单位对初次鉴定结论不服的，可以在收到该鉴定结论之日起 15 日内向省、自治区、直辖市劳动能力鉴定委员会申请再次鉴定。

申请再次鉴定，应当提供劳动能力鉴定申请表，以及工伤职工的居民身份证或者社会保障卡等有效身份证明原件。

省、自治区、直辖市劳动能力鉴定委员会作出的劳动能力鉴定结论为最终结论。

第十七条 自劳动能力鉴定结论作出之日起 1 年后，工伤职工、用人单位或者社会保险经办机构认为伤残情况发

生变化的，可以向设区的市级劳动能力鉴定委员会申请劳动能力复查鉴定。

对复查鉴定结论不服的，可以按照本办法第十六条规定申请再次鉴定。

第十八条 工伤职工本人因身体等原因无法提出劳动能力初次鉴定、复查鉴定、再次鉴定申请的，可由其近亲属代为提出。

第十九条 再次鉴定和复查鉴定的程序、期限等按照本办法第九条至第十五条的规定执行。

第三章　监督管理

第二十条 劳动能力鉴定委员会应当每3年对专家库进行一次调整和补充，实行动态管理。确有需要的，可以根据实际情况适时调整。

第二十一条 劳动能力鉴定委员会选聘医疗卫生专家，聘期一般为3年，可以连续聘任。

聘任的专家应当具备下列条件：

（一）具有医疗卫生高级专业技术职务任职资格；

（二）掌握劳动能力鉴定的相关知识；

（三）具有良好的职业品德。

第二十二条 参加劳动能力鉴定的专家应当按照规定的时间、地点进行现场鉴定，严格执行劳动能力鉴定政策和标准，客观、公正地提出鉴定意见。

第二十三条 用人单位、工伤职工或者其近亲属应当如实提供鉴定需要的材料，遵守劳动能力鉴定相关规定，按照要求配合劳动能力鉴定工作。

工伤职工有下列情形之一的，当次鉴定终止：

（一）无正当理由不参加现场鉴定的；

（二）拒不参加劳动能力鉴定委员会安排的检查和诊断的。

第二十四条 医疗机构及其医务人员应当如实出具与劳动能力鉴定有关的各项诊断证明和病历材料。

第二十五条 劳动能力鉴定委员会组成人员、劳动能力鉴定工作人员以及参加鉴定的专家与当事人有利害关系的，应当回避。

第二十六条 任何组织或者个人有权对劳动能力鉴定中的违法行为进行举报、投诉。

第四章　法律责任

第二十七条 劳动能力鉴定委员会和承担劳动能力鉴定委员会日常工作的机构及其工作人员在从事或者组织劳动能力鉴定时，有下列行为之一的，由人力资源社会保障行政部门或者有关部门责令改正，对直接负责的主管人员和其他直接责任人员依法给予相应处分；构成犯罪的，依法追究刑事责任：

（一）未及时审核并书面告知申请人需要补正的全部材料的；

（二）未在规定期限内作出劳动能力鉴定结论的；

（三）未按照规定及时送达劳动能力鉴定结论的；

（四）未按照规定随机抽取相关科别专家进行鉴定的；

（五）擅自篡改劳动能力鉴定委员会作出的鉴定结论的；

（六）利用职务之便非法收受当事人财物的；

（七）有违反法律法规和本办法的其他行为的。

第二十八条 从事劳动能力鉴定的专家有下列行为之一的，劳动能力鉴定委员会应当予以解聘；情节严重的，由卫生计生行政部门依法处理：

（一）提供虚假鉴定意见的；

（二）利用职务之便非法收受当事

人财物的；

（三）无正当理由不履行职责的；

（四）有违反法律法规和本办法的其他行为的。

第二十九条 参与工伤救治、检查、诊断等活动的医疗机构及其医务人员有下列情形之一的，由卫生计生行政部门依法处理：

（一）提供与病情不符的虚假诊断证明的；

（二）篡改、伪造、隐匿、销毁病历材料的；

（三）无正当理由不履行职责的。

第三十条 以欺诈、伪造证明材料或者其他手段骗取鉴定结论、领取工伤保险待遇的，按照《中华人民共和国社会保险法》第八十八条的规定，由人力

资源社会保障行政部门责令退回骗取的社会保险金，处骗取金额 2 倍以上 5 倍以下的罚款。

第五章 附 则

第三十一条 未参加工伤保险的公务员和参照公务员法管理的事业单位、社会团体工作人员因工（公）致残的劳动能力鉴定，参照本办法执行。

第三十二条 本办法中的劳动能力鉴定申请表、初次（复查）鉴定结论书、再次鉴定结论书、劳动能力鉴定材料收讫补正告知书等文书基本样式由人力资源社会保障部制定。

第三十三条 本办法自 2014 年 4 月 1 日起施行。

劳务派遣暂行规定

（2013 年 12 月 20 日人力资源社会保障部第 21 次部务会审议通过
2014 年 1 月 24 日人力资源和社会保障部令第 22 号公布
自 2014 年 3 月 1 日起施行）

第一章 总 则

第一条 为规范劳务派遣，维护劳动者的合法权益，促进劳动关系和谐稳定，依据《中华人民共和国劳动合同法》（以下简称劳动合同法）和《中华人民共和国劳动合同法实施条例》（以下简称劳动合同法实施条例）等法律、行政法规，制定本规定。

第二条 劳务派遣单位经营劳务派遣业务，企业（以下称用工单位）使用被派遣劳动者，适用本规定。

依法成立的会计师事务所、律师事

务所等合伙组织和基金会以及民办非企业单位等组织使用被派遣劳动者，依照本规定执行。

第二章 用工范围和用工比例

第三条 用工单位只能在临时性、辅助性或者替代性的工作岗位上使用被派遣劳动者。

前款规定的临时性工作岗位是指存续时间不超过 6 个月的岗位；辅助性工作岗位是指为主营业务岗位提供服务的非主营业务岗位；替代性工作岗位是指用工单位的劳动者因脱产学习、休假等

原因无法工作的一定期间内，可以由其他劳动者替代工作的岗位。

用工单位决定使用被派遣劳动者的辅助性岗位，应当经职工代表大会或者全体职工讨论，提出方案和意见，与工会或者职工代表平等协商确定，并在用工单位内公示。

第四条　用工单位应当严格控制劳务派遣用工数量，使用的被派遣劳动者数量不得超过其用工总量的10%。

前款所称用工总量是指用工单位订立劳动合同人数与使用的被派遣劳动者人数之和。

计算劳务派遣用工比例的用工单位是指依照劳动合同法和劳动合同法实施条例可以与劳动者订立劳动合同的用人单位。

第三章　劳动合同、劳务

派遣协议的订立和履行

第五条　劳务派遣单位应当依法与被派遣劳动者订立2年以上的固定期限书面劳动合同。

第六条　劳务派遣单位可以依法与被派遣劳动者约定试用期。劳务派遣单位与同一被派遣劳动者只能约定一次试用期。

第七条　劳务派遣协议应当载明下列内容：

（一）派遣的工作岗位名称和岗位性质；

（二）工作地点；

（三）派遣人员数量和派遣期限；

（四）按照同工同酬原则确定的劳动报酬数额和支付方式；

（五）社会保险费的数额和支付方式；

（六）工作时间和休息休假事项；

（七）被派遣劳动者工伤、生育或者患病期间的相关待遇；

（八）劳动安全卫生以及培训事项；

（九）经济补偿等费用；

（十）劳务派遣协议期限；

（十一）劳务派遣服务费的支付方式和标准；

（十二）违反劳务派遣协议的责任；

（十三）法律、法规、规章规定应当纳入劳务派遣协议的其他事项。

第八条　劳务派遣单位应当对被派遣劳动者履行下列义务：

（一）如实告知被派遣劳动者劳动合同法第八条规定的事项、应遵守的规章制度以及劳务派遣协议的内容；

（二）建立培训制度，对被派遣劳动者进行上岗知识、安全教育培训；

（三）按照国家规定和劳务派遣协议约定，依法支付被派遣劳动者的劳动报酬和相关待遇；

（四）按照国家规定和劳务派遣协议约定，依法为被派遣劳动者缴纳社会保险费，并办理社会保险相关手续；

（五）督促用工单位依法为被派遣劳动者提供劳动保护和劳动安全卫生条件；

（六）依法出具解除或者终止劳动合同的证明；

（七）协助处理被派遣劳动者与用工单位的纠纷；

（八）法律、法规和规章规定的其他事项。

第九条　用工单位应当按照劳动合同法第六十二条规定，向被派遣劳动者提供与工作岗位相关的福利待遇，不得歧视被派遣劳动者。

第十条　被派遣劳动者在用工单位因工作遭受事故伤害的，劳务派遣单位应当依法申请工伤认定，用工单位应当协助工伤认定的调查核实工作。劳务派遣单位承担工伤保险责任，但可以与用工单位约定补偿办法。

被派遣劳动者在申请进行职业病诊断、鉴定时，用工单位应当负责处理职业病诊断、鉴定事宜，并如实提供职业病诊断、鉴定所需的劳动者职业史和职业危害接触史、工作场所职业病危害因素检测结果等资料，劳务派遣单位应当提供被派遣劳动者职业病诊断、鉴定所需的其他材料。

第十一条 劳务派遣单位行政许可有效期未延续或者《劳务派遣经营许可证》被撤销、吊销的，已经与被派遣劳动者依法订立的劳动合同应当履行至期限届满。双方经协商一致，可以解除劳动合同。

第十二条 有下列情形之一的，用工单位可以将被派遣劳动者退回劳务派遣单位：

（一）用工单位有劳动合同法第四十条第三项、第四十一条规定情形的；

（二）用工单位被依法宣告破产、吊销营业执照、责令关闭、撤销、决定提前解散或者经营期限届满不再继续经营的；

（三）劳务派遣协议期满终止的。

被派遣劳动者退回后在无工作期间，劳务派遣单位应当按照不低于所在地人民政府规定的最低工资标准，向其按月支付报酬。

第十三条 被派遣劳动者有劳动合同法第四十二条规定情形的，在派遣期限届满前，用工单位不得依据本规定第十二条第一款第一项规定将被派遣劳动者退回劳务派遣单位；派遣期限届满的，应当延续至相应情形消失时方可退回。

第四章 劳动合同的解除和终止

第十四条 被派遣劳动者提前30日以书面形式通知劳务派遣单位，可以解除劳动合同。被派遣劳动者在试用期内提前3日通知劳务派遣单位，可以解除劳动合同。劳务派遣单位应当将被派遣劳动者通知解除劳动合同的情况及时告知用工单位。

第十五条 被派遣劳动者因本规定第十二条规定被用工单位退回，劳务派遣单位重新派遣时维持或者提高劳动合同约定条件，被派遣劳动者不同意的，劳务派遣单位可以解除劳动合同。

被派遣劳动者因本规定第十二条规定被用工单位退回，劳务派遣单位重新派遣时降低劳动合同约定条件，被派遣劳动者不同意的，劳务派遣单位不得解除劳动合同。但被派遣劳动者提出解除劳动合同的除外。

第十六条 劳务派遣单位被依法宣告破产、吊销营业执照、责令关闭、撤销、决定提前解散或者经营期限届满不再继续经营的，劳动合同终止。用工单位应当与劳务派遣单位协商妥善安置被派遣劳动者。

第十七条 劳务派遣单位因劳动合同法第四十六条或者本规定第十五条、第十六条规定的情形，与被派遣劳动者解除或者终止劳动合同的，应当依法向被派遣劳动者支付经济补偿。

第五章 跨地区劳务派遣的社会保险

第十八条 劳务派遣单位跨地区派遣劳动者的，应当在用工单位所在地为被派遣劳动者参加社会保险，按照用工单位所在地的规定缴纳社会保险费，被派遣劳动者按照国家规定享受社会保险待遇。

第十九条 劳务派遣单位在用工单位所在地设立分支机构的，由分支机构为被派遣劳动者办理参保手续，缴纳社会保险费。

劳务派遣单位未在用工单位所在地设立分支机构的，由用工单位代劳务派遣单位为被派遣劳动者办理参保手续，缴纳社会保险费。

第六章　法律责任

第二十条　劳务派遣单位、用工单位违反劳动合同法和劳动合同法实施条例有关劳务派遣规定的，按照劳动合同法第九十二条规定执行。

第二十一条　劳务派遣单位违反本规定解除或者终止被派遣劳动者劳动合同的，按照劳动合同法第四十八条、第八十七条规定执行。

第二十二条　用工单位违反本规定第三条第三款规定的，由人力资源社会保障行政部门责令改正，给予警告；给被派遣劳动者造成损害的，依法承担赔偿责任。

第二十三条　劳务派遣单位违反本规定第六条规定的，按照劳动合同法第八十三条规定执行。

第二十四条　用工单位违反本规定退回被派遣劳动者的，按照劳动合同法第九十二条第二款规定执行。

第七章　附　则

第二十五条　外国企业常驻代表机构和外国金融机构驻华代表机构等使用被派遣劳动者的，以及船员用人单位以劳务派遣形式使用国际远洋海员的，不受临时性、辅助性、替代性岗位和劳务派遣用工比例的限制。

第二十六条　用人单位将本单位劳动者派往境外工作或者派往家庭、自然人处提供劳动的，不属于本规定所称劳务派遣。

第二十七条　用人单位以承揽、外包等名义，按劳务派遣用工形式使用劳动者的，按照本规定处理。

第二十八条　用工单位在本规定施行前使用被派遣劳动者数量超过其用工总量10%的，应当制定调整用工方案，于本规定施行之日起2年内降至规定比例。但是，《全国人民代表大会常务委员会关于修改〈中华人民共和国劳动合同法〉的决定》公布前已依法订立的劳动合同和劳务派遣协议期限届满日期在本规定施行之日起2年后的，可以依法继续履行至期限届满。

用工单位应当将制定的调整用工方案报当地人力资源社会保障行政部门备案。

用工单位未将本规定施行前使用的被派遣劳动者数量降至符合规定比例之前，不得新用被派遣劳动者。

第二十九条　本规定自2014年3月1日起施行。

劳务派遣行政许可实施办法

（2013年6月20日人力资源和社会保障部令第19号公布
自2013年7月1日起施行）

第一章　总　则

第一条　为了规范劳务派遣，根据《中华人民共和国劳动合同法》《中华人民共和国行政许可法》等法律，制定本办法。

第二条　劳务派遣行政许可的申请受理、审查批准以及相关的监督检查等，适用本办法。

第三条　人力资源社会保障部负责对全国的劳务派遣行政许可工作进行监督指导。

县级以上地方人力资源社会保障行政部门按照省、自治区、直辖市人力资源社会保障行政部门确定的许可管辖分工，负责实施本行政区域内劳务派遣行政许可工作以及相关的监督检查。

第四条　人力资源社会保障行政部门实施劳务派遣行政许可，应当遵循权责统一、公开公正、优质高效的原则。

第五条　人力资源社会保障行政部门应当在本行政机关办公场所、网站上公布劳务派遣行政许可的依据、程序、期限、条件和需要提交的全部材料目录以及监督电话，并在本行政机关网站和至少一种全地区性报纸上向社会公布获得许可的劳务派遣单位名单及其许可变更、延续、撤销、吊销、注销等情况。

第二章　劳务派遣行政许可

第六条　经营劳务派遣业务，应当向所在地有许可管辖权的人力资源社会保障行政部门（以下称许可机关）依法申请行政许可。

未经许可，任何单位和个人不得经营劳务派遣业务。

第七条　申请经营劳务派遣业务应当具备下列条件：

（一）注册资本不得少于人民币200万元；

（二）有与开展业务相适应的固定的经营场所和设施；

（三）有符合法律、行政法规规定的劳务派遣管理制度；

（四）法律、行政法规规定的其他条件。

第八条　申请经营劳务派遣业务的，申请人应当向许可机关提交下列材料：

（一）劳务派遣经营许可申请书；

（二）营业执照或者《企业名称预先核准通知书》；

（三）公司章程以及验资机构出具的验资报告或者财务审计报告；

（四）经营场所的使用证明以及与开展业务相适应的办公设施设备、信息管理系统等清单；

（五）法定代表人的身份证明；

（六）劳务派遣管理制度，包括劳动合同、劳动报酬、社会保险、工作时间、休息休假、劳动纪律等与劳动者切身利益相关的规章制度文本；拟与用工单位签订的劳务派遣协议样本。

第九条　许可机关收到申请材料后，应当根据下列情况分别作出处理：

（一）申请材料存在可以当场更正的错误的，应当允许申请人当场更正；

（二）申请材料不齐全或者不符合法定形式的，应当当场或者在5个工作日内一次告知申请人需要补正的全部内容，逾期不告知的，自收到申请材料之日起即为受理；

（三）申请材料齐全、符合法定形式，或者申请人按照要求提交了全部补正申请材料的，应当受理行政许可申请。

第十条　许可机关对申请人提出的申请决定受理的，应当出具《受理决定书》；决定不予受理的，应当出具《不予受理决定书》，说明不予受理的理由，并告知申请人享有依法申请行政复议或者提起行政诉讼的权利。

第十一条　许可机关决定受理申请的，应当对申请人提交的申请材料进行审查。根据法定条件和程序，需要对申请材料的实质内容进行核实的，许可机关应当指派 2 名以上工作人员进行核查。

第十二条 许可机关应当自受理之日起 20 个工作日内作出是否准予行政许可的决定。20 个工作日内不能作出决定的，经本行政机关负责人批准，可以延长 10 个工作日，并应当将延长期限的理由告知申请人。

第十三条 申请人的申请符合法定条件的，许可机关应当依法作出准予行政许可的书面决定，并自作出决定之日起 5 个工作日内通知申请人领取《劳务派遣经营许可证》。

申请人的申请不符合法定条件的，许可机关应当依法作出不予行政许可的书面决定，说明不予行政许可的理由，并告知申请人享有依法申请行政复议或者提起行政诉讼的权利。

第十四条 《劳务派遣经营许可证》应当载明单位名称、住所、法定代表人、注册资本、许可经营事项、有效期限、编号、发证机关以及发证日期等事项。《劳务派遣经营许可证》分为正本、副本。正本、副本具有同等法律效力。

《劳务派遣经营许可证》有效期为 3 年。

《劳务派遣经营许可证》由人力资源社会保障部统一制定样式，由各省、自治区、直辖市人力资源社会保障行政部门负责印制、免费发放和管理。

第十五条 劳务派遣单位取得《劳务派遣经营许可证》后，应当妥善保管，不得涂改、倒卖、出租、出借或者以其他形式非法转让。

第十六条 劳务派遣单位名称、住所、法定代表人或者注册资本等改变的，应当向许可机关提出变更申请。符合法定条件的，许可机关应当自收到变更申请之日起 10 个工作日内依法办理

变更手续，并换发新的《劳务派遣经营许可证》或者在原《劳务派遣经营许可证》上予以注明；不符合法定条件的，许可机关应当自收到变更申请之日起 10 个工作日内作出不予变更的书面决定，并说明理由。

第十七条 劳务派遣单位分立、合并后继续存续，其名称、住所、法定代表人或者注册资本等改变的，应当按照本办法第十六条规定执行。

劳务派遣单位分立、合并后设立新公司的，应当按照本办法重新申请劳务派遣行政许可。

第十八条 劳务派遣单位需要延续行政许可有效期的，应当在有效期届满 60 日前向许可机关提出延续行政许可的书面申请，并提交 3 年以来的基本经营情况；劳务派遣单位逾期提出延续行政许可的书面申请的，按照新申请经营劳务派遣行政许可办理。

第十九条 许可机关应当根据劳务派遣单位的延续申请，在该行政许可有效期届满前作出是否准予延续的决定；逾期未作决定的，视为准予延续。

准予延续行政许可的，应当换发新的《劳务派遣经营许可证》。

第二十条 劳务派遣单位有下列情形之一的，许可机关应当自收到延续申请之日起 10 个工作日内作出不予延续书面决定，并说明理由：

（一）逾期不提交劳务派遣经营情况报告或者提交虚假劳务派遣经营情况报告，经责令改正，拒不改正的；

（二）违反劳动保障法律法规，在一个行政许可期限内受到 2 次以上行政处罚的。

第二十一条 劳务派遣单位设立子公司经营劳务派遣业务的，应当由子公司向所在地许可机关申请行政许可；劳务派遣单位设立分公司经营劳务派遣业

务的，应当书面报告许可机关，并由分公司向所在地人力资源社会保障行政部门备案。

第三章　监督检查

第二十二条　劳务派遣单位应当于每年3月31日前向许可机关提交上一年度劳务派遣经营情况报告，如实报告下列事项：

（一）经营情况以及上年度财务审计报告；

（二）被派遣劳动者人数以及订立劳动合同、参加工会的情况；

（三）向被派遣劳动者支付劳动报酬的情况；

（四）被派遣劳动者参加社会保险、缴纳社会保险费的情况；

（五）被派遣劳动者派往的用工单位、派遣数量、派遣期限、用工岗位的情况；

（六）与用工单位订立的劳务派遣协议情况以及用工单位履行法定义务的情况；

（七）设立子公司、分公司等情况。

劳务派遣单位设立的子公司或者分公司，应当向办理许可或者备案手续的人力资源社会保障行政部门提交上一年度劳务派遣经营情况报告。

第二十三条　许可机关应当对劳务派遣单位提交的年度经营情况报告进行核验，依法对劳务派遣单位进行监督，并将核验结果和监督情况载入企业信用记录。

第二十四条　有下列情形之一的，许可机关或者其上级行政机关，可以撤销劳务派遣行政许可：

（一）许可机关工作人员滥用职权、玩忽职守，给不符合条件的申请人发放《劳务派遣经营许可证》的；

（二）超越法定职权发放《劳务派遣经营许可证》的；

（三）违反法定程序发放《劳务派遣经营许可证》的；

（四）依法可以撤销行政许可的其他情形。

第二十五条　申请人隐瞒真实情况或者提交虚假材料申请行政许可的，许可机关不予受理、不予行政许可。

劳务派遣单位以欺骗、贿赂等不正当手段和隐瞒真实情况或者提交虚假材料取得行政许可的，许可机关应当予以撤销。被撤销行政许可的劳务派遣单位在1年内不得再次申请劳务派遣行政许可。

第二十六条　有下列情形之一的，许可机关应当依法办理劳务派遣行政许可注销手续：

（一）《劳务派遣经营许可证》有效期届满，劳务派遣单位未申请延续的，或者延续申请未被批准的；

（二）劳务派遣单位依法终止的；

（三）劳务派遣行政许可依法被撤销，或者《劳务派遣经营许可证》依法被吊销的；

（四）法律、法规规定的应当注销行政许可的其他情形。

第二十七条　劳务派遣单位向许可机关申请注销劳务派遣行政许可的，应当提交已经依法处理与被派遣劳动者的劳动关系及其社会保险权益等材料，许可机关应当在核实有关情况后办理注销手续。

第二十八条　当事人对许可机关作出的有关劳务派遣行政许可的行政决定不服的，可以依法申请行政复议或者提起行政诉讼。

第二十九条　任何组织和个人有权对实施劳务派遣行政许可中的违法违规行为进行举报，人力资源社会保障行政部门应当及时核实、处理。

第四章 法律责任

第三十条 人力资源社会保障行政部门有下列情形之一的，由其上级行政机关或者监察机关责令改正，对直接负责的主管人员和其他直接责任人员依法给予处分；构成犯罪的，依法追究刑事责任：

（一）向不符合法定条件的申请人发放《劳务派遣经营许可证》，或者超越法定职权发放《劳务派遣经营许可证》的；

（二）对符合法定条件的申请人不予行政许可或者不在法定期限内作出准予行政许可决定的；

（三）在办理行政许可、实施监督检查工作中，玩忽职守、徇私舞弊，索取或者收受他人财物或者谋取其他利益的；

（四）不依法履行监督职责或者监督不力，造成严重后果的。

许可机关违法实施行政许可，给当事人的合法权益造成损害的，应当依照国家赔偿法的规定给予赔偿。

第三十一条 任何单位和个人违反《中华人民共和国劳动合同法》的规定，未经许可，擅自经营劳务派遣业务的，由人力资源社会保障行政部门责令停止违法行为，没收违法所得，并处违法所得1倍以上5倍以下的罚款；没有违法所得的，可以处5万元以下的罚款。

第三十二条 劳务派遣单位违反《中华人民共和国劳动合同法》有关劳务派遣规定的，由人力资源社会保障行政部门责令限期改正；逾期不改正的，以每人5000元以上1万元以下的标准处以罚款，并吊销其《劳务派遣经营许可证》。

第三十三条 劳务派遣单位有下列情形之一的，由人力资源社会保障行政部门处1万元以下的罚款；情节严重的，处1万元以上3万元以下的罚款：

（一）涂改、倒卖、出租、出借《劳务派遣经营许可证》，或者以其他形式非法转让《劳务派遣经营许可证》的；

（二）隐瞒真实情况或者提交虚假材料取得劳务派遣行政许可的；

（三）以欺骗、贿赂等不正当手段取得劳务派遣行政许可的。

第五章 附 则

第三十四条 劳务派遣单位在2012年12月28日至2013年6月30日之间订立的劳动合同和劳务派遣协议，2013年7月1日后应当按照《全国人大常委会关于修改〈中华人民共和国劳动合同法〉的决定》执行。

本办法施行前经营劳务派遣业务的单位，应当按照本办法取得劳务派遣行政许可后，方可经营新的劳务派遣业务；本办法施行后未取得劳务派遣行政许可的，不得经营新的劳务派遣业务。

第三十五条 本办法自2013年7月1日起施行。

工伤认定办法

（2010 年 12 月 31 日人力资源和社会保障部令第 8 号公布
自 2011 年 1 月 1 日起施行）

第一条 为规范工伤认定程序，依法进行工伤认定，维护当事人的合法权益，根据《工伤保险条例》的有关规定，制定本办法。

第二条 社会保险行政部门进行工伤认定按照本办法执行。

第三条 工伤认定应当客观公正、简捷方便，认定程序应当向社会公开。

第四条 职工发生事故伤害或者按照职业病防治法规定被诊断、鉴定为职业病，所在单位应当自事故伤害发生之日或者被诊断、鉴定为职业病之日起 30 日内，向统筹地区社会保险行政部门提出工伤认定申请。遇有特殊情况，经报社会保险行政部门同意，申请时限可以适当延长。

按照前款规定应当向省级社会保险行政部门提出工伤认定申请的，根据属地原则应当向用人单位所在地设区的市级社会保险行政部门提出。

第五条 用人单位未在规定的时限内提出工伤认定申请的，受伤害职工或者其近亲属、工会组织在事故伤害发生之日或者被诊断、鉴定为职业病之日起 1 年内，可以直接按照本办法第四条规定提出工伤认定申请。

第六条 提出工伤认定申请应当填写《工伤认定申请表》，并提交下列材料：

（一）劳动、聘用合同文本复印件或者与用人单位存在劳动关系（包括事实劳动关系）、人事关系的其他证明材料；

（二）医疗机构出具的受伤后诊断证明书或者职业病诊断证明书（或者职业病诊断鉴定书）。

第七条 工伤认定申请人提交的申请材料符合要求，属于社会保险行政部门管辖范围且在受理时限内的，社会保险行政部门应当受理。

第八条 社会保险行政部门收到工伤认定申请后，应当在 15 日内对申请人提交的材料进行审核，材料完整的，作出受理或者不予受理的决定；材料不完整的，应当以书面形式一次性告知申请人需要补正的全部材料。社会保险行政部门收到申请人提交的全部补正材料后，应当在 15 日内作出受理或者不予受理的决定。

社会保险行政部门决定受理的，应当出具《工伤认定申请受理决定书》；决定不予受理的，应当出具《工伤认定申请不予受理决定书》。

第九条 社会保险行政部门受理工伤认定申请后，可以根据需要对申请人提供的证据进行调查核实。

第十条 社会保险行政部门进行调查核实，应当由两名以上工作人员共同进行，并出示执行公务的证件。

第十一条 社会保险行政部门工作人员在工伤认定中，可以进行以下调查核实工作：

（一）根据工作需要，进入有关单位和事故现场；

（二）依法查阅与工伤认定有关的资料，询问有关人员并作出调查笔录；

（三）记录、录音、录像和复制与工伤认定有关的资料。

调查核实工作的证据收集参照行政诉讼证据收集的有关规定执行。

第十二条 社会保险行政部门工作人员进行调查核实时，有关单位和个人应当予以协助。用人单位、工会组织、医疗机构以及有关部门应当负责安排相关人员配合工作，据实提供情况和证明材料。

第十三条 社会保险行政部门在进行工伤认定时，对申请人提供的符合国家有关规定的职业病诊断证明书或者职业病诊断鉴定书，不再进行调查核实。职业病诊断证明书或者职业病诊断鉴定书不符合国家规定的要求和格式的，社会保险行政部门可以要求出具证据部门重新提供。

第十四条 社会保险行政部门受理工伤认定申请后，可以根据工作需要，委托其他统筹地区的社会保险行政部门或者相关部门进行调查核实。

第十五条 社会保险行政部门工作人员进行调查核实时，应当履行下列义务：

（一）保守有关单位商业秘密以及个人隐私；

（二）为提供情况的有关人员保密。

第十六条 社会保险行政部门工作人员与工伤认定申请人有利害关系的，应当回避。

第十七条 职工或者其近亲属认为是工伤，用人单位不认为是工伤的，由该用人单位承担举证责任。用人单位拒不举证的，社会保险行政部门可以根据受伤害职工提供的证据或者调查取得的证据，依法作出工伤认定决定。

第十八条 社会保险行政部门应当自受理工伤认定申请之日起60日内作出工伤认定决定，出具《认定工伤决定书》或者《不予认定工伤决定书》。

第十九条 《认定工伤决定书》应当载明下列事项：

（一）用人单位全称；

（二）职工的姓名、性别、年龄、职业、身份证号码；

（三）受伤害部位、事故时间和诊断时间或职业病名称、受伤害经过和核实情况、医疗救治的基本情况和诊断结论；

（四）认定工伤或者视同工伤的依据；

（五）不服认定决定申请行政复议或者提起行政诉讼的部门和时限；

（六）作出认定工伤或者视同工伤决定的时间。

《不予认定工伤决定书》应当载明下列事项：

（一）用人单位全称；

（二）职工的姓名、性别、年龄、职业、身份证号码；

（三）不予认定工伤或者不视同工伤的依据；

（四）不服认定决定申请行政复议或者提起行政诉讼的部门和时限；

（五）作出不予认定工伤或者不视同工伤决定的时间。

《认定工伤决定书》和《不予认定工伤决定书》应当加盖社会保险行政部门工伤认定专用印章。

第二十条 社会保险行政部门受理工伤认定申请后，作出工伤认定决定需要以司法机关或者有关行政主管部门的结论为依据的，在司法机关或者有关行政主管部门尚未作出结论期间，作出工伤认定决定的时限中止，并书面通知申请人。

第二十一条 社会保险行政部门对于事实清楚、权利义务明确的工伤认定申请，应当自受理工伤认定申请之日起 15 日内作出工伤认定决定。

第二十二条 社会保险行政部门应当自工伤认定决定作出之日起 20 日内，将《认定工伤决定书》或者《不予认定工伤决定书》送达受伤害职工（或者其近亲属）和用人单位，并抄送社会保险经办机构。

《认定工伤决定书》和《不予认定工伤决定书》的送达参照民事法律有关送达的规定执行。

第二十三条 职工或者其近亲属、用人单位对不予受理决定不服或者对工伤认定决定不服的，可以依法申请行政复议或者提起行政诉讼。

第二十四条 工伤认定结束后，社会保险行政部门应当将工伤认定的有关资料保存 50 年。

第二十五条 用人单位拒不协助社会保险行政部门对事故伤害进行调查核实的，由社会保险行政部门责令改正，处 2000 元以上 2 万元以下的罚款。

第二十六条 本办法中的《工伤认定申请表》、《工伤认定申请受理决定书》、《工伤认定申请不予受理决定书》、《认定工伤决定书》、《不予认定工伤决定书》的样式由国务院社会保险行政部门统一制定。

第二十七条 本办法自 2011 年 1 月 1 日起施行。劳动和社会保障部 2003 年 9 月 23 日颁布的《工伤认定办法》同时废止。

最低工资规定

（2003 年 12 月 30 日劳动和社会保障部第 7 次部务会议通过
2004 年 1 月 20 日劳动和社会保障部令第 21 号公布
自 2004 年 3 月 1 日起施行）

第一条 为了维护劳动者取得劳动报酬的合法权益，保障劳动者个人及其家庭成员的基本生活，根据劳动法和国务院有关规定，制定本规定。

第二条 本规定适用于在中华人民共和国境内的企业、民办非企业单位、有雇工的个体工商户（以下统称用人单位）和与之形成劳动关系的劳动者。

国家机关、事业单位、社会团体和与之建立劳动合同关系的劳动者，依照本规定执行。

第三条 本规定所称最低工资标准，是指劳动者在法定工作时间或依法签订的劳动合同约定的工作时间内提供了正常劳动的前提下，用人单位依法应支付的最低劳动报酬。

本规定所称正常劳动，是指劳动者按依法签订的劳动合同约定，在法定工作时间或劳动合同约定的工作时间内从事的劳动。劳动者依法享受带薪年休假、探亲假、婚丧假、生育（产）假、节育手术假等国家规定的假期间，以及法定工作时间内依法参加社会活动期间，视为提供了正常劳动。

第四条　县级以上地方人民政府劳动保障行政部门负责对本行政区域内用人单位执行本规定情况进行监督检查。

各级工会组织依法对本规定执行情况进行监督，发现用人单位支付劳动者工资违反本规定的，有权要求当地劳动保障行政部门处理。

第五条　最低工资标准一般采取月最低工资标准和小时最低工资标准的形式。月最低工资标准适用于全日制就业劳动者，小时最低工资标准适用于非全日制就业劳动者。

第六条　确定和调整月最低工资标准，应参考当地就业者及其赡养人口的最低生活费用、城镇居民消费价格指数、职工个人缴纳的社会保险费和住房公积金、职工平均工资、经济发展水平、就业状况等因素。

确定和调整小时最低工资标准，应在颁布的月最低工资标准的基础上，考虑单位应缴纳的基本养老保险费和基本医疗保险费因素，同时还应适当考虑非全日制劳动者在工作稳定性、劳动条件和劳动强度、福利等方面与全日制就业人员之间的差异。

月最低工资标准和小时最低工资标准具体测算方法见附件。

第七条　省、自治区、直辖市范围内的不同行政区域可以有不同的最低工资标准。

第八条　最低工资标准的确定和调整方案，由省、自治区、直辖市人民政府劳动保障行政部门会同同级工会、企业联合会/企业家协会研究拟订，并将拟订的方案报送劳动保障部。方案内容包括最低工资确定和调整的依据、适用范围、拟订标准和说明。劳动保障部在收到拟订方案后，应征求全国总工会、中国企业联合会/企业家协会的意见。

劳动保障部对方案可以提出修订意见，若在方案收到后 14 日内未提出修订意见的，视为同意。

第九条　省、自治区、直辖市劳动保障行政部门应将本地区最低工资标准方案报省、自治区、直辖市人民政府批准，并在批准后 7 日内在当地政府公报上和至少一种全地区性报纸上发布。省、自治区、直辖市劳动保障行政部门应在发布后 10 日内将最低工资标准报劳动保障部。

第十条　最低工资标准发布实施后，如本规定第六条所规定的相关因素发生变化，应当适时调整。最低工资标准每两年至少调整一次。

第十一条　用人单位应在最低工资标准发布后 10 日内将该标准向本单位全体劳动者公示。

第十二条　在劳动者提供正常劳动的情况下，用人单位应支付给劳动者的工资在剔除下列各项以后，不得低于当地最低工资标准：

（一）延长工作时间工资；

（二）中班、夜班、高温、低温、井下、有毒有害等特殊工作环境、条件下的津贴；

（三）法律、法规和国家规定的劳动者福利待遇等。

实行计件工资或提成工资等工资形式的用人单位，在科学合理的劳动定额基础上，其支付劳动者的工资不得低于相应的最低工资标准。

劳动者由于本人原因造成在法定工作时间内或依法签订的劳动合同约定的工作时间内未提供正常劳动的，不适用于本条规定。

第十三条　用人单位违反本规定第十一条规定的，由劳动保障行政部门责令其限期改正；违反本规定第十二条规定的，由劳动保障行政部门责令其限期补发所欠劳动者工资，并可责令其按所欠工资的 1 至 5 倍支付劳动者赔偿金。

第十四条 劳动者与用人单位之间就执行最低工资标准发生争议，按劳动争议处理有关规定处理。

第十五条 本规定自 2004 年 3 月 1 日起实施。1993 年 11 月 24 日原劳动部发布的《企业最低工资规定》同时废止。

附件：

最低工资标准测算方法

一、确定最低工资标准应考虑的因素

确定最低工资标准一般考虑城镇居民生活费用支出、职工个人缴纳社会保险费、住房公积金、职工平均工资、失业率、经济发展水平等因素。可用公式表示为：

$M = F$（C、S、A、U、E、A）

M 最低工资标准；

C 城镇居民人均生活费用；

S 职工个人缴纳社会保险费、住房公积金；

A 职工平均工资；

U 失业率；

E 经济发展水平；

A 调整因素。

二、确定最低工资标准的通用方法

1. 比重法即根据城镇居民家计调查资料，确定一定比例的最低人均收入户为贫困户，统计出贫困户的人均生活费用支出水平，乘以每一就业者的赡养系数，再加上一个调整数。

2. 恩格尔系数法即根据国家营养学会提供的年度标准食物谱及标准食物摄取量，结合标准食物的市场价格，计算出最低食物支出标准，除以恩格尔系数，得出最低生活费用标准，再乘以每一就业者的赡养系数，再加上一个调整数。

以上方法计算出月最低工资标准后，再考虑职工个人缴纳社会保险费、住房公积金、职工平均工资水平、社会救济金和失业保险金标准、就业状况、经济发展水平等进行必要的修正。

举例：某地区最低收入组人均每月生活费支出为 210 元，每一就业者赡养系数为 1.87，最低食物费用为 127 元，恩格尔系数为 0.604，平均工资为 900 元。

1. 按比重法计算得出该地区月最低工资标准为：

月最低工资标准 = 210 × 1.87 + a = 393 + a（元）（1）

2. 按恩格尔系数法计算得出该地区月最低工资标准为：

月最低工资标准 = 127 ÷ 0.604 × 1.87 + a = 393 + a（元）（2）

公式（1）与（2）中 a 的调整因素主要考虑当地个人缴纳养老、失业、医疗保险费和住房公积金等费用。

另，按照国际上一般月最低工资标准相当于月平均工资的 40—60%，则该地区月最低工资标准范围应在 360 元—540 元之间。

小时最低工资标准 =〔（月最低工资标准 ÷ 20.92 ÷ 8）×（1 + 单位应当缴纳的基本养老保险费、基本医疗保险费比例之和）〕×（1 + 浮动系数）

浮动系数的确定主要考虑非全日制就业劳动者工作稳定性、劳动条件和劳动强度、福利等方面与全日制就业人员之间的差异。

各地可参照以上测算办法，根据当地实际情况合理确定月、小时最低工资标准。

工资支付暂行规定

1994 年 12 月 6 日　　　　　　　　劳部发〔1994〕489 号

各省、自治区、直辖市及计划单列市劳动（劳动人事）厅（局），国务院有关部委、直属机构劳动人事司，解放军总后勤部劳动工资局，国家计划单列企业集团：

为配合《劳动法》的贯彻实施，充分保障劳动者通过劳动获得劳动报酬的合法权益，规范用人单位的工资支付行为，特制定《工资支付暂行规定》。现印发给你们，请结合实际情况贯彻执行。

第一条　为维护劳动者通过劳动获得劳动报酬的权利，规范用人单位的工资支付行为，根据《中华人民共和国劳动法》有关规定，制定本规定。

第二条　本规定适用于在中华人民共和国境内的企业、个体经济组织（以下统称用人单位）和与之形成劳动关系的劳动者。

国家机关、事业组织、社会团体和与之建立劳动合同关系的劳动者，依照本规定执行。

第三条　本规定所称工资是指用人单位依据劳动合同的规定，以各种形式支付给劳动者的工资报酬。

第四条　工资支付主要包括：工资支付项目、工资支付水平、工资支付形式、工资支付对象、工资支付时间以及特殊情况下的工资支付。

第五条　工资应当以法定货币支付。不得以实物及有价证券替代货币支付。

第六条　用人单位应将工资支付给劳动者本人。劳动者本人因故不能领取工资时，可由其亲属或委托他人代领。

用人单位可委托银行代发工资。

用人单位必须书面记录支付劳动者工资的数额、时间、领取者的姓名以及签字，并保存两年以上备查。用人单位在支付工资时应向劳动者提供一份其个人的工资清单。

第七条　工资必须在用人单位与劳动者约定的日期支付。如遇节假日或休息日，则应提前在最近的工作日支付。工资至少每月支付一次，实行周、日、小时工资制的可按周、日、小时支付工资。

第八条　对完成一次性临时劳动或某项具体工作的劳动者，用人单位应按有关协议或合同规定在其完成劳动任务后即支付工资。

第九条　劳动关系双方依法解除或终止劳动合同时，用人单位应在解除或终止劳动合同时一次付清劳动者工资。

第十条　劳动者在法定工作时间内依法参加社会活动期间，用人单位应视同其提供了正常劳动而支付工资。社会活动包括：依法行使选举权或被选举权；当选代表出席乡（镇）、区以上政府、党派、工会、青年团、妇女联合会

151

等组织召开的会议；出任人民法庭证明人；出席劳动模范、先进工作者大会；《工会法》规定的不脱产工会基层委员会委员因工会活动占用的生产或工作时间；其它依法参加的社会活动。

第十一条 劳动者依法享受年休假、探亲假、婚假、丧假期间，用人单位应按劳动合同规定的标准支付劳动者工资。

第十二条 非因劳动者原因造成单位停工、停产在一个工资支付周期内的，用人单位应按劳动合同规定的标准支付劳动者工资。超过一个工资支付周期的，若劳动者提供了正常劳动，则支付给劳动者的劳动报酬不得低于当地的最低工资标准；若劳动者没有提供正常劳动，应按国家有关规定办理。

第十三条 用人单位在劳动者完成劳动定额或规定的工作任务后，根据实际需要安排劳动者在法定标准工作时间以外工作的，应按以下标准支付工资：

（一）用人单位依法安排劳动者在日法定标准工作时间以外延长工作时间的，按照不低于劳动合同规定的劳动者本人小时工资标准的150%支付劳动者工资；

（二）用人单位依法安排劳动者在休息日工作，而又不能安排补休的，按照不低于劳动合同规定的劳动者本人日或小时工资标准的200%支付劳动者工资；

（三）用人单位依法安排劳动者在法定休假节日工作的，按照不低于劳动合同规定的劳动者本人日或小时工资标准的300%支付劳动者工资。

实行计件工资的劳动者，在完成计件定额任务后，由用人单位安排延长工作时间的，应根据上述规定的原则，分别按照不低于其本人法定工作时间计件单价的150%、200%、300%支付其

工资。

经劳动行政部门批准实行综合计算工时工作制的，其综合计算工作时间超过法定标准工作时间的部分，应视为延长工作时间，并应按本规定支付劳动者延长工作时间的工资。

实行不定时工时制度的劳动者，不执行上述规定。

第十四条 用人单位依法破产时，劳动者有权获得其工资。在破产清偿中用人单位应按《中华人民共和国企业破产法》规定的清偿顺序，首先支付欠付本单位劳动者的工资。

第十五条 用人单位不得克扣劳动者工资。有下列情况之一的，用人单位可以代扣劳动者工资：

（1）用人单位代扣代缴的个人所得税；

（2）用人单位代扣代缴的应由劳动者个人负担的各项社会保险费用；

（3）法院判决、裁定中要求代扣的抚养费、赡养费；

（4）法律、法规规定可以从劳动者工资中扣除的其他费用。

第十六条 因劳动者本人原因给用人单位造成经济损失的，用人单位可按照劳动合同的约定要求其赔偿经济损失。经济损失的赔偿，可从劳动者本人的工资中扣除。但每月扣除的部分不得超过劳动者当月工资的20%。若扣除后的剩余工资部分低于当地月最低工资标准，则按最低工资标准支付。

第十七条 用人单位应根据本规定，通过与职工大会、职工代表大会或者其他形式协商制定内部的工资支付制度，并告知本单位全体劳动者，同时抄报当地劳动行政部门备案。

第十八条 各级劳动行政部门有权

监察用人单位工资支付的情况。用人单位有下列侵害劳动者合法权益行为的，由劳动行政部门责令其支付劳动者工资和经济补偿，并可责令其支付赔偿金：

（一）克扣或者无故拖欠劳动者工资的；

（二）拒不支付劳动者延长工作时间工资的；

（三）低于当地最低工资标准支付劳动者工资的。

经济补偿和赔偿金的标准，按国家有关规定执行。

第十九条 劳动者与用人单位因工资支付发生劳动争议的，当事人可依法向劳动争议仲裁机关申请仲裁。对仲裁裁决不服的，可以向人民法院提起诉讼。

第二十条 本规定自一九九五年一月一日起施行。

劳动部
关于印发《对〈工资支付暂行规定〉有关问题的补充规定》的通知

1995 年 5 月 12 日　　　　　　劳部发〔1995〕226 号

各省、自治区、直辖市及计划单列市劳动（劳动人事）厅（局），国务院有关部委、直属机构劳动人事司，解放军总后勤部劳动工资局，国家计划单列企业集团：

劳动部"关于印发《工资支付暂行规定》的通知"（劳部发〔1994〕489号）发布后，各地区、各部门在贯彻执行中遇到一些具体问题。为此，经研究，我们制定了《对〈工资支付暂行规定〉有关问题的补充规定》，现印发你们，请结合实际情况贯彻执行。

附：

对《工资支付暂行规定》有关问题的补充规定

根据《工资支付暂行规定》（劳部发〔1994〕489号，以下简称《规定》）确定的原则，现就有关问题作出如下补充规定：

一、《规定》第十一条、第十二条、第十三条所称"按劳动合同规定的标准"，系指劳动合同规定的劳动者本人所在的岗位（职位）相对应的工资标准。

因劳动合同制度尚处于推进的过程中，按上述条款规定执行确有困难的，地方或行业劳动行政部门可在不违反《规定》所确定的总的原则基础上，制定过渡措施。

二、关于加班加点的工资支付问题

1.《规定》第十三条第（一）、

（二）、（三）款规定的在符合法定标准工作时间的制度工时以外延长工作时间及安排休息日和法定休假节日工作应支付的工资，是根据加班加点的多少，以劳动合同确定的正常工作时间工资标准的一定倍数所支付的劳动报酬，即凡是安排劳动者在法定工作日延长工作时间或安排在休息日工作而又不能补休的，均应支付给劳动者不低于劳动合同规定的劳动者本人小时或日工资标准150%、200%的工资；安排在法定休假节日工作的，应另外支付给劳动者不低于劳动合同规定的劳动者本人小时或日工资标准300%的工资。

2. 关于劳动者日工资的折算。由于劳动定额等劳动标准都与制度工时相联系，因此，劳动者日工资可统一按劳动者本人的月工资标准除以每月制度工作天数进行折算。

根据国家关于职工每日工作8小时，每周工作时间40小时的规定，每月制度工时天数为21.5天。考虑到国家允许施行每周40小时工时制度有困难的企业最迟可以延期到1997年5月1日施行，因此，在过渡期内，实行每周44小时工时制度的企业，其日工资折算可仍按每月制度工作天数23.5天执行。

三、《规定》第十五条中所称"克扣"系指用人单位无正当理由扣减劳动者应得工资（即在劳动者已提供正常劳动的前提下用人单位按劳动合同规定的标准应当支付给劳动者的全部劳动报酬）。不包括以下减发工资的情况：（1）国家的法律、法规中有明确规定的；（2）依法签订的劳动合同中有明确规定的；（3）用人单位依法制定并经职代会

批准的厂规、厂纪中有明确规定的；（4）企业工资总额与经济效益相联系，经济效益下浮时，工资必须下浮的（但支付给劳动者工资不得低于当地最低工资标准）；（5）因劳动者请事假等相应减发工资等。

四、《规定》第十八条所称"无故拖欠"系指用人单位无正当理由超过规定付薪时间未支付劳动者工资。不包括：（1）用人单位遇到非人力所能抗拒的自然灾害、战争等原因、无法按时支付工资；（2）用人单位确因生产经营困难、资金周转受到影响，在征得本单位工会同意后，可暂时延期支付劳动者工资，延期时间的最长限制可由各省、自治区、直辖市劳动行政部门根据各地情况确定。其他情况下拖欠工资均属无故拖欠。

五、关于特殊人员的工资支付问题

1. 劳动者受处分后的工资支付：（1）劳动者受行政处分后仍在原单位工作（如留用察看、降级等）或受刑事处分后重新就业的，应主要由用人单位根据具体情况自主确定其工资报酬；（2）劳动者受刑事处分期间，如收容审查、拘留（羁押）、缓刑、监外执行或劳动教养期间，其待遇按国家有关规定执行。

2. 学徒工、熟练工、大中专毕业生在学徒期、熟练期、见习期、试用期及转正定级后的工资待遇由用人单位自主确定。

3. 新就业复员军人的工资待遇由用人单位自主确定；分配到企业的军队转业干部的工资待遇，按国家有关规定执行。

劳动部
关于印发《关于贯彻执行〈中华人民共和国劳动法〉若干问题的意见》的通知

1995 年 8 月 4 日 　　　　　　　　劳部发〔1995〕309 号

各省、自治区、直辖市及计划单列市劳动（劳动人事）厅（局）、国务院有关部门、解放军总后勤部生产管理部：

　　现将《关于贯彻执行〈中华人民共和国劳动法〉若干问题的意见》印发给你们，请遵照执行。

附：

关于贯彻执行《中华人民共和国劳动法》若干问题的意见

　　《中华人民共和国劳动法》（以下简称劳动法）已于一九九五年一月一日起施行，现就劳动法在贯彻执行中遇到的若干问题提出以下意见。

　　一、适用范围

　　1. 劳动法第二条中的"个体经济组织"是指一般雇工在七人以下的个体工商户。

　　2. 中国境内的企业、个体经济组织与劳动者之间，只要形成劳动关系，即劳动者事实上已成为企业、个体经济组织的成员，并为其提供有偿劳动，适用劳动法。

　　3. 国家机关、事业组织、社会团体实行劳动合同制度的以及按规定应实行劳动合同制度的工勤人员；实行企业化管理的事业组织的人员；其他通过劳动合同与国家机关、事业组织、社会团体建立劳动关系的劳动者，适用劳动法。

　　4. 公务员和比照实行公务员制度的事业组织和社会团体的工作人员，以及农村劳动者（乡镇企业职工和进城务工、经商的农民除外）、现役军人和家庭保姆等不适用劳动法。

　　5. 中国境内的企业、个体经济组织在劳动法中被称为用人单位。国家机关、事业组织、社会团体和与之建立劳动合同关系的劳动者依照劳动法执行。根据劳动法的这一规定，国家机关、事业组织、社会团体应当视为用人单位。

　　二、劳动合同和集体合同

　　（一）劳动合同的订立

　　6. 用人单位应与其富余人员、放长假的职工，签订劳动合同，但其劳动合同与在岗职工的劳动合同在内容上可以有所区别。用人单位与劳动者经协商一致可以在劳动合同中就不在岗期间的有关事项作出规定。

　　7. 用人单位应与其长期被外单位借用的人员、带薪上学人员、以及其他非

155

在岗但仍保持劳动关系的人员签订劳动合同，但在外借和上学期间，劳动合同中的某些相关条款经双方协商可以变更。

8. 请长病假的职工，在病假期间与原单位保持着劳动关系，用人单位应与其签订劳动合同。

9. 原固定工中经批准的停薪留职人员，愿意回原单位继续工作的，原单位应与其签订劳动合同；不愿回原单位继续工作的，原单位可以与其解除劳动关系。

10. 根据劳动部《实施〈劳动法〉中有关劳动合同问题的解答》（劳部发〔1995〕202号）的规定，党委书记、工会主席等党群专职人员也是职工的一员，依照劳动法的规定，与用人单位签订劳动合同。对于有特殊规定的，可以按有关规定办理。

11. 根据劳动部《实施〈劳动法〉中有关劳动合同问题的解答》（劳部发〔1995〕202号）的规定，经理由其上级部门聘任（委任）的，应与聘任（委任）部门签订劳动合同。实行公司制的经理和有关经营管理人员，应依照《中华人民共和国公司法》的规定与董事会签订劳动合同。

12. 在校生利用业余时间勤工助学，不视为就业，未建立劳动关系，可以不签订劳动合同。

13. 用人单位发生分立或合并后，分立或合并后的用人单位可以依照其实际情况与原用人单位的劳动者遵循平等自愿、协商一致的原则变更原劳动合同。

14. 派出到合资、参股单位的职工如果与原单位仍保持着劳动关系，应当与原单位签订劳动合同，原单位可就劳动合同的有关内容在与合资、参股单位订立的劳务合同时，明确职工的工资、保险、福利、休假等有关待遇。

15. 租赁经营（生产）、承包经营（生产）的企业，所有权并没有发生改变，法人名称未变，在与职工订立劳动合同时，该企业仍为用人单位一方。依照租赁合同或承包合同，租赁人、承包人如果作为该企业的法定代表人或者该法定代表人的授权委托人时，可代表该企业（用人单位）与劳动者订立劳动合同。

16. 用人单位与劳动者签订劳动合同时，劳动合同可以由用人单位拟定，也可以由双方当事人共同拟定，但劳动合同必须经双方当事人协商一致后才能签订，职工被迫签订的劳动合同或未经协商一致签订的劳动合同为无效劳动合同。

17. 用人单位与劳动者之间形成了事实劳动关系，而用人单位故意拖延不订立劳动合同，劳动行政部门应予以纠正。用人单位因此给劳动者造成损害的，应按劳动部《违反〈劳动法〉有关劳动合同规定的赔偿办法》（劳部发〔1995〕223号）的规定进行赔偿。

（二）劳动合同的内容

18. 劳动者被用人单位录用后，双方可以在劳动合同中的约定试用期，试用期应包括在劳动合同期限内。

19. 试用期是用人单位和劳动者为相互了解、选择而约定的不超过六个月的考察期。一般对初次就业或再次就业的职工可以约定。在原固定工进行劳动合同制度的转制过程中，用人单位与原固定工签订劳动合同时，可以不再约定试用期。

20. 无固定期限的劳动合同是指不约定终止日期的劳动合同。按照平等自愿、协商一致的原则，用人单位和劳动者只要达到一致，无论初次就业的，还是由固定工转制的，都可以签订无固定期限的劳动合同。

无固定期限的劳动合同不得将法定解除条件约定为终止条件，以规避解除劳动合同时用人单位应承担支付劳动者经济补偿的义务。

21. 用人单位经批准招用农民工，其劳动合同期限可以由用人单位和劳动者协商确定。

从事矿山井下以及在其他有害身体健康的工种、岗位工作的农民工，实行定期轮换制度，合同期限最长不超过八年。

22. 劳动法第二十条中的"在同一用人单位连续工作满十年以上"是指劳动者与同一用人单位签订的劳动合同的期限不间断达到十年，劳动合同期满双方同意续订劳动合同时，只要劳动者提出签订无固定期限劳动合同的，用人单位应当与其签订无固定期限的劳动合同。在固定工转制中各地如有特殊规定的，从其规定。

23. 用人单位用于劳动者职业技能培训费用的支付和劳动者违约时培训费的赔偿可以在劳动合同中约定，但约定劳动者违约时负担的培训费和赔偿金的标准不得违反劳动部《违反〈劳动法〉有关劳动合同规定的赔偿办法》（劳部发〔1995〕223 号）等有关规定。

24. 用人单位在与劳动者订立劳动合同时，不得以任何形式向劳动者收取定金、保证金（物）或抵押金（物）。对违反以上规定的，应按照劳动部、公安部、全国总工会《关于加强外商投资企业和私营企业劳动管理切实保障职工合法权益的通知》（劳部发〔1994〕118号）和劳动部办公厅《对"关于国有企业和集体所有制企业能否参照执行劳部发〔1994〕118 号文件中的有关规定的请示"的复函》（劳办发〔1994〕256号）的规定，由公安部门和劳动行政部门责令用人单位立即退还给劳动者本人。

（三）经济性裁员

25. 依据劳动法第二十七条和劳动部《企业经济性裁减人员规定》（劳部发〔1994〕447 号）第四条的规定，用人单位确需裁减人员，应按下列程序进行：

（1）提前三十日向工会或全体职工说明情况，并提供有关生产经营状况的资料；

（2）提出裁减人员方案，内容包括：被裁减人员名单、裁减时间及实施步骤，符合法律、法规规定和集体合同约定的被裁减人员的经济补偿办法；

（3）将裁减人员方案征求工会或者全体职工的意见，并对方案进行修改和完善；

（4）向当地劳动行政部门报告裁减人员方案以及工会或者全体职工的意见，并听取劳动行政部门的意见；

（5）由用人单位正式公布裁减人员方案，与被裁减人员办理解除劳动合同手续，按照有关规定向被裁减人员本人支付经济补偿金，并出具裁减人员证明书。

（四）劳动合同的解除和无效劳动合同

26. 劳动合同的解除是指劳动合同订立后，尚未全部履行以前，由于某种原因导致劳动合同一方或双方当事人提前消灭劳动关系的法律行为。劳动合同的解除分为法定解除和约定解除两种。根据劳动法的规定，劳动合同既可以由单方依法解除，也可以双方协商解除。劳动合同的解除，只对未履行的部分发生效力，不涉及已履行的部分。

27. 无效劳动合同是指所订立的劳动合同不符合法定条件，不能发生当事人预期的法律后果的劳动合同。劳动合同的无效由人民法院或劳动争议仲裁委员会确认，不能由合同双方当事人决定。

28. 劳动者涉嫌违法犯罪被有关机关收容审查、拘留或逮捕的，用人单位在劳动者被限制人身自由期间，可与其暂时停止劳动合同的履行。

暂时停止履行劳动合同期间，用人单位不承担劳动合同规定的相应义务。劳动者经证明被错误限制人身自由的，暂时停止履行劳动合同期间劳动者的损失，可由其依据《国家赔偿法》要求有关部门赔偿。

29. 劳动者被依法追究刑事责任的，用人单位可依据劳动法第二十五条解除劳动合同。

"被依法追究刑事责任"是指：被人民检察院免予起诉的、被人民法院判处处罚的、被人民法院依据刑法第三十二条免予刑事处分的。

劳动者被人民法院判处拘役、三年以下有期徒刑缓刑的，用人单位可以解除劳动合同。

30. 劳动法第二十五条用人单位可以解除劳动合同的条款，即使存在第二十九条规定的情况，只要劳动者同时存在第二十五条规定的四种情形之一，用人单位也可以根据第二十五条的规定解除劳动合同。

31. 劳动者被劳动教养的，用人单位可以依据被劳教的事实解除与该劳动者的劳动合同。

32. 按照劳动法第三十一条的规定，劳动者解除劳动合同，应当提前三十日以书面形式通知用人单位。超过三十日，劳动者可以向用人单位提出办理解除劳动合同手续，用人单位予以办理。如果劳动者违法解除劳动合同给原用人单位造成经济损失，应当承担赔偿责任。

33. 劳动者违反劳动法规定或劳动合同的约定解除劳动合同（如擅自离职），给用人单位造成经济损失的，应当根据劳动法第一百零二条和劳动部《违反〈劳动法〉有关劳动合同规定的赔偿办法》（劳部发〔1995〕223号）的规定，承担赔偿责任。

34. 除劳动法第二十五条规定的情形外，劳动者在医疗期、孕期、产期和哺乳期内，劳动合同期限届满时，用人单位不得终止劳动合同。劳动合同的期限应自动延续至医疗期、孕期、产期和哺乳期期满为止。

35. 请长病假的职工在医疗期满后，能从事原工作的，可以继续履行劳动合同；医疗期满后仍不能从事原工作也不能从事由单位另行安排的工作的，由劳动鉴定委员会参照工伤与职业病致残程度鉴定标准进行劳动能力鉴定。被鉴定为一至四级的，应当退出劳动岗位，解除劳动关系，办理因病或非因工负伤退休退职手续，享受相应的退休退职待遇；被鉴定为五至十级的，用人单位可以解除劳动合同，并按规定支付经济补偿金和医疗补助费。

（五）解除劳动合同的经济补偿

36. 用人单位依据劳动法第二十四条、第二十六条、第二十七条的规定解除劳动合同，应当按照劳动法和劳动部《违反和解除劳动合同的经济补偿办法》（劳部发〔1994〕481号）支付劳动者经济补偿金。

37. 根据《民法通则》第四十四条第二款"企业法人分立、合并，它的权利和义务由变更后的法人享有和承担"的规定，用人单位发生分立或合并后，分立或合并后的用人单位可依据其实际情况与原用人单位的劳动者遵循平等自愿、协商一致的原则变更、解除或重新签订劳动合同。在此种情况下的重新签订劳动合同视为原劳动合同的变更，用人单位变更劳动合同，劳动者不能依据劳动法第二十八条要求经济补偿。

38. 劳动合同期满或者当事人约定的劳动合同终止条件出现，劳动合同即行终止，用人单位可以不支付劳动者经济补偿金。国家另有规定的，可以从其规定。

39. 用人单位依据劳动法第二十五条解除劳动合同，可以不支付劳动者经济补偿金。

40. 劳动者依据劳动法第三十二条第（一）项解除劳动合同，用人单位可以不支付经济补偿金，但应按照劳动者的实际工作天数支付工资。

41. 在原固定工实行劳动合同制度的过程中，企业富余职工辞职，经企业同意可以不与企业签订劳动合同的，企业应根据《国有企业富余职工安置规定》（国务院令第 111 号，1993 年公布）发给劳动者一次性生活补助费。

42. 职工在接近退休年龄（按有关规定一般为五年以内）时因劳动合同到期终止劳动合同的，如果符合退休、退职条件的，可以办理退休、退职手续；不符合退休、退职条件的，在终止劳动合同后按规定领取失业救济金。享受失业救济金的期限届满后仍未就业，符合社会救济条件的，可以按规定领取社会救济金，达到退休年龄时办理退休手续，领取养老保险金。

43. 劳动合同解除后，用人单位对符合规定的劳动者应支付经济补偿金。不能因劳动者领取了失业救济金而拒付或克扣经济补偿金，失业保险机构也不得以劳动者领取了经济补偿金为由，停发或减发失业救济金。

（六）体制改革过程中实行劳动合同制度的有关政策

44. 困难企业签订劳动合同，应区分不同情况，有些亏损企业属政策性亏损，生产仍在进行，还能发出工资，应该按照劳动法的规定签订劳动合同。已经停产半停产的企业，要根据具体情况签订劳动合同，保证这些企业职工的基本生活。

45. 在国有企业固定工转制过程中，劳动者无正当理由不得单方面与用人单位解除劳动关系；用人单位也不得以实行劳动合同制度为由，借机辞退部分职工。

46. 关于在企业内录干、聘干问题，劳动法规定用人单位内的全体职工统称为劳动者，在同一用人单位内，各种不同的身分界限随之打破。应该按照劳动法的规定，通过签订劳动合同来明确劳动者的工作内容、岗位等。用人单位根据工作需要，调整劳动者的工作岗位时，可以与劳动者协商一致，变更劳动合同的相关内容。

47. 由于各用人单位千差万别，对工作内容、劳动报酬的规定也就差异很大，因此，国家不宜制定统一的劳动合同标准文本。目前，各地、各行业制定并向企业推荐的劳动合同文本，对于用人单位和劳动者双方有一定的指导意义，但这些劳动合同文本只能供用人单位和劳动者参考。

48. 按照劳动部办公厅《对全面实行劳动合同制若干问题的请示的复函》（劳办发〔1995〕19 号）的规定，各地企业在与原固定工签订劳动合同时，应注意保护老弱病残职工的合法权益。对工作时间较长，年龄较大的职工，各地可以根据劳动法第一百零六条制定一次性的过渡政策，具体办法由各省、自治区、直辖市确定。

49. 在企业全面建立劳动合同制度以后，原合同制工人与本企业内的原固定工应享受同等待遇。是否发给 15% 的工资性补贴，可以由各省、自治区、直辖市人民政府根据劳动法第一百零六条在制定劳动合同制度的实施步骤时加以规定。

50. 在目前工伤保险和残疾人康复就业制度尚未建立和完善的情况下，对因工部分丧失劳动能力的职工，劳动合同期满也不能终止劳动合同，仍由原单位按照国家有关规定提供医疗等待遇。

（七）集体合同

51. 当前签订集体合同的重点应在非国有企业和现代企业制度试点的企业进行，积累经验，逐步扩大范围。

52. 关于国有企业在承包制条件下签订的"共保合同"，凡内容符合劳动法和有关法律、法规和规章关于集体合同规定的，应按照有关规定办理集体合同送审、备案手续；凡不符合劳动法和有关法律、法规和规章规定的，应积极创造条件逐步向规范的集体合同过渡。

三、工资

（一）最低工资

53. 劳动法中的"工资"是指用人单位依据国家有关规定或劳动合同的约定，以货币形式直接支付给本单位劳动者的劳动报酬，一般包括计时工资、计件工资、奖金、津贴和补贴、延长工作时间的工资报酬以及特殊情况下支付的工资等。"工资"是劳动者劳动收入的主要组成部分。劳动者的以下劳动收入不属于工资范围：（1）单位支付给劳动者个人的社会保险福利费用，如丧葬抚恤救济费、生活困难补助费、计划生育补贴等；（2）劳动保护方面的费用，如用人单位支付给劳动者的工作服、解毒剂、清凉饮料费用等；（3）按规定未列入工资总额的各种劳动报酬及其他劳动收入，如根据国家规定发放的创造发明奖、国家星火奖、自然科学奖、科学技术进步奖、合理化建议和技术改进奖、中华技能大奖等，以及稿费、讲课费、

翻译费等。

54. 劳动法第四十八条中的"最低工资"是指劳动者在法定工作时间内履行了正常劳动义务的前提下，由其所在单位支付的最低劳动报酬。最低工资不包括延长工作时间的工资报酬，以货币形式支付的住房和用人单位支付的伙食补贴，中班、夜班、高温、低温、井下、有毒、有害等特殊工作环境和劳动条件下的津贴，国家法律、法规、规章规定的社会保险福利待遇。

55. 劳动法第四十四条中的"劳动者正常工作时间工资"是指劳动合同规定的劳动者本人所在工作岗位（职位）相对应的工资。鉴定当前劳动合同制度尚处于推进过程中，按上述规定执行确有困难的用人单位，地方或行业劳动部门可在不违反劳动部《关于工资〈支付暂行规定〉有关问题的补充规定》（劳部发〔1995〕226号）文件所确定的总的原则的基础上，制定过渡办法。

56. 在劳动合同中，双方当事人约定的劳动者在未完成劳动定额或承包任务的情况下，用人单位可低于最低工资标准支付劳动者工资的条款不具有法律效力。

57. 劳动者与用人单位形成或建立劳动关系后，试用、熟练、见习期间，在法定工作时间内提供了正常劳动，其所在的用人单位应当支付其不低于最低工资标准的工资。

58. 企业下岗待工人员，由企业依据当地政府的有关规定支付其生活费，生活费可以低于最低工资标准，下岗待工人员中重新就业的，企业应停发其生活费。女职工因生育、哺乳请长假而下岗的，在其享受法定产假期间，依法领取生育津贴；没有参加生育保险的企业，由企业照发原工资。

59. 职工患病或非因工负伤治疗期

间，在规定的医疗期间内由企业按有关规定支付其病假工资或疾病救济费，病假工资或疾病救济费可以低于当地最低工资标准支付，但不能低于最低工资标准的80%。

（二）延长工作时间的工资报酬

60. 实行每天不超过8小时，每周不超过44小时或40小时标准工作时间制度的企业，以及经批准实行综合计算工时工作制的企业，应当按照劳动法的规定支付劳动者延长工作时间的工资报酬。全体职工已实行劳动合同制度的企业，一般管理人员（实行不定时工作制人员除外）经批准延长工作时间的，可以支付延长工作时间的工资报酬。

61. 实行计时工资制的劳动者的日工资，按其本人月工资标准除以平均每月法定工作天数（实行每周40小时工作制的为21.46天，实行每周44小时工作制的为23.33天）进行计算。

62. 实行综合计算工时工作制的企业职工，工作日正好是周休息日的，属于正常工作；工作日正好是法定节假日时，要依照劳动法第四十四条第（三）项的规定支付职工的工资报酬。

（三）有关企业工资支付的政策

63. 企业克扣或无故拖欠劳动者工资的，劳动监察部门应根据劳动法第九十一条、劳动部《违反和解除劳动合同的经济补偿办法》第三条、《违反〈中华人民共和国劳动法〉行政处罚办法》第六条予以处理。

64. 经济困难的企业执行劳动部《工资支付暂行规定》（劳部发〔1994〕489号）确有困难，应根据以下规定执行：

（1）《关于做好国有企业职工和离退休人员基本生活保障工作的通知》（国发〔1993〕76号）的规定，"企业发放工资确有困难时，应发给职工基本生活费，具体标准由各地区、各部门根据实际情况确定"；

（2）《关于国有企业流动资金贷款的紧急通知》（银传〔1994〕34号）的规定，"地方政府通过财政补贴，企业主管部门有可能也要拿出一部分资金，银行要拿出一部分贷款，共同保证职工基本生活和社会的稳定"；

（3）《国有企业富余职工安置规定》（国务院令第111号，1993年发布）的规定："企业可以对职工实行有限期的放假。职工放假期间，由企业发给生活费"。

四、工作时间和休假

（一）综合计算工作时间

65. 经批准实行综合计算工作时间的用人单位，分别以周、月、季、年等为周期综合计算工作时间，但其平均日工作时间和平均周工作时间应与法定标准工作时间基本相同。

66. 对于那些在市场竞争中，由于外界因素的影响，生产任务不均衡的企业的部分职工，经劳动行政部门严格审批后，可以参照综合计算工时工作制的办法实施，但用人单位应采取适当方式确保职工的休息休假权利和生产、工作任务的完成。

67. 经批准实行不定时工作制的职工，不受劳动法第四十一条规定的日延长工作时间标准和月延长工作时间标准的限制，但用人单位应采用弹性工作时间等适当的工作和休息方式，确保职工的休息休假权利和生产、工作任务的完成。

68. 实行标准工时制度的企业，延长工作时间应严格按劳动法第四十一条的规定执行，不能按季、年综合计算延长工作时间。

69. 中央直属企业、企业化管理的事业单位实行不定时工作制和综合计算工时工作制等其他工作和休息办法的，须经国务院行业主管部门审核，报国务院劳动行政部门批准。地方企业实行不定时工作制和综合计算工时工作制等其他工作和休息办法的审批办法，由省、自治区、直辖市人民政府劳动行政部门制定，报国务院劳动行政部门备案。

（二）延长工作时间

70. 休息日安排劳动者工作的，应先按同等时间安排其补休，不能安排补休的应按劳动法第四十四条第（二）项的规定支付劳动者延长工作时间的工资报酬。法定节假日（元旦、春节、劳动节、国庆节）安排劳动者工作的，应按劳动法第四十四条第（三）项支付劳动者延长工作时间的工资报酬。

71. 协商是企业决定延长工作时间的程序（劳动法第四十二条和《劳动部贯彻〈国务院关于职工工作时间的规定〉的实施办法》第七条规定除外），企业确因生产经营需要，必须延长工作时间时，应与工会和劳动者协商。协商后，企业可以在劳动法限定的延长工作时数内决定延长工作时间，对企业违反法律、法规强迫劳动者延长工作时间的，劳动者有权拒绝。若由此发生劳动争议，可以提请劳动争议处理机构予以处理。

（三）休假

72. 实行新工时制度后，企业职工原有的年休假仍然实行。在国务院尚未作出新的规定之前，企业可以按照1991年6月5日《中共中央国务院关于职工休假问题的通知》，安排职工休假。

五、社会保险

73. 企业实施破产时，按照国家有关企业破产的规定，从其财产清产和土地转让所得中按实际需要划拨出社会保险费用和职工再就业的安置费。其划拨的养老保险费和失业保险费由当地社会保险基金经办机构和劳动部门就业服务机构接收，并负责支付离退休人员的养老保险费用和支付失业人员应享受的失业保险待遇。

74. 企业富余职工、请长假人员、请长病假人员、外借人员和带薪上学人员，其社会保险费用仍按规定由原单位和个人继续缴纳，缴纳保险费期间计算为缴费年限。

75. 用人单位全部职工实行劳动合同制度后，职工在用人单位由转制前的原工人岗位转为原干部（技术）岗位或由原干部（技术）岗位转为原工人岗位，其退休年龄和条件，按现岗位国家规定执行。

76. 依据劳动部《企业职工患病或非因工负伤医疗期的规定》（劳部发〔1994〕479号）和劳动部《关于贯彻〈企业职工患病或非因工负伤医疗期的规定〉的通知》（劳部发〔1995〕236号），职工患病或非因工负伤，根据本人实际参加工作的年限和本企业工作年限长短，享受3-24个月的医疗期。对于某些患特殊疾病（如癌症、精神病、瘫痪等）的职工，在24个月内尚不能痊愈的，经企业和当地劳动部门批准，可以适当延长医疗期。

77. 劳动者的工伤待遇在国家尚未颁布新的工伤保险法律、行政法规之前，各类企业仍要执行《劳动保险条例》及相关的政策规定，如果当地政府已实行工伤保险制度改革的，应执行当地新规定；个体经济组织的劳动者的工伤保险参照企业职工的规定执行；国家机关、事业组织、社会团体的劳动者的工伤保险，如果包括在地方人民政府的工伤改革规定范围内的，按地方政府的规定执行。

78. 劳动者患职业病按照1987年由卫生部等部门发布的《职业病范围和职

业病患者处理办法的规定》和所附的"职业病名单"（〔87〕卫防第 60 号）处理，经职业病诊断机构确诊并发给《职业病诊断证明书》，劳动行政部门据此确认工伤，并通知用人单位或者社会保险基金经办机构发给有关工伤保险待遇；劳动者因工负伤的，劳动行政部门根据企业的工伤事故报告和工伤者本人的申请，作出工伤认定，由社会保险基金经办机构或用人单位，发给有关工伤保险待遇。患职业病或工伤致残的，由当地劳动鉴定委员会按照劳动部《职工工伤和职业病致残程度鉴定标准》（劳险字〔1992〕6 号）评定伤残等级和护理依赖程度。劳动鉴定委员会的伤残等级和护理依赖程度的结论，以医学检查、论断结果为技术依据。

79. 劳动者因工负伤或患职业病，用人单位应按国家和地方政府的规定进行工伤事故报告，或者经职业病论断机构确诊进行职业病报告。用人单位和劳动者有权按规定向当地劳动行政部门报告。如果用人单位瞒报、漏报工作或职业病，工会、劳动者可以向劳动行政部门报告。经劳动行政部门确认后，用人单位或社会保险基金经办机构应补发工伤保险待遇。

80. 劳动者对劳动行政部门作出的工伤或职业病的确认意见不服，可依法提起行政复议或行政诉讼。

81. 劳动者被认定患职业病或因工负伤后，对劳动鉴定委员会作出的伤残等级和护理依赖程度鉴定结论不服，可依法提起行政复议或行政诉讼。对劳动能力鉴定结论所依据的医学检查、诊断结果有异议的，可以要求复查诊断，复查论断按各省、自治区和直辖市劳动鉴定委员会规定的程序进行。

六、劳动争议

82. 用人单位与劳动者发生劳动争议不论是否订立劳动合同，只要存在事实劳动关系，并符合劳动法的适用范围和《中华人民共和国企业劳动争议处理条例》的受案范围，劳动争议仲裁委员会均应受理。

83. 劳动合同鉴证是劳动行政部门审查、证明劳动合同的真实性、合法性的一项行政监督措施，尤其在劳动合同制度全面实施的初期有其必要性。劳动行政部门鼓励并提倡用人单位和劳动者进行劳动合同鉴证。劳动争议仲裁委员会不能以劳动合同未经鉴证为由不受理相关的劳动争议案件。

84. 国家机关、事业组织、社会团体与本单位工人以及其他与之建立劳动合同关系的劳动者之间，个体工商户与帮工、学徒之间，以及军队、武警部队的事业组织和企业与其无军籍的职工之间发生的劳动争议，只要符合劳动争议的受案范围，劳动争议仲裁委员会应予受理。

85. "劳动争议发生之日"是指当事人知道或者应当知道其权利被侵害之日。

86. 根据《中华人民共和国商业银行法》的规定，商业银行为企业法人。商业银行与职工适用《劳动法》、《中华人民共和国企业劳动争议处理条例》等劳动法律、法规和规章。商业银行与其职工发生的争议属于劳动争议的受案范围的，劳动争议仲裁委员会应予受理。

87. 劳动法第二十五条第（三）项中的"重大损害"，应由企业内部规章来规定，不便于在全国对其作统一解释。若用人单位以此为由解除劳动合同，与劳动者发生劳动争议，当事人向劳动争议仲裁委员会申请仲裁的，由劳动争议仲裁委员会根据企业类型、规模和损害程度等情况，对企业规章中规定的"重大损害"进行认定。

88. 劳动监察是劳动法授予劳动行政部门的职责，劳动争议仲裁是劳动法授予各级劳动争议仲裁委员会的职能。用人单位或行业部门不能设立劳动监察机构和劳动争议仲裁委员会，也不能设立劳动行政部门劳动监察机构的派出机构和劳动争议仲裁委员会的派出机构。

89. 劳动争议当事人向企业劳动争议调解委员会申请调解，从当事人提出申请之日起，仲裁申诉时效中止，企业劳动争议调解委员会应当在三十日内结束调解，即中止期间最长不得超过三十日。结束调解之日起，当事人的申诉时效继续计算。调解超过三十日的，申诉时效从三十日之后的第一天继续计算。

90. 劳动争议仲裁委员会的办事机构对未予受理的仲裁申请，应逐件向仲裁委员会报告并说明情况，仲裁委员会认为应当受理的，应及时通知当事人。当事人从申请至受理的期间应视为时效中止。

七、法律责任

91. 劳动法第九十一条的含义是，如果用人单位实施了本条规定的前三项侵权行为之一的，劳动行政部门应责令用人单位支付劳动者的工资报酬和经济补偿，并可以责令支付赔偿金。如果用人单位实施了本条规定的第四项侵权行为，即解除劳动合同后未依法给予劳动者经济补偿的，因不存在支付工资报酬的问题，故劳动行政部门只责令用人单位支付劳动者经济补偿，还可以支付赔偿金。

92. 用人单位实施下列行为之一的，应认定为劳动法第一百零一条中的"无理阻挠"行为：

（1）阻止劳动监督检查人员进入用人单位内（包括进入劳动现场）进行监督检查的；

（2）隐瞒事实真象，出具伪证，或者隐匿、毁灭证据的；

（3）拒绝提供有关资料的；

（4）拒绝在规定的时间和地点就劳动行政部门所提问题作出解释和说明的；

（5）法律、法规和规章规定的其他情况。

八、适用法律

93. 劳动部、外经贸部《外商投资企业劳动管理规定》（劳部发〔1994〕246）与劳动部《违反和解除劳动合同的经济补偿办法》（劳部发〔1994〕481号）中关于解除劳动合同的经济补偿规定是一致的，246号文中的"生活补助费"是劳动法第二十八条所指经济补偿的具体化，与481号文中的"经济补偿金"可视为同一概念。

94. 劳动部、外经贸部《外商投资企业劳动管理规定》（劳部发〔1994〕246号）与劳动部《违反〈中华人民共和国劳动法〉行政处罚办法》（劳部发〔1994〕532号）在企业低于当地最低工资标准支付职工工资应付赔偿金的标准，延长工作时间的罚款标准，阻止劳动监察人员行使监督检查权的罚款标准等方面规定不一致，按照同等效力的法律规范新法优于旧法执行的原则，应执行劳动部劳部发〔1994〕532号规章。

95. 劳动部《企业最低工资规定》（劳部发〔1993〕333号）与劳动部《违反〈中华人民共和国劳动法〉行政处罚办法》（劳部发〔1994〕532号）在拖欠或低于国家最低工资标准支付工资的赔偿金标准方面规定不一致，应按劳动部劳部发〔1994〕532号规章执行。

96. 劳动部《违反〈中华人民共和国劳动法〉行政处罚办法》（劳部发〔1994〕532号）对行政处罚行为、处罚标准未作规定，而其他劳动行政规章和地方政府规章作了规定的，按有关规定执行。

97. 对违反劳动法的用人单位，劳动行政部门有权依据劳动法律、法规和规章的规定予以处理，用人单位对劳动行政部门作出的行政处罚决定不服，在法定期限内不提起诉讼或不申请复议又不执行行政处罚决定的，劳动行政部门可以根据行政诉讼法第六十六条申请人民法院强制执行。劳动行政部门依法申请人民法院强制执行时，应当提交申请执行书，据以执行的法律文书和其他必须提交的材料。

98. 适用法律、法规、规章及其他规范性文件遵循下列原则：

（1）法律的效力高于行政法规与地方性法规；行政法规与地方性法规效力高于部门规章和地方政府规章；部门规章和地方政府规章效力高于其他规范性文件。

（2）在适用同一效力层次的文件时，新法律优于旧法律；新法规优于旧法规；新规章优于旧规章；新规范性文件优于旧规范性文件。

99. 依据《法规规章备案规定》（国务院令第 48 号，1990 年发布）"地方人民政府规章同国务院部门规章之间或者国务院部门规章相互之间有矛盾的，由国务院法制局进行协调；经协调不能取得一致意见的，由国务院法制局提出意见，报国务院决定。"地方劳动行政部门在发现劳动部规章与国务院其他部门规章或地方政府规章相矛盾时，可将情况报劳动部，由劳动部报国务院法制局进行协调或决定。

100. 地方或行业劳动部门发现劳动部的规章之间、其他规范性文件之间或规章与其他规范性文件之间相矛盾，一般适用"新文件优于旧文件"的原则，同时可向劳动部请示。

（二） 司法解释

最高人民法院
关于适用《中华人民共和国民法典》
侵权责任编的解释（一）

法释〔2024〕12 号

（2023 年 12 月 18 日最高人民法院审判委员会第 1909 次会议通过
2024 年 9 月 25 日最高人民法院公告公布　自 2024 年 9 月 27 日起施行）

为正确审理侵权责任纠纷案件，根据《中华人民共和国民法典》、《中华人民共和国民事诉讼法》等法律规定，结合审判实践，制定本解释。

第一条　非法使被监护人脱离监护，监护人请求赔偿为恢复监护状态而支出的合理费用等财产损失的，人民法院应予支持。

第二条 非法使被监护人脱离监护，导致父母子女关系或者其他近亲属关系受到严重损害的，应当认定为民法典第一千一百八十三条第一款规定的严重精神损害。

第三条 非法使被监护人脱离监护，被监护人在脱离监护期间死亡，作为近亲属的监护人既请求赔偿人身损害，又请求赔偿监护关系受侵害产生的损失的，人民法院依法予以支持。

第四条 无民事行为能力人、限制民事行为能力人造成他人损害，被侵权人请求监护人承担侵权责任，或者合并请求监护人和受托履行监护职责的人承担侵权责任的，人民法院应当将无民事行为能力人、限制民事行为能力人列为共同被告。

第五条 无民事行为能力人、限制民事行为能力人造成他人损害，被侵权人请求监护人承担侵权人应承担的全部责任的，人民法院应予支持，并在判决中明确，赔偿费用可以先从被监护人财产中支付，不足部分由监护人支付。

监护人抗辩主张承担补充责任，或者被侵权人、监护人主张人民法院判令有财产的无民事行为能力人、限制民事行为能力人承担赔偿责任的，人民法院不予支持。

从被监护人财产中支付赔偿费用的，应当保留被监护人所必需的生活费和完成义务教育所必需的费用。

第六条 行为人在侵权行为发生时不满十八周岁，被诉时已满十八周岁的，被侵权人请求原监护人承担侵权人应承担的全部责任的，人民法院应予支持，并在判决中明确，赔偿费用可以先从被监护人财产中支付，不足部分由监护人支付。

前款规定情形，被侵权人仅起诉行为人的，人民法院应当向原告释明申请追加原监护人为共同被告。

第七条 未成年子女造成他人损害，被侵权人请求父母共同承担侵权责任的，人民法院依照民法典第二十七条第一款、第一千零六十八条以及第一千一百八十八条的规定予以支持。

第八条 夫妻离婚后，未成年子女造成他人损害，被侵权人请求离异夫妻共同承担侵权责任的，人民法院依照民法典第一千零六十八条、第一千零八十四条以及第一千一百八十八条的规定予以支持。一方以未与该子女共同生活为由主张不承担或者少承担责任的，人民法院不予支持。

离异夫妻之间的责任份额，可以由双方协议确定；协议不成的，人民法院可以根据双方履行监护职责的约定和实际履行情况等确定。实际承担责任超过自己责任份额的一方向另一方追偿的，人民法院应予支持。

第九条 未成年子女造成他人损害的，依照民法典第一千零七十二条第二款的规定，未与该子女形成抚养教育关系的继父或者继母不承担监护人的侵权责任，由该子女的生父母依照本解释第八条的规定承担侵权责任。

第十条 无民事行为能力人、限制民事行为能力人造成他人损害，被侵权人合并请求监护人和受托履行监护职责的人承担侵权责任的，依照民法典第一千一百八十九条的规定，监护人承担侵权人应承担的全部责任；受托人在过错范围内与监护人共同承担责任，但责任主体实际支付的赔偿费用总和不应超出被侵权人应受偿的损失数额。

监护人承担责任后向受托人追偿的，人民法院可以参照民法典第九百二十九条的规定处理。

仅有一般过失的无偿受托人承担责任后向监护人追偿的，人民法院应予支持。

第十一条 教唆、帮助无民事行为能力人、限制民事行为能力人实施侵权行为，教唆人、帮助人以其不知道且不应当知道行为人为无民事行为能力人、限制民事行为能力人为由，主张不承担侵权责任或者与行为人的监护人承担连带责任的，人民法院不予支持。

第十二条 教唆、帮助无民事行为能力人、限制民事行为能力人实施侵权行为，被侵权人合并请求教唆人、帮助人以及监护人承担侵权责任的，依照民法典第一千一百六十九条第二款的规定，教唆人、帮助人承担侵权人应承担的全部责任；监护人在未尽到监护职责的范围内与教唆人、帮助人共同承担责任，但责任主体实际支付的赔偿费用总和不应超出被侵权人应受偿的损失数额。

监护人先行支付赔偿费用后，就超过自己相应责任的部分向教唆人、帮助人追偿的，人民法院应予支持。

第十三条 教唆、帮助无民事行为能力人、限制民事行为能力人实施侵权行为，被侵权人合并请求教唆人、帮助人与监护人以及受托履行监护职责的人承担侵权责任的，依照本解释第十条、第十二条的规定认定民事责任。

第十四条 无民事行为能力人或者限制民事行为能力人在幼儿园、学校或者其他教育机构学习、生活期间，受到教育机构以外的第三人人身损害，第三人、教育机构作为共同被告且依法应承担侵权责任的，人民法院应当在判决中明确，教育机构在人民法院就第三人的财产依法强制执行后仍不能履行的范围内，承担与其过错相应的补充责任。

被侵权人仅起诉教育机构的，人民法院应当向原告释明申请追加实施侵权行为的第三人为共同被告。

第三人不确定的，未尽到管理职责的教育机构先行承担与其过错相应的责任；教育机构承担责任后向已经确定的第三人追偿的，人民法院依照民法典第一千二百零一条的规定予以支持。

第十五条 与用人单位形成劳动关系的工作人员、执行用人单位工作任务的其他人员，因执行工作任务造成他人损害，被侵权人依照民法典第一千一百九十一条第一款的规定，请求用人单位承担侵权责任的，人民法院应予支持。

个体工商户的从业人员因执行工作任务造成他人损害的，适用民法典第一千一百九十一条第一款的规定认定民事责任。

第十六条 劳务派遣期间，被派遣的工作人员因执行工作任务造成他人损害，被侵权人合并请求劳务派遣单位与接受劳务派遣的用工单位承担侵权责任的，依照民法典第一千一百九十一条第二款的规定，接受劳务派遣的用工单位承担侵权人应承担的全部责任；劳务派遣单位在不当选派工作人员、未依法履行培训义务等过错范围内，与接受劳务派遣的用工单位共同承担责任，但责任主体实际支付的赔偿费用总和不应超出被侵权人应受偿的损失数额。

劳务派遣单位先行支付赔偿费用后，就超过自己相应责任的部分向接受劳务派遣的用工单位追偿的，人民法院应予支持，但双方另有约定的除外。

第十七条 工作人员在执行工作任务中实施的违法行为造成他人损害，构成自然人犯罪的，工作人员承担刑事责任不影响用人单位依法承担民事责任。依照民法典第一千一百九十一条规定用人单位应当承担侵权责任的，在刑事案件中已完成的追缴、退赔可以在民事判决书中明确并扣减，也可以在执行程序中予以扣减。

第十八条 承揽人在完成工作过程中造成第三人损害的，人民法院依照民法典第一千一百六十五条的规定认定承揽人的民事责任。

被侵权人合并请求定作人和承揽人承担侵权责任的，依照民法典第一千一百六十五条、第一千一百九十三条的规定，造成损害的承揽人承担侵权人应承担的全部责任；定作人在定作、指示或者选任过错范围内与承揽人共同承担责任，但责任主体实际支付的赔偿费用总和不应超出被侵权人应受偿的损失数额。

定作人先行支付赔偿费用后，就超过自己相应责任的部分向承揽人追偿的，人民法院应予支持，但双方另有约定的除外。

第十九条 因产品存在缺陷造成买受人财产损害，买受人请求产品的生产者或者销售者赔偿缺陷产品本身损害以及其他财产损害的，人民法院依照民法典第一千二百零二条、第一千二百零三条的规定予以支持。

第二十条 以买卖或者其他方式转让拼装或者已经达到报废标准的机动车，发生交通事故造成损害，转让人、受让人以其不知道且不应当知道该机动车系拼装或者已经达到报废标准为由，主张不承担侵权责任的，人民法院不予支持。

第二十一条 未依法投保强制保险的机动车发生交通事故造成损害，投保义务人和交通事故责任人不是同一人，被侵权人合并请求投保义务人和交通事故责任人承担侵权责任的，交通事故责任人承担侵权人应承担的全部责任；投保义务人在机动车强制保险责任限额范围内与交通事故责任人共同承担责任，但责任主体实际支付的赔偿费用总和不应超出被侵权人应受偿的损失数额。

投保义务人先行支付赔偿费用后，就超出机动车强制保险责任限额范围部分向交通事故责任人追偿的，人民法院应予支持。

第二十二条 机动车驾驶人离开本车后，因未采取制动措施等自身过错受到本车碰撞、碾压造成损害，机动车驾驶人请求承保本车机动车强制保险的保险人在强制保险责任限额范围内，以及承保本车机动车商业第三者责任保险的保险人按照保险合同的约定赔偿的，人民法院不予支持，但可以依据机动车车上人员责任保险的有关约定支持相应的赔偿请求。

第二十三条 禁止饲养的烈性犬等危险动物造成他人损害，动物饲养人或者管理人主张不承担责任或者减轻责任的，人民法院不予支持。

第二十四条 物业服务企业等建筑物管理人未采取必要的安全保障措施防止从建筑物中抛掷物品或者从建筑物上坠落的物品造成他人损害，具体侵权人、物业服务企业等建筑物管理人作为共同被告的，人民法院应当依照民法典第一千一百九十八条第二款、第一千二百五十四条的规定，在判决中明确，未采取必要安全保障措施的物业服务企业等建筑物管理人在人民法院就具体侵权人的财产依法强制执行后仍不能履行的范围内，承担与其过错相应的补充责任。

第二十五条 物业服务企业等建筑物管理人未采取必要的安全保障措施防止从建筑物中抛掷物品或者从建筑物上坠落的物品造成他人损害，经公安等机关调查，在民事案件一审法庭辩论终结前仍难以确定具体侵权人的，未采取必要安全保障措施的物业服务企业等建筑物管理人承担与其过错相应的责任。被侵权人其余部分的损害，由可能加害的建筑物使用人给予适当补偿。

具体侵权人确定后，已经承担责任的物业服务企业等建筑物管理人、可能加害的建筑物使用人向具体侵权人追偿的，人民法院依照民法典第一千一百九十八条第二款、第一千二百五十四条第一款的规定予以支持。

第二十六条 本解释自2024年9月27日起施行。

本解释施行后，人民法院尚未审结的一审、二审案件适用本解释。本解释施行前已经终审，当事人申请再审或者按照审判监督程序决定再审的，适用当时的法律、司法解释规定。

最高人民法院
关于审理人身损害赔偿案件
适用法律若干问题的解释

（2003年12月4日最高人民法院审判委员会第1299次会议通过　根据2020年12月23日最高人民法院审判委员会第1823次会议通过的《最高人民法院关于修改〈最高人民法院关于在民事审判工作中适用《中华人民共和国工会法》若干问题的解释〉等二十七件民事类司法解释的决定》第一次修正　根据2022年2月15日最高人民法院审判委员会第1864次会议通过的《最高人民法院关于修改〈最高人民法院关于审理人身损害赔偿案件适用法律若干问题的解释〉的决定》第二次修正）

为正确审理人身损害赔偿案件，依法保护当事人的合法权益，根据《中华人民共和国民法典》《中华人民共和国民事诉讼法》等有关法律规定，结合审判实践，制定本解释。

第一条 因生命、身体、健康遭受侵害，赔偿权利人起诉请求赔偿义务人赔偿物质损害和精神损害的，人民法院应予受理。

本条所称"赔偿权利人"，是指因侵权行为或者其他致害原因直接遭受人身损害的受害人以及死亡受害人的近亲属。

本条所称"赔偿义务人"，是指因自己或者他人的侵权行为以及其他致害原因依法应当承担民事责任的自然人、法人或者非法人组织。

第二条 赔偿权利人起诉部分共同侵权人的，人民法院应当追加其他共同侵权人作为共同被告。赔偿权利人在诉讼中放弃对部分共同侵权人的诉讼请求的，其他共同侵权人对被放弃诉讼请求的被告应当承担的赔偿份额不承担连带责任。责任范围难以确定的，推定各共同侵权人承担同等责任。

人民法院应当将放弃诉讼请求的法律后果告知赔偿权利人，并将放弃诉讼请求的情况在法律文书中叙明。

第三条 依法应当参加工伤保险统筹的用人单位的劳动者，因工伤事故遭受人身损害，劳动者或者其近亲属向人民法院起诉请求用人单位承担民事赔偿责任的，告知其按《工伤保险条例》的规定处理。

因用人单位以外的第三人侵权造成劳动者人身损害，赔偿权利人请求第三人承担民事赔偿责任的，人民法院应予支持。

第四条 无偿提供劳务的帮工人，在从事帮工活动中致人损害的，被帮工人应当承担赔偿责任。被帮工人承担赔偿责任后向有故意或者重大过失的帮工人追偿的，人民法院应予支持。被帮工人明确拒绝帮工的，不承担赔偿责任。

第五条 无偿提供劳务的帮工人因帮工活动遭受人身损害的，根据帮工人和被帮工人各自的过错承担相应的责任；被帮工人明确拒绝帮工的，被帮工人不承担赔偿责任，但可以在受益范围内予以适当补偿。

帮工人在帮工活动中因第三人的行为遭受人身损害的，有权请求第三人承担赔偿责任，也有权请求被帮工人予以适当补偿。被帮工人补偿后，可以向第三人追偿。

第六条 医疗费根据医疗机构出具的医药费、住院费等收款凭证，结合病历和诊断证明等相关证据确定。赔偿义务人对治疗的必要性和合理性有异议的，应当承担相应的举证责任。

医疗费的赔偿数额，按照一审法庭辩论终结前实际发生的数额确定。器官功能恢复训练所必要的康复费、适当的整容费以及其他后续治疗费，赔偿权利人可以待实际发生后另行起诉。但根据医疗证明或者鉴定结论确定必然发生的费用，可以与已经发生的医疗费一并予以赔偿。

第七条 误工费根据受害人的误工时间和收入状况确定。

误工时间根据受害人接受治疗的医疗机构出具的证明确定。受害人因伤致残持续误工的，误工时间可以计算至定残日前一天。

受害人有固定收入的，误工费按照实际减少的收入计算。受害人无固定收入的，按照其最近三年的平均收入计算；受害人不能举证证明其最近三年的平均收入状况的，可以参照受诉法院所在地相同或者相近行业上一年度职工的平均工资计算。

第八条 护理费根据护理人员的收入状况和护理人数、护理期限确定。

护理人员有收入的，参照误工费的规定计算；护理人员没有收入或者雇佣护工的，参照当地护工从事同等级别护理的劳务报酬标准计算。护理人员原则上为一人，但医疗机构或者鉴定机构有明确意见的，可以参照确定护理人员人数。

护理期限应计算至受害人恢复生活自理能力时止。受害人因残疾不能恢复生活自理能力的，可以根据其年龄、健康状况等因素确定合理的护理期限，但最长不超过二十年。

受害人定残后的护理，应当根据其护理依赖程度并结合配制残疾辅助器具的情况确定护理级别。

第九条 交通费根据受害人及其必要的陪护人员因就医或者转院治疗实际发生的费用计算。交通费应当以正式票据为凭；有关凭据应当与就医地点、时间、人数、次数相符合。

第十条 住院伙食补助费可以参照当地国家机关一般工作人员的出差伙食补助标准予以确定。

受害人确有必要到外地治疗，因客观原因不能住院，受害人本人及其陪护人员实际发生的住宿费和伙食费，其合理部分应予赔偿。

第十一条 营养费根据受害人伤残情况参照医疗机构的意见确定。

第十二条 残疾赔偿金根据受害人丧失劳动能力程度或者伤残等级，按照受诉法院所在地上一年度城镇居民人均可支配收入标准，自定残之日起按二十年计算。但六十周岁以上的，年龄每增加一岁减少一年；七十五周岁以上的，按五年计算。

受害人因伤致残但实际收入没有减少，或者伤残等级较轻但造成职业妨害严重影响其劳动就业的，可以对残疾赔偿金作相应调整。

第十三条 残疾辅助器具费按照普通适用器具的合理费用标准计算。伤情有特殊需要的，可以参照辅助器具配制机构的意见确定相应的合理费用标准。

辅助器具的更换周期和赔偿期限参照配制机构的意见确定。

第十四条 丧葬费按照受诉法院所在地上一年度职工月平均工资标准，以六个月总额计算。

第十五条 死亡赔偿金按照受诉法院所在地上一年度城镇居民人均可支配收入标准，按二十年计算。但六十周岁以上的，年龄每增加一岁减少一年；七十五周岁以上的，按五年计算。

第十六条 被扶养人生活费计入残疾赔偿金或者死亡赔偿金。

第十七条 被扶养人生活费根据扶养人丧失劳动能力程度，按照受诉法院所在地上一年度城镇居民人均消费支出标准计算。被扶养人为未成年人的，计算至十八周岁；被扶养人无劳动能力又无其他生活来源的，计算二十年。但六十周岁以上的，年龄每增加一岁减少一年；七十五周岁以上的，按五年计算。

被扶养人是指受害人依法应当承担扶养义务的未成年人或者丧失劳动能力又无其他生活来源的成年近亲属。被扶养人还有其他扶养人的，赔偿义务人只赔偿受害人依法应当负担的部分。被扶养人有数人的，年赔偿总额累计不超过上一年度城镇居民人均消费支出额。

第十八条 赔偿权利人举证证明其住所地或者经常居住地城镇居民人均可支配收入高于受诉法院所在地标准的，残疾赔偿金或者死亡赔偿金可以按照其住所地或者经常居住地的相关标准计算。

被扶养人生活费的相关计算标准，依照前款原则确定。

第十九条 超过确定的护理期限、辅助器具费给付年限或者残疾赔偿金给付年限，赔偿权利人向人民法院起诉请求继续给付护理费、辅助器具费或者残疾赔偿金的，人民法院应予受理。赔偿权利人确需继续护理、配制辅助器具，或者没有劳动能力和生活来源的，人民法院应当判令赔偿义务人继续给付相关费用五至十年。

第二十条 赔偿义务人请求以定期金方式给付残疾赔偿金、辅助器具费的，应当提供相应的担保。人民法院可以根据赔偿义务人的给付能力和提供担保的情况，确定以定期金方式给付相关费用。但是，一审法庭辩论终结前已经发生的费用、死亡赔偿金以及精神损害抚慰金，应当一次性给付。

第二十一条 人民法院应当在法律文书中明确定期金的给付时间、方式以及每期给付标准。执行期间有关统计数据发生变化的，给付金额应当适时进行相应调整。

定期金按照赔偿权利人的实际生存年限给付，不受本解释有关赔偿期限的限制。

第二十二条 本解释所称"城镇居民人均可支配收入""城镇居民人均消费支出""职工平均工资"，按照政府统计部门公布的各省、自治区、直辖市以及经济特区和计划单列市上一年度相关统计数据确定。

"上一年度",是指一审法庭辩论终结时的上一统计年度。

第二十三条 精神损害抚慰金适用《最高人民法院关于确定民事侵权精神损害赔偿责任若干问题的解释》予以确定。

第二十四条 本解释自 2022 年 5 月 1 日起施行。施行后发生的侵权行为引起的人身损害赔偿案件适用本解释。

本院以前发布的司法解释与本解释不一致的,以本解释为准。

最高人民法院
关于审理劳动争议案件适用法律问题的解释（一）

法释〔2020〕26 号

（2020 年 12 月 25 日最高人民法院审判委员会第 1825 次会议通过 2020 年 12 月 29 日最高人民法院公告公布 自 2021 年 1 月 1 日起施行）

为正确审理劳动争议案件,根据《中华人民共和国民法典》《中华人民共和国劳动法》《中华人民共和国劳动合同法》《中华人民共和国劳动争议调解仲裁法》《中华人民共和国民事诉讼法》等相关法律规定,结合审判实践,制定本解释。

第一条 劳动者与用人单位之间发生的下列纠纷,属于劳动争议,当事人不服劳动争议仲裁机构作出的裁决,依法提起诉讼的,人民法院应予受理:

（一）劳动者与用人单位在履行劳动合同过程中发生的纠纷;

（二）劳动者与用人单位之间没有订立书面劳动合同,但已形成劳动关系后发生的纠纷;

（三）劳动者与用人单位因劳动关系是否已经解除或者终止,以及应否支付解除或者终止劳动关系经济补偿金发生的纠纷;

（四）劳动者与用人单位解除或者终止劳动关系后,请求用人单位返还其收取的劳动合同定金、保证金、抵押金、抵押物发生的纠纷,或者办理劳动者的人事档案、社会保险关系等移转手续发生的纠纷;

（五）劳动者以用人单位未为其办理社会保险手续,且社会保险经办机构不能补办导致其无法享受社会保险待遇为由,要求用人单位赔偿损失发生的纠纷;

（六）劳动者退休后,与尚未参加社会保险统筹的原用人单位因追索养老金、医疗费、工伤保险待遇和其他社会保险待遇而发生的纠纷;

（七）劳动者因为工伤、职业病,请求用人单位依法给予工伤保险待遇发生的纠纷;

（八）劳动者依据劳动合同法第八十五条规定,要求用人单位支付加付赔偿金发生的纠纷;

（九）因企业自主进行改制发生的纠纷。

第二条 下列纠纷不属于劳动

争议：

（一）劳动者请求社会保险经办机构发放社会保险金的纠纷；

（二）劳动者与用人单位因住房制度改革产生的公有住房转让纠纷；

（三）劳动者对劳动能力鉴定委员会的伤残等级鉴定结论或者对职业病诊断鉴定委员会的职业病诊断鉴定结论的异议纠纷；

（四）家庭或者个人与家政服务人员之间的纠纷；

（五）个体工匠与帮工、学徒之间的纠纷；

（六）农村承包经营户与受雇人之间的纠纷。

第三条 劳动争议案件由用人单位所在地或者劳动合同履行地的基层人民法院管辖。

劳动合同履行地不明确的，由用人单位所在地的基层人民法院管辖。

法律另有规定的，依照其规定。

第四条 劳动者与用人单位均不服劳动争议仲裁机构的同一裁决，向同一人民法院起诉的，人民法院应当并案审理，双方当事人互为原告和被告，对双方的诉讼请求，人民法院应当一并作出裁决。在诉讼过程中，一方当事人撤诉的，人民法院应当根据另一方当事人的诉讼请求继续审理。双方当事人就同一仲裁裁决分别向有管辖权的人民法院起诉的，后受理的人民法院应当将案件移送给先受理的人民法院。

第五条 劳动争议仲裁机构以无管辖权为由对劳动争议案件不予受理，当事人提起诉讼的，人民法院按照以下情形分别处理：

（一）经审查认为该劳动争议仲裁机构对案件确无管辖权的，应当告知当事人向有管辖权的劳动争议仲裁机构申请仲裁；

（二）经审查认为该劳动争议仲裁机构有管辖权的，应当告知当事人申请仲裁，并将审查意见书面通知该劳动争议仲裁机构；劳动争议仲裁机构仍不受理，当事人就该劳动争议事项提起诉讼的，人民法院应予受理。

第六条 劳动争议仲裁机构以当事人申请仲裁的事项不属于劳动争议为由，作出不予受理的书面裁决、决定或者通知，当事人不服依法提起诉讼的，人民法院应当分别情况予以处理：

（一）属于劳动争议案件的，应当受理；

（二）虽不属于劳动争议案件，但属于人民法院主管的其他案件，应当依法受理。

第七条 劳动争议仲裁机构以申请仲裁的主体不适格为由，作出不予受理的书面裁决、决定或者通知，当事人不服依法提起诉讼，经审查确属主体不适格的，人民法院不予受理；已经受理的，裁定驳回起诉。

第八条 劳动争议仲裁机构为纠正原仲裁裁决错误重新作出裁决，当事人不服依法提起诉讼的，人民法院应当受理。

第九条 劳动争议仲裁机构仲裁的事项不属于人民法院受理的案件范围，当事人不服依法提起诉讼的，人民法院不予受理；已经受理的，裁定驳回起诉。

第十条 当事人不服劳动争议仲裁机构作出的预先支付劳动者劳动报酬、工伤医疗费、经济补偿或者赔偿金的裁决，依法提起诉讼的，人民法院不予受理。

用人单位不履行上述裁决中的给付义务，劳动者依法申请强制执行的，人民法院应予受理。

第十一条 劳动争议仲裁机构作出

的调解书已经发生法律效力，一方当事人反悔提起诉讼的，人民法院不予受理；已经受理的，裁定驳回起诉。

第十二条 劳动争议仲裁机构逾期未作出受理决定或仲裁裁决，当事人直接提起诉讼的，人民法院应予受理，但申请仲裁的案件存在下列事由的除外：

（一）移送管辖的；

（二）正在送达或者送达延误的；

（三）等待另案诉讼结果、评残结论的；

（四）正在等待劳动争议仲裁机构开庭的；

（五）启动鉴定程序或者委托其他部门调查取证的；

（六）其他正当事由。

当事人以劳动争议仲裁机构逾期未作出仲裁裁决为由提起诉讼的，应当提交该仲裁机构出具的受理通知书或者其他已接受仲裁申请的凭证、证明。

第十三条 劳动者依据劳动合同法第三十条第二款和调解仲裁法第十六条规定向人民法院申请支付令，符合民事诉讼法第十七章督促程序规定的，人民法院应予受理。

依据劳动合同法第三十条第二款规定申请支付令被人民法院裁定终结督促程序后，劳动者就劳动争议事项直接提起诉讼的，人民法院应当告知其先向劳动争议仲裁机构申请仲裁。

依据调解仲裁法第十六条规定申请支付令被人民法院裁定终结督促程序后，劳动者依据调解协议直接提起诉讼的，人民法院应予受理。

第十四条 人民法院受理劳动争议案件后，当事人增加诉讼请求的，如该诉讼请求与讼争的劳动争议具有不可分性，应当合并审理；如属独立的劳动争议，应当告知当事人向劳动争议仲裁机构申请仲裁。

第十五条 劳动者以用人单位的工资欠条为证据直接提起诉讼，诉讼请求不涉及劳动关系其他争议的，视为拖欠劳动报酬争议，人民法院按照普通民事纠纷受理。

第十六条 劳动争议仲裁机构作出仲裁裁决后，当事人对裁决中的部分事项不服，依法提起诉讼的，劳动争议仲裁裁决不发生法律效力。

第十七条 劳动争议仲裁机构对多个劳动者的劳动争议作出仲裁裁决后，部分劳动者对仲裁裁决不服，依法提起诉讼的，仲裁裁决对提起诉讼的劳动者不发生法律效力；对未提起诉讼的部分劳动者，发生法律效力，如其申请执行的，人民法院应当受理。

第十八条 仲裁裁决的类型以仲裁裁决书确定为准。仲裁裁决书未载明该裁决为终局裁决或者非终局裁决，用人单位不服该仲裁裁决向基层人民法院提起诉讼的，应当按照以下情形分别处理：

（一）经审查认为该仲裁裁决为非终局裁决的，基层人民法院应予受理；

（二）经审查认为该仲裁裁决为终局裁决的，基层人民法院不予受理，但应告知用人单位可以自收到不予受理裁定书之日起三十日内向劳动争议仲裁机构所在地的中级人民法院申请撤销该仲裁裁决；已经受理的，裁定驳回起诉。

第十九条 仲裁裁决书未载明该裁决为终局裁决或者非终局裁决，劳动者依据调解仲裁法第四十七条第一项规定，追索劳动报酬、工伤医疗费、经济补偿或者赔偿金，如果仲裁裁决涉及数项，每项确定的数额均不超过当地月最低工资标准十二个月金额的，应当按照终局裁决处理。

第二十条 劳动争议仲裁机构作出的同一仲裁裁决同时包含终局裁决事项

和非终局裁决事项，当事人不服该仲裁裁决向人民法院提起诉讼的，应当按照非终局裁决处理。

第二十一条 劳动者依据调解仲裁法第四十八条规定向基层人民法院提起诉讼，用人单位依据调解仲裁法第四十九条规定向劳动争议仲裁机构所在地的中级人民法院申请撤销仲裁裁决的，中级人民法院应当不予受理；已经受理的，应当裁定驳回申请。

被人民法院驳回起诉或者劳动者撤诉的，用人单位可以自收到裁定书之日起三十日内，向劳动争议仲裁机构所在地的中级人民法院申请撤销仲裁裁决。

第二十二条 用人单位依据调解仲裁法第四十九条规定向中级人民法院申请撤销仲裁裁决，中级人民法院作出的驳回申请或者撤销仲裁裁决的裁定为终审裁定。

第二十三条 中级人民法院审理用人单位申请撤销终局裁决的案件，应当组成合议庭开庭审理。经过阅卷、调查和询问当事人，对没有新的事实、证据或者理由，合议庭认为不需要开庭审理的，可以不开庭审理。

中级人民法院可以组织双方当事人调解。达成调解协议的，可以制作调解书。一方当事人逾期不履行调解协议的，另一方可以申请人民法院强制执行。

第二十四条 当事人申请人民法院执行劳动争议仲裁机构作出的发生法律效力的裁决书、调解书，被申请人提出证据证明劳动争议仲裁裁决书、调解书有下列情形之一，并经审查核实的，人民法院可以根据民事诉讼法第二百三十七条规定，裁定不予执行：

（一）裁决的事项不属于劳动争议仲裁范围，或者劳动争议仲裁机构无权仲裁的；

（二）适用法律、法规确有错误的；

（三）违反法定程序的；

（四）裁决所根据的证据是伪造的；

（五）对方当事人隐瞒了足以影响公正裁决的证据的；

（六）仲裁员在仲裁该案时有索贿受贿、徇私舞弊、枉法裁决行为的；

（七）人民法院认定执行该劳动争议仲裁裁决违背社会公共利益的。

人民法院在不予执行的裁定书中，应当告知当事人在收到裁定书之次日起三十日内，可以就该劳动争议事项向人民法院提起诉讼。

第二十五条 劳动争议仲裁机构作出终局裁决，劳动者向人民法院申请执行，用人单位向劳动争议仲裁机构所在地的中级人民法院申请撤销的，人民法院应当裁定中止执行。

用人单位撤回撤销终局裁决申请或者其申请被驳回的，人民法院应当裁定恢复执行。仲裁裁决被撤销的，人民法院应当裁定终结执行。

用人单位向人民法院申请撤销仲裁裁决被驳回后，又在执行程序中以相同理由提出不予执行抗辩的，人民法院不予支持。

第二十六条 用人单位与其他单位合并的，合并前发生的劳动争议，由合并后的单位为当事人；用人单位分立为若干单位的，其分立前发生的劳动争议，由分立后的实际用人单位为当事人。

用人单位分立为若干单位后，具体承受劳动权利义务的单位不明确的，分立后的单位均为当事人。

第二十七条 用人单位招用尚未解除劳动合同的劳动者，原用人单位与劳动者发生的劳动争议，可以列新的用人单位为第三人。

原用人单位以新的用人单位侵权为

由提起诉讼的，可以列劳动者为第三人。

原用人单位以新的用人单位和劳动者共同侵权为由提起诉讼的，新的用人单位和劳动者列为共同被告。

第二十八条 劳动者在用人单位与其他平等主体之间的承包经营期间，与发包方和承包方双方或者一方发生劳动争议，依法提起诉讼的，应当将承包方和发包方作为当事人。

第二十九条 劳动者与未办理营业执照、营业执照被吊销或者营业期限届满仍继续经营的用人单位发生争议的，应当将用人单位或者其出资人列为当事人。

第三十条 未办理营业执照、营业执照被吊销或者营业期限届满仍继续经营的用人单位，以挂靠等方式借用他人营业执照经营的，应当将用人单位和营业执照出借方列为当事人。

第三十一条 当事人不服劳动争议仲裁机构作出的仲裁裁决，依法提起诉讼，人民法院审查认为仲裁裁决遗漏了必须共同参加仲裁的当事人的，应当依法追加遗漏的人为诉讼当事人。

被追加的当事人应当承担责任的，人民法院应当一并处理。

第二十二条 用人单位与其招用的已经依法享受养老保险待遇或者领取退休金的人员发生用工争议而提起诉讼的，人民法院应当按劳务关系处理。

企业停薪留职人员、未达到法定退休年龄的内退人员、下岗待岗人员以及企业经营性停产放长假人员，因与新的用人单位发生用工争议而提起诉讼，人民法院应当按劳动关系处理。

第三十三条 外国人、无国籍人未依法取得就业证件即与中华人民共和国境内的用人单位签订劳动合同，当事人请求确认与用人单位存在劳动关系的，

人民法院不予支持。

持有《外国专家证》并取得《外国人来华工作许可证》的外国人，与中华人民共和国境内的用人单位建立用工关系的，可以认定为劳动关系。

第三十四条 劳动合同期满后，劳动者仍在原用人单位工作，原用人单位未表示异议的，视为双方同意以原条件继续履行劳动合同。一方提出终止劳动关系的，人民法院应予支持。

根据劳动合同法第十四条规定，用人单位应当与劳动者签订无固定期限劳动合同而未签订的，人民法院可以视为双方之间存在无固定期限劳动合同关系，并以原劳动合同确定双方的权利义务关系。

第三十五条 劳动者与用人单位就解除或者终止劳动合同办理相关手续、支付工资报酬、加班费、经济补偿或者赔偿金等达成的协议，不违反法律、行政法规的强制性规定，且不存在欺诈、胁迫或者乘人之危情形的，应当认定有效。

前款协议存在重大误解或者显失公平情形，当事人请求撤销的，人民法院应予支持。

第三十六条 当事人在劳动合同或者保密协议中约定了竞业限制，但未约定解除或者终止劳动合同后给予劳动者经济补偿，劳动者履行了竞业限制义务，要求用人单位按照劳动者在劳动合同解除或者终止前十二个月平均工资的30%按月支付经济补偿的，人民法院应予支持。

前款规定的月平均工资的30%低于劳动合同履行地最低工资标准的，按照劳动合同履行地最低工资标准支付。

第三十七条 当事人在劳动合同或者保密协议中约定了竞业限制和经济补偿，当事人解除劳动合同时，除另有约

定外，用人单位要求劳动者履行竞业限制义务，或者劳动者履行了竞业限制义务后要求用人单位支付经济补偿的，人民法院应予支持。

第三十八条 当事人在劳动合同或者保密协议中约定了竞业限制和经济补偿，劳动合同解除或者终止后，因用人单位的原因导致三个月未支付经济补偿，劳动者请求解除竞业限制约定的，人民法院应予支持。

第三十九条 在竞业限制期限内，用人单位请求解除竞业限制协议的，人民法院应予支持。

在解除竞业限制协议时，劳动者请求用人单位额外支付劳动者三个月的竞业限制经济补偿的，人民法院应予支持。

第四十条 劳动者违反竞业限制约定，向用人单位支付违约金后，用人单位要求劳动者按照约定继续履行竞业限制义务的，人民法院应予支持。

第四十一条 劳动合同被确认为无效，劳动者已付出劳动的，用人单位应当按照劳动合同法第二十八条、第四十六条、第四十七条的规定向劳动者支付劳动报酬和经济补偿。

由于用人单位原因订立无效劳动合同，给劳动者造成损害的，用人单位应当赔偿劳动者因合同无效所造成的经济损失。

第四十二条 劳动者主张加班费的，应当就加班事实的存在承担举证责任。但劳动者有证据证明用人单位掌握加班事实存在的证据，用人单位不提供的，由用人单位承担不利后果。

第四十三条 用人单位与劳动者协商一致变更劳动合同，虽未采用书面形式，但已经实际履行了口头变更的劳动合同超过一个月，变更后的劳动合同内容不违反法律、行政法规且不违背公序良俗，当事人以未采用书面形式为由主张劳动合同变更无效的，人民法院不予支持。

第四十四条 因用人单位作出的开除、除名、辞退、解除劳动合同、减少劳动报酬、计算劳动者工作年限等决定而发生的劳动争议，用人单位负举证责任。

第四十五条 用人单位有下列情形之一，迫使劳动者提出解除劳动合同的，用人单位应当支付劳动者的劳动报酬和经济补偿，并可支付赔偿金：

（一）以暴力、威胁或者非法限制人身自由的手段强迫劳动的；

（二）未按照劳动合同约定支付劳动报酬或者提供劳动条件的；

（三）克扣或者无故拖欠劳动者工资的；

（四）拒不支付劳动者延长工作时间工资报酬的；

（五）低于当地最低工资标准支付劳动者工资的。

第四十六条 劳动者非因本人原因从原用人单位被安排到新用人单位工作，原用人单位未支付经济补偿，劳动者依据劳动合同法第三十八条规定与新用人单位解除劳动合同，或者新用人单位向劳动者提出解除、终止劳动合同，在计算支付经济补偿或赔偿金的工作年限时，劳动者请求把在原用人单位的工作年限合并计算为新用人单位工作年限的，人民法院应予支持。

用人单位符合下列情形之一的，应当认定属于"劳动者非因本人原因从原用人单位被安排到新用人单位工作"：

（一）劳动者仍在原工作场所、工作岗位工作，劳动合同主体由原用人单位变更为新用人单位；

（二）用人单位以组织委派或任命形式对劳动者进行工作调动；

（三）因用人单位合并、分立等原因导致劳动者工作调动；

（四）用人单位及其关联企业与劳动者轮流订立劳动合同；

（五）其他合理情形。

第四十七条 建立了工会组织的用人单位解除劳动合同符合劳动合同法第三十九条、第四十条规定，但未按照劳动合同法第四十三条规定事先通知工会，劳动者以用人单位违法解除劳动合同为由请求用人单位支付赔偿金的，人民法院应予支持，但起诉前用人单位已经补正有关程序的除外。

第四十八条 劳动合同法施行后，因用人单位经营期限届满不再继续经营导致劳动合同不能继续履行，劳动者请求用人单位支付经济补偿的，人民法院应予支持。

第四十九条 在诉讼过程中，劳动者向人民法院申请采取财产保全措施，人民法院经审查认为申请人经济确有困难，或者有证据证明用人单位存在欠薪逃匿可能的，应当减轻或者免除劳动者提供担保的义务，及时采取保全措施。

人民法院作出的财产保全裁定中，应当告知当事人在劳动争议仲裁机构的裁决书或者在人民法院的裁判文书生效后三个月内申请强制执行。逾期不申请的，人民法院应当裁定解除保全措施。

第五十条 用人单位根据劳动合同法第四条规定，通过民主程序制定的规章制度，不违反国家法律、行政法规及政策规定，并已向劳动者公示的，可以作为确定双方权利义务的依据。

用人单位制定的内部规章制度与集体合同或者劳动合同约定的内容不一致，劳动者请求优先适用合同约定的，人民法院应予支持。

第五十一条 当事人在调解仲裁法第十条规定的调解组织主持下达成的具有劳动权利义务内容的调解协议，具有劳动合同的约束力，可以作为人民法院裁判的根据。

当事人在调解仲裁法第十条规定的调解组织主持下仅就劳动报酬争议达成调解协议，用人单位不履行调解协议确定的给付义务，劳动者直接提起诉讼的，人民法院可以按照普通民事纠纷受理。

第五十二条 当事人在人民调解委员会主持下仅就给付义务达成的调解协议，双方认为有必要的，可以共同向人民调解委员会所在地的基层人民法院申请司法确认。

第五十三条 用人单位对劳动者作出的开除、除名、辞退等处理，或者因其他原因解除劳动合同确有错误的，人民法院可以依法判决予以撤销。

对于追索劳动报酬、养老金、医疗费以及工伤保险待遇、经济补偿金、培训费及其他相关费用等案件，给付数额不当的，人民法院可以予以变更。

第五十四条 本解释自 2021 年 1 月 1 日起施行。

最高人民法院
关于在民事审判工作中适用《中华人民共和国工会法》若干问题的解释

（2003 年 1 月 9 日最高人民法院审判委员会第 1263 次会议通过　根据
2020 年 12 月 23 日最高人民法院审判委员会第 1823 次会议通过的
《最高人民法院关于修改〈最高人民法院关于在民事审判工作中适用
《中华人民共和国工会法》若干问题的解释〉等二十七件民事类
司法解释的决定》修正）

为正确审理涉及工会经费和财产、工会工作人员权利的民事案件，维护工会和职工的合法权益，根据《中华人民共和国民法典》《中华人民共和国工会法》和《中华人民共和国民事诉讼法》等法律的规定，现就有关法律的适用问题解释如下：

第一条　人民法院审理涉及工会组织的有关案件时，应当认定依照工会法建立的工会组织的社团法人资格。具有法人资格的工会组织依法独立享有民事权利，承担民事义务。建立工会的企业、事业单位、机关与所建工会以及工会投资兴办的企业，根据法律和司法解释的规定，应当分别承担各自的民事责任。

第二条　根据工会法第十八条规定，人民法院审理劳动争议案件，涉及确定基层工会专职主席、副主席或者委员延长的劳动合同期限的，应当自上述人员工会职务任职期限届满之日起计算，延长的期限等于其工会职务任职的期间。

工会法第十八条规定的"个人严重过失"，是指具有《中华人民共和国劳动法》第二十五条第（二）项、第

（三）项或者第（四）项规定的情形。

第三条　基层工会或者上级工会依照工会法第四十三条规定向人民法院申请支付令的，由被申请人所在地的基层人民法院管辖。

第四条　人民法院根据工会法第四十三条的规定受理工会提出的拨缴工会经费的支付令申请后，应当先行征询被申请人的意见。被申请人仅对应拨缴经费数额有异议的，人民法院应当就无异议部分的工会经费数额发出支付令。

人民法院在审理涉及工会经费的案件中，需要按照工会法第四十二条第一款第（二）项规定的"全部职工""工资总额"确定拨缴数额的，"全部职工""工资总额"的计算，应当按照国家有关部门规定的标准执行。

第五条　根据工会法第四十三条和民事诉讼法的有关规定，上级工会向人民法院申请支付令或者提起诉讼，要求企业、事业单位拨缴工会经费的，人民法院应当受理。基层工会要求参加诉讼的，人民法院可以准许其作为共同申请人或者共同原告参加诉讼。

第六条　根据工会法第五十二条规定，人民法院审理涉及职工和工会工作

人员因参加工会活动或者履行工会法规定的职责而被解除劳动合同的劳动争议案件，可以根据当事人的请求裁判用人单位恢复其工作，并补发被解除劳动合同期间应得的报酬；或者根据当事人的请求裁判用人单位给予本人年收入二倍的赔偿，并根据劳动合同法第四十六条、第四十七条规定给予解除劳动合同时的经济补偿。

第七条 对于企业、事业单位无正当理由拖延或者拒不拨缴工会经费的，工会组织向人民法院请求保护其权利的诉讼时效期间，适用民法典第一百八十八条的规定。

第八条 工会组织就工会经费的拨缴向人民法院申请支付令的，应当按照《诉讼费用交纳办法》第十四条的规定交纳申请费；督促程序终结后，工会组织另行起诉的，按照《诉讼费用交纳办法》第十三条规定的财产案件受理费标准交纳诉讼费用。

最高人民法院
关于审理涉船员纠纷案件若干问题的规定

法释〔2020〕11 号

(2020 年 6 月 8 日最高人民法院审判委员会第 1803 次会议通过
2020 年 9 月 27 日最高人民法院公告公布 自 2020 年 9 月 29 日起施行)

为正确审理涉船员纠纷案件，根据《中华人民共和国劳动合同法》《中华人民共和国海商法》《中华人民共和国劳动争议调解仲裁法》《中华人民共和国海事诉讼特别程序法》等法律的规定，结合审判实践，制定本规定。

第一条 船员与船舶所有人之间的劳动争议不涉及船员登船、在船工作、离船遣返，当事人直接向海事法院提起诉讼的，海事法院告知当事人依照《中华人民共和国劳动争议调解仲裁法》的规定处理。

第二条 船员与船舶所有人之间的劳务合同纠纷，当事人向原告住所地、合同签订地、船员登船港或者离船港所在地、被告住所地海事法院提起诉讼的，海事法院应予受理。

第三条 船员服务机构仅代理船员办理相关手续，或者仅为船员提供就业信息，且不属于劳务派遣情形，船员服务机构主张其与船员仅成立居间或委托合同关系的，应予支持。

第四条 船舶所有人以被挂靠单位的名义对外经营，船舶所有人未与船员签订书面劳动合同，其聘用的船员因工伤亡，船员主张被挂靠单位为承担工伤保险责任的单位的，应予支持。船舶所有人与船员成立劳动关系的除外。

第五条 与船员登船、在船工作、离船遣返无关的劳动争议提交劳动争议仲裁委员会仲裁，仲裁庭根据船员的申请，就船员工资和其他劳动报酬、工伤医疗费、经济补偿或赔偿金裁决先予执行的，移送地方人民法院审查。

船员申请扣押船舶的，仲裁庭应将扣押船舶申请提交船籍港所在地或者船舶所在地的海事法院审查，或交地方人民法院委托船籍港所在地或者船舶所在地的海事法院审查。

第六条 具有船舶优先权的海事请求，船员未依照《中华人民共和国海商法》第二十八条的规定请求扣押产生船舶优先权的船舶，仅请求确认其在一定期限内对该产生船舶优先权的船舶享有优先权的，应予支持。

前款规定的期限自优先权产生之日起以一年为限。

第七条 具有船舶优先权的海事请求，船员未申请限制船舶继续营运，仅申请对船舶采取限制处分、限制抵押等保全措施的，应予支持。船员主张该保全措施构成《中华人民共和国海商法》第二十八条规定的船舶扣押的，不予支持。

第八条 因登船、在船工作、离船遣返产生的下列工资、其他劳动报酬，船员主张船舶优先权的，应予支持：

（一）正常工作时间的报酬或基本工资；

（二）延长工作时间的加班工资，休息日、法定休假日加班工资；

（三）在船服务期间的奖金、相关津贴和补贴，以及特殊情况下支付的工资等；

（四）未按期支付上述款项产生的孳息。

《中华人民共和国劳动法》和《中华人民共和国劳动合同法》中规定的相关经济补偿金、赔偿金，未依据《中华人民共和国劳动合同法》第八十二条之规定签订书面劳动合同而应支付的双倍工资，以及因未按期支付本款规定的前述费用而产生的孳息，船员主张船舶优先权的，不予支持。

第九条 船员因登船、在船工作、离船遣返而产生的工资、其他劳动报酬、船员遣返费用、社会保险费用，船舶所有人未依约支付，第三方向船员垫付全部或部分费用，船员将相应的海事请求权转让给第三方，第三方就受让的海事请求权请求确认或行使船舶优先权的，应予支持。

第十条 船员境外工作期间被遗弃，或遭遇其他突发事件，船舶所有人或其财务担保人、船员外派机构未承担相应责任，船员请求财务担保人、船员外派机构从财务担保费用、海员外派备用金中先行支付紧急救助所需相关费用的，应予支持。

第十一条 对于船员工资构成是否涵盖船员登船、在船工作、离船遣返期间的工作日加班工资、休息日加班工资、法定休假日加班工资，当事人有约定并主张依据约定确定双方加班工资的，应予支持。但约定标准低于法定最低工资标准的，不予支持。

第十二条 标准工时制度下，船员就休息日加班主张加班工资，船舶所有人举证证明已做补休安排，不应按法定标准支付加班工资的，应予支持。综合计算工时工作制下，船员对综合计算周期内的工作时间总量超过标准工作时间总量的部分主张加班工资的，应予支持。

船员就法定休假日加班主张加班工资，船舶所有人抗辩对法定休假日加班已做补休安排，不应支付法定休假日加班工资的，对船舶所有人的抗辩不予支持。双方另有约定的除外。

第十三条 当事人对船员工资或其他劳动报酬的支付标准、支付方式未作约定或约定不明，当事人主张以同工种、同级别、同时期市场的平均标准确定的，应予支持。

第十四条 船员因受欺诈、受胁迫在禁渔期、禁渔区或使用禁用的工具、方法捕捞水产品，或者捕捞珍稀、濒危海洋生物，或者进行其他违法作业，对船员主张的登船、在船工作、离船遣返期间的船员工资、其他劳动报酬，应予支持。

船舶所有人举证证明船员对违法作业自愿且明知的，对船员的上述请求不予支持。

船舶所有人或者船员的行为应受行政处罚或涉嫌刑事犯罪的，依照相关法定程序处理。

第十五条 船员因劳务受到损害，船舶所有人举证证明船员自身存在过错，并请求判令船员自担相应责任的，对船舶所有人的抗辩予以支持。

第十六条 因第三人的原因遭受工伤，船员对第三人提起民事诉讼请求民事赔偿，第三人以船员已获得工伤保险待遇为由，抗辩其不应承担民事赔偿责任的，对第三人的抗辩不予支持。但船员已经获得医疗费用的，对船员关于医疗费用的诉讼请求不予支持。

第十七条 船员与船舶所有人之间的劳动合同具有涉外因素，当事人请求依照《中华人民共和国涉外民事关系法律适用法》第四十三条确定应适用的法律的，应予支持。

船员与船舶所有人之间的劳务合同，当事人没有选择应适用的法律，当事人主张适用劳务派出地、船舶所有人主营业地、船旗国法律的，应予支持。

船员与船员服务机构之间，以及船员服务机构与船舶所有人之间的居间或委托协议，当事人未选择应适用的法律，当事人主张适用与该合同有最密切联系的法律的，应予支持。

第十八条 本规定中的船舶所有人，包括光船承租人、船舶管理人、船舶经营人。

第十九条 本规定施行后尚未终审的案件，适用本规定；本规定施行前已经终审，当事人申请再审或者按照审判监督程序决定再审的案件，不适用本规定。

第二十条 本院以前发布的规定与本规定不一致的，以本规定为准。

第二十一条 本规定自2020年9月29日起实施。

最高人民法院
关于审理工伤保险行政案件若干问题的规定

法释〔2014〕9号

（2014年4月21日最高人民法院审判委员会第1613次会议通过
2014年6月18日最高人民法院公告公布 自2014年9月1日起施行）

为正确审理工伤保险行政案件，根据《中华人民共和国社会保险法》《中华人民共和国劳动法》《中华人民共和国行政诉讼法》《工伤保险条例》及其他有关法律、行政法规规定，结合行政审判实际，制定本规定。

第一条 人民法院审理工伤认定行政案件，在认定是否存在《工伤保险条例》第十四条第（六）项"本人主要责任"、第十六条第（二）项"醉酒或者吸毒"和第十六条第（三）项"自残或者自杀"等情形时，应当以有权机构出具的事故责任认定书、结论性意见和人民法院生效裁判等法律文书为依据，但有相反证据足以推翻事故责任认定书和结论性意见的除外。

前述法律文书不存在或者内容不明确，社会保险行政部门就前款事实作出认定的，人民法院应当结合其提供的相关证据依法进行审查。

《工伤保险条例》第十六条第（一）项"故意犯罪"的认定，应当以刑事侦查机关、检察机关和审判机关的生效法律文书或者结论性意见为依据。

第二条　人民法院受理工伤认定行政案件后，发现原告或者第三人在提起行政诉讼前已经就是否存在劳动关系申请劳动仲裁或者提起民事诉讼的，应当中止行政案件的审理。

第三条　社会保险行政部门认定下列单位为承担工伤保险责任单位的，人民法院应予支持：

（一）职工与两个或两个以上单位建立劳动关系，工伤事故发生时，职工为之工作的单位为承担工伤保险责任的单位；

（二）劳务派遣单位派遣的职工在用工单位工作期间因工伤亡的，派遣单位为承担工伤保险责任的单位；

（三）单位指派到其他单位工作的职工因工伤亡的，指派单位为承担工伤保险责任的单位；

（四）用工单位违反法律、法规规定将承包业务转包给不具备用工主体资格的组织或者自然人，该组织或者自然人聘用的职工从事承包业务时因工伤亡的，用工单位为承担工伤保险责任的单位；

（五）个人挂靠其他单位对外经营，其聘用的人员因工伤亡的，被挂靠单位为承担工伤保险责任的单位。

前款第（四）（五）项明确的承担工伤保险责任的单位承担赔偿责任或者社会保险经办机构从工伤保险基金支付工伤保险待遇后，有权向相关组织、单位和个人追偿。

第四条　社会保险行政部门认定下列情形为工伤的，人民法院应予支持：

（一）职工在工作时间和工作场所内受到伤害，用人单位或者社会保险行政部门没有证据证明是非工作原因导致的；

（二）职工参加用人单位组织或者受用人单位指派参加其他单位组织的活动受到伤害的；

（三）在工作时间内，职工来往于多个与其工作职责相关的工作场所之间的合理区域因工受到伤害的；

（四）其他与履行工作职责相关，在工作时间及合理区域内受到伤害的。

第五条　社会保险行政部门认定下列情形为"因工外出期间"的，人民法院应予支持：

（一）职工受用人单位指派或者因工作需要在工作场所以外从事与工作职责有关的活动期间；

（二）职工受用人单位指派外出学习或者开会期间；

（三）职工因工作需要的其他外出活动期间。

职工因工外出期间从事与工作或者受用人单位指派外出学习、开会无关的个人活动受到伤害，社会保险行政部门不认定为工伤的，人民法院应予支持。

第六条　对社会保险行政部门认定下列情形为"上下班途中"的，人民法院应予支持：

（一）在合理时间内往返于工作地与住所地、经常居住地、单位宿舍的合理路线的上下班途中；

（二）在合理时间内往返于工作地与配偶、父母、子女居住地的合理路线的上下班途中；

（三）从事属于日常工作生活所需要的活动，且在合理时间和合理路线的上下班途中；

（四）在合理时间内其他合理路线的上下班途中。

第七条 由于不属于职工或者其近亲属自身原因超过工伤认定申请期限的，被耽误的时间不计算在工伤认定申请期限内。

有下列情形之一耽误申请时间的，应当认定为不属于职工或者其近亲属自身原因：

（一）不可抗力；

（二）人身自由受到限制；

（三）属于用人单位原因；

（四）社会保险行政部门登记制度不完善；

（五）当事人对是否存在劳动关系申请仲裁、提起民事诉讼。

第八条 职工因第三人的原因受到伤害，社会保险行政部门以职工或者其近亲属已经对第三人提起民事诉讼或者获得民事赔偿为由，作出不予受理工伤认定申请或者不予认定工伤决定的，人民法院不予支持。

职工因第三人的原因受到伤害，社会保险行政部门已经作出工伤认定，职工或者其近亲属未对第三人提起民事诉讼或者尚未获得民事赔偿，起诉要求社会保险经办机构支付工伤保险待遇的，人民法院应予支持。

职工因第三人的原因导致工伤，社会保险经办机构以职工或者其近亲属已经对第三人提起民事诉讼为由，拒绝支付工伤保险待遇的，人民法院不予支持，但第三人已经支付的医疗费用除外。

第九条 因工伤认定申请人或者用人单位隐瞒有关情况或者提供虚假材料，导致工伤认定错误的，社会保险行政部门可以在诉讼中依法予以更正。

工伤认定依法更正后，原告不申请撤诉，社会保险行政部门在作出原工伤认定时有过错的，人民法院应当判决确认违法；社会保险行政部门无过错的，人民法院可以驳回原告诉讼请求。

第十条 最高人民法院以前颁布的司法解释与本规定不一致的，以本规定为准。

最高人民法院
关于人事争议申请仲裁的时效期间如何计算的批复

法释〔2013〕23 号

（2013 年 9 月 9 日最高人民法院审判委员会第 1590 次会议通过
2013 年 9 月 12 日最高人民法院公告公布 自 2013 年 9 月 22 日起施行）

四川省高级人民法院：

你院《关于事业单位人事争议仲裁时效如何计算的请示》（川高法〔2012〕430 号）收悉。经研究，批复如下：

依据《中华人民共和国劳动争议调解仲裁法》第二十七条第一款、第五十二条的规定，当事人自知道或者应当知道其权利被侵害之日起一年内申请仲裁，仲裁机构予以受理的，人民法院应予认可。

最高人民法院
关于审理拒不支付劳动报酬刑事案件适用法律若干问题的解释

法释〔2013〕3号

（2013年1月14日最高人民法院审判委员会第1567次会议通过
2013年1月16日最高人民法院公告公布 自2013年1月23日起施行）

为依法惩治拒不支付劳动报酬犯罪，维护劳动者的合法权益，根据《中华人民共和国刑法》有关规定，现就办理此类刑事案件适用法律的若干问题解释如下：

第一条 劳动者依照《中华人民共和国劳动法》和《中华人民共和国劳动合同法》等法律的规定应得的劳动报酬，包括工资、奖金、津贴、补贴、延长工作时间的工资报酬及特殊情况下支付的工资等，应当认定为刑法第二百七十六条之一第一款规定的"劳动者的劳动报酬"。

第二条 以逃避支付劳动者的劳动报酬为目的，具有下列情形之一的，应当认定为刑法第二百七十六条之一第一款规定的"以转移财产、逃匿等方法逃避支付劳动者的劳动报酬"：

（一）隐匿财产、恶意清偿、虚构债务、虚假破产、虚假倒闭或者以其他方法转移、处分财产的；

（二）逃跑、藏匿的；

（三）隐匿、销毁或者篡改账目、职工名册、工资支付记录、考勤记录等与劳动报酬相关的材料的；

（四）以其他方法逃避支付劳动报酬的。

第三条 具有下列情形之一的，应当认定为刑法第二百七十六条之一第一款规定的"数额较大"：

（一）拒不支付一名劳动者三个月以上的劳动报酬且数额在五千元至二万元以上的；

（二）拒不支付十名以上劳动者的劳动报酬且数额累计在三万元至十万元以上的。

各省、自治区、直辖市高级人民法院可以根据本地区经济社会发展状况，在前款规定的数额幅度内，研究确定本地区执行的具体数额标准，报最高人民法院备案。

第四条 经人力资源社会保障部门或者政府其他有关部门依法以限期整改指令书、行政处理决定书等文书责令支付劳动者的劳动报酬后，在指定的期限内仍不支付的，应当认定为刑法第二百七十六条之一第一款规定的"经政府有关部门责令支付仍不支付"，但有证据证明行为人有正当理由未知悉责令支付或者未及时支付劳动报酬的除外。

行为人逃匿，无法将责令支付文书送交其本人、同住成年家属或者所在单位负责收件的人的，如果有关部门已通过在行为人的住所地、生产经营场所等地张贴责令支付文书等方式责令支付，并采用拍照、录像等方式记录的，应当视为"经政府有关部门责令支付"。

第五条　拒不支付劳动者的劳动报酬，符合本解释第三条的规定，并具有下列情形之一的，应当认定为刑法第二百七十六条之一第一款规定的"造成严重后果"：

（一）造成劳动者或者其被赡养人、被扶养人、被抚养人的基本生活受到严重影响、重大疾病无法及时医治或者失学的；

（二）对要求支付劳动报酬的劳动者使用暴力或者进行暴力威胁的；

（三）造成其他严重后果的。

第六条　拒不支付劳动者的劳动报酬，尚未造成严重后果，在刑事立案前支付劳动者的劳动报酬，并依法承担相应赔偿责任的，可以认定为情节显著轻微危害不大，不认为是犯罪；在提起公诉前支付劳动者的劳动报酬，并依法承担相应赔偿责任的，可以减轻或者免除刑事处罚；在一审宣判前支付劳动者的

劳动报酬，并依法承担相应赔偿责任的，可以从轻处罚。

对于免除刑事处罚的，可以根据案件的不同情况，予以训诫、责令具结悔过或者赔礼道歉。

拒不支付劳动者的劳动报酬，造成严重后果，但在宣判前支付劳动者的劳动报酬，并依法承担相应赔偿责任的，可以酌情从宽处罚。

第七条　不具备用工主体资格的单位或者个人，违法用工且拒不支付劳动者的劳动报酬，数额较大，经政府有关部门责令支付仍不支付的，应当依照刑法第二百七十六条之一的规定，以拒不支付劳动报酬罪追究刑事责任。

第八条　用人单位的实际控制人实施拒不支付劳动报酬行为，构成犯罪的，应当依照刑法第二百七十六条之一的规定追究刑事责任。

第九条　单位拒不支付劳动报酬，构成犯罪的，依照本解释规定的相应个人犯罪的定罪量刑标准，对直接负责的主管人员和其他直接责任人员定罪处罚，并对单位判处罚金。

最高人民法院
关于人民法院审理事业单位人事争议案件若干问题的规定

法释〔2003〕13 号

（2003 年 6 月 17 日最高人民法院审判委员会第 1278 次会议通过
2003 年 8 月 27 日最高人民法院公告公布　自 2003 年 9 月 5 日起施行）

为了正确审理事业单位与其工作人员之间的人事争议案件，根据《中华人民共和国劳动法》的规定，现对有关问题规定如下：

第一条　事业单位与其工作人员之

间因辞职、辞退及履行聘用合同所发生的争议，适用《中华人民共和国劳动法》的规定处理。

第二条　当事人对依照国家有关规定设立的人事争议仲裁机构所作的人事

争议仲裁裁决不服，自收到仲裁裁决之日起十五日内向人民法院提起诉讼的，人民法院应当依法受理。一方当事人在法定期间内不起诉又不履行仲裁裁决，另一方当事人向人民法院申请执行的，人民法院应当依法执行。

第三条　本规定所称人事争议是指事业单位与其工作人员之间因辞职、辞退及履行聘用合同所发生的争议。

最高人民法院
关于审理劳动争议案件诉讼当事人问题的批复

1988 年 10 月 19 日　　　　　法（经）复〔1988〕50 号

陕西省高级人民法院：

你院陕高法研〔1988〕43 号"关于审理劳动争议案件诉讼当事人问题的请示"收悉，经研究答复如下：

同意你院的意见。即：劳动争议当事人不服劳动争议仲裁委员会的仲裁决定，向人民法院起诉，争议的双方仍然是企业与职工。双方当事人在适用法律上和诉讼地位上是平等的。此类案件不是行政案件。人民法院在审理时，应以争议的双方为诉讼当事人，不应把劳动争议仲裁委员会列为被告或第三人。

最高人民法院
关于劳动争议仲裁委员会的复议仲裁决定书可否作为执行依据问题的批复

1996 年 7 月 21 日　　　　　法复〔1996〕10 号

河南省高级人民法院：

你院（1995）豫法执请字第 1 号《关于郑劳仲复裁字（1991）第 1 号复议仲裁决定书能否作为执行依据的请示》收悉。经研究，答复如下：

仲裁一裁终局制度，是指仲裁决定一经作出即发生法律效力，当事人没有提请再次裁决的权利，但这并不排除原仲裁机构发现自己作出的裁决有错误进行重新裁决的情况。劳动争议仲裁委员会发现自己作出的仲裁决定书有错误而进行重新仲裁，符合实事求是的原则，不违背一裁终局制度，不应视为违反法定程序。因此对李双凤申请执行郑州市劳动争议仲裁委员会郑劳仲复裁字（1991）第 1 号复议仲裁决定书一案，应予立案执行。如被执行人提出申辩称该复议仲裁决定书有其他应不予执行的情形，应按照民诉法第二百一十七条的规定，认真审查，慎重处理。

（三）司法文件

最高人民法院
关于为稳定就业提供司法服务和保障的意见

2022 年 12 月 26 日 　　　　　　　法发〔2022〕36 号

就业是最基本的民生。坚持突出做好稳就业工作，落实落细就业优先政策，是实施就业优先战略的内在要求和重要基础。为完整、准确、全面贯彻新发展理念，加快构建新发展格局，着力推动高质量发展，更好统筹疫情防控和经济社会发展，现就进一步发挥人民法院职能作用，服务保障稳就业大局，提出如下意见。

一、推动落实就业优先政策，支持稳市场主体保就业

1. 推动落实阶段性缓缴社会保险费政策，减轻用人单位用工负担。依法受理因就业优惠政策实施引发的行政案件，坚决依法支持符合条件的用人单位享受阶段性降低社会保险费率、缓缴社会保险费、失业保险费稳岗返还等优惠政策，切实减轻用人单位在用工、社保等方面的经营压力和负担，帮助受疫情严重冲击的行业、中小微企业和个体工商户复工复产。妥善审理用人单位因拖欠社会保险费等被责令补缴的行政案件，依法依规考虑企业复工复产实际情况，可以通过延展补缴期限等方式协调解决，平衡好为用人单位减负与维护劳动者合法权益的关系，促进行政争议实质性化解。依法妥善审理社会保险纠纷案件，参保单位享受阶段性缓缴社会保险费政策，劳动者主张缓缴期间用人单位未依法缴纳社会保险费，依据劳动合同法第三十八条第一款第三项的规定解除劳动合同的，人民法院应当依法审慎处理。

2. 推动落实阶段性减免房产租金等助企纾困政策，支持中小微企业稳就业规模。依法妥善审理房屋租赁合同纠纷等案件，推动落实阶段性减免国有房产租金等政策，引导出租人减免或者缓收租金，依法减轻中小微企业、个体工商户等负担，稳住中小微企业就业规模。承租国有企业房屋或者行政事业单位房屋用于经营，符合政策条件的服务业中小微企业、个体工商户等请求按照国家有关政策减免一定期限内租金的，人民法院应当依法支持。承租非国有房屋的承租人请求减免或者延期支付租金的，可以引导当事人参照有关租金减免政策、条件进行和解；和解不成的，结合案件实际情况，依照民法典有关规定处理。

3. 推动落实金融支持政策，增强服务行业就业吸纳能力。依法审理金融借款合同纠纷案件，充分考虑延期还本付息、加大普惠小微贷款支持等金融支持政策，对金融机构违反金融支持政策提出的借款提前到期、解除合同等诉讼请求，人民法院不予支持。批发零售、住宿餐饮、物流运输、文化旅游等服务行业企业、个体工商户等，因受疫情影响生产经营、复工复产暂时困难、无力还款，主张延期还款、分期还款、减免逾期利息、降低利率的，应当积极引导当事人双方协商解决纠纷；协商解决不成，借款人的主张依据充分或者符合政策条件的，人民法院应当依法支持。

4. 依法支持脱贫人口稳岗就业，推动农村劳动力转移就业。为巩固拓展脱贫攻坚成果、全面推进乡村振兴、实施乡村建设行动提供有效司法服务，妥善处理涉"三农"领域传统纠纷以及休闲农业、乡村旅游、民宿经济、健康养老等农村新业态纠纷，妥善处理涉农担保融资纠纷案件，促进农村产业融合发展，推动提升富农产业、本地特色产业就业吸纳能力。深入推进新型城镇化和乡村振兴战略有效衔接，为农村劳动力转移就业提供有效司法服务，依法保障进城落户农民农村土地承包权、宅基地使用权、集体收益分配权，依法平等保护其就业、教育、住房、医疗等民生权益，推动在城镇稳定就业生活、具有落户意愿的农业转移人口便捷落户。推动形成平等竞争、规范有序、城乡统一的劳动力市场，落实城乡劳动者平等就业、同工同酬，完善办理拖欠农民工工资案件的快立快审快执通道，依法适用先予执行，推动完善欠薪治理长效机制，依法推动农业转移人口全面融入城市。

5. 依法支持高校毕业生就业，促进多渠道灵活就业。妥善审理平等就业权纠纷案件，依法纠正用人单位因性别歧视、地域歧视等不予招录、拒绝签订劳动合同的行为，破除各种不合理限制，推动高校毕业生平等就业、多渠道灵活就业创业。依法打击"黑职介"、虚假招聘、售卖简历等违法犯罪活动，依法审理涉就业见习纠纷案件，妥善认定涉就业见习用工法律关系，维护高校毕业生合法就业权益。对因受疫情影响不能按时离校的应届毕业生，在处理相关案件时要引导用人单位推迟签约时间，相应延长报到接收、档案转递、落户办理时限。高校毕业生在试用期内因受疫情影响不能返岗的，可以引导用人单位采取灵活的试用考察方式考核其是否符合录用条件；无法采取灵活考察方式实现试用期考核目的的，无法实施考察实现试用期考核目的期间可以协商不计算在原约定试用期内，用人单位通过顺延试用期变相突破法定试用期上限的，人民法院不予支持。科学设置司法辅助岗位，深化落实基层法官助理规范便捷招录机制，畅通政法专业高校毕业生进入基层人民法院就业渠道。

二、依法规范新就业形态用工，推动平台经济可持续发展

6. 准确把握新就业形态民事纠纷案件审判工作要求。推进落实《人力资源社会保障部、国家发展改革委、交通运输部、应急部、市场监管总局、国家医保局、最高人民法院、全国总工会关于维护新就业形态劳动者劳动保障权益的指导意见》（以下简称新业态劳动者权益保障指导意见）有关制度和要求，加强灵活就业和新就业形态劳动者权益保障，支持和规范发展新就业形态，合理认定平台企业责任，支持网约配送、移动出行、网络直播等平台企业在引领发展、创造就业、国际竞争中大显身手。依法支持劳动者依托互联网平台就业，支持用人单位依法依规灵活用工，引导平台企业与劳动者就劳动报酬、工作时间、劳动保护等建立制度化、常态化沟通协调机制，保障新就业形态劳动者合法劳动权益。适时制定司法政策，发布典型案例，统一裁判标准，发挥个案裁判和司法政策引领作用，推动形成新就业形态用工综合治理机制。

7. 依法合理认定新就业形态劳动关系。平台企业及其用工合作单位与劳动者建立劳动关系的，应当订立书面劳动合同。未订立书面劳动合同，劳动者主张与平台企业或者用工合作单位存在劳动关系的，人民法院应当根据用工事实和劳动管理程度，综合考虑劳动者对工作时间及工作量的自主决定程度、劳动过程受管理控制程度、劳动者是否需要遵守有关工作规则、劳动纪律和奖惩办法、劳动者工作的持续性、劳动者能否决定或者改变交易价格等因素，依法审慎予以认定。平台企业或者用工合作单位要求劳动者登记为个体工商户后再签订承揽、合作等合同，或者以其他方式规避与劳动者建立劳动关系，劳动者请求根据实际履行情况认定劳动关系的，人民法院应当在查明事实的基础上依法作出相应认定。

8. 加强新就业形态劳动者合法权益保障。不完全符合确立劳动关系情形但企业对劳动者进行劳动管理的，可以结合新业态劳动者权益保障指导意见有关规定，依法保障劳动者权益。依法保护劳动者按照约定或者法律规定获得劳动报酬的权利；劳动者因不可抗力、见义勇为、紧急救助以及工作量或者劳动强度明显不合理等非主观因素，超时完成工作任务或者受到消费者差评，主张不能因此扣减应得报酬的，人民法院应当依法支持。推动完善劳动者因执行工作任务遭受损害的责任分担机制。依法认定与用工管理相关的算法规则效力，保护劳动者取得劳动报酬、休息休假等基本合法权益；与用工管理相关的算法规

则存在不符合日常生活经验法则、未考虑遵守交通规则等客观因素或者其他违背公序良俗情形，劳动者主张该算法规则对其不具有法律约束力或者请求赔偿因该算法规则不合理造成的损害的，人民法院应当依法支持。

9. 推动健全新业态用工综合治理机制。依法妥善审理涉新就业形态社会保险纠纷案件，支持完善基本养老保险、医疗保险参保办法，推动企业引导和支持不完全符合确立劳动关系情形的新就业形态劳动者，根据自身情况参加相应社会保险。依法妥善审理保险合同纠纷案件，促进平台企业通过购买人身意外、雇主责任等商业保险，提升平台灵活就业人员保障水平。妥善审理机动车交通事故责任纠纷、非机动车交通事故责任纠纷等案件，依法合理认定各方责任，推动平台企业制定注重遵守交通规则等社会秩序的算法规则和规章制度，强化外卖快递从业人员遵守交通规则等社会秩序意识。配合有关部门推动行业协会、头部企业或者企业代表与工会组织、职工代表开展协商，签订行业集体合同或者协议，推动制定行业劳动标准；畅通裁审衔接程序，完善多元化解机制，支持各类调解组织、法律援助机构等依法为新就业形态劳动者提供更加便捷、优质高效的纠纷调解、法律咨询、法律援助等服务。

三、妥善处理劳动争议案件，依法保护双方权益

10. 注重依法保护原则。积极贯彻落实国家助企纾困、促稳定促发展、复工复产等政策要求，正确理解和参照适用国务院有关行政主管部门以及省级人民政府等制定的相关政策文件，准确把握新阶段疫情防控各项政策，妥善处理涉疫情劳动争议案件，积极引导用人单位与职工协商，推动构建和谐劳动关

系，确保用人单位有序复工复产，保障劳动者合法权益。坚持依法保护劳动者合法权益和促进用人单位稳定有序发展相结合，努力寻找用人单位和劳动者之间的最佳利益平衡点和结合点，保障劳动者合法权益和就业稳定，为用人单位生存发展、有序运转创造条件。

11. 妥善审理劳动合同纠纷案件。用人单位生产经营困难，按照法定程序经与职工代表大会讨论或者经与工会、职工代表等民主协商，对在合理期限内延迟支付工资、轮岗轮休等事项达成一致意见的，可以作为认定双方权利义务的依据。除依法按协商程序降低劳动报酬外，用人单位安排劳动者通过居家办公或者灵活办公等方式提供正常劳动，劳动者请求按正常工资标准支付其工资的，人民法院应当依法支持。依法妥善审理相关案件，积极引导和支持用人单位与劳动者依法协商，采取协商薪酬、调整工时、轮岗轮休、在岗培训等措施稳定工作岗位。

12. 推动劳动争议纠纷多元化解。准确适用《人力资源社会保障部、最高人民法院关于劳动人事争议仲裁与诉讼衔接有关问题的意见（一）》，推动劳动争议仲裁和诉讼有序衔接，逐步统一裁审受理范围和法律适用标准；加强与人社部门、工会、行业协会联动协作，促使劳动者与企业和解协商、共克时艰，推动构建和谐劳动关系。对于群体性、突发性、敏感性、涉重大利益等劳动争议，应当坚持把非诉讼纠纷解决机制挺在前面，积极推动诉源治理，及时做好风险预警，"调、裁、审"协作发力，充分维护劳动者与用人单位合法权益。

四、准确适用程序法律规定，依法保障诉讼权利行使

13. 准确适用期限顺延规定。当事人依据民事诉讼法第八十六条规定申请顺延期限的，应当根据疫情防控形势变化以及当事人提供的证据情况综合考虑是否准许，依法保护当事人诉讼权利。当事人及其诉讼代理人等因受疫情影响不能正常出庭参加诉讼，符合条件的，依法在线开展诉讼活动。当事人受疫情影响耽误起诉期限的，对耽误的时间依法予以扣除。劳动争议当事人提供证据证明其因受疫情影响无法在法定仲裁时效期间内申请仲裁，主张仲裁时效中止的，人民法院应当依法支持。

14. 切实提高诉讼服务水平。对于企业以及其他市场主体涉及的复工复产纠纷案件，应当高度重视其立案、审理、执行工作，依法高效妥善处理。对于确有困难的当事人申请免交、减交或者缓交诉讼费用的，人民法院应当依法审查并及时作出相应决定；确实需要其他司法救助的，依法及时采取救助措施。对于陷入困境的市场主体特别是中小微企业、个体工商户等，依法审慎采取财产保全措施，依法及时纠正超标的查封、乱查封，可以采取灵活的诉讼财产保全措施或者财产保全担保方式，减轻企业负担，助力复工复产。完善一站式多元解纷机制，加强线上诉讼服务和互联网审判，持续推动案件繁简分流、简案快审，使合法权益尽快得以实现，各种争议得到依法快速解决，切实降低诉讼成本。

人力资源社会保障部、中央政法委、最高人民法院、
工业和信息化部、司法部、财政部、中华全国总工会
中华全国工商业联合会、中国企业联合会/中国企业家协会

关于进一步加强劳动人事争议协商调解工作的意见

2022 年 10 月 13 日　　　　　人社部发〔2022〕71 号

各省、自治区、直辖市人力资源社会保障厅（局）、党委政法委、高级人民法院、中小企业主管部门、司法厅（局）、财政厅（局）、总工会、工商联、企业联合会/企业家协会，新疆生产建设兵团人力资源社会保障局、党委政法委、新疆维吾尔自治区高级人民法院生产建设兵团分院、工业和信息化局、司法局、财政局、总工会、工商联、企业联合会/企业家协会：

劳动人事争议协商调解是社会矛盾纠纷多元预防调处化解综合机制的重要组成部分。通过协商调解等方式柔性化解劳动人事争议，对于防范化解劳动关系风险、维护劳动者合法权益、构建和谐劳动关系、维护社会稳定具有重要意义。为深入贯彻党的二十大精神，落实党中央、国务院关于"防范化解重大风险""坚持把非诉讼纠纷解决机制挺在前面"的重要决策部署，进一步强化劳动人事争议源头治理，现就加强劳动人事争议协商调解工作，提出如下意见：

一、总体要求

（一）指导思想。以习近平新时代中国特色社会主义思想为指导，深入贯彻习近平法治思想，坚持系统观念、目标导向和问题导向，着力强化风险防控，加强源头治理，健全多元处理机制，提升协商调解能力，促进中国特色和谐劳动关系高质量发展。

（二）基本原则

1. 坚持人民至上，把为民服务理念贯穿协商调解工作全过程，拓展服务领域，优化服务方式，提升服务能力，打造协商调解服务优品牌。

2. 坚持源头治理，充分发挥协商调解的前端性、基础性作用，做到关口前移、重心下沉，最大限度地把劳动人事争议解决在基层和萌芽状态。

3. 坚持创新发展，尊重基层首创精神，积极探索新理念、新机制、新举措，促进各类调解联动融合，推动社会协同共治，形成体现中国特色、符合劳动人事争议多元处理规律、满足时代需求的协商调解工作格局。

4. 坚持灵活高效，充分发挥协商调解柔性高效、灵活便捷的优势，运用法治思维和法治方式，推动案结事了人和，促进劳动关系和谐与社会稳定。

（三）目标任务。从 2022 年 10 月开始，持续加强协商调解制度机制和能力建设，力争用 5 年左右时间，基本实现组织机构进一步健全、队伍建设进一步强化、制度建设进一步完善、基础保障进一步夯实，党委领导、政府负责、人力资源社会保障部门牵头和有关部门参与、司法保障、科技支撑的劳动人事争议多元处理机制更加健全，部门联动

质效明显提升，协商调解解决的劳动人事争议案件数量在案件总量中的比重显著提高，劳动人事争议诉讼案件稳步下降至合理区间，协商调解工作的规范化、标准化、专业化、智能化水平显著提高。

二、加强源头治理

（四）强化劳动人事争议预防指导。充分发挥用人单位基层党组织在劳动关系治理、协商调解工作中的重要作用，以党建引领劳动关系和谐发展。完善民主管理制度，保障劳动者对用人单位重大决策和重大事项的知情权、参与权、表达权、监督权。推行典型案例发布、工会劳动法律监督提示函和意见书、调解建议书、仲裁建议书、司法建议书、信用承诺书等制度，引导用人单位依法合规用工、劳动者依法理性表达诉求。发挥中小企业服务机构作用，通过培训、咨询等服务，推动中小企业完善劳动管理制度、加强劳动人事争议预防，具备相应资质的服务机构可开展劳动关系事务托管服务。把用人单位建立劳动人事争议调解组织、开展协商调解工作情况作为和谐劳动关系创建等评选表彰示范创建的重要考虑因素。发挥律师、法律顾问职能作用，推进依法治企，强化劳动用工领域合规管理，减少劳动人事争议。

（五）健全劳动人事争议风险监测预警机制。建立健全劳动人事争议风险监测机制，通过税费缴纳、社保欠费、案件受理、投诉举报、信访处理、社会舆情等反映劳动关系运行的重要指标变化情况，准确研判劳动人事争议态势。完善重大劳动人事争议风险预警机制，聚焦重要时间节点，突出农民工和劳务派遣、新就业形态劳动者等重点群体，围绕确认劳动关系、追索劳动报酬、工作时间、解除和终止劳动合同等主要劳

动人事争议类型，强化监测预警，建立风险台账，制定应对预案。

（六）加强劳动人事争议隐患排查化解工作。建立重点区域、重点行业、重点企业联系点制度，以工业园区和互联网、建筑施工、劳动密集型加工制造行业以及受客观经济情况发生重大变化、突发事件等影响导致生产经营困难的企业为重点，全面开展排查，及时发现苗头性、倾向性问题，妥善化解因欠薪、不规范用工等引发的风险隐患。加强劳动人事争议隐患协同治理，完善调解仲裁机构与劳动关系、劳动保障监察机构以及工会劳动法律监督组织信息共享、协调联动，共同加强劳动用工指导，履行好"抓前端、治未病"的预防功能。

三、强化协商和解

（七）指导建立内部劳动人事争议协商机制。培育用人单位和劳动者的劳动人事争议协商意识，推动用人单位以设立负责人接待日、召开劳资恳谈会、开通热线电话或者电子邮箱、设立意见箱、组建网络通讯群组等方式，建立健全沟通对话机制，畅通劳动者诉求表达渠道。指导用人单位完善内部申诉、协商回应制度，优化劳动人事争议协商流程，认真研究制定解决方案，及时回应劳动者协商诉求。

（八）协助开展劳动人事争议协商。工会组织统筹劳动法律监督委员会和集体协商指导员、法律援助志愿者队伍等资源力量，推动健全劳动者申诉渠道和争议协商平台，帮助劳动者与用人单位开展劳动人事争议协商，做好咨询解答、释法说理、劝解疏导、促成和解等工作。各级地方工会可设立劳动人事争议协商室，做好劳动人事争议协商工作。企业代表组织指导企业加强协商能力建设，完善企业内部劳动争议协商程

序。鼓励、支持社会力量开展劳动人事争议协商咨询、代理服务工作。

（九）强化和解协议履行和效力。劳动者与用人单位就劳动人事争议协商达成一致的，工会组织要主动引导签订和解协议，并推动和解协议履行。劳动者或者用人单位未按期履行和解协议的，工会组织要主动做好引导申请调解等工作。经劳动人事争议仲裁委员会审查，和解协议程序和内容合法有效的，可在仲裁办案中作为证据使用；但劳动者或者用人单位为达成和解目的作出的妥协认可的事实，不得在后续的仲裁、诉讼中作为对其不利的根据，但法律另有规定或者劳动者、用人单位均同意的除外。

四、做实多元调解

（十）推进基层劳动人事争议调解组织建设。人力资源社会保障部门会同司法行政、工会、企业代表组织和企事业单位、社会团体，推动用人单位加大调解组织建设力度。推动大中型企业普遍建立劳动争议调解委员会，建立健全以乡镇（街道）、工会、行业商（协）会、区域性等调解组织为支撑、调解员（信息员）为落点的小微型企业劳动争议协商调解机制。推动事业单位、社会团体加强调解组织建设，规范劳动人事管理和用工行为。

（十一）建设市、县级劳动人事争议仲裁院调解中心和工会法律服务工作站。推动在有条件的市、县级劳动人事争议仲裁院（以下简称仲裁院）内设劳动人事争议调解中心（以下简称调解中心），通过配备工作人员或者购买服务等方式提供劳动人事争议调解服务。调解中心负责办理仲裁院、人民法院委派委托调解的案件，协助人力资源社会保障部门指导辖区内的乡镇（街道）、工会、行业商（协）会、区域性等调解组织做好工作。探索推进工会组织在劳动人事争议案件较多、劳动者诉求反映集中的仲裁院、人民法院设立工会法律服务工作站，具备条件的地方工会可安排专人入驻开展争议协商、调解和法律服务工作，建立常态化调解与仲裁、诉讼对接机制。

（十二）加强调解工作规范化建设。人力资源社会保障部门会同司法行政、工会、企业代表组织等部门，落实调解组织和调解员名册制度，指导各类劳动人事争议调解组织建立健全调解受理登记、调解办理、告知引导、回访反馈、档案管理、统计报告等制度，提升调解工作规范化水平。加大督促调解协议履行力度，加强对当事人履约能力评估，达成调解协议后向当事人发放履行告知书。总结、推广调解组织在实践中形成的成熟经验和特色做法，发挥典型引领作用。

（十三）发挥各类调解组织特色优势。企业劳动争议调解委员会发挥熟悉内部运营规则和劳动者情况的优势，引导当事人优先通过调解方式解决劳动争议。人民调解组织发挥扎根基层、贴近群众、熟悉社情民意的优势，加大劳动人事争议调处工作力度。乡镇（街道）劳动人事争议调解组织发挥专业性优势，积极推进标准化、规范化、智能化建设，帮助辖区内用人单位做好劳动人事争议预防化解工作。行业性、区域性劳动人事争议调解组织发挥具有行业影响力、区域带动力的优势，帮助企业培养调解人员、开展调解工作。商（协）会调解组织发挥贴近企业的优势，积极化解劳动争议、协同社会治理。人力资源社会保障部门、司法行政部门、工会、企业代表组织引导和规范有意向的社会组织及律师、专家学者等社会力量，积极有序参与调解工作，进一步增加调解服务供给。

五、健全联动工作体系

（十四）健全劳动人事争议调解与人民调解、行政调解、司法调解联动工作体系。人力资源社会保障部门在党委政法委的统筹协调下，加强与司法行政、法院、工会、企业代表组织等部门的工作沟通，形成矛盾联调、力量联动、信息联通的工作格局，建立健全重大劳动人事争议应急联合调处机制。有条件的地区，可建立"一窗式"劳动人事争议受理和流转办理机制，通过联通各类网上调解平台、设立实体化联调中心等方式，强化各类调解资源整合。可根据实际情况建立调解员、专家库共享机制，灵活调配人员，提高案件办理专业性。

（十五）参与社会矛盾纠纷调处中心建设。各相关部门主动融入地方党委、政府主导的社会矛盾纠纷多元预防调处化解综合机制，发挥职能优势，向社会矛盾纠纷调处中心派驻调解仲裁工作人员，办理劳动人事争议案件、参与联动化解、提供业务支持，做好人员、经费、场所、设备等保障工作。

（十六）强化调解与仲裁、诉讼衔接。完善调解与仲裁的衔接，建立仲裁员分片联系调解组织制度。双方当事人经调解达成一致的，调解组织引导双方提起仲裁审查申请或者司法确认申请，及时巩固调解成果。仲裁机构通过建议调解、委托调解等方式，积极引导未经调解的当事人到调解组织先行调解。加强调解与诉讼的衔接，对追索劳动报酬、经济补偿等适宜调解的纠纷，先行通过诉前调解等非诉讼方式解决。推进劳动人事争议"总对总"在线诉调对接，开展全流程在线委派委托调解、音视频调解、申请调解协议司法确认等工作。建立省级劳动人事争议调解专家

库，并将符合条件的调解组织和人员纳入特邀调解名册，参与调解化解重大疑难复杂劳动人事争议。依法落实支付令制度。

六、提升服务能力

（十七）加强调解员队伍建设。通过政府购买服务等方式提升劳动人事争议协商调解能力。扩大兼职调解员来源渠道，广泛吸纳法学专家、仲裁员、律师、劳动关系协调员（师）、退休法官、退休检察官等专业力量参与调解。加强对调解员的培训指导，开发国家职业技能标准，切实提高调解员职业道德、增强服务意识，提升办案能力。

（十八）加强智慧协商调解建设。推动信息化技术与协商调解深度融合，建立部门间数据信息互通共享机制，整合运用各类大数据开展劳动人事争议情况分析研判。完善网络平台和手机APP、微信小程序、微信公众号等平台的调解功能，推进"网上办""掌上办"，实现协商调解向智能化不断迈进。

（十九）保障工作经费。人力资源社会保障部门将协商调解纳入政府购买服务指导性目录。地方财政部门结合当地实际和财力可能，合理安排经费，对协商调解工作经费给予必要的支持和保障，加强硬件保障，为调解组织提供必要的办公办案设施设备。

（二十）落实工作责任。构建和谐劳动关系，是增强党的执政基础、巩固党的执政地位的必然要求，是加强和创新社会治理、保障和改善民生的重要内容，是促进经济高质量发展、社会和谐稳定的重要基础。各地要把做好协商调解工作作为构建和谐劳动关系的一项重要任务，切实增强责任感、使命感、紧迫感，积极争取党委、政府支持，将这项工作纳入当地经济社会发展总体规划和政府目标责任考核体系，推动工作扎

实有效开展。各级党委政法委要将劳动人事争议多元处理机制建设工作纳入平安建设考核，推动相关部门细化考评标准，完善督导检查、考评推动等工作。人力资源社会保障部门要发挥在劳动人事争议多元处理中的牵头作用，会同有关部门统筹推进调解组织、制度和队伍建设，完善调解成效考核评价机制。人民法院要发挥司法引领、推动和保障作用，加强调解与诉讼有机衔接。司法行政部门要指导调解组织积极开展劳动人事争议调解工作，加强对调解员的劳动法律政策知识培训，鼓励、引导律师参与法律援助和社会化调解。财政部门要保障协商调解工作经费，督促有关部门加强资金管理，发挥资金使用效益。中小企业主管部门要进一步健全服务体系，指导中小企业服务机构帮助企业依法合规用工，降低用工风险，构建和谐劳动关系。工会要积极参与劳动人事争议多元化解，引导劳动者依法理性表达利益诉求，帮助劳动者协商化解劳动人事争议，依法为劳动者提供法律服务，切实维护劳动者合法权益，竭诚服务劳动者。工商联、企业联合会等要发挥代表作用，引导和支持企业守法诚信经营、履行社会责任，建立健全内部劳动人事争议解决机制。

各省级人力资源社会保障部门要会同有关部门，按照本意见精神，制定切实可行的实施方案，明确任务、明确措施、明确责任、明确要求，定期对本意见落实情况进行督促检查，及时向人力资源社会保障部报送工作进展情况。

人力资源社会保障部、最高人民法院
关于劳动人事争议仲裁与诉讼衔接
有关问题的意见（一）

2022 年 2 月 21 日　　　　　　人社部发〔2022〕9 号

各省、自治区、直辖市人力资源社会保障厅（局）、高级人民法院，解放军军事法院，新疆生产建设兵团人力资源社会保障局、新疆维吾尔自治区高级人民法院生产建设兵团分院：

为贯彻党中央关于健全社会矛盾纠纷多元预防调处化解综合机制的要求，落实《人力资源社会保障部最高人民法院关于加强劳动人事争议仲裁与诉讼衔接机制建设的意见》（人社部发〔2017〕70 号），根据相关法律规定，结合工作实践，现就完善劳动人事争议仲裁与诉讼衔接有关问题，提出如下意见。

一、劳动人事争议仲裁委员会对调解协议仲裁审查申请不予受理或者经仲裁审查决定不予制作调解书的，当事人可依法就协议内容中属于劳动人事争议仲裁受理范围的事项申请仲裁。当事人直接向人民法院提起诉讼的，人民法院不予受理，但下列情形除外：

（一）依据《中华人民共和国劳动争议调解仲裁法》第十六条规定申请支付令被人民法院裁定终结督促程序后，劳动者依据调解协议直接提起诉讼的；

（二）当事人在《中华人民共和国劳动争议调解仲裁法》第十条规定的调

解组织主持下仅就劳动报酬争议达成调解协议，用人单位不履行调解协议约定的给付义务，劳动者直接提起诉讼的；

（三）当事人在经依法设立的调解组织主持下就支付拖欠劳动报酬、工伤医疗费、经济补偿或者赔偿金事项达成调解协议，双方当事人依据《中华人民共和国民事诉讼法》第二百零一条规定共同向人民法院申请司法确认，人民法院不予确认，劳动者依据调解协议直接提起诉讼的。

二、经依法设立的调解组织调解达成的调解协议生效后，当事人可以共同向有管辖权的人民法院申请确认调解协议效力。

三、用人单位依据《中华人民共和国劳动合同法》第九十条规定，要求劳动者承担赔偿责任的，劳动人事争议仲裁委员会应当依法受理。

四、申请人撤回仲裁申请后向人民法院起诉的，人民法院应当裁定不予受理；已经受理的，应当裁定驳回起诉。

申请人再次申请仲裁的，劳动人事争议仲裁委员会应当受理。

五、劳动者请求用人单位支付违法解除或者终止劳动合同赔偿金，劳动人事争议仲裁委员会、人民法院经审查认为用人单位系合法解除劳动合同应当支付经济补偿的，可以依法裁决或者判决用人单位支付经济补偿。

劳动者基于同一事实在仲裁辩论终结前或者人民法院一审辩论终结前将仲裁请求、诉讼请求由要求用人单位支付经济补偿变更为支付赔偿金的，劳动人事争议仲裁委员会、人民法院应予准许。

六、当事人在仲裁程序中认可的证据，经审判人员在庭审中说明后，视为质证过的证据。

七、依法负有举证责任的当事人，

在诉讼期间提交仲裁中未提交的证据的，人民法院应当要求其说明理由。

八、在仲裁或者诉讼程序中，一方当事人陈述的于己不利的事实，或者对于己不利的事实明确表示承认的，另一方当事人无需举证证明，但下列情形不适用有关自认的规定：

（一）涉及可能损害国家利益、社会公共利益的；

（二）涉及身份关系的；

（三）当事人有恶意串通损害他人合法权益可能的；

（四）涉及依职权追加当事人、中止仲裁或者诉讼、终结仲裁或者诉讼、回避等程序性事项的。

当事人自认的事实与已经查明的事实不符的，劳动人事争议仲裁委员会、人民法院不予确认。

九、当事人在诉讼程序中否认在仲裁程序中自认事实的，人民法院不予支持，但下列情形除外：

（一）经对方当事人同意的；

（二）自认是在受胁迫或者重大误解情况下作出的。

十、仲裁裁决涉及下列事项，对单项裁决金额不超过当地月最低工资标准十二个月金额的，劳动人事争议仲裁委员会应当适用终局裁决：

（一）劳动者在法定标准工作时间内提供正常劳动的工资；

（二）停工留薪期工资或者病假工资；

（三）用人单位未提前通知劳动者解除劳动合同的一个月工资；

（四）工伤医疗费；

（五）竞业限制的经济补偿；

（六）解除或者终止劳动合同的经济补偿；

（七）《中华人民共和国劳动合同法》第八十二条规定的第二倍工资；

（八）违法约定试用期的赔偿金；

（九）违法解除或者终止劳动合同的赔偿金；

（十）其他劳动报酬、经济补偿或者赔偿金。

十一、裁决事项涉及确认劳动关系的，劳动人事争议仲裁委员会就同一案件应当作出非终局裁决。

十二、劳动人事争议仲裁委员会按照《劳动人事争议仲裁办案规则》第五十条第四款规定对不涉及确认劳动关系的案件分别作出终局裁决和非终局裁决，劳动者对终局裁决向基层人民法院提起诉讼、用人单位向中级人民法院申请撤销终局裁决、劳动者或者用人单位对非终局裁决向基层人民法院提起诉讼的，有管辖权的人民法院应当依法受理。

审理申请撤销终局裁决案件的中级人民法院认为该案件必须以非终局裁决案件的审理结果为依据，另案尚未审结的，可以中止诉讼。

十三、劳动者不服终局裁决向基层人民法院提起诉讼，中级人民法院对用人单位撤销终局裁决的申请不予受理或者裁定驳回申请，用人单位主张终局裁决存在《中华人民共和国劳动争议调解仲裁法》第四十九条第一款规定情形的，基层人民法院应当一并审理。

十四、用人单位申请撤销终局裁决，当事人对部分终局裁决事项达成调解协议的，中级人民法院可以对达成调解协议的事项出具调解书；对未达成调解协议的事项进行审理，作出驳回申请或者撤销仲裁裁决的裁定。

十五、当事人就部分裁决事项向人民法院提起诉讼的，仲裁裁决不发生法律效力。当事人提起诉讼的裁决事项属于人民法院受理的案件范围的，人民法院应当进行审理。当事人未提起诉讼的

裁决事项属于人民法院受理的案件范围的，人民法院应当在判决主文中予以确认。

十六、人民法院根据案件事实对劳动关系是否存在及相关合同效力的认定与当事人主张、劳动人事争议仲裁委员会裁决不一致的，人民法院应当将法律关系性质或者民事行为效力作为焦点问题进行审理，但法律关系性质对裁判理由及结果没有影响，或者有关问题已经当事人充分辩论的除外。

当事人根据法庭审理情况变更诉讼请求的，人民法院应当准许并可以根据案件的具体情况重新指定举证期限。

不存在劳动关系且当事人未变更诉讼请求的，人民法院应当判决驳回诉讼请求。

十七、对符合简易处理情形的案件，劳动人事争议仲裁委员会按照《劳动人事争议仲裁办案规则》第六十条规定，已经保障当事人陈述意见的权利，根据案件情况确定举证期限、开庭日期、审理程序、文书制作等事项，作出终局裁决，用人单位以违反法定程序为由申请撤销终局裁决的，人民法院不予支持。

十八、劳动人事争议仲裁委员会认为已经生效的仲裁处理结果确有错误，可以依法启动仲裁监督程序，但当事人提起诉讼，人民法院已经受理的除外。

劳动人事争议仲裁委员会重新作出处理结果后，当事人依法提起诉讼的，人民法院应当受理。

十九、用人单位因劳动者违反诚信原则，提供虚假学历证书、个人履历等与订立劳动合同直接相关的基本情况构成欺诈解除劳动合同，劳动者主张解除劳动合同经济补偿或者赔偿金的，劳动人事争议仲裁委员会、人民法院不予支持。

二十、用人单位自用工之日起满一年未与劳动者订立书面劳动合同，视为自用工之日起满一年的当日已经与劳动者订立无固定期限劳动合同。

存在前款情形，劳动者以用人单位未订立书面劳动合同为由要求用人单位支付自用工之日起满一年之后的第二倍工资的，劳动人事争议仲裁委员会、人民法院不予支持。

二十一、当事人在劳动合同或者保密协议中约定了竞业限制和经济补偿，劳动合同解除或者终止后，因用人单位的原因导致三个月未支付经济补偿，劳动者请求解除竞业限制约定的，劳动人事争议仲裁委员会、人民法院应予支持。

人力资源社会保障部、国家发展改革委、交通运输部、应急部、市场监管总局、国家医保局、最高人民法院、全国总工会
关于维护新就业形态劳动者劳动保障权益的指导意见

2021 年 7 月 16 日　　　　　　　人社部发〔2021〕56 号

各省、自治区、直辖市人民政府、高级人民法院、总工会，新疆生产建设兵团，新疆维吾尔自治区高级人民法院生产建设兵团分院，新疆生产建设兵团总工会：

近年来，平台经济迅速发展，创造了大量就业机会，依托互联网平台就业的网约配送员、网约车驾驶员、货车司机、互联网营销师等新就业形态劳动者数量大幅增加，维护劳动者劳动保障权益面临新情况新问题。为深入贯彻落实党中央、国务院决策部署，支持和规范发展新就业形态，切实维护新就业形态劳动者劳动保障权益，促进平台经济规范健康持续发展，经国务院同意，现提出以下意见：

一、规范用工，明确劳动者权益保障责任

（一）指导和督促企业依法合规用工，积极履行用工责任，稳定劳动者队伍。主动关心关爱劳动者，努力改善劳动条件，拓展职业发展空间，逐步提高劳动者权益保障水平。培育健康向上的企业文化，推动劳动者共享企业发展成果。

（二）符合确立劳动关系情形的，企业应当依法与劳动者订立劳动合同。不完全符合确立劳动关系情形但企业对劳动者进行劳动管理（以下简称不完全符合确立劳动关系情形）的，指导企业与劳动者订立书面协议，合理确定企业与劳动者的权利义务。个人依托平台自主开展经营活动、从事自由职业等，按照民事法律调整双方的权利义务。

（三）平台企业采取劳务派遣等合作用工方式组织劳动者完成平台工作的，应选择具备合法经营资质的企业，并对其保障劳动者权益情况进行监督。平台企业采用劳务派遣方式用工的，依法履行劳务派遣用工单位责任。对采取外包等其他合作用工方式，劳动者权益受到损害的，平台企业依法承担相应

责任。

二、健全制度，补齐劳动者权益保障短板

（四）落实公平就业制度，消除就业歧视。企业招用劳动者不得违法设置性别、民族、年龄等歧视性条件，不得以缴纳保证金、押金或者其他名义向劳动者收取财物，不得违法限制劳动者在多平台就业。

（五）健全最低工资和支付保障制度，推动将不完全符合确立劳动关系情形的新就业形态劳动者纳入制度保障范围。督促企业向提供正常劳动的劳动者支付不低于当地最低工资标准的劳动报酬，按时足额支付，不得克扣或者无故拖欠。引导企业建立劳动报酬合理增长机制，逐步提高劳动报酬水平。

（六）完善休息制度，推动行业明确劳动定员定额标准，科学确定劳动者工作量和劳动强度。督促企业按规定合理确定休息办法，在法定节假日支付高于正常工作时间劳动报酬的合理报酬。

（七）健全并落实劳动安全卫生责任制，严格执行国家劳动安全卫生保护标准。企业要牢固树立安全"红线"意识，不得制定损害劳动者安全健康的考核指标。要严格遵守安全生产相关法律法规，落实全员安全生产责任制，建立健全安全生产规章制度和操作规程，配备必要的劳动安全卫生设施和劳动防护用品，及时对劳动工具的安全和合规状态进行检查，加强安全生产和职业卫生教育培训，重视劳动者身心健康，及时开展心理疏导。强化恶劣天气等特殊情形下的劳动保护，最大限度减少安全生产事故和职业病危害。

（八）完善基本养老保险、医疗保险相关政策，各地要放开灵活就业人员在就业地参加基本养老、基本医疗保险的户籍限制，个别超大型城市难以一步

实现的，要结合本地实际，积极创造条件逐步放开。组织未参加职工基本养老、职工基本医疗保险的灵活就业人员，按规定参加城乡居民基本养老、城乡居民基本医疗保险，做到应保尽保。督促企业依法参加社会保险。企业要引导和支持不完全符合确立劳动关系情形的新就业形态劳动者根据自身情况参加相应的社会保险。

（九）强化职业伤害保障，以出行、外卖、即时配送、同城货运等行业的平台企业为重点，组织开展平台灵活就业人员职业伤害保障试点，平台企业应当按规定参加。采取政府主导、信息化引领和社会力量承办相结合的方式，建立健全职业伤害保障管理服务规范和运行机制。鼓励平台企业通过购买人身意外、雇主责任等商业保险，提升平台灵活就业人员保障水平。

（十）督促企业制定修订平台进入退出、订单分配、计件单价、抽成比例、报酬构成及支付、工作时间、奖惩等直接涉及劳动者权益的制度规则和平台算法，充分听取工会或劳动者代表的意见建议，将结果公示并告知劳动者。工会或劳动者代表提出协商要求的，企业应当积极响应，并提供必要的信息和资料。指导企业建立健全劳动者申诉机制，保障劳动者的申诉得到及时回应和客观公正处理。

三、提升效能，优化劳动者权益保障服务

（十一）创新方式方法，积极为各类新就业形态劳动者提供个性化职业介绍、职业指导、创业培训等服务，及时发布职业薪酬和行业人工成本信息等，为企业和劳动者提供便捷化的劳动保障、税收、市场监管等政策咨询服务，便利劳动者求职就业和企业招工用工。

（十二）优化社会保险经办，探索

适合新就业形态的社会保险经办服务模式，在参保缴费、权益查询、待遇领取和结算等方面提供更加便捷的服务，做好社会保险关系转移接续工作，提高社会保险经办服务水平，更好保障参保人员公平享受各项社会保险待遇。

（十三）建立适合新就业形态劳动者的职业技能培训模式，保障其平等享有培训的权利。对各类新就业形态劳动者在就业地参加职业技能培训的，优化职业技能培训补贴申领、发放流程，加大培训补贴资金直补企业工作力度，符合条件的按规定给予职业技能培训补贴。健全职业技能等级制度，支持符合条件的企业按规定开展职业技能等级认定。完善职称评审政策，畅通新就业形态劳动者职称申报评价渠道。

（十四）加快城市综合服务网点建设，推动在新就业形态劳动者集中居住区、商业区设置临时休息场所，解决停车、充电、饮水、如厕等难题，为新就业形态劳动者提供工作生活便利。

（十五）保障符合条件的新就业形态劳动者子女在常住地平等接受义务教育的权利。推动公共文体设施向劳动者免费或低收费开放，丰富公共文化产品和服务供给。

四、齐抓共管，完善劳动者权益保障工作机制

（十六）保障新就业形态劳动者权益是稳定就业、改善民生、加强社会治理的重要内容。各地区要加强组织领导，强化责任落实，切实做好新就业形态劳动者权益保障各项工作。人力资源社会保障部、国家发展改革委、交通运输部、应急部、市场监管总局、国家医保局、最高人民法院、全国总工会等部门和单位要认真履行职责，强化工作协

同，将保障劳动者权益纳入数字经济协同治理体系，建立平台企业用工情况报告制度，健全劳动者权益保障联合激励惩戒机制，完善相关政策措施和司法解释。

（十七）各级工会组织要加强组织和工作有效覆盖，拓宽维权和服务范围，积极吸纳新就业形态劳动者加入工会。加强对劳动者的思想政治引领，引导劳动者理性合法维权。监督企业履行用工责任，维护好劳动者权益。积极与行业协会、头部企业或企业代表组织开展协商，签订行业集体合同或协议，推动制定行业劳动标准。

（十八）各级法院和劳动争议调解仲裁机构要加强劳动争议办案指导，畅通裁审衔接，根据用工事实认定企业和劳动者的关系，依法依规处理新就业形态劳动者劳动保障权益案件。各类调解组织、法律援助机构及其他专业化社会组织要依法为新就业形态劳动者提供更加便捷、优质高效的纠纷调解、法律咨询、法律援助等服务。

（十九）各级人力资源社会保障行政部门要加大劳动保障监察力度，督促企业落实新就业形态劳动者权益保障责任，加强治理拖欠劳动报酬、违法超时加班等突出问题，依法维护劳动者权益。各级交通运输、应急、市场监管等职能部门和行业主管部门要规范企业经营行为，加大监管力度，及时约谈、警示、查处侵害劳动者权益的企业。

各地区各有关部门要认真落实本意见要求，出台具体实施办法，加强政策宣传，积极引导社会舆论，增强新就业形态劳动者职业荣誉感，努力营造良好环境，确保各项劳动保障权益落到实处。

最高人民法院
对"我国劳动合同法无固定期限劳动合同的离职补偿问题"的答复

2014 年 12 月 12 日

经济补偿是国家要求用人单位承担的一种社会责任，即用人单位解除或者终止劳动合同时，应当支付给劳动者一定的经济补助，以帮助劳动者在失业阶段维持基本生活，不至于生活水平急剧下降。正是由于这种社会责任是国家强加给用人单位的义务，因而，何种情况下用人单位应当担责，需要由法律的明确规定。我国《劳动合同法》第 46 条规定了用人单位支付经济补偿的七种情形，这七种情形只要满足其中之一，用人单位就得无条件向劳动者支付相应的经济补偿金。

您在信中提到，在不知情的情况下签订无固定期限劳动合同的劳动者，劳动合同履行过程中劳动者提出解除劳动合同的，用人单位应当视同固定期限劳动合同到期给予劳动者经济补偿。我们认为，您的这一观点值得商榷。

首先，用人单位与劳动者签订任何类型的劳动合同，完全基于劳动者自愿，这也是劳动合同签订时所必须遵循的自愿原则。尤其是在绝大多数用人单位并不愿意与劳动者签订无固定期限劳动合同类型的当下，双方既然签订了无固定期限劳动合同，就很难说是发生在劳动者并不知情的情况下。

其次，无固定期限劳动合同是指没有终止时间的劳动合同。只要劳动者没有达到法定退休年龄，双方也没有出现《劳动合同法》中规定的解除或者终止劳动合同的法定情形，劳动者就有权在用人单位一直工作下去，这是劳动者获得的职业稳定与保障的权利。在这种情形下，如果劳动者任意提出解除劳动合同并要求用人单位支付经济补偿，则与经济补偿的性质相悖。

再次，用人单位与劳动者可以协商一致解除劳动合同，但由用人单位首先提出解除动议的，应当支付经济补偿，这也是《劳动合同法》第 46 条的明确规定。考虑到有时是劳动者主动跳槽，与用人单位协商解除劳动合同，此时劳动者一般不会失业，或者对失业早有资金积累，如果要求用人单位支付经济补偿不太合理，因此，对协商解除的情形下，应当对给予经济补偿的条件作出一定的限制。

最后，经济补偿的法定性决定了法律没有明确规定用人单位应当支付的情形下，用人单位有权拒绝支付经济补偿。因此，对于签订无固定期限的劳动合同，只要劳动者自愿提出解除劳动合同的，用人单位不负有支付经济补偿的义务。以上意见供参考。

最高人民法院
关于超过法定退休年龄的进城务工农民在工作时间内
因公伤亡的，能否认定工伤的答复

2012 年 11 月 25 日   〔2012〕行他字第 13 号

江苏省高级人民法院：

你院（2012）苏行他字第 0902 号《关于杨通诉南京市人力资源和社会保障局终止工伤行政确认一案的请示》收悉。经研究，答复如下：

同意你院倾向性意见。相同问题我庭 2010 年 3 月 17 日在给山东省高级人民法院的《关于超过法定退休年龄的进城务工农民因公伤亡的，应否适用〈工伤保险条例〉请示的答复》（〔2010〕行他字第 10 号）中已经明确。即，用人单位聘用的超过法定退休年龄的务工农民，在工作时间内、因工作原因伤亡的，应当适用《工伤保险条例》的有关规定进行工伤认定。

此复。

附：

江苏省高级人民法院
关于杨通诉南京市人力资源和社会保障局
终止工伤行政确认一案的请示

2012 年 8 月 16 日   〔2012〕苏行他字第 0002 号

最高人民法院：

原告杨通诉被告南京市人力资源和社会保障局终止工伤行政确认一案，南京市玄武区人民法院于 2011 年 12 月 10 日向南京中院请示。南京中院于 2012 年 3 月 7 日以（2012）宁行他字第 1 号《关于杨通诉南京市人力资源和社会保障局工伤认定终止一案的请示》向我院书面请示。我院受理后，经审判委员会研究，对超过法定退休年龄的人员因工作遭受事故伤害能否认定工伤存在不同意见。因本案法律适用问题影响面较大，对于今后的案件审理具有指导意义，为保证法律适用的统一，特向贵院请示。

一、当事人的基本情况

原告：杨通

被告：南京市人力资源和社会保障局

第三人：南京鸿镀物业管理有限公司

二、本案被诉具体行政行为

南京市人力资源和社会保障局（以下简称南京市人社局）于 2011 年 5 月 5

日作出《工伤认定终止通知书》，认为原告父亲杨从得在工作中突发疾病经医院抢救无效死亡时，已达到法定退休年龄，依据原江苏省劳动和社会保障厅《关于实施〈工伤保险条例〉若干问题的处理意见》（苏劳社医〔2005〕6号）第七条"离、退休仍在工作的人员，不属于《条例》调整的范围"以及《江苏省实施〈工伤保险条例〉办法》第十六条"劳动保障行政部门受理工伤认定申请后，对不符合受理条件的，应当终止工伤认定"的规定，决定对杨从得的工伤认定申请终止审理。

三、案件基本事实

玄武法院经审理查明：

原告杨通之父杨从得系农民，1947年出生（无养老保险）。2010年7月，第三人南京鸿镀物业公司招用杨从得（未签订书面用工合同）派往华润苏果超市从事保洁岗位工作。2011年2月17日上午，杨从得在从事保洁工作时突发疾病，经医院抢救无效于当日死亡。2011年4月27日，原告向被告递交了工伤认定申请。被告受理后，于2011年5月5日作出《工伤认定终止通知书》，以杨从得在工作中突发疾病经医院抢救无效死亡时，已达到法定退休年龄为由，依据原江苏省劳动和社会保障厅《关于实施〈工伤保险条例〉若干问题的处理意见》（苏劳社医〔2005〕6号）第七条"离、退休仍在工作的人员，不属于《条例》调整的范围"以及《江苏省实施〈工伤保险条例〉办法》第十六条"劳动保障行政部门受理工伤认定申请后，对不符合受理条件的，应当终止工伤认定"的规定，决定对杨从得的工伤认定申请终止审理。

玄武法院对本案的处理形成了两种意见。多数意见认为，杨从得在工作中突发疾病死亡时其年龄已达64周岁，

已超过法定退休年龄。被告终止工伤认定适用法律正确，应判决驳回原告的诉讼请求。少数意见认为，最高人民法院行政审判庭2010年3月17日作出的（2010）行他字第10号《关于超过法定退休年龄的进城务工农民因工伤亡的，应否适用〈工伤保险条例〉请示的答复》认为："用人单位聘用的超过法定退休年龄的务工农民，在工作时间内、因工作原因伤亡的，应当适用《工伤保险条例》的有关规定进行工伤认定"。应判决撤销被告作出的《工伤认定终止通知书》。

四、南京市中级人民法院请示的主要问题

南京中院请示的问题是：超过法定退休年龄的人员在工作期间突发疾病死亡能否适用《工伤保险条例》认定工伤。

南京中院审判委员会研究后形成了两种意见：

（一）倾向性意见认为原告提出的工伤认定申请符合受理条件，本案应适用《工伤保险条例》进行工伤认定

理由有三点：

1. 最高法院行政庭有对该类情况应当认定工伤的明确批复。

2. 该职工与用人单位之间存在劳动关系。法释〔2010〕12号最高人民法院《关于审理劳动争议案件适用法律若干问题的解释（三）》第七条规定："用人单位与其招用的已经依法享受养老保险待遇或领取退休金的人员发生用工争议，向人民法院提起诉讼的，人民法院应当按劳务关系处理。"本案中，杨从得未享受养老保险待遇或领取退休金，不应认定其和鸿镀物业公司之间为劳务关系，应当根据（2010）行他字第10号批复精神，认定为劳动关系。

3. 将该类情况纳入工伤保障范围更

有利于保护劳动者合法权益。

（二）少数意见认为原告提出的工伤认定申请不符合受理条件，本案不应适用《工伤保险条例》进行工伤认定

理由有三点：

1. 原省人社厅的规范性文件明确规定对此类情况不应进行工伤认定。

2. 最高法院的批复与本案的情形有差异，不宜适用。本案中，杨从得是在工作时间、工作岗位突发疾病于48小时内经医院抢救无效死亡，属于《工伤保险条例》第十五条规定的"视同工伤"情形，和前述批复中"在工作时间内、因工作原因伤亡"的"应当认定为工伤"（《工伤保险条例》第十四条）情形有所区别，故该批复不适用于本案。

3. 此类情况涉及面太广，且认定工伤将会加重企业负担。

五、我院请示的问题及审判委员会意见

我院请示的问题是：超过法定退休年龄的人员在工作期间突发疾病死亡能否适用《工伤保险条例》认定工伤。

审委会多数意见认为：原告提出的工伤认定申请符合受理条件，本案应适用《工伤保险条例》进行工伤认定。理由如下：

1. 应当认定当事人与用人单位之间存在着事实上的劳动关系。工伤保障的本意是保护因工受伤的劳动者的合法权益。鉴于我国目前工伤保障范围在逐步扩大，职工退休年龄有延长的呼声，且农民工进城务工有老龄化的趋势，为了更好地保障依然务工的超过法定退休年龄的人员的合法权益，应当认定超过法定退休年龄的人员与用人单位之间存在着事实劳动关系。

2. 与民事赔偿方式相比，工伤保障更有利于维护受伤职工的合法权益。如果要求申请人走民事赔偿途径，采用的是过错责任，保障范围相对较窄，且申请人举证相当困难，这不利于充分保障申请人的合法权益。而工伤认定采用的是原因责任，在保障范围、举证责任等方面更有利于保护申请人的合法权益。从保护因工遭受伤害的劳动者，维护社会和谐稳定、促进劳动保护的角度出发，也应当将其纳入保障范围。

3. 申请人的工伤认定申请符合受理条件。受伤职工除年龄超过法定退休年龄外，其与用人单位之间的关系与其他职工并无任何差异，仅仅一句其超过法定退休年龄就不予工伤认定缺乏法律依据。从平等保护角度看，也应当认定符合申请条件。

审委会少数意见认为：原告提出的工伤认定申请不符合受理条件，本案不应进行工伤认定。理由如下：

1. 因为当事人与用工单位没有书面劳务合同工；

2. 超过法定年龄的农民工没有缴纳工伤保险。如果对超过法定退休年龄的人员认定工伤，则突破了法律的界限，应当通过民事赔偿的途径救济。

特此请示，望复。

附相关法律条文：

一、江苏省劳动和社会保障厅《关于实施〈工伤保险条例〉若干问题的处理意见》（苏劳社医〔2005〕6号）第七条："离、退休仍在工作的人员，不属于《工伤保险条例》调整的范围。"

南京市劳动和社会保障局《南京市工伤保险实施细则》（宁劳社工〔2006〕5号）第三条："职工是指与用人单位存在劳动关系（包括事实劳动关系）的各种用工形式、各种用工期限的劳动者，包括非本市户籍的外来务工人员，不包括已办理离、退休手续或已超过法定退休年龄（按国家规定可以延期的除

外）仍在从事劳动并取得劳动报酬的人员、在用人单位实习（包括勤工俭学）的在校学生和家庭（个人）雇佣的人员。"

江苏省人民政府令第 29 号《江苏省实施〈工伤保险条例〉办法》第十六条："劳动保障行政部门受理工伤认定申请后，对不符合受理条件的，应当终止工伤认定。终止工伤认定，应当向申请人送达《工伤认定终止通知书》。"

二、法释〔2010〕12 号最高人民法院《关于审理劳动争议案件适用法律若干问题的解释（三）》第七条："用人单位与其招用的已经依法享受养老保险待遇或领取退休金的人员发生用工争议，向人民法院提起诉讼的，人民法院应当按劳务关系处理。"

三、《中华人民共和国劳动合同法实施条例》（2008 年 9 月施行）第二十一条："劳动者达到法定退休年龄的，劳动合同终止。"

最高人民法院
关于职工因公外出期间死因不明应否认定工伤的答复

2011 年 7 月 6 日　　　　　　　　　　〔2010〕行他字第 236 号

山东省高级人民法院：

你院《关于于保柱诉临清市劳动和社会保障局劳动保障行政确认一案如何适用〈工伤保险条例〉第十四条第（五）项的请示》收悉。经研究，答复如下：

原则同意你院的第一种意见。即职工因公外出期间死因不明，用人单位或者社会保障部门提供的证据不能排除非工作原因导致死亡的，应当依据《工伤保险条例》第十四条第（五）项和第十九条第二款的规定，认定为工伤。

此复。

附：

山东省高级人民法院
关于于保柱诉临清市劳动和社会保障局劳动保障行政确认一案如何适用《工伤保险条例》第十四条第（五）项的请示

2010 年 12 月 2 日　　　　　　　　　　鲁高法〔2010〕231 号

最高人民法院：

我院在办理于保柱诉临清市劳动和社会保障局劳动保障行政确认一案，对《工伤保险条例》第十四条第（五）项的规定理解与适用把握不准。经我院审判委员会研究后对如何适用相关规定存在不同意见，特向贵院请示。

一、当事人基本情况

申诉人（一审原告、二审上诉人）于保柱，男，1961年2月20日出生，汉族，河北省馆陶县魏僧寨镇申街东村村民，住该村。

被申诉人（一审被告、二审被上诉人）临清市劳动和社会保障局，住所地临清市果园路80号。

被申诉人（一审第三人、二审被上诉人）临清市龙业轴承有限公司，住所地临清市潘庄镇工业区。

二、原审法院查明的事实及裁判情况

临清市人民法院一审认定：2004年6月15日，被告临清市劳动和社会保障局（以下简称临清市劳动局）作出临劳社工决〔2004〕3号《关于不予认定于建强死亡为工伤的决定》，以于建强死亡的情形不符合《工伤保险条例》第十四条认定工伤的情形，也不符合第十五条视同工伤的情形为由，决定对于建强的死亡不予认定为工伤。原告于保柱（于建强之父）不服，向临清市人民政府申请行政复议。2004年10月22日，临清市人民政府作出临政复决字〔2004〕第022号行政复议决定，维持了被告临清市劳动局的上述工伤认定。原告于保柱不服，诉至法院。根据被告提供的第三人临清市龙业轴承有限公司（以下简称龙业公司）的考勤表，对龙业公司经理魏师玉、车间主管陈彦军、原告于保柱、证人路长思的询问笔录以及于建强遗留的四份招工书面记录，能够证明于建强生前与第三人龙业公司有过事实劳动关系。根据被告提交的临清市公安局刑警大队的两份证明，能证实发现于建强尸体的地点是临清市青年办事处东窑村北卫运河内，时间是2003年11月8日，且排除他杀，但不能证明于建强死亡的具体时间、地点、原因及

死亡的经过和现场。因此，不能判明于建强的死亡与其生前从事的工作有必然的因果关系，故而不能排除有《工伤保险条例》中规定的不得认定为工伤或视同工伤的情形。被告临清市劳动局根据调查的现有证据作出不予认定于建强工伤的决定并不违背法律规定，应依法予以维持。依据《中华人民共和国行政诉讼法》第五十四条第（一）项之规定，临清市人民法院于2005年1月11日作出（2004）临行初字第169号行政判决，判决维持临清市劳动局2004年6月15日作出临劳社工决〔2004〕3号《关于不予认定于建强死亡为工伤的决定》的行政行为。

于保柱不服一审法院判决，向聊城市中级人民法院提起上诉。

聊城市中级人民法院经审理认为：

根据被上诉人临清市劳动局提供的龙业公司的考勤表和对魏师玉、陈彦军、于保柱的询问笔录，可以证明于建强于2003年7月11日到龙业公司上班，至2003年10月3日在龙业公司车间工作。被上诉人提供的对路长思的询问笔录和于建强遗物中的招工记录，可以证明于建强死亡前曾外出为龙业公司招工，并且这种招工行为是龙业公司安排或者同意的。因此，可以认定，于建强死亡前与龙业公司存在着事实上的劳动关系。

被上诉人提供的临清市公安局刑警大队的两份证明能够证明发现于建强尸体的时间和地点，但不能证明于建强死亡的具体时间、地点、原因，被上诉人、上诉人、原审第三人也均未提供其他证据予以证明。因此，不能认定于建强的死亡与其为龙业公司招工有必然的因果关系，不符合《工伤保险条例》第十四条规定的应当认定工伤的情形，也不符合该条例第十五条规定的应视同工

伤的情形。被上诉人据此作出不予认定于建强死亡为工伤的决定，证据充分，适用法律正确。上诉人可在查清于建强死因后，依法再行提起工伤认定申请。

《工伤保险条例》第十九条第二款规定，职工或者其直系亲属认为是工伤，用人单位不认为是工伤的，由用人单位承担举证责任。《工伤认定办法》第十四条规定，在此情形下，用人单位拒不举证的，劳动保障行政部门可以根据受伤害职工提供的证据依法作出工伤结论。但这并不是说在用人单位不提供证据或者提供证据不完全的情况下，就应当推定为工伤。工伤认定部门仍然应依法调查取证，根据查证的情况作出是否应当认定工伤的决定。因此，上诉人所持原审第三人龙业公司未能举证证明于建强死亡不是工伤就应当认定是工伤的理由不能成立，不予支持。

对被上诉人作出工伤认定所适用的程序，当事人均不持异议，经审查确认其合法。

综上，被上诉人临清市劳动局作出的不予认定于建强死亡为工伤的决定，认定事实清楚，程序合法，适用法律正确，原审法院判决维持并无不当，依法应予维持。上诉人上诉理由不能成立，其上诉请求应依法予以驳回。依据《中华人民共和国行政诉讼法》第六十一条第（一）项之规定，聊城市中级人民法院于2005年4月11日作出（2005）聊行终字第19号行政判决，判决驳回上诉，维持原判。

三、合议庭审查意见

合议庭经审查，形成以下意见：

根据被上诉人临清市劳动局提供的龙业公司的考勤表和对魏师玉、陈彦军、于保柱的询问笔录，可以证明于建强于2003年7月11日到龙业公司上班，至2003年10月3日在龙业公司车间工作。被上诉人提供的对路长思的询问笔录和于建强遗物中的招工记录，可以证明于建强死亡前曾外出为龙业公司招工，并且这种招工行为是龙业公司安排或者同意的。因此，可以认定，于建强死亡前与龙业公司存在着事实上的劳动关系。

《工伤保险条例》第十九条第二款规定，"职工或者其直系亲属认为是工伤，用人单位不认为是工伤的，由用人单位承担举证责任。"《工伤保险条例》第十四条第（五）项规定，"职工有下列情形之一的，应当认定为工伤：……（五）因工外出期间，由于工作原因受到伤害或者发生事故下落不明的；……"根据本案有效证据，可以证明于建强死亡前曾外出为龙业公司招工，至于于建强死亡前是否因公外出，龙业公司并未提供证据证明于建强2003年10月3日前有辞职或请假的事实，且于建强遗物中记录招工的最后时间为2003年10月15日，可以推定于建强在2003年10月3日之后仍继续为龙业公司招工，其死亡时间应属于因公外出期间。

对于于建强的死亡是否属于工作原因的问题。临清市公安局刑警大队的两份证明能够证明发现于建强尸体的时间和地点，但不能证明于建强死亡的具体时间、地点、原因，各方当事人也均未提供其他证据予以证明。根据现有证据，虽然不能认定于建强的死亡与其为龙业公司招工必然有因果关系，但亦不能排除两者之间的因果关系。在用人单位举证不能的情况下，应先作出有利于职工的认定。因此，根据本案现有证据，可以推定于建强的死亡系由于工作原因，于建强的死亡符合《工伤保险条例》第十四条第（五）项"因工外出期间，由于工作原因受到伤害或者发生事故下落不明的"情形，临清市劳动局作出的《关于不予认定于建强死亡为工伤的决定》认定事实不清，适用法律错误，应予撤销。原审法院判决予以维持不当，应予以改判。

四、我院审判委员会意见

案经我院审判委员会研究，就职工因公外出期间死因不明的能否认定为工伤的问题形成两种不同意见。

第一种意见同意合议庭意见，认为职工因公外出期间死亡，虽然死因不明，但不能排除系由于工作原因导致死亡，且职工死亡发生在因公外出期间，应属于《工伤保险条例》第十四条第（五）项规定的"因工外出期间，由于工作原因受到伤害或者发生事故下落不明的"情形，应当认定为工伤。

第二种意见认为，职工因公外出期间死亡，但死因不明，不能认定职工的死亡系由于工作原因，不符合《工伤保险条例》第十四条第（五）项的规定，不应认定为工伤。

对本案如何适用法律，请给予批复。

最高人民法院
关于非固定居所到工作场所之间的路线是否属于"上下班途中"的答复

2008 年 8 月 22 日　　　　　　　〔2008〕行他字第 2 号

山东省高级人民法院：

你院《关于翟恒芝邹依兰诉肥城市劳动和社会保障局工伤行政确认一案的请示》收悉。经研究认为：如邹平确系下班直接回其在济南的住所途中受到机动车事故伤害，应当适用《工伤保险条例》第十四条第（六）项的规定。

此复。

附：

山东省高级人民法院关于翟恒芝、邹依兰诉肥城市劳动和社会保障局工伤行政确认一案的请示

2007 年 8 月 24 日　　　　　　　鲁高法函〔2007〕35 号

最高人民法院：

肥城市法院在审理翟恒芝、邹依兰诉肥城市劳动和社会保障局工伤行政确认一案中，对《工伤保险条例》第十四条中"上下班途中"的理解与适用存在分歧，经泰安市中级人民法院审判委员会研究后，向我院提出请示。我院经审判委员会研究后认为，随着我国户籍制度的改革和公路交通的发展，城市人口流动性日益加大，像本案中原告平常在

一个地方工作，周末到另一个地方居住的情形越来越多，因此本案反映出的法律问题具有普遍意义，特向你院请示。现将案件有关情况报告如下：

一、基本案情

邹平系第三人山东石横特钢集团有限公司供应处职工。2005年7月8日邹平在下班后乘坐黄锦飘驾驶的鲁A50967号桑塔纳轿车在济南市槐荫区沿220线由西向东行驶至老济兖公路路口时与济南市公交公司阎勇驾驶鲁A26603号K56路大型客车相撞，造成邹平受重伤经抢救无效死亡。2006年7月8日原告翟恒芝、邹依兰向被告肥城市劳动和社会保障局提出工伤认定申请，2006年9月6日被告肥城市劳动和社会保障局作出肥劳社工认字〔2006〕第225号工伤认定决定书，认定邹平不属于工伤。原告不服，于2006年11月19日向肥城市人民政府申请行政复议，肥城市人民政府于2006年12月20日以〔2006〕肥政复决字第20号决定书决定维持被告作出的肥劳社工认字（2006）第225号工伤认定书。原告仍不服，向肥城市人民法院提起行政诉讼。

另查明：邹平在其单位宿舍区有住房一处，在济南市中区王官庄1区4号楼303室有住房一处，事发前邹平的父母在其济南住房处居住。邹平的妻子（本案原告）在泰安上学，女儿随妻子在泰安居住，3人仅在节假日去济南居住。

二、需要请示的法律问题

本案涉及的法律问题是：邹平回济南的住房能否认定为上下班途中。我院经审判委员会研究后，形成以下两种意见：

一种意见认为，邹平下班后从工作场所到济南住处之间的途径符合《工伤保险条例》第十四条第六项规定的"上下班途中"，应当认定工伤。理由是：1.邹平的两个住处均应为其固定居所。邹平在单位的住房为其上下班提供了方便；而济南的住房有3人在节假日去居住的事实。另外，事发时是周五，邹平下班后回济南的住处也是情理之中。2.《工伤保险条例》第十九条第二款规定："职工或者直系亲属认定是工伤，用人单位不认为是工伤的，由用人单位承担举证责任"。本案被告提供的证据证实邹平去济南不是公务外出，但没有证据证实邹平去济南不是回济南的住处。3.《工伤保险条例》第十六条规定：职工有下列情形之一的，不得认定为工伤或者视同工伤：（一）因犯罪或者违反治安管理伤亡的；（二）醉酒导致伤亡的；（三）自残或自杀的。本案邹平的伤亡不具备上述情形规定的条件。4.工伤保护的首要法律原则和精神应是最大可能保障主观在无恶意的劳动者在劳动伤亡后能够获得救济。因此，邹平下班后从工作场所到济南住处之间的途径符合《工伤保险条例》第十四条第六项规定的"上下班途中"。被告作出的工伤认定决定认定的事实不清。对适用的法律条款理解有误。依据《中华人民共和国行政诉讼法》第五十四条第（二）项之规定，应判决撤销被告肥城市劳动和社会保障局于2006年9月6日作出的肥劳社工认字（2006）第225号工伤认定决定；并限被告肥城市劳动和社会保障局于60日内对邹平的死亡的性质重新作出认定。

另一种意见认为，邹平下班后从工作场所到济南住处之间的途径不符合《工伤保险条例》第十四条第（六）项规定的"上下班途中"，不应当认定为工伤。理由是：《工伤保险条例》第十四条第（六）项规定："在上下班途中受到机动车事故伤害的可认定为工伤"。

此情形中"上下班途中"通常是指从固定居所到工作场所之间的正常路线，因此是否属于"上下班途中"应主要看该路线是否属于保证上下班正常需要所必须的路线。本案中，邹平在山东石横特钢集团有限公司家属院的住所，既具有户籍证明所表明的法律意义上的居住性质，又有长期生活居住的客观事实，邹平的"上下班途中"应当是指从其居住的单位宿舍到工厂之间的路途，而不是原告主张的从其单位到济南的住处所经过的路线。因此，依据《中华人民共和国行政诉讼法》第五十四条第（一）项之规定，应判决维持被告作出的工伤认定决定。

我院倾向于第一种意见。当否，请批示。

最高人民法院
关于人民法院对经劳动争议仲裁裁决的纠纷准予撤诉或驳回起诉后劳动争议仲裁裁决从何时起生效的解释

法释〔2000〕18号

（2000年4月4日最高人民法院审判委员会第1108次会议通过
2000年7月10日最高人民法院公告公布 自2000年7月19日起施行）

为正确适用法律审理劳动争议案件，对人民法院裁定准予撤诉或驳回起诉后，劳动争议仲裁裁决从何时起生效的问题解释如下：

第一条 当事人不服劳动争议仲裁裁决向人民法院起诉后又申请撤诉，经人民法院审查准予撤诉的，原仲裁裁决自人民法院裁定送达当事人之日起发生法律效力。

第二条 当事人因超过起诉期间而被人民法院裁定驳回起诉的，原仲裁裁决自起诉期间届满之次日起恢复法律效力。

第三条 因仲裁裁决确定的主体资格错误或仲裁裁决事项不属于劳动争议，被人民法院驳回起诉的，原仲裁裁决不发生法律效力。

最高人民法院办公厅、人力资源社会保障部办公厅
关于建立劳动人事争议"总对总"
在线诉调对接机制的通知

2021 年 12 月 30 日   法办〔2022〕3 号

各省、自治区、直辖市高级人民法院、人力资源社会保障厅（局），解放军军事法院，新疆维吾尔自治区高级人民法院生产建设兵团分院，新疆生产建设兵团人力资源社会保障局：

为贯彻党中央关于坚持把非诉讼纠纷解决机制挺在前面的重要部署，落实最高人民法院与人力资源社会保障部等部门联合印发的《关于进一步加强劳动人事争议调解仲裁完善多元处理机制的意见》（人社部发〔2017〕26 号）等文件要求，进一步加强劳动人事争议调解和诉讼衔接工作，增强劳动人事争议多元化解质效，最高人民法院、人力资源社会保障部决定建立"总对总"在线诉调对接机制，现将有关事项通知如下。

一、建立"总对总"在线诉调对接机制

最高人民法院依托人民法院调解平台（以下简称法院调解平台）、人力资源社会保障部依托劳动人事争议在线调解服务平台（以下简称人社调解平台），通过系统对接与机构、人员入驻相结合的方式，共同推进"总对总"在线诉调对接机制建设，逐步畅通线上线下调解与诉讼对接渠道，指导全国劳动人事争议调解组织（以下简称调解组织）与各级人民法院开展劳动人事争议全流程在线委派委托调解、音视频调解、在线申请司法确认调解协议等工作。

二、"总对总"在线诉调对接机制任务分工

最高人民法院立案庭统筹推进法院系统在线诉调对接工作，负责法院调解平台的研发、运维、宣传等工作。各级人民法院在"总对总"在线诉调对接机制框架下，负责与同级人力资源社会保障部门加强沟通联系，开展本级特邀调解名册确认、委派委托调解以及调解协议司法确认等工作，做好调解员培训和业务指导工作。

人力资源社会保障部统筹推进调解仲裁系统在线诉调对接工作，负责指导地方劳动人事争议调解仲裁信息系统（以下简称地方调解仲裁系统）建设以及与人社调解平台的衔接工作，指导各级人力资源社会保障部门建立调解组织和调解员名册及相关管理制度。各省级人力资源社会保障部门负责组建"省级调解专家资源库"，组织本地区各级人力资源社会保障部门、乡镇（街道）调解组织和调解员入驻法院调解平台，指导本地区各级人力资源社会保障部门做好调解组织人员管理和信息更新等工作。乡镇（街道）调解组织和调解员根据需要做好案件调解和法院委派委托案件调解等工作。

三、"总对总"在线诉调对接工作流程

（一）人民法院委派委托案件处理

流程。当事人向人民法院提交纠纷调解申请后，人民法院在征得当事人同意后，向调解组织委派委托案件。对于地方调解仲裁系统与人社调解平台实现系统对接的地区，人民法院通过法院调解平台将纠纷推送至人社调解平台，由调解组织及其调解员在地方调解仲裁系统开展在线调解工作。对于地方调解仲裁系统与人社调解平台未实现系统对接的地区，可采用机构、人员入驻方式，登录法院调解平台开展在线调解工作，并逐步过渡至系统对接方式。

（二）调解组织音视频调解流程。调解组织及其调解员应当积极使用法院调解平台音视频调解功能开展人民法院委派委托案件在线调解工作。对于调解组织自身受理的调解申请，地方调解仲裁系统不支持音视频调解功能的，调解组织及其调解员可以通知、指导当事人，使用法院调解平台的音视频调解功能开展在线调解。

（三）在线申请司法确认调解协议、出具法院调解书流程。调解组织调解成功后，双方当事人可以依据法律和司法解释规定，就达成的调解协议共同向人民法院申请在线司法确认或者出具法院调解书。调解组织可以通过人社调解平台向法院调解平台提供案件办理情况，为人民法院开展司法确认或者出具法院调解书提供支持。

四、建立沟通会商机制

最高人民法院、人力资源社会保障部加强沟通会商工作，定期通报在线诉调对接工作推广应用情况，分析存在的问题，研究下一步工作举措。各地人民法院与同级人力资源社会保障部门建立工作协调和信息共享机制，从具体工作层面落实相关建设应用要求。

五、工作要求

各地要高度重视"总对总"在线诉调对接工作，将其作为提高劳动人事争议调处效能、完善劳动人事争议多元化解机制的重要方式，紧密结合本地实际，因地制宜开展工作。要加强创新，充分发挥社会多元主体在预防化解矛盾纠纷中的协同协作、互动互补、相辅相成作用，更好促进社会公平正义、维护劳动人事关系和谐与社会稳定。

（一）组织入驻法院调解平台。最高人民法院负责为入驻法院调解平台的各级人力资源社会保障部门及其管理员、调解组织及其调解员开通账号。人力资源社会保障部负责分发账号，组织各省级人力资源社会保障部门开展本地区各级人力资源社会保障部门及其管理员、调解组织及其调解员入驻法院调解平台工作。

（二）组建特邀调解员队伍。各高级人民法院、各省级人力资源社会保障部门共同确定省级调解专家资源库名册，组建"省级调解专家资源库"，专门处理本地区重大集体劳动人事争议。各级人力资源社会保障部门按照《最高人民法院关于人民法院特邀调解的规定》（法释〔2016〕14号）要求，将符合条件的调解组织及其调解员信息通过法院调解平台推送到同级人民法院进行确认。各级人民法院对于符合条件的调解组织及其调解员，应当纳入本院特邀调解名册，并在法院调解平台上予以确认。

（三）推进系统开发和对接。最高人民法院、人力资源社会保障部有关机构负责推进法院调解平台与人社调解平台对接工作。各地人力资源社会保障部门要基于金保工程二期项目，加快推进地方调解仲裁系统建设。人力资源社会保障部有关机构负责推进人社调解平台与地方调解仲裁系统对接工作。

各地在落实推进中的经验做法、困

难问题，请及时层报最高人民法院和人 | 力资源社会保障部。

最高人民法院民一庭
关于达到或者超过法定退休年龄的劳动者（含农民工）与用人单位之间劳动关系终止的确定标准问题的答复

2015 年 9 月 30 日　　　　　　　　　〔2015〕民一他字第 6 号

山东省高级人民法院：

你院关于达到或者超过法定退休年龄的劳动者（含农民工）与用人单位之间劳动关系终止的确定标准问题的请示收悉。

经研究，答复如下：

原则同意你院审判委员会的倾向性意见，即：对于达到或者超过法定退休年龄的劳动者（含农民工）与用人单位之间劳动合同关系的终止，应当以劳动者是否享受养老保险待遇或者领取退休金为标准。

最高人民法院行政审判庭
关于非因工作原因对遇险者实施救助导致伤亡的情形是否认定工伤问题的答复

2014 年 7 月 3 日　　　　　　　　　〔2014〕行他字第 2 号

江西省高级人民法院：

你院赣高法报（2014）5 号《关于张贤锋、王年姣诉信丰县人力资源和社会保障局劳动与社会保障行政确认的请示》收悉，经研究，答复如下：

非因工作原因对遇险者实施救助导致伤亡的，如未经有关部门认定为见义勇为，似不属于《工伤保险条例》第十

五条第一款第（二）项规定的视同工伤情形。考虑到请示所涉案件中张诗春舍身救人的行为值得提倡，建议你院与下级法院协调当地有关部门，尽可能通过其他方式做好相关安抚工作，以妥善化解争议。

此复。

最高人民法院行政审判庭
关于职工无照驾驶无证车辆在上班途中
受到机动车伤害死亡能否认定工伤
请示的答复

2011 年 5 月 19 日　　　　　　　　　〔2011〕行他字第 50 号

新疆维吾尔族自治区高级人民法院生产建设兵团分院：

你院《关于职工无照驾驶无证车辆在上班途中受到机动车伤害死亡能否认定工伤的请示》收悉。经研究，答复如下：

在《工伤保险条例（修订）》施行前（即 2011 年 1 月 1 日前），工伤保险部门对职工无照或者无证驾驶车辆在上班途中受到机动车伤害死亡，不认定为工伤的，不宜认为适用法律、法规错误。

此复。

附：

新疆维吾尔自治区高级人民法院生产建设兵团分院
关于职工无照驾驶无证车辆在上班途中受到
机动车伤害死亡能否认定工伤的请示

2011 年 3 月 15 日　　　　　　〔2011〕新高兵法行他字第 00001 号

最高人民法院：

新疆生产建设兵团农十三师中级人民法院在审理李采山花因劳动和社会保障行政确认一案时，涉及职工无照驾驶无证车辆在上班途中受到机动车伤害死亡能否认定工伤的问题，逐级向我院请示，我院经过讨论，请示如下：

一、当事人的基本情况

原告李采山花，女，1982 年 12 月 12 日出生，藏族，系青海省民和回族土族自治县硖门镇甲子山村巴沟社农民，赵双存遗孀，暂住农十三师红星一场（以下简称红星一场）红星化工厂家属院。

被告新疆生产建设兵团农十三师劳动和社会保障局（以下简称十三师劳动保障局）住所地哈密市大营房百花路 1 号。

二、案件的基本情况

2008 年 7 月 26 日 7 时 10 分，新疆哈密市晋太冶炼铸造有限责任公司员工赵双存（原告之夫）无驾驶证驾驶无牌照二轮摩托车从红星一场机耕队前往星鑫镍铁合金工地上班途中，当车由北向南行驶至红星一场园林三场路段时，与王中生驾驶的由南向北行驶的微型普通客车相撞，造成赵双存及乘车人李继林死亡的交通事故。李采山花于 2009 年 4 月 8 日向十三师劳动保障局提交认定工伤的书面申请，2009 年 8 月 25 日，十三师劳动保障局作出师劳社工伤认〔2009〕4 号工伤认定决定书，依据《道路交通安全法》第八条、第十九条、第三十五条和《工伤保险条例》第十六条第一款第（一）项的规定，确认赵双存属无证驾驶车辆发生交通事故造成死亡，不应认定为工伤，并作出不予认定赵双存为工亡的决定。李采山花收到上列决定书后不服，于同年 9 月 1 日向兵团劳动和社会保障局申请行政复议。同年 10 月 12 日，该局作出兵劳社复决字〔2009〕16 号行政复议决定书，维持十三师劳动保障局作出师劳社工伤认〔2009〕4 号工伤认定决定书。李采山花不服该行政复议决定，遂诉至法院。新疆生产建设兵团哈密垦区人民法院在审理该案过程中，就案件涉及职工无照驾驶无证车辆在上班途中受到机动车伤害死亡能否认定工伤的问题，逐级请示我院。

三、请示的问题及意见

职工无照驾驶无证车辆在上班途中受到机动车伤害死亡能否认定工伤的问题，由于现行的法律、法规、司法解释没有明确规定，我院讨论中形成两种意见：

第一种意见认为：赵双存生前无驾驶证驾驶无牌照摩托车在上班途中发生交通事故死亡，当地公安交警部门对该交通事故作出责任认定，赵双存违反《道路交通安全法》第八条、第十九条、第三十五条的规定，与驾驶另一机动车的王中生在此次交通事故中负同等责任。但对赵双存因无照驾驶无照车辆发生道路交通事故死亡，公安机关并未认定该行为属违反治安管理的行为。本案中赵双存因机动车事故死亡符合《工伤保险条例》第十四条有关在上下班途中，受到机动车事故伤害的规定，且没有证据证明赵双存存在《工伤保险条例》第十六条第（一）项规定不得认定为工伤或者视同工伤的情形，故赵双存上班途中因交通事故死亡依法应定性为工伤事故。十三师劳动保障局依据 2000 年 12 月 14 日由原劳动保障部办公厅下发的《劳动和社会保障部办公厅关于无证驾驶车辆发生交通事故是否认定工伤问题的复函》（劳社厅函〔2000〕150 号）的规定，不予认定赵双存为工亡，明显属于适用法律不当，应当予以纠正。

第二种意见认为，虽然《工伤保险条例》规定了认定工伤的七种行为，但同时受到第十六条规定的限制，虽然职工是在上班途中发生机动车交通事故死亡，但因其无照驾驶无证车辆违反《道路交通安全法》的规定，属于违反治安管理的情形，同时根据（劳社厅函〔2000〕150 号）《劳动和社会保障部办公厅关于无证驾驶车辆发生交通事故是否认定工伤问题的复函》："无证驾驶车辆发生交通事故而造成负伤、致残、死亡的，不应认定为工伤"的答复，不能认定为工伤。

我院倾向于第一种意见，但认为由于本案涉及对《工伤保险条例》和劳动和社会保障部政策的理解问题，同时考虑到今后判决的有效执行，确需进一步明确。

请批复。

最高人民法院行政审判庭
关于职工在上下班途中因无证驾驶机动车
导致伤亡的，应否认定为工伤问题的答复

2010 年 12 月 14 日　　　　　　　　　　〔2010〕行他字第 182 号

安徽省高级人民法院：

你院（2010）皖行再他字第 0001 号《关于陈宝英、高祥诉安徽省桐城市劳动和社会保障局工伤行政确认一案的请示报告》收悉。经研究，答复如下：

原则同意你院第二种意见。即职工在上下班途中因无证驾驶机动车、驾驶无牌机动车或者饮酒后驾驶机动车发生事故导致伤亡的，不应认定为工伤。

此复。

附：

安徽省高级人民法院
关于陈宝英、高祥诉安徽省桐城市劳动和
社会保障局工伤行政确认一案的请示报告

2010 年 6 月 28 日　　　　　　　　　　〔2010〕皖行再他字第 0001 号

最高人民法院：

我院在审理安庆市中级人民法院报我院请示的陈宝英、高祥诉安徽省桐城市劳动和社会保障局工伤行政确认案时，对高跃文无证驾驶的行为是否属于违反治安管理的行为有不同认识，决定向你院请示。现将有关情况汇报如下：

一、案件的由来和审理经过

陈保英、高祥与桐城市劳动和社会保障局工伤行政确认一案，安徽省桐城市人民法院 2008 年 12 月 1 日作出〔2008〕桐行初字第 14 号行政判决，已经发生法律效力。安庆市人民检察院于 2009 年 4 月 10 日对本案提出抗诉，安庆市中级人民法院指令桐城市人民法院

对本案进行再审。桐城市人民法院 2009 年 9 月 29 日作出〔2009〕桐行再初字第 1 号行政判决。陈保英、高祥不服，提出上诉。安庆市中院依法组成合议庭，公开开庭审理了本案，并于 2009 年 12 月 16 日作出〔2009〕宜行再终字第 6 号行政裁定：中止诉讼。

二、当事人和其他诉讼参加人的基本情况

上诉人（一审原告、再审被申诉人）：陈宝英，女，1974 年 2 月 15 日出生，汉族，无行为能力（精神病患者），住桐城市大关镇麻山村。系高跃文之妻。

上诉人（一审原告、再审被申诉

人）：高祥，男，1996 年 11 月 16 日出生，汉族，住址同上，系陈宝英之子。

法定代理人：姚秀珍，女，1937 年 5 月 25 日出生，汉族，住桐城市大关镇缸窑村，系陈宝英之母。

委托代理人：陈贤来，男，1966 年 9 月 9 日出生，汉族，住桐城市大关镇缸窑村，系姚秀珍之子。

被上诉人：（一审被告、再审申诉人）：桐城市劳动和社会保障局，住所地桐城市龙眠中路。

法定代表人：段鹏飞，该局局长。

委托代理人：项卫平，该局副局长。

委托代理人：姚笃超，该局劳动保障监督大队队长。

三、原一审审理情况

桐城市人民法院原一审认定：高跃文生前系桐城市大拇指材料有限公司职工。2008 年 3 月 16 日下班途中，高跃文无驾驶证驾驶无号牌两轮摩托车与陈光林驾驶的普通货车碰撞，致其死亡。经桐城市交通警察大队交通事故认定，陈光林负事故的主要责任，高跃文违反《中华人民共和国道路交通安全法》，第八条、第十九条的规定，负事故的次要责任。2008 年 6 月 1 日原审原告向原审被告申请工伤认定，被告以高跃文无驾驶证驾驶无号牌摩托车为由，作出〔2008〕桐劳工字第 006 号《不予认定通知书》，不予认定高跃文因工死亡。原告不服，提出申请复议。桐城市行政复议机关以桐复决字〔2008〕第 005 号行政复议决定书维持了原审被告作出《不予认定通知书》的具体行政行为。原告提出行政诉讼，要求撤销被告作出的《不予认定通知书》，责令被告重新作出工伤认定。

原一审法院认为：《工伤保险条例》第十六条规定"职工有下列情形之一的，不得认定工伤或视同工伤：（一）因犯罪或违反治安管理伤亡的。"高跃文无证驾驶摩托车，虽系违反道路交通安全管理行为，但并不属于违反治安管理的行为。高跃文既未犯罪也未违反治安管理，其行为不属于《工伤保险条例》第十六条第（一）项规定的情形，被告依据《工伤保险条例》第十六条第（一）项之规定，不予认定高跃文为因工受伤，属适用法律错误。原告要求撤销该《不予认定通知书》并责令被告重新作出工伤认定的理由成立，应予支持。依据《中华人民共和国行政诉讼法》第五十四条第（二）项之规定，判决：撤销被告桐城市劳动和社会保障局作出的〔2008〕桐劳工字第 006 号《不予认定工伤通知书》，并责令其在判决生效后三十日内重新作出具体行政行为。

四、抗诉理由

安徽省安庆市人民检察院抗诉认为：原一审判决适用法律确有错误。本案的关键是弄清什么是违反治安管理，也即是什么是治安管理。治安管理即治安行政管理，是公安机关为维护公共秩序和社会安定而实施的社会行政管理，是维护社会秩序手段之一，即具有维护社会安定、公共安全作用的法律所规范的秩序。我国治安管理体现为公安机关运用专门的组织管理手段，贯彻执行治安法规的各种活动。其管理范围包括：户口管理、特种行业管理、交通管理、消防管理、公共秩序管理、危险物品管理等。原《治安管理处罚条例》第二十七条第（二）项规定："无证驾驶的人、酗酒的人驾驶机动车辆，或者把机动车交给无驾驶证的人驾驶的，处十五日以下拘留、二百元以下罚款或者警告。"2004 年 5 月实施的《中华人民共和国道路交通安全法》第九十九条规定："有下列行为之一，由公安机关交通管理部门处二百元以上二千元以下罚款：（一）未取得驾驶证、机动车驾驶证被吊销或者机动车驾驶证被暂扣期间驾驶机动车的；"。因此，为了避免重复规定，2006年3月实施的《中华人民共和国治安管理处罚法》未对无证驾驶的行为作出处罚规定。《中华人民共和国治安管理处罚法》第一条规定："为维护社会秩序，保障公共安全，保护人民，保护公民、法人和其他组织的合法权益，规范和保障公安机关及其人民警察依法履行治安管理职责，制定本法"；第四条规定："在中华人民共和国领域内发生的违反治安管理行为，除法律有特别规定的外，适用本法"。违反道路安全法规显然是妨害公共安全的行为，相对于《中华人民共和国治安管理处罚法》，《中华人民共和国道路交通安全法》是特别法，而违反《中华人民共和国道路交通安全法》的行为，当然也是违反治安管理的行为。原一审判决狭义地理解违反治安管理的行为，适用法律确有错误。

五、再审审理情况

原一审法院再审认为：《工伤保险条例》第十六条规定，职工因违反治安管理伤亡的，不得认定工伤或者视同工伤。《工伤保险条例》实施时，《中华人民共和国道路交通安全法》《中华人民共和国治安管理处罚法》尚未出台，当时配套施行的《治安管理处罚条例》明确规定了无驾驶证的人驾驶机动车辆的行为属于治安管理的行为。由于《中华人民共和国道路交通安全法》已对无驾驶证的人驾驶机动车辆的行为如何处罚进行了明确系统的规定，故随后出台的《中华人民共和国治安管理处罚法》对该行为不再重复，但无驾驶证的人驾驶机动车辆的行为违反了法律强制性规定，危及了公共安全的性质并没有发生

改变。违反治安管理行为应当是违反了《中华人民共和国治安管理处罚法》和其他有关治安管理的法律、行政法规、规章的行为。一审认定高跃文无证驾驶摩托车，虽系违反道路交通安全管理的行为，但并不属于违反治安管理行为，显然不妥。综上所述，申诉人桐城市劳动和社会保障局根据《工伤保险条例》第十六条规定作出桐劳字第006号《不予认定通知书》正确。抗诉机关的抗诉理由成立。根据《中华人民共和国行政诉讼法》第五十四条第（一）项、《最高人民法院关于执行〈中华人民共和国行政诉讼法〉若干问题的解释》第五十六条第（四）项规定，判决：一、撤销〔2008〕桐行初字第14号行政判决；二、维持申诉人桐城市劳动和社会保障局作出的桐劳字第006号《不予认定通知书》，驳回被申诉人陈宝英、高祥的诉讼请求。

六、当事人上诉理由及答辩意见

陈宝英、高祥不服原判，上诉称：2006年3月1日施行《治安管理处罚法》后，把无证驾驶的行为规范到《道路交通安全法》当中，《治安管理处罚法》第六十四条中没有规定无证驾驶这一具体行政行为，故高跃文无证驾驶行为并不违反《治安管理处罚法》；本案交通事故与高跃文有证无证并没有直接关系，且高跃文已对事故负了30%的责任。故请求法院根据现施行的两部法律的明确规定，撤销桐城市人民法院〔2009〕桐行再初字第1号行政判决，重新改判；责令桐城市劳动和社会保障局将高跃文于2008年3月16日下班途中发生交通事故死亡，根据《工伤保险条例》第十四条第六项、第七项规定，应认定为工伤。

桐城市劳动和社会保障局辩称：就本案与工伤保险支付没有任何关系，高

跃文出事时间为 2008 年 3 月，大拇指公司参保时间是 2008 年 5 月。本案的事实清楚，没有争议，本案争议的焦点在于法律适用。在 2004 年《工伤保险条例》施行时，与之配套的是《治安管理处罚条例》，包含道路交通违法行为，治安管理是一个大的范畴，和《治安管理处罚法》是有区别的。故高跃文无证驾驶违反了《道路交通安全法》，当然是一个违反治安管理的行为。请求法院根据事实和法律，驳回上诉人的上诉请求，维护行政机关的合法权益。

七、需要请示的问题

本案主要是《工伤保险条例》第十六条第（一）项规定"职工因违反治安管理伤亡的，不得认定工伤或者视同工伤"中的"治安管理"如何理解问题。案经本院审判委员会讨论，形成两种意见。第一种意见认为：虽然《治安管理处罚条例》明确规定了无驾驶证的人驾驶机动车辆的行为属于违反治安管理的

行为，但该条例在 2006 年 3 月 1 日已废止，高跃文无证驾驶的行为发生在 2008 年 3 月 16 日，应适用 3 月 1 日实施的《中华人民共和国治安管理处罚法》，该法规并没有将无证驾驶的行为纳入违反治安管理的行为；本案中，公安机关的《交通事故认定书》不是对治安管理违法行为的确认，劳动保障行政部门也无权对违反治安管理的行为进行认定。因此，没有证据证明高跃文的行为是违反治安管理的行为。第二种意见认为：《工伤保险条例》施行时，配套施行的是《治安管理处罚条例》。《工伤保险条例》中的"治安管理"应属于《治安管理处罚条例》规定的广义上的"治安管理"，《治安管理处罚条例》明确规定了无证驾驶的行为属于违反治安管理的行为。因此，高跃文无证驾驶的行为是违反广义上的治安管理的行为。

上述第一种意见为本院审判委员会多数人意见兑如何认定请批复。

最高人民法院行政审判庭
关于劳动行政部门在工伤认定程序中是否具有劳动关系确认权请示的答复

2009 年 7 月 20 日　　　　　　　〔2009〕行他字第 12 号

湖北省高级人民法院：

你院《关于劳动行政部门在工伤认定程序中是否具有劳动关系确认权的请示》收悉。经研究，答复如下：

根据《劳动法》第九条和《工伤保险条例》第五条、第十八条的规定，劳动行政部门在工伤认定程序中，具有认定受到伤害的职工与企业之间是否存在劳动关系的职权。

此复。

最高人民法院行政审判庭
关于《工伤保险条例》第六十四条理解和
适用问题请示的答复

2009 年 6 月 10 日 　　　　　　　　〔2009〕行他字第 5 号

江西省高级人民法院：

你院《关于国务院〈工伤保险条例〉第六十四条的理解和适用问题的请示》收悉。经研究，答复如下：

原则同意你院第一种意见。即，企业职工因工伤害发生在《企业职工工伤保险试行办法》施行之前，当时有关单位已按照有关政策作出处理的，不属于《工伤保险条例》第六十四条规定的"尚未完成工伤认定的情形"。

此复。

最高人民法院行政审判庭
关于职工外出学习休息期间受到他人伤害
应否认定为工伤问题的答复

2007 年 9 月 7 日 　　　　　　　　〔2007〕行他字第 9 号

辽宁省高级人民法院：

你院（2007）辽行他字第 1 号《关于职工外出学习休息期间受到他人伤害应否认定为工伤的请示》收悉。经研究，答复如下：

原则同意你院审判委员会倾向性意见，即职工受单位指派外出学习期间，在学习单位安排的休息场所休息时受到他人伤害的，应当认定为工伤。

此复。

最高人民法院行政审判庭
关于离退休人员与现工作单位之间是否构成劳动关系以及
工作时间内受伤是否适用《工伤保险条例》问题的答复

2007 年 7 月 5 日   〔2007〕行他字第 6 号

重庆市高级人民法院：

你院（2006）渝高法行示字第 14 号《关于离退休人员与现在工作单位之间是否构成劳动关系以及工作时间内受伤是否适用〈工伤保险条例〉一案的请示》收悉。经研究，原则同意你院第二种意见，即：根据《工伤保险条例》第二条、第六十一条等有关规定，离退休人员受聘于现工作单位，现工作单位已经为其缴纳了工伤保险费，其在受聘期间因工作受到事故伤害的，应当适用《工伤保险条例》的有关规定处理。

二、最高人民法院指导性案例与人民法院案例库参考案例

（一）劳动关系的认定

指导性案例 237 号

郎溪某服务外包有限公司诉徐某申
确认劳动关系纠纷案

（最高人民法院审判委员会讨论通过 2024 年 12 月 20 日发布）

关键词

民事　确认劳动关系　新业态用工　承揽、合作协议　实际履行情况　劳动管理

裁判要点

平台企业或者平台用工合作企业与劳动者订立承揽、合作协议，劳动者主张与该企业存在劳动关系的，人民法院应当根据用工事实，综合考虑劳动者对工作时间及工作量的自主决定程度、劳动过程受管理控制程度、劳动者是否需要遵守有关工作规则、算法规则、劳动纪律和奖惩办法、劳动者工作的持续性、劳动者能否决定或者改变交易价格等因素，依法作出相应认定。对于存在

用工事实，构成支配性劳动管理的，应当依法认定存在劳动关系。

基本案情

郎溪某服务外包有限公司（以下简称郎溪某服务公司）与某咚买菜平台的运营者上海某网络科技有限公司（以下简称上海某网络公司）于 2019 年 4 月 1 日订立《服务承揽合同》。该合同约定：郎溪某服务公司为上海某网络公司完成商品分拣、配送等工作；双方每月定期对郎溪某服务公司前一个月的承揽费用进行核对后由上海某网络公司支付；郎溪某服务公司自行管理所涉提供服务的人员，并独立承担相应薪酬、商业保险费、福利待遇，以及法律法规规定的雇

主责任或者其他责任。

2019 年 7 月，郎溪某服务公司安排徐某申到某咚买菜平台九亭站从事配送工作。郎溪某服务公司与徐某申订立《自由职业者合作协议》《新业态自由职业者任务承揽协议》。两份协议均约定：徐某申与郎溪某服务公司建立合作关系，二者的合作关系不适用劳动合同法。其中，《新业态自由职业者任务承揽协议》约定：郎溪某服务公司根据合作公司确认的项目服务人员服务标准及费用标准向徐某申支付服务费用；无底薪、无保底服务费，实行多劳多得、不劳不得制。但郎溪某服务公司并未按照以上协议约定的服务费计算方式支付费用，实际向徐某申支付的报酬包含基本报酬、按单计酬、奖励等项目。2019 年 8 月 12 日，郎溪某服务公司向徐某申转账人民币 9042.74 元（币种下同）。2019 年 8 月 13 日，徐某申在站点听从指示做木架，因切割木板意外导致右脚受伤，住院接受治疗，自此未继续在该站点工作。2019 年 9 月 3 日，郎溪某服务公司以"服务费"名义向徐某申支付 15000 元。徐某申在站点工作期间，出勤时间相对固定，接受站点管理，按照排班表打卡上班，根据系统派单完成配送任务，没有配送任务时便在站内做杂活。

徐某申因就工伤认定问题与郎溪某服务公司发生争议，申请劳动仲裁。上海市松江区劳动人事争议仲裁委员会裁决：徐某申与郎溪某服务公司在 2019 年 7 月 5 日至 2019 年 8 月 13 日期间存在劳动关系。郎溪某服务公司不服，向上海市松江区人民法院提起诉讼。

裁判结果

上海市松江区人民法院于 2021 年 7 月 5 日作出（2021）沪 0117 民初 600 号民事判决：确认徐某申与郎溪某服务外包有限公司在 2019 年 7 月 5 日至 2019 年 8 月 13 日期间存在劳动关系。宣判后，郎溪某服务外包有限公司不服，提起上诉。上海市第一中级人民法院于 2022 年 3 月 7 日作出（2021）沪 01 民终 11591 号民事判决：驳回上诉，维持原判。

裁判理由

本案的争议焦点为：在郎溪某服务公司与徐某申订立承揽、合作协议的情况下，能否以及如何认定双方之间存在劳动关系。

是否存在劳动关系，对劳动者的权益有重大影响。存在劳动关系的，劳动者依法享有取得劳动报酬、享受社会保险和福利、获得经济补偿和赔偿金等一系列权利，同时也承担接受用人单位管理等义务。根据《中华人民共和国劳动法》《中华人民共和国劳动合同法》的规定："用人单位自用工之日起即与劳动者建立劳动关系"，"建立劳动关系应当订立劳动合同"。但实践中存在企业与劳动者签订承揽、合作等合同，以规避与劳动者建立劳动关系的情况。对此，人民法院应当根据用工事实，综合考虑人格从属性、经济从属性、组织从属性等因素，准确认定企业与劳动者是否存在劳动关系，依法处理劳动权益保障案件。《劳动和社会保障部关于确立劳动关系有关事项的通知》（劳社部发〔2005〕12 号）第一条规定："用人单位招用劳动者未订立书面劳动合同，但同时具备下列情形的，劳动关系成立。（一）用人单位和劳动者符合法律、法规规定的主体资格；（二）用人单位依法制定的各项劳动规章制度适用于劳动者，劳动者受用人单位的劳动管理，从事用人单位安排的有报酬的劳动；（三）劳动者提供的劳动是用人单位业务的组成部分。"可见，劳动关系的本质特征是支配性劳动管理。在新就业形态下，平台企业生产经营方式发生较大变化，劳动管理的具体形式也随之具有许多新的特点，但对劳动关系的认定仍应综合考量人格从属性、经济从属性、组织从属性的有无及强弱。具体而言，应当综合考虑劳动者对工作时间及工作量的自主决定程度、劳动过程受管理控制程度、劳动者是否需要遵守有关工作规则、算法规则、劳动纪律和奖惩办法、劳动者工作的持续性、劳动者能否决定或者改变交易价格等因素，依法作出相应认定。

本案中，虽然郎溪某服务公司与徐某申订立的是承揽、合作协议，但根据相关法律规定，结合法庭查明的事实，应当认定徐某申与郎溪某服务公司之间存在劳动关系。具体而言：其一，徐某申在站点从事配送工作，接受站点管理，按照站点排班表打卡上班，并根据派单按时完成配送任务，在配送时间、配送任务等方面不能自主选择，即使没有配送任务时也要留在站内做杂活。其二，徐某申的报酬组成包含基本报酬、按单计酬及奖励等项目，表明郎溪某服务公司对徐某申的工作情况存在相应的考核与管理，并据此支付报酬。其三，郎溪某服务公司从上海某网络公司承揽商品分拣、配送等业务，徐某申所从事的配送工作属于郎溪某服务公司承揽业务的重要组成部分。综上，徐某申与郎溪某服务公司之间存在用工事实，构成支配性劳动管理，符合劳动关系的本质特征，应当认定存在劳动关系。

相关法条

《中华人民共和国劳动法》第 16 条

《中华人民共和国劳动合同法》第 7 条、第 10 条

指导性案例 238 号

圣某欢诉江苏某网络科技有限公司确认劳动关系纠纷案

（最高人民法院审判委员会讨论通过 2024 年 12 月 20 日发布）

关键词

民事　确认劳动关系　新业态用工　个体工商户　承揽、合作协议　实际履行情况/劳动管理

裁判要点

1. 平台企业或者平台用工合作企业要求劳动者注册为个体工商户后再签订承揽、合作协议，劳动者主张根据实际履行情况认定劳动关系的，人民法院应当在查明事实的基础上，依据相关法律，准确作出认定。对于存在用工事实，构成支配性劳动管理的，依法认定存在劳动关系。

2. 对于主营业务存在转包情形的，人民法院应当根据用工事实和劳动管理程度，结合实际用工管理主体、劳动报酬来源等因素，依法认定劳动者与其关系最密切的企业建立劳动关系。

基本案情

江苏某网络科技有限公司（以下简称江苏某网络公司）承包某外卖平台在江苏省苏州市虎丘区浒墅关片区的外卖

配送服务。2019 年 4 月 25 日，圣某欢通过特定 APP 注册成为该外卖平台浒墅关片区专送骑手。专送骑手的具体运行模式为：在注册方式上，专送骑手必须通过站点授权才能下载注册该 APP；在派单方式上，平台根据定位向专送骑手派单，骑手不可拒绝，因特殊情况不能接单需申请订单调配；在骑手管理上，专送骑手受其专属站点管理，站长决定订单调配、骑手排班，骑手需按照排班上线接单；在薪资构成及结算上，专送骑手薪资包括订单提成、骑手补贴及其他补贴等。在注册过程中，圣某欢进行人脸识别并根据提示讲出"我要成为个体工商户"。自此，圣某欢通过上述 APP 接单，接单后使用自有车辆配送。江苏某网络公司对圣某欢有明确的上班时间及考勤要求，请假会扣除相应奖励。

2019 年 5 月 30 日，江苏某网络公司与江苏某企业管理有限公司（以下简称江苏某管理公司）签订服务协议，约定委托江苏某管理公司提供市场推广服务；江苏某管理公司承接项目订单后可以另行转包；接活方在执行任务期间受到或对任何第三方造成人身伤害、财产损害，江苏某网络公司应当自行承担后果，不得要求江苏某管理公司承担侵权等赔偿责任；每月双方对上个月接活方名单、佣金费用、服务费用等进行核对，由江苏某网络公司将相应款项存入其设在第三方平台的账户，由第三方平台将相应费用划至接活方账户。同年 6 月 10 日，圣某欢委托江苏某管理公司为其注册"个体工商户"，并以"个体工商户"名义与江苏某管理公司签订《项目转包协议》，约定：双方系独立的民事承包关系，不属于劳动关系；个体工商户独立承包配送服务业务，承担承揽过程中所可能产生的一切风险和责

任；江苏某管理公司按月将服务费结算给个体工商户。同年 6 月 13 日，圣某欢注册成为"个体工商户"，经营范围为市场营销策划、市场推广服务、展览展示服务。2019 年 6 月至 8 月，圣某欢分别收到薪资人民币 5035.5 元、6270.5 元、5807.7 元（币种下同）。圣某欢在上述 APP 中的薪资账单页面显示，薪资规则说明为江苏某网络公司制定，薪资构成包括底薪、提成、补贴奖励等，其中底薪 0 元。

2019 年 8 月 24 日晚 10 时许，圣某欢在外卖配送过程中因交通事故受伤。因工伤认定问题与江苏某网络公司发生争议，圣某欢申请仲裁，请求确认其与江苏某网络公司在 2019 年 4 月 26 日至 8 月 24 日期间存在劳动关系。江苏省苏州市虎丘区劳动争议仲裁委员会裁决：驳回圣某欢的仲裁请求。圣某欢不服，向江苏省苏州市虎丘区人民法院提起诉讼。诉讼过程中，江苏省苏州市虎丘区人民法院依职权追加江苏某管理公司作为第三人参加诉讼。

裁判结果

江苏省苏州市虎丘区人民法院于 2021 年 8 月 2 日作出（2020）苏 0505 民初 5582 号民事判决：圣某欢与江苏某网络科技有限公司在 2019 年 4 月 25 日至 2019 年 8 月 24 日期间存在劳动关系。宣判后，双方当事人均未提起上诉，判决已发生法律效力。

裁判理由

本案的争议焦点为：外卖骑手圣某欢与江苏某网络公司之间是否存在劳动关系。

劳动关系是劳动者个人与用人单位之间基于用工建立的关系。但实践中存在企业要求劳动者登记为"个体工商户"后再签订承揽、合作等合同，以规避与劳动者建立劳动关系的情况。发生

纠纷后，劳动者主张与该企业存在劳动关系的，人民法院不能仅凭双方签订的承揽、合作协议作出认定，而应当根据用工事实，综合考虑人格从属性、经济从属性、组织从属性等因素，准确认定企业与劳动者是否存在劳动关系。劳动者被要求注册为"个体工商户"，并不妨碍劳动者与用人单位建立劳动关系。对于存在用工事实，构成支配性劳动管理的，应当依法认定存在劳动关系。

本案中，江苏某网络公司要求外卖骑手圣某欢登记为"个体工商户"后再与其签订承揽、合作协议，意在规避用人单位应当承担的法律责任，双方实际存在较强的人格从属性、经济从属性、组织从属性，构成支配性劳动管理。具体而言：其一，圣某欢成为专送骑手需通过站点授权才能完成 APP 注册，而后圣某欢通过 APP 接单，根据劳动表现获取薪酬，不得拒绝平台派发订单，特殊情况不能接单时需向江苏某网络公司申请订单调配；而且，江苏某网络公司制定考勤规则，对圣某欢的日常工作进行管理。其二，根据 APP 薪资账单中的薪资规则说明、平台服务协议可以看出，圣某欢薪资来源、薪资规则制定方为江苏某网络公司，发放金额由江苏某网络公司确定，双方实际结算薪资。其三，圣某欢注册成为专送骑手，隶属于江苏

某网络公司承包的某外卖平台浒墅关片区站点，其从事外卖配送服务属于该公司主营业务。综上，江苏某网络公司要求、引导圣某欢注册成为"个体工商户"，以建立所谓平等主体之间合作关系的形式规避用人单位责任，但实际存在用工事实，对圣某欢进行支配性劳动管理，符合劳动关系的本质特征，应当认定双方之间存在劳动关系。

关于圣某欢是与江苏某网络公司还是与江苏某管理公司存在劳动关系的问题。经查，江苏某网络公司虽然通过签订平台服务协议将配送业务转包给江苏某管理公司，但实际圣某欢依然通过此前注册的 APP 进行接单和配送，江苏某网络公司也通过该 APP 派单并进行工资结算。圣某欢系由江苏某网络公司直接安排工作、直接管理、结算薪资等，其与江苏某网络公司之间联系的密切程度明显超过与江苏某管理公司的联系。故对江苏某网络公司仅以其与江苏某管理公司存在内部分包关系为由，提出其与圣某欢之间不存在劳动关系的抗辩，依法不予支持。

相关法条

《中华人民共和国劳动法》第 16 条

《中华人民共和国劳动合同法》第 7 条、第 10 条

指导性案例 239 号

王某诉北京某文化传媒有限公司劳动争议案

（最高人民法院审判委员会讨论通过 2024 年 12 月 20 日发布）

关键词

民事　劳动争议　确认劳动关系　新业态用工　网络主播　经纪合同　不存在劳动关系

裁判要点

经纪公司对从业人员的工作时间、工作内容、工作过程控制程度不强，从业人员无需严格遵守公司劳动管理制度，且对利益分配等事项具有较强议价权的，应当认定双方之间不存在支配性劳动管理，不存在劳动关系。

基本案情

王某系网络主播，其在网络平台创建并运营自媒体账号。2020 年 3 月，王某与北京某文化传媒有限公司（以下简称北京某传媒公司）签订《独家经纪合同》。该合同约定：王某授权北京某传媒公司独家为其提供自媒体平台图文、音频视频事务有关的经纪服务和商务运作；王某主要收入为按照月交易金额获取收益，王某的保底费用和提成根据月交易金额确定，北京某传媒公司将收入扣除相关必要费用后由双方按比例分成，王某有权对收入分配结算提出异议；王某应当按照北京某传媒公司的安排，准时抵达工作场所，按约定完成工作事项；该合同为合作服务合同，并非劳动合同，双方并不因签订本合同而建立劳动关系。在签订合同过程中，王某着重对收益分配部分作了对其有利的修改。

在合同实际履行过程中，王某按照双方约定参与运营自媒体账号，其每月收入并不固定，收入多少取决于双方合作经营的平台广告收入。合同签订后，王某的自媒体账号由其与北京某传媒公司共同运营管理，粉丝量由签订合同前的近百万逐步涨至 400 万。此外，王某在北京某传媒公司推荐下参与广告制作和发布、综艺演出等活动。

后双方发生争议，王某申请劳动仲裁，请求确认其与北京某传媒公司在 2020 年 3 月 1 日至 2021 年 4 月 13 日期间存在劳动关系，北京某传媒公司向其支付 2021 年 2 月 1 日至 2021 年 4 月 13 日奖金人民币 255217.5 元（币种下同），以及 2020 年 3 月 1 日至 2021 年 2 月 28 日未订立书面劳动合同的二倍工资差额 11 万元。北京市朝阳区劳动人事争议仲裁委员会裁决：驳回王某的仲裁请求。王某不服，向北京市朝阳区人民法院提起诉讼。

裁判结果

北京市朝阳区人民法院于 2022 年 11 月 25 日作出（2022）京 0105 民初 9090 号民事判决：驳回王某的诉讼请求。宣判后，王某不服，提起上诉。北京市第三中级人民法院于 2023 年 9 月 5 日作出（2023）京 03 民终 7051 号民事判决：驳回上诉，维持原判。

裁判理由

本案的争议焦点为：北京某传媒公司与其旗下网络主播王某之间是否存在劳动关系。

劳动关系的本质特征是支配性劳动管理，即劳动者与用人单位之间存在较强的人格从属性、经济从属性、组织从属性。在新就业形态下，对于有关企业与网络主播之间的法律关系，要立足具体案件具体分析，重点审查企业与网络主播之间的权利义务内容及确定方式，准确区分因经纪关系所产生的履约要求与劳动管理，判定平台企业是否对网络主播存在支配性劳动管理，两者之间是否存在劳动关系。

本案中，从双方订立的合同及实际履行情况看，北京某传媒公司未对网络主播王某进行支配性劳动管理。具体而言：第一，根据北京某传媒公司与王某订立的经纪合同，王某应当按照北京某传媒公司的安排，准时抵达工作场所，按约定完成工作事项。但王某无需遵守北京某传媒公司的有关工作规则、劳动纪律和奖惩办法。因此，虽然北京某传媒公司可以根据经纪合同约定对王某的演艺行为等进行必要的约束，但这并不属于劳动法律意义上的劳动管理，而是王某按照约定应当履行的合同义务。第二，王某对收益分配方式等内容具有较强的协商权和议价权。王某在与北京某传媒公司订立协议的过程中，着重对收益的分配比例等核心内容进行谈判议价，双方之间的法律关系体现出平等协商的特点，而且约定分成的收益分配方式明显有别于劳动关系。第三，从合同目的和内容看，双方合作本意是通过北京某传媒公司的孵化，进一步提升王某在自媒体平台的艺术、表演、广告、平面形象影响力和知名度，继而通过王某独立参与商业活动获取相应广告收入，并按合同约定进行分配。合同内容主要包括有关经纪事项、报酬及收益分配、违约责任等权利义务约定，不具有劳动合同的要素内容。

综上，北京某传媒公司与旗下网络主播王某之间的权利义务不符合劳动管理所要求的劳动者与用人单位之间存在人格从属性、经济从属性、组织从属性的特征，依法不应认定存在劳动关系。

相关法条

《中华人民共和国劳动合同法》第7条

《最高人民法院关于适用〈中华人民共和国民事诉讼法〉的解释》（法释〔2022〕11号）第90条

指导性案例 240 号

秦某丹诉北京某汽车技术开发服务有限公司
劳动争议案

（最高人民法院审判委员会讨论通过 2024 年 12 月 20 日发布）

关键词

民事　劳动争议　确认劳动关系
新业态用工　代驾司机　必要运营管理
不存在劳动关系

裁判要点

平台企业或者平台用工合作企业为维护平台正常运营、提供优质服务等进行必要运营管理，但未形成支配性劳动管理的，对于劳动者提出的与该企业之间存在劳动关系的主张，人民法院依法不予支持。

基本案情

秦某丹于 2020 年 12 月 31 日注册某代驾平台司机端 APP，申请成为代驾司机。该平台运营者为北京某汽车技术开发服务有限公司（以下简称北京某汽车公司）。平台中的《信息服务协议》约定：北京某汽车公司为代驾司机提供代驾信息有偿服务，代驾司机通过北京某汽车公司平台接单，与代驾服务使用方达成并履行《代驾服务协议》，由平台记录代驾服务过程中的各项信息数据；代驾司机以平台数据为依据，向代驾服务使用方收取代驾服务费，向北京某汽车公司支付信息服务费；北京某汽车公司不实际提供代驾服务，也不代理平台任何一方用户，仅充当代驾司机与代驾服务使用方之间的中间人，促成用户达成《代驾服务协议》；北京某汽车公司与代驾司机不存在任何劳动、劳务、雇佣等关系，但有权根据平台规则，对代驾司机的代驾服务活动及收费情况进行监督，有权根据平台用户的反馈，对代驾司机的代驾服务活动进行评价，以及进行相应调查、处理。

在协议实际履行过程中，北京某汽车公司未对秦某丹按照员工进行管理，亦未要求其遵守公司劳动规章制度。代驾服务使用方发出代驾服务需求信息后，平台统一为符合条件的司机派单，秦某丹自行决定是否接单、抢单。秦某丹仅需购买工服、接受软件使用培训、进行路考、接受抽查仪容等，其在工作时间、工作量上具有较高的自主决定权，可以自行决定是否注册使用平台、何时使用平台从事代驾服务等。秦某丹从事代驾服务所取得的报酬系代驾服务费，由代驾服务使用方直接支付。

此外，平台根据代驾司机接单率对其进行赠送或者扣减金币等奖罚措施。平台奖励金币可用于代驾司机购买平台道具以提高后续抢单成功率，与其收入不直接关联。平台统计代驾司机的成单量、有责取消率等数据，并对接单状况存在明显异常的代驾司机账号实行封禁账号等相关风控措施。

后双方发生劳动争议，秦某丹申请劳动仲裁，请求北京某汽车公司支付2021 年 1 月 31 日至 2022 年 1 月 31 日未订立书面劳动合同的二倍工资差额人民币 8074.38 元。北京市石景山区劳动人事争议仲裁委员会裁决：驳回秦某丹的仲裁请求。秦某丹不服，向北京市石景山区人民法院提起诉讼。

裁判结果

北京市石景山区人民法院于 2023 年 3 月 31 日作出（2023）京 0107 民初 2196 号民事判决：驳回秦某丹的诉讼请求。宣判后，秦某丹不服，提起上诉。北京市第一中级人民法院于 2023 年 9 月 15 日作出（2023）京 01 民终 6036 号民事判决：驳回上诉，维持原判。

裁判理由

本案的争议焦点为：平台运营者北京某汽车公司与代驾司机秦某丹之间是否存在劳动关系。

劳动关系的本质特征是支配性劳动管理，即劳动者与用人单位之间存在较强的人格从属性、经济从属性、组织从属性。在新就业形态下，认定是否存在劳动管理，仍然应当着重考察、准确判断企业对劳动者是否存在支配性劳动管理，劳动者提供的劳动是否具有从属性特征。

本案中，虽然北京某汽车公司根据约定对代驾司机秦某丹进行一定程度的运营管理，但该管理不属于支配性劳动管理；秦某丹有权自主决定是否注册使用平台，何时使用平台，是否接单、抢单，其对北京某汽车公司并无较强的从属性。具体而言：其一，从相关协议内容来看，北京某汽车公司为代驾司机提供代驾信息有偿服务，代驾司机通过北京某汽车公司平台接单，与代驾服务使用方达成交易；代驾司机依约向代驾服务使用方收取代驾服务费，向北京某汽车公司支付信息服务费；北京某汽车公司不实际提供代驾服务，也不代理平台

任何一方用户，仅充当代驾司机与代驾服务使用方之间的中间人；代驾司机可以自由决定是否使用平台接受信息服务。其二，从协议实际履行情况来看，秦某丹有权自行决定工作时间、地点，而非根据北京某汽车公司的工作安排接受订单，且北京某汽车公司未对秦某丹在上下班时间、考勤等方面进行员工管理，故双方之间不存在管理与被管理的从属关系。秦某丹的收入系从平台账号中提现，提现款项来源于代驾服务使用方，由代驾服务使用方直接支付到秦某丹在平台的账户，再由秦某丹向平台申请提现，提现时间由秦某丹自主决定，并非由北京某汽车公司支付劳动报酬。其三，尽管北京某汽车公司让秦某丹购买工服、接受软件使用培训、进行路考、接受抽查仪容等，以及根据秦某丹接单率对其进行赠送或者扣减金币，但属于维护平台正常运营、提供优质服务等进行的必要运营管理；北京某汽车公司根据秦某丹的成单量、有责取消率等数据，以及接单状况异常情况实行封禁账号等措施，亦系基于合理风控采取的必要运营措施。

综上，北京某汽车公司对代驾司机秦某丹提出的有关工作要求，是基于维护平台正常运营、提供优质服务等而采取的必要运营管理措施，不属于支配性劳动管理，故依法不应认定双方之间存在劳动关系。

相关法条

《中华人民共和国劳动合同法》第 7 条

《最高人民法院关于适用〈中华人民共和国民事诉讼法〉的解释》（法释〔2022〕11 号）第 90 条

某服务外包公司诉徐某确认劳动关系纠纷案

——平台骑手与所服务企业是否存在劳动关系应根据双方的 实际权利义务内容审查认定

关键词

民事　确认劳动关系　劳动合同 平台骑手　合作承揽协议

基本案情

某服务外包公司与"叮咚买菜"平台某网络科技公司于2019年4月1日签订了《服务承揽合同》，约定：某服务外包公司为上海某网络科技有限公司（以下简称某网络科技公司）完成商品的分拣、配送等双方约定的工作。双方应于每月10日前对某服务外包公司前一个月的承揽费用进行核对，核对一致后由某网络科技公司于当月11日前向某服务外包公司支付前一个月的承揽费用。某服务外包公司应视承揽服务情况，自主采取措施确保其具有参与履行本合同的能力和实力，并对某服务外包公司提供服务的人员进行管理。某服务外包公司独立对上述某服务外包公司提供服务的人员承担法律法规所规定的雇主责任或其他责任。某服务外包公司提供服务的人员的薪酬、商业保险费、福利待遇等的缴纳或发放均由某服务外包公司自行承担。

2019年7月5日，某服务外包公司安排徐某至"叮咚买菜"九亭站从事配送相关服务。双方签订了电子版《自由职业者合作协议》（以下简称合作协议）及书面《新业态自由职业者任务承揽协议》（以下简称承揽协议）。上述两份协议均约定徐某与某服务外包公司通过协议建立合作关系，适用《合同法》《民法总则》[①]和其他民事法律，不适用《劳动合同法》。其中承揽协议还约定某服务外包公司将根据经合作公司确认的项目服务人员服务标准及费用标准向徐某支付服务费用。无底薪、无保底服务费，实行多劳多得、不劳不得制。

2019年8月12日，某服务外包公司向徐某转账9042.74元，该笔款项在徐某的银行账户历史交易明细表交易摘要栏内显示为"工资网上代发代扣"。

2019年8月13日，徐某在站点处受伤。

2019年9月3日，某服务外包公司以"服务费"名义转账支付徐某15000元。

2020年8月10日，徐某申请仲裁，请求确认其与某服务外包公司存在劳动关系。劳动仲裁裁决确认某服务外包公司与徐某2019年7月5日至2019年8月13日存在劳动关系。某服务外包公司不服，诉至法院。

诉讼中，徐某称：其在2019年7月经"某某买菜"九亭门店站长面试后开始工作的，站长安排排班，分早中晚三班，上班时间需打卡。7月份工资发放前，其被要求下载"赚到了"App，并在该App上签订了合作协议，次日即收

---

① 《民法典》2021年生效后，该两部法律已失效。

到了 7 月份的工资，由基本工资、绩效奖金、补贴等构成。承揽协议也系应某服务外包公司要求在 2019 年 8 月所签。

某服务外包公司则主张承揽协议签订于 2019 年 7 月，其公司只是代"某某买菜"方发放服务费，双方并无建立劳动关系的合意。

上海市松江区人民法院于 2021 年 7 月 5 日作出（2021）沪 0117 民初 600 号民事判决：确认徐某与某服务外包公司自 2019 年 7 月 5 日至 2020 年 8 月 13 日存在劳动关系。宣判后，某服务外包公司以其向徐某所支付款项系服务费，双方所签订合作协议、承揽协议系徐某真实意思表示，双方之间无人身隶属性等为由，提起上诉。上海市第一中级人民法院于 2022 年 3 月 7 日作出（2021）沪 01 民终 11591 号民事判决：驳回上诉，维持原判。

裁判理由

法院生效裁判认为：本案的争议焦点为，在骑手与平台外包企业已签订合作、承揽协议的情况下，能否认定双方存在劳动关系。

对于新就业形态中企业与劳动者间的法律关系，应根据双方之间的实际权利义务内容予以认定，以依法保护企业与劳动者的合法权益。本案中，徐某经由某服务外包公司安排至某网络科技公司经营的"某某买菜"九亭站从事配送工作，徐某虽与某服务外包公司签订了《自由职业者合作协议》及《新业态自由职业者任务承揽协议》，然而对于双方间真实的法律关系，应根据双方间的实际权利义务内容依法予以审查并作出认定。根据双方当事人陈述及本案查明的事实，徐某从事的配送工作属于某服务外包公司自某网络科技公司处承揽的配送等业务的组成部分。徐某在"某某买菜"九亭站从事配送工作，需接受该

站站长的管理，按照站长的排班准时到站，并需根据派单按时完成配送任务，徐某并无选择接单的自由。且从徐某的报酬组成来看，虽双方提供的明细中对于报酬的组成项目在表述上有差异，但均包含有基本报酬、按单计酬以及奖励等项目，表明某服务外包公司对徐某的工作情况进行相应的考核和管理。综上，某服务外包公司与徐某签订的合作协议、承揽协议，与双方实际权利义务履行情况不相匹配，徐某与某服务外包公司存在事实上的人格、经济、组织从属性，双方间的法律关系符合劳动关系基本特征。徐某主张与某服务外包公司之间存在劳动关系，具有事实依据，应予以支持。

裁判要旨

外卖骑手与所服务企业之间的法律关系应根据双方之间的实际权利义务内容予以认定。骑手与所服务企业签署了合作、承揽协议，但主张双方存在劳动关系的，应以劳动关系从属性作为内在核心评判基准。可结合平台新经济形态特点，根据个案中所涉企业对骑手的工作管理要求、骑手劳动报酬组成、绩效评估奖惩机制、平台经营模式等具体情况进行综合评判。骑手与所服务企业均具备劳动关系主体资格，且实际履行的权利义务内容符合劳动关系从属性本质特征的，可认定双方存在劳动关系。

关联索引

《中华人民共和国劳动合同法》第 2 条、第 7 条

一审：上海市松江区人民法院（2021）沪 0117 民初 600 号民事判决（2021 年 7 月 5 日）

二审：上海市第一中级人民法院（2021）沪 01 民终 11591 号民事判决（2022 年 3 月 7 日）

乌鲁木齐某物业服务有限公司诉
马某某劳动合同纠纷案

——已达到法定退休年龄但未享受基本养老保险待遇或领取退休金的
人员与用人单位之间法律关系的认定

关键词

民事　劳动合同　法定退休年龄
养老保险待遇　劳务关系　劳动关系

基本案情

乌鲁木齐某物业服务有限公司诉称：请求依法确认其与马某某之间不存在劳动关系。事实和理由：乌鲁木齐市沙依巴克区劳动人事争议仲裁委员会所作的沙劳人仲字（2021）第663号裁决认定事实不清，缺乏事实依据。裁决认定乌鲁木齐某物业服务有限公司与马某某之间是劳动关系的认定错误。马某某于2020年5月20日应聘从事我物业公司骑马山人大小区保洁员工作时，年龄已经58岁，达到法定退休年龄，乌鲁木齐某物业服务有限公司招聘工作负责人询问其是否已经退休、是否需要交社保时，马某某明确答复说她是退休人员，不用原告公司给她交社保等，因此，乌鲁木齐某物业服务有限公司一直把马某某看作退休返聘人员，该公司与退休返聘人员签订的合同均是劳务合同，马某某故意或恶意隐瞒重大个人信息，才导致乌鲁木齐某物业服务有限公司与马某某没能签订劳务合同或劳动合同，应当认定是马某某有重大过错，故，应当认定乌鲁木齐某物业服务有限公司与马某某是劳务关系。

马某某辩称：对于乌鲁木齐某物业服务有限公司的诉讼请求不认可，其与乌鲁木齐某物业服务有限公司应为劳动关系。

法院经审理查明：2020年5月20日，马某某入职物业公司，从事保洁工作，工作地点为骑马山人大公务员小区，工资约定为每月2600元，双方未签订劳动合同。马某某因受伤在2020年11月23日后再未给物业公司提供劳动，马某某参加了城乡居民基本养老保险，但尚未领取养老待遇。另查明，2021年7月6日马某某向乌鲁木齐市沙依巴克区劳动人事争议仲裁委员会申请仲裁要求：确认马某某与物业公司在2020年11月23日存在劳动关系。物业公司因不服该仲裁裁决书，向一审法院起诉。

新疆维吾尔自治区乌鲁木齐市沙依巴克区人民法院于2021年10月28日作出（2021）新0103民初10654号民事判决：确认马某某与乌鲁木齐某物业服务有限公司在2020年11月23日存在劳动关系。宣判后，乌鲁木齐某物业服务有限公司提出上诉。新疆维吾尔自治区乌鲁木齐市中级人民法院于2021年12月31日作出（2021）新01民终6025号民事判决：驳回上诉，维持原判。宣判后，乌鲁木齐某物业服务有限公司提出再审申请。新疆维吾尔自治区高级人民法院于2022年12月7日作出民事裁定，裁定对本案提审。新疆维吾尔自治区高级人民法院于 2023 年 3 月 30 日作出（2022）新民再 229 号民事判决。

裁判理由

法院生效裁判认为：本案争议焦点为马某某与物业公司在 2020 年 11 月 23 日之间是否存在劳动关系。

1. 从案件事实来看，根据《国务院关于工人退休、退职的暂行办法》的规定，女工人年满 50 周岁应当退休，马某某于 1962 年 10 月 10 日出生，其 2020 年 5 月 20 日入职物业公司时已超过我国女工人法定退休年龄 50 周岁，不再符合劳动法律、法规规定的主体资格，同时马某某在入职物业公司之前无固定职业，并未以物业公司支付的报酬作为主要经济收入来源，本案中马某某实际工作 6 个月时间，该工作持续时间较短，可见马某某对物业公司该份工作的依赖性较低，物业公司招录马某某时亦未有建立长期的固定的劳动关系的意思表示，故虽然马某某从事的工作属于物业公司的业务组成部分，接受物业公司的安排，并由物业公司支付相应报酬，但是双方之间并不具备建立劳动关系的条件。

2. 从法律规定来看，本案法律适用的一个关键问题是已达到法定退休年龄但未享受养老保险待遇人员与用人单位之间的关系应该如何认定。首先，《劳动合同法》第 44 条第 2 项规定："劳动者开始依法享受基本养老保险待遇的"劳动合同终止。《最高人民法院关于审理劳动争议案件适用法律若干问题的解释（三）》[以下简称《解释（三）》]第 7 条①规定："用人单位与其招用的已经依法享受养老保险待遇或领取退休金的人员发生用工争议，向人民法院提起诉讼的，人民法院应当按劳务关系处理。"而《最高人民法院关于审理劳动争议案件适用法律问题的解释（一）》[以下简称《解释（一）》]第 32 条第 1 款规定："用人单位与其招用的已经依法享受养老保险待遇或者领取退休金的人员发生用工争议而提起诉讼的，人民法院应当按劳务关系处理。"第 54 条规定："本解释自 2021 年 1 月 1 日起施行。"本案于 2021 年 9 月 13 日立案，应当适用《解释（一）》的规定。即使按照二审判决适用的行为时有效的《解释（三）》的规定，对本案结果不产生影响。

但，上述两条法律均未对已达到法定退休年龄但未享受养老保险待遇人员与用人单位之间的关系应该如何认定作出规定，二审法院依据《劳动合同法》第 44 条第 2 项及《解释（三）》第 7 条的规定，反推认定因马某某未享受基本养老保险待遇，故其与物业公司之间形成的用工关系为劳动关系，缺乏法律依据。其次，对于已达到法定退休年龄但未享受养老保险待遇人员与用人单位之间的关系应该如何认定的问题，法院分析如下：《劳动合同法》第 44 条第 2 项规定："劳动者开始依法享受基本养老保险待遇的"劳动合同终止，《劳动合同法实施条例》第 21 条明确规定："劳动者达到法定退休年龄的，劳动合同终止。"上述法律和行政法规，均是对劳动合同终止的情形作出规定，具体本案应如何适用上述规定，法院认为，若单独适用《劳动合同法》第 44 条第 2 项，以劳动者是否享受基本养老保险待遇作为唯一标准来判断劳动合同是否终止，假使劳动者达到法定退休年龄，不办理退休手续，也不领取基本养老保险

---

① 《解释（三）》现已失效，该条内容现为《最高人民法院关于审理劳动争议案件适用法律问题的解释（一）》（2020 年 12 月 29 日，法释〔2020〕26 号）第 32 条第 1 款。

待遇，用人单位可能将不得不一直与该劳动者保持劳动关系，直到劳动者死亡或用人单位注销，在这些情形下对用人单位有失公平，因此根据《劳动合同法》第44条第6项关于有"法律、行政法规规定的其他情形"劳动合同终止的授权，《劳动合同法实施条例》第21条明确规定："劳动者达到法定退休年龄的，劳动合同终止。"可见，上述两个规定并不冲突，而是补充与完善的关系。本案中，因马某某未享受基本养老保险待遇，故不能直接适用《劳动合同法》第44条第2项的规定。本案应该适用《劳动合同法实施条例》第21条"劳动者达到法定退休年龄的，劳动合同终止"的规定，当然，从本条规定原意出发，如果因劳动者达到法定退休年龄直接赋予用人单位的劳动合同终止权，在一定程度上也会对劳动者合法权益造成损害，故对于适用《劳动合同法实施条例》第21条的审查，也应该具体需审查劳动者不能享受基本养老保险待遇的原因是否与用人单位有关。本案中，马某某并未与物业公司签订劳动合同书，双方当事人缺乏建立劳动关系的意思表示，根据查明的事实，马某某入职物业公司之前并无固定职业，其自行参加了城乡居民基本养老保险，目前未能享受养老保险待遇的原因在于其未满60周岁缴费未满15年，即物业公司对马某某未能享受养老保险待遇并无主观上的过错，故物业公司与马某某之间无法认定为劳动关系。

3. 从法律精神和社会效果来看，一是马某某请求确认2020年11月23日其与物业公司的劳动关系，实际目的为获得工伤赔偿，但根据《人力资源社会保障部关于执行〈工伤保险条例〉若干问题的意见（二）》（人社部发〔2016〕29号）以及《最高人民法院关于超过法定退休年龄的进城务工农民在工作时间内因公伤亡的，能否认定工伤的答复》（〔2012〕行他字第13号）及《最高人民法院行政审判庭关于超过法定退休年龄的进城务工农民因工伤亡的，应否适用〈工伤保险条例〉请示的答复》（〔2010〕行他字第10号）中，均予以明确用人单位聘用的超过法定退休年龄的务工农民，在工作时间内、因工作时间伤亡的，应当适用《工伤保险条例》的有关规定进行工伤认定，故马某某虽因已超过法定退休年龄而不能与物业公司建立劳动关系，但并不影响其工伤的认定，对于马某某的权益并未造成实际影响。二是从立法目的出发，已超过法定退休年龄的劳动者区分不同情况认定用工关系，有利于劳动人员的有序流动及经济社会的有利发展。因马某某到物业公司工作时已超过法定退休年龄，社保经办机构无法为其开设社保账户、接受其社会保险的缴纳，如确立劳动关系，物业公司将面临司法裁判确立义务难以履行的困境，容易激化社会矛盾，故对于已达到法定退休年龄但未享受养老保险待遇人员与用人单位之间的关系认定，不能与现行劳动法律法规相冲突，没有足够理由亦不能改变调整养老保险等劳动保障关系的现行规章规定。综合上述分析，马某某入职时其与物业公司之间的用工关系因其已达到法定退休年龄而导致劳动关系自然终止，此后双方形成的是劳务关系，即从马某某入职时至2020年11月23日双方形成的是劳务关系，物业公司的再审理由成立。

综上，物业公司的再审请求成立，依照《劳动合同法》第44条、《劳动合同法实施条例》第21条、《民事诉讼法》第176条第1款、第177条第1款第2项、第214条第1款规定，判决如下：一、撤销新疆维吾尔自治区乌鲁木齐市中级人民法院（2021）新 01 民终 6025 号民事判决及乌鲁木齐市沙依巴克区人民法院（2021）新 0103 民初 10654 号民事判决；二、马某某与乌鲁木齐某物业服务有限公司在 2020 年 11 月 23 日不存在劳动关系。

裁判要旨

对于已达到法定退休年龄但未享受养老保险待遇或领取退休金的人员与用人单位之间的法律关系，不应仅对劳动者年龄标准作形式审查，而应具体审查劳动者不能享受基本养老保险待遇的原因是否与用人单位有关，具体应区分两种情形：其一，如果劳动者非因用人单位原因不能享受基本养老保险待遇的，用人单位依据《劳动合同法实施条例》第 21 条的规定享有劳动关系终止的权利，此时劳动者与用人单位形成的是劳务关系。其二，劳动者因用人单位原因不能享受基本养老保险待遇的，就不能适用《劳动合同法实施条例》第 21 条

的规定，以劳动者享受基本养老保险待遇时为劳动合同终止的条件，此时，劳动者与用人单位形成的劳动关系。

关联索引

《中华人民共和国劳动合同法》第 44 条

《中华人民共和国劳动合同法实施条例》第 21 条

《最高人民法院关于审理劳动争议案件适用法律问题的解释（一）》第 32 条第 1 款

一审：新疆维吾尔自治区乌鲁木齐市沙依巴克区人民法院（2021）新 0103 民初 10654 号民事判决（2021 年 10 月 28 日）

二审：新疆维吾尔自治区乌鲁木齐市中级人民法院（2021）新 01 民终 6025 号民事判决（2021 年 12 月 31 日）

再审：新疆维吾尔自治区高级人民法院（2022）新民再 229 号民事判决（2023 年 3 月 30 日）

侯某生等与江西某生态科技有限公司
万年分公司劳动合同纠纷案

——用人单位招用已达法定退休年龄但未享受基本养老保险待遇或未领取退休金的人员的，双方构成劳务关系

关键词

民事　劳动合同　劳务关系
法定退休年龄　基本养老保险待遇

基本案情

原告侯某生、余某锋、侯某荣向法院起诉请求：依法确认周某珍与江西某生态科技有限公司万年分公司（以下简称万年分公司）之间存在事实劳动关系。

法院经审理查明：侯某生之妻、余某锋、侯某荣之母周某珍于 2017 年 8 月 20 日与万年县环境卫生管理所签订了一份《万年县环卫所道路清扫、保洁权劳务承包合同书》，约定由周某珍承包万年县陈营镇正大街道路清扫、保洁劳务，期限为 2017 年 8 月 20 日至 2018 年 8 月 20 日，承包经费为 96000 元，周某珍在承包期内有生产管理权、人事管理

权、经费分配权，但必须严格遵守环卫所的各项规章制度、服从领导；环卫所按照道路清扫、保洁检查与考核办法对周某珍定期与不定期检查，对其工作质量差，经多次教育不改的，可以解除合同，并没收保证金。合同签订后，周某珍在万年县城街道所承包清扫、保洁的路段从事环卫工作。2018年1月，万年分公司中标取得万年县环卫经营权，2018年3月15日正式接管万年县环境卫生管理所的县城街道清扫、保洁业务，并开始运营。从此，周某珍继续从事环卫工作，工资报酬由被告支付，但双方未重新签订合同。万年分公司分别于2018年5月21日、6月17日向周某珍发放了四、五月的工资。2018年5月21日19时30分许，周某珍在万年县陈营镇正大街保育院门口路段从事环卫作业时，被案外人驾驶的摩托车撞伤，后经送医院抢救无效于2018年5月28日死亡。周某珍死亡后，侯某生、余某锋、侯某荣作为周某珍的亲属，多次与万年分公司就周某珍死亡赔偿协商事宜未果。侯某生等三人就周某珍与万年分公司是否构成劳动关系向万年县劳动人事争议仲裁委员会申请仲裁，万年县劳动人事争议仲裁委员会于2018年10月9日作出万劳人仲字（2018）28号仲裁裁决书，裁决周某珍与万年分公司不存在劳动关系，对此，侯某生、余某锋、侯某荣不服，起诉请求确认周某珍与万年分公司之间存在事实劳动关系。另查明，侯某生、余某锋、侯某荣的亲属周某珍于1954年5月6日出生，没有依法享受养老保险待遇。

江西省万年县人民法院于2018年12月24日作出（2018）赣1129民初1838号民事判决：驳回侯某生、余某锋、侯某荣的诉讼请求。侯某生、余某锋、侯某荣不服，提起上诉。江西省上

饶市中级人民法院于2019年3月20日作出（2019）赣11民终336号民事判决：一、撤销一审判决；二、侯某生、余某锋、侯某荣亲属周某珍与万年分公司之间存在劳动关系。万年分公司不服，申请再审。江西省高级人民法院于2020年3月25日作出（2020）赣民再2号民事判决：撤销二审判决，维持一审判决。

裁判理由

法院生效裁判认为：本案能否确立周某珍与万年分公司劳动关系的基础在于万年县环卫所与周某珍于2017年8月20日签订《万年县环卫所道路清扫、保洁权劳务承包合同书》后，双方是形成劳动关系还是劳务承包关系。首先，从该合同书的名称来看，双方明确约定为"劳务承包合同书"。其次，从双方权利义务的约定来看，周某珍在承包期内享受生产管理权、人事管理权和经费分配权，其自主聘用清扫保洁人员，自主分配劳务报酬，自行解决承包期间发生的各项责任事故和纠纷，在人事安排、工作安排、报酬分配等主要事务上周某珍并不受万年县环卫所的支配，双方不存在隶属关系。再次，签订上述合同书时，周某珍已超过法定退休年龄，在此之前与万年县环卫所也不存在劳动关系，故双方签订劳务承包合同书的合意应该是建立劳务承包关系，而非劳动关系。最后，周某珍与万年县环卫所签订合同时，不符合办理工伤保险等各项社会统筹保险的条件。桑德公司接手经营后，为弥补社保机构不能办理工伤保险的情形，为周某珍投保了雇主责任保险。因此，认定双方属于劳务承包关系，更符合双方真实意思表示和客观事实。桑德公司承继万年县环卫所的权利义务后取得该县环卫经营权，但其与周某珍并未签订劳动合同，周某珍与桑德

公司的关系仍应根据前述合同书来确认，即为劳务承包关系。综上，一审判决认定事实清楚，适用法律正确，应予维持。二审判决适用《最高人民法院民一庭关于达到或者超过法定退休年龄的劳动者（含农民工）与用人单位之间劳动关系终止的确定标准问题的答复》确有错误，应予纠正。

裁判要旨

1. 区分自然人与用人单位的劳务承包合同是劳务关系还是劳动关系，应从双方权利义务的约定来看。如果自然人在承包期内享受生产管理权、人事管理权和经费分配权，自行解决承包期间发生的各项责任事故和纠纷，且在人事安排、工作安排、报酬分配等主要事务上不受用人单位支配的，双方不存在隶属关系，不属于劳动关系。

2. 自然人与用人单位签订劳务承包合同时，已超过法定退休年龄，在此之前与用人单位也不存在劳动关系，应认定双方签订劳务承包合同书的合意是建立劳务承包关系，而非劳动关系。

关联索引

《中华人民共和国劳动合同法》第44条

《中华人民共和国劳动合同法实施条例》第21条

一审：江西省万年县人民法院（2018）赣1129民初1838号民事判决（2018年12月24日）

二审：江西省上饶市中级人民法院（2019）赣11民终336号民事判决（2019年3月20日）

再审：江西省高级人民法院（2020）赣民再2号民事判决（2020年3月25日）

李某诉某文化传播公司劳动争议案

——如何认定网络主播与文化传播公司之间是否存在劳动关系

关键词

民事　劳动争议　网络主播　合作协议　经济补偿

基本案情

李某与某文化传播公司订立《艺人独家合作协议》，约定：李某聘请某文化传播公司为其经纪人，某文化传播公司为李某提供网络主播培训及推广宣传，将其培养成为知名的网络主播；李某有权参与某文化传播公司安排的商业活动的策划过程、了解直播收支情况，并对个人形象定位等事项提出建议；李某直播内容和时间均由其自行确定，其每月获得各直播平台后台礼物由公司和李某进行分成。从事直播活动后，李某按照某文化传播公司要求入驻直播平台，双方均严格履行协议约定的权利义务。后李某因直播收入较低，单方解除《艺人独家合作协议》，并以公司未缴纳社会保险费为由要求某文化传播公司向其支付解除劳动合同经济补偿。某文化传播公司以双方之间不存在劳动关系为由拒绝支付。李某向仲裁委员会申请仲裁后诉至人民法院，请求确认与某文化传播公司之间存在劳动关系，某文化传播公司支付解除劳动合同经济补偿。

重庆市江北区人民法院于 2018 年 12 月 7 日作出（2018）渝 0105 民初 8250 号民事判决：驳回原告李某的诉讼请求。宣判后，李某提出上诉。重庆市第一中级人民法院于 2019 年 3 月 28 日作出（2019）渝 01 民终 1910 号民事判决：驳回上诉，维持原判。

裁判理由

法院生效裁判认为：从管理方式上看，某文化传播公司没有对李某进行劳动管理，李某直播地点、直播内容、直播时长、直播时间段并不固定，亦无须遵守某公司的各项劳动规章制度。从收入分配上看，公司没有向李某支付劳动报酬，李某的直播收入主要是通过网络直播打赏所得，公司仅是按照约定比例进行收益分配，无法掌控和决定李某的收入金额。从工作内容上看，李某从事的网络直播活动并非公司业务的组成部分，直播平台由第三方所有和提供，网络直播本身不属于公司的经营范围，无法认定李某从事直播活动系履行职务行为。因此，李某与某文化传播公司之间不符合劳动关系的法律特征，对李某基于劳动关系提出的各项诉讼请求，不予

支持。

裁判要旨

网络主播与合作公司签订艺人独家合作协议，通过合作公司包装推荐，自行在第三方直播平台上注册，从事网络直播活动，并按合作协议获取直播收入。因合作公司没有对网络主播实施劳动管理行为，网络主播从事的直播活动并非合作公司的业务组成部分，其基于合作协议获得的直播收入亦非劳动法意义上的劳动报酬。因此，二者不符合劳动关系的法律特征，网络主播基于劳动关系提出的各项诉讼请求，不能成立。

关联索引

《中华人民共和国劳动合同法》第 7 条

《劳动和社会保障部关于确立劳动关系有关事项的通知》（劳社部发〔2005〕12 号）第 1 条

一审：重庆市江北区人民法院（2018）渝 0105 民初 8250 号民事判决（2018 年 12 月 7 日）

二审：重庆市第一中级人民法院（2019）渝 01 民终 1910 号民事判决（2019 年 3 月 28 日）

孙某诉某装饰公司劳动争议纠纷案

——领取退役金的退役军人具有建立劳动关系的主体资格

关键词

民事　劳动争议　劳动关系　劳动合同　二倍工资差额

基本案情

孙某系自主择业退役军人，于 2021 年 3 月 30 日入职某装饰公司。2021 年 5 月 17 日，某装饰公司法定代表人通过

微信转账方式向孙某支付 4 月工资加报销 5175.5 元。某装饰公司分别于 2021 年 6 月至 2022 年 3 月每月向孙某的银行账户转入相应款项。2021 年 1 月至 2022 年 7 月，大连市退役军人事务局为孙某缴纳医疗保险。孙某自认每月享受退役金 9300 元。2022 年 5 月 31 日，孙某申

请劳动仲裁，请求某装饰公司支付 2022 年 3 月工资及未签订劳动合同二倍工资。同年 9 月 30 日，仲裁委员会作出仲裁裁决书，裁决：驳回孙某的仲裁请求。孙某不服，诉至人民法院。

辽宁省大连市旅顺口区人民法院于 2023 年 2 月 2 日作出（2022）辽 0212 民初 3706 号民事判决：某装饰公司支付孙某 2022 年 3 月工资 3500 元；驳回孙某其他诉讼请求。孙某及某装饰公司均不服一审判决，提起上诉。辽宁省大连市中级人民法院于 2023 年 5 月 8 日作出（2023）辽 02 民终 2394 号民事判决：撤销一审判决；判令某装饰公司支付孙某 2022 年 3 月工资 4565.22 元及未签劳动合同二倍工资差额 58855.22 元。

裁判理由

法院生效裁判认为：孙某是自主择业退役军人，尚未达到法定退休年龄，也尚未享受养老保险待遇。根据《退役军人保障法》《国务院军队转业干部安置工作组、人事部、外交部等关于自主择业军队转业干部安置管理若干具体问题的意见》（国转联〔2006〕1 号）相关规定，自主择业退役军人具有建立劳动关系的主体资格，亦能参加当地社会保险。某装饰公司以孙某已享受退休待遇以及用人单位不能为其缴纳社会保险为由，主张孙某不具有建立劳动关系的主体资格于法无据。孙某自 2021 年 3 月 30 日入职某装饰公司，根据时任法定代表人的指示从事公司工程施工现场的监管工作，工作内容属于某装饰公司的业务组成部分；孙某接受某装饰公司的考勤、工作管理；某装饰公司每月中旬左右向孙某支付上月工资，双方成立事实劳动关系。对于工资标准，某装饰公司作为用人单位未能提供其应掌握管理的员工工资清单和考勤记录，对每月支付孙某款项的具体组成无法作出解释，应承担举证不能的不利后果。结合工资支付转账记录及孙某相关陈述，认定双方约定月工资为 6000 元，按照经公司考勤核对 2022 年 3 月出勤天数 17.5 天，计算某装饰公司应支付孙某该月工资 4828 元。

在有法律明确规定鼓励和扶持退役军人就业的情况下，某装饰公司作为用人单位在与孙某建立用工关系时应依法履行签订书面劳动合同的法定义务，该义务不因其主观认知混淆而免除。某装饰公司二审自认同期也未与其他员工签订劳动合同，亦未举证证明系孙某个人原因所致，故孙某诉请未签劳动合同二倍工资差额于法有据。

裁判要旨

尚未达到法定退休年龄及未享受养老保险待遇的自主择业退役军人，具有成立劳动关系的法定主体资格。用人单位与劳动者签订书面劳动合同的法定义务不因其对劳动者身份的认知混淆而免除。

关联索引

《中华人民共和国劳动合同法》第 7 条、第 10 条、第 30 条、第 82 条

《中华人民共和国退役军人保障法》第 22 条、第 38 条、第 39 条、第 47 条

一审：辽宁省大连市旅顺口区人民法院（2022）辽 0212 民初 3706 号民事判决（2023 年 2 月 2 日）

二审：辽宁省大连市中级人民法院（2023）辽 02 民终 2394 号民事判决（2023 年 5 月 8 日）

陈某某诉辽源市某物流有限公司劳动争议案

——"快递小哥"劳动关系的确认问题

关键词

民事　劳动争议　劳动关系
新业态劳动争议　灵活就业人员
快递员

基本案情

某物流公司向一审法院起诉请求：（1）依法确认某物流公司与陈某某之间不存在劳动关系；（2）某物流公司不需要向陈某某支付 2020 年 3 月 8 日至 10 月 31 日期间未签订劳动合同双倍工资另一倍 4 万元；（3）由陈某某承担本案诉讼费用。

陈某某辩称：其于 2020 年 2 月 1 日通过微信看到某物流公司招录快递员，明确标明可缴纳社保，本人经过公司负责人鲍经理面试合格，鲍经理当面并且承诺待疫情稍缓解后公司办理缴纳社会保险，告知派费暂定 2 元/件，平时派送件 1 元/件，无揽收邮件任务，并告知工作内容是每天早上 5 点到场地做分拣快件工作，8 点后到公司安排指定区域派送快件。公司每月 28 日发放上一个月工资（有工资表为证），但当时处于疫情严重时期，只有不到 10 名员工在坚守岗位，导致货物邮件大量积压，陈某某当时认定过些时日公司会给予缴纳社保，于是勤勤恳恳每天天未亮就到公司场地打卡报到，并且把每个快递员的邮件分拣好片区并装入邮政快递专用笼车，到 8 点后下片区派送邮件，派送过程中公司明确要求派送率达到 97%到 100%，并且不允许出现投诉。对于公司

给予员工缴纳社会保险之事，经与鲍经理多次当面沟通，其语言含糊，经过频繁的沟通无果，陈某某不得已诉诸法律。法院经审理查明：2020 年 2 月，鲍某某在微信朋友圈中发布招聘广告，内容如下："邮政快递招聘投递人员三至四人，可缴纳社保，有工作经验者优先，需自带车辆（面包车）联系人：鲍经理 156×××××××。"鲍某某在"邮政快递"微信群及与陈某某私信聊天记录中相关内容均与某物流公司的邮政快递业务相关。2020 年 2 月 8 日，陈某某通过广告招聘到某物流公司从事快递投递业务，报酬为按日投递件、收件数量计件，按月发放，没有保底工资。此外，陈某某从事投递快递的交通工具由其自备，自担经营风险。2020 年 7 月 2 日，中国邮政集团有限公司辽源市分公司与某物流公司签订了《业务外包合同》将部分区域的邮件揽投业务外包给某物流公司，某物流公司法定代表人闫某某签字，合同第 11 条第 2 项乙方（某物流公司）收件人为"鲍某某"。后陈某某因某物流公司未为其缴纳社保费，陈某某于 2020 年 10 月 20 日，到辽源市龙山区劳动人事争议仲裁委员会申请仲裁，请求某物流公司支付未签订劳动合同的双倍工资 50000 元并按照社保规定为陈某某补交 2020 年 8 月至 10 月 10 日期间各项社会保险费。2020 年 11 月 10 日，辽源市龙山区劳动人事争议仲裁委员会作出辽龙劳人仲裁字（2020）19 号裁决

书，裁决某物流公司支付陈某某 2020 年 3 月 8 日至 10 月 31 日期间未签订劳动合同双倍工资另一倍 40192 元。某物流公司对裁决不服诉至一审法院。

吉林省辽源市龙山区人民法院于 2020 年 12 月 28 日作出（2020）吉 0402 民初 1823 号民事判决：一、辽源市某物流有限公司与陈某某之间不存在劳动关系；二、辽源市某物流有限公司不需要向被告陈某某支付未签订劳动合同双倍工资另一倍 40192 元。陈某某不服一审判决，上诉至吉林省辽源市中级人民法院。辽源市中级人民法院于 2021 年 3 月 3 日作出（2021）吉 04 民终 63 号民事判决：一、撤销吉林省辽源市龙山区人民法院（2020）吉 0402 民初 1823 号民事判决；二、辽源市某物流有限公司给付陈某某 2020 年 3 月 9 日至 2020 年 10 月 20 日期间未签订书面劳动合同的双倍工资的差额 37680 元。

裁判理由

法院生效裁判认为：

1. 陈某某与某物流公司之间存在劳动关系。劳动关系是劳动者与用人单位之间为实现劳动过程而发生的劳动力与生产资料相结合的社会关系，兼有平等性与从属性与财产性的特征。其平等性表现在劳动关系建立阶段，即用人单位和劳动者之间双方平等协商，对建立劳动关系意思表示达成一致。本案中，2020 年 2 月，鲍某某在其微信朋友圈中发出的招聘快递员的广告能否代表某物流公司的意思表示。某物流公司与中国邮政集团有限公司辽源市分公司之间的《业务外包合同》第 11 条第 2 项乙方（某物流公司）收件人为"鲍某某"。鲍某某在"邮政快递"微信群中及其与陈某某的私信聊天记录多为某物流公司的物流投递、分拣等物流管理工作内容。由此可见，鲍某某确为某物流公司的管

理人员，负责全面具体工作。鲍某某所发布的招聘广告的行为应为职务行为，代表某物流公司招聘快递员的意思表示，其承诺"可办社保"，应理解为欲与被招聘人建立劳动关系，因为，只有建立劳动关系才能办理社保关系。另外，在劳动关系存续运行期间也具有从属性、人身性和财产性的特点。陈某某应聘到某物流公司工作，负责确定片区快件分拣、投送及揽收工作，但其工作片区、分拣投递及揽收快件的数量均由某物流公司分配制定和管理，每月 28 日按完成任务量多少计算报酬，虽然自带面包车作为交通工具，某物流公司也按投递片区远近给予加油补助。每日的工作时间及工作量完成情况均由单位控制和管理，完全具有三性特征。虽然司法实践中也存在劳动关系和承揽关系的不同观点的争议，但本案中，陈某某系应某物流公司的招聘广告来应聘的，应聘广告中有"可办社保"的劳动关系建立的要约内容，陈某某也有与某物流建立劳动关系的承诺，双方法律关系的性质已经明确即建立劳动关系，只是没有通过书面劳动合同固定下来而已，综合考量，无论从双方招聘应聘时的意思表示，还是实际工作中双方之间从属性、人身性和财产性特征，均能认定陈某某与某物流公司之间系劳动关系而非承揽合同关系。某物流公司辩称双方为承揽合同关系，是对其招聘承诺的否定。不应予支持。

2. 某物流公司应向陈某某支付未签订书面劳动合同期间的双倍工资。《劳动合同法》第 82 条规定："用人单位自用工之日起超过一个月不满一年未与劳动者订立劳动合同的，应当向劳动者支付二倍工资。"《劳动合同法实施条例》第 7 条规定："用人单位自用工之日起满一年未与劳动者订立书面劳动合同的，自用工之日起满一个月的次日至满

一年的前一日应当依照《劳动合同法》第82条的规定向劳动者每月支付两倍的工资，并视为自用工之日起满一年的当日已经与劳动者订立无固定期限劳动合同，应当立即与劳动者补订书面劳动合同。"某物流公司招聘时承诺缴纳社保建立劳动关系，2020年2月8日，陈某某经面试合格之后，一直工作至2020年10月20日申请仲裁之日，没有与陈某某签订书面劳动合同，按照上述法律规定，自2020年3月9日起，至2020年10月20日止，这一期间的未签订书面劳动合同的双倍工资的差额应予给付，因某物流公司未提供此期间的工资收入明细，故按2019年辽源市城镇非私营单位就业人员月平均工资5024元计算，7个月12天为37680元。

裁判要旨

新就业形态下，劳动者与工作岗位之间关于工资报酬、工作时间、工作地点等内容的约定更加灵活，该部分人员多数属于依赖于平台、企业的"灵活就业人员"。就劳动关系确定而言，劳动关系是劳动者与用人单位之间为实现劳动过程而发生的劳动力与生产资料相结合的社会关系，具有组织、业务和经济上的从属性，如果具备以上劳动关系属性，应当对劳动关系予以确认。

关联索引

《中华人民共和国劳动合同法》第82条

一审：吉林省辽源市龙山区人民法院（2020）吉0402民初1823号民事判决（2020年12月28日）

二审：吉林省辽源市中级人民法院（2021）吉04民终63号民事判决（2021年3月3日）

陈某诉广州某某船务公司船员劳动争议案

——船舶挂靠经营时船员与被挂靠公司劳动关系的认定

关键词

民事　劳动争议　船舶挂靠经营　船员　劳动关系　劳动合同　事实劳动关系　举证责任

基本案情

原告陈某诉称：陈某于2020年3月经赵某聘用于"某288轮"任职轮机长兼职厨师。提供劳务期间，陈某工作范围扩大，节假日加班无加班费。2020年10月27日，陈某作业时扭伤腰部，无法正常从事劳务，后赵某与之争执并将其开除。赵某经营的"某288轮"在广州某某船务公司名下挂靠经营，陈某与该船务公司之间成立事实劳动关系，广州某某船务公司应当依法承担用人单位的责任。赵某挂靠经营的行为属违法行为，其与广州某某船务公司签订的船舶挂靠协议对陈某不产生效力。故请求判令陈某与广州某某船务公司成立劳动关系，广州某某船务公司支付未签订书面劳动合同的赔偿、加班费、违约解除劳动合同补偿金等。

广州某某船务公司辩称：陈某提供劳务的船舶系挂靠经营，广州某某船务公司与陈某之间既无劳动合同关系，也无劳务合同关系。

第三人赵某述称：陈某与广州某某船务公司之间不存在劳动关系，陈某与赵某成立劳务合同关系，赵某已足额向陈某支付了劳务报酬。

法院经审理查明："某288"轮实际所有人为赵某。登记的船舶经营人为广州某某船务公司，登记船舶的共有情况：广州某某船务公司占51%股份，赵某占49%股份。双方于2019年1月1日约定赵某将该船挂靠于广州某某船务公司名下经营。2020年3月，经中介介绍，赵某聘请持有海员证的陈某上船提供劳务，工作岗位是轮机员兼职厨师，每月工资8000元。同年3月7日，陈某登上"某288"轮提供劳务。陈某在船期间根据赵某安排提供相应劳务，每月劳务报酬由赵某支付。2020年11月4日，陈某以其腰部有伤等为由申请离船。赵某与陈某进行劳务报酬结算并为陈某办理离职手续，在其船员服务簿上加盖了广州某某船务公司名下的船章和广州某某船务公司船员服务部签证章。前述两个印章均未备案，系赵某为便于经营和管理船舶自行制作。

2020年11月23日，陈某以广州某某船务公司为被申请人，向广州市黄埔区劳动人事争议仲裁委员会申请仲裁。该仲裁委员会于11月24日以案件属于海事法院管辖出具不予受理通知书。陈某遂提起本案诉讼。

广州海事法院于2021年3月19日作出（2021）粤72民初55号民事判决：一、驳回陈某的全部诉讼请求；二、本案受理费5元，由陈某负担。宣判后，双方均未提起上诉，该判决现已生效。

裁判理由

法院生效裁判认为：本案的争议焦点为关于船舶挂靠经营时船员是否与被挂靠公司成立劳动关系。

1. 根据《最高人民法院关于适用〈中华人民共和国民事诉讼法〉的解释》第91条规定，陈某应当对其与广州某某船务公司成立劳动关系的基本事实承担举证证明责任。陈某与广州某某船务公司之间并无书面劳动合同，故重点审查是否成立事实劳动关系。陈某与广州某某船务公司是否成立事实劳动关系，关键在于是否符合《劳动和社会保障部关于确立劳动关系有关事项的通知》关于劳动关系成立的认定标准。陈某船员服务簿上虽然加盖了载明广州某某船务公司名称的船章和船员服务部签证章，但是该签证章只是基于经营和管理涉案船舶之便，由赵某私自刻制加盖，而非由广州某某船务公司使用所备案的签证章加盖，该服务簿无法成为可以证明事实劳动关系的文件材料。同时，陈某系经中介机构介绍与赵某取得联系。双方商定从事劳务工作的岗位及报酬、在船期间陈某根据赵某的安排提供相关劳务、陈某所得的劳务报酬由赵某支付、劳务报酬的调整亦由赵某作出。而赵某并非广州某某船务公司的员工，其将"某288"轮挂靠在广州某某船务公司名下经营，系"某288"轮的实际经营人和管理人。因此，受赵某管理的陈某并非广州某某船务公司的员工，与广州某某船务公司不存在管理上的从属关系，从事的劳务并非广州某某船务公司业务的直接组成部分，获取报酬与广州某某船务公司无关。通过上述事实，陈某与广州某某船务公司之间不符合事实劳动关系的基本法律特征，不宜认定两者之间成立事实劳动关系，而应认定陈某与赵某形成了平等主体之间的劳务合同关系。

2. 虽然赵某将"某288"轮挂靠在广州某某船务公司名下经营的挂靠行为违反相关规范性文件，属于违法行为，会对正常的运营秩序产生一定不良影响，但是，无论从立法精神还是社会效果来看，对挂靠现象的整治，属于行政管理层面的问题。认定陈某与广州某某船务公司之间是否形成劳动关系，属于劳动争议。两者即使因挂靠事实发生关联，但是权利义务边界仍应保持清晰明确，仅仅因为挂靠行为违反行政管理规定并不足以认定与赵某成立劳务合同关系的陈某与作为被挂靠人的广州某某船务公司成立劳动关系。

裁判要旨

挂靠行为违法不能成为船员与被挂靠公司劳动合同关系成立的依据。在船员与被挂靠公司不存在劳动合同的情况下，需判断双方是否成立事实劳动关系。事实劳动关系的成立，可以通过事实劳动关系存在的相关凭证、用人单位与劳动者之间的从属关系、劳动者从事劳动的性质以及劳动报酬领取等多个层面进行认定。一是证明事实劳动关系存在的相关凭证包括招工登记表、报名表、工资单、社保记录、考勤表、工作证、服务证等。在挂靠经营中，若劳动者的上述凭证由被挂靠公司发放，可认定其与被挂靠公司具有事实劳动关系。案涉船员服务簿上加盖的被挂靠公司名下船章和船员服务部签证章系船舶实际经营人私自刻制加盖的，不能成为可以证明事实劳动关系的文件材料。二是判断用人单位与劳动者之间是否存在管理上的从属关系。船员与船舶实际经营人双方商定从事劳务工作的岗位及报酬、在船期间船员根据船舶实际经营人的安排提供相关劳务、船员所得的劳务报酬由船舶实际经营人支付、劳务报酬的调整亦由船舶实际经营人作出，且船舶实际经营人并非被挂靠公司的员工的，应当认定船员并非被挂靠公司的员工，与被挂靠公司不存在管理上的从属关系。三是确定劳动者从事劳动的性质，是否为用人单位安排并属于用人单位业务组成部分，以及劳动者劳动报酬领取情况，是否根据用人单位的工资分配原则领取劳动报酬。船员从事的劳务并非被挂靠公司业务的直接组成部分，获取报酬与被挂靠公司无关的，不宜认定两者之间成立事实劳动关系。

关联索引

《中华人民共和国劳动法》第 2 条

《中华人民共和国劳动合同法》第 10 条

《中华人民共和国民事诉讼法》（2023 修正）第 67 条（本案适用的是 2017 年 7 月 1 日施行的《中华人民共和国民事诉讼法》第 64 条）

《最高人民法院关于适用〈中华人民共和国民事诉讼法〉的解释》（2022 年修正）第 90 条、第 91 条（本案适用的是 2020 年 12 月 29 日修正的《最高人民法院关于适用〈中华人民共和国民事诉讼法〉的解释》第 90 条、第 91 条）

《劳动和社会保障部关于确立劳动关系有关事项的通知》第 1 条、第 2 条

一审：广州海事法院（2021）粤 72 民初 55 号民事判决（2021 年 3 月 19 日）

何某诉某商务服务公司、
某商务服务公司广州分公司确认劳动关系纠纷案
——互联网平台用工劳动关系认定的审查进路

关键词

民事　确认劳动关系　从属性　互联网平台用工

基本案情

原告何某诉称：与某商务服务公司、某商务服务公司广州分公司（以下简称广州分公司）具有建立劳动关系的合意，且已形成管理与被管理为特征的人身依附关系，具有极强的人格与经济从属性，双方自 2020 年 10 月 23 日至 2020 年 11 月 26 日期间存在劳动关系。故请求判令：（1）确认何某与某商务服务公司、广州分公司于 2020 年 10 月 23 日至 2020 年 11 月 26 日期间存在劳动关系；（2）某商务服务公司与广州分公司承担本案的全部诉讼费用。

被告某商务服务公司与广州分公司辩称：何某自愿注册个人工作室，自己配备用于完成配送业务的交通工具，与某商务服务公司签署的《承揽合作协议》，并承担了完成业务的车辆费用，在承揽业务期间，何某是否接单由其自由支配，因此双方并不存在类似劳动关系的用人单位与劳动者之间的用人关系。何某在工作室及业务方面具有更高的业务自主权，事前事后何某均清楚其签署协议的内容与法律后果。故何某的主张缺乏事实和法律依据。

法院经审理查明：某商务服务公司系外卖配送服务商，经营范围包括货运代理、为居民家庭提供有偿帮助服务等，该公司承接"饿了么"平台在广州某站点的外卖配送业务。

2020 年 8 月，某商务服务公司与某网络科技公司（以下简称某网络科技公司）签订《某商务服务公司与某网络科技公司平台服务协议》（以下简称《某平台服务协议》），约定某商务服务公司将业务发包给某网络科技公司，某网络科技公司承包业务后发包给具有经营资质的商事主体（即接活方），包括但不限于个体工商户，相关费用当天即可到达接活方自己的账户。

2020 年 10 月 23 日，何某注册个体工商户"某工作室"，经营范围包括"外卖递送服务等"。同日，某工作室作为乙方，分别与甲方某网络科技公司签订《项目转包协议》与甲方某商务服务公司签订《承揽合作协议》。其中，《项目转包协议》约定乙方自主选择承揽甲方的相应业务或订单，乙方承揽的所有标的业务营收均归乙方所有，甲方按月将服务费结算到乙方指定的平台账户或银行账户中；《承揽合作协议》约定甲方负责提供同城配送业务接单平台，乙方业务人员通过甲方建立的个人饿了么 ID 号上线后，饿了么系统会自动发布订单信息，乙方业务人员可根据自身情况进行抢单，抢单后负责送至指定客户手中，视为完成每一单的配送业务。乙方在南沙金洲站从事配送蜂鸟业务。乙方按照甲方要求，按时完成规定的服务数量，达到规定的服务标准。乙方在服务期间，应接受甲方的监督检验。甲方根据乙方从事的服务，基于双方是承揽合作关系，及甲方配送业务的特殊性，确定乙方提供的承揽服务的价格按接单情况结算，配送订单的具体数量按单量提成，甲方按照乙方完成配送业务的成果通过某平台支付乙方外卖配送承揽服务费，乙方无固定外卖配送承揽服务费。该协议明确双方无劳动关系，只是业务合作关系，双方无人身依附性，甲方只求乙方按质按量完成承揽业务，不对乙方进行考勤，乙方对其合理的配送时间可自由支配，甲方不作强制性规定。该协议尾部有"何某"签名。

日常工作中，某商务服务公司通过钉钉软件、微信群对何某进行排班、考勤等用工管理，何某按排班时间在蜂鸟团队 App 上线接单，对外提供配送服务，休假、预支工资须提前申请；若不上线、接单会承担罚款等不利后果，上班期间须穿着统一工作服。何某的工资薪酬按接单数量计算，并视距离、天气状况等有一定补贴，通过某平台于每月 25 日发放。何某 2020 年 11 月取得的工资为 2277.5 元，其中因交通事故于 2020 年 11 月 4 日预支 2000 元，余下 277.5 元于 12 月 25 日发放。

2020 年 10 月 31 日，某商务服务公司向某财产保险股份有限公司上海分公司为何某投保雇主责任险。2020 年 11 月 4 日，何某在送单过程中发生交通事故造成受伤，被送往广州市某医院住院治疗至 2020 年 11 月 26 日，出院诊断为右髋臼粉碎骨折，右髋关节脱位。住院期间产生的医疗费共计 61018.79 元，由何某以现金方式支付。后经司法鉴定，何某为十级伤残。何某以某财产保险股份有限公司、某财产保险股份有限公司上海分公司、广州分公司、某商务服务

公司为被告提起责任保险合同纠纷诉讼。

广东省广州市南沙区人民法院于 2022 年 1 月 27 日作出（2021）粤 0115 民初 17045 号民事判决，判决驳回何某的诉讼请求。一审案件受理费 10 元，由何某负担。宣判后，何某不服而提出上诉。广东省广州市中级人民法院于 2022 年 8 月 31 日作出（2022）粤 01 民终 6300 号民事判决：一、撤销广州市南沙区人民法院（2021）粤 0115 民初 17045 号民事判决；二、确认何某与某商务服务公司于 2020 年 10 月 23 日至 2020 年 11 月 26 日期间存在劳动关系。

裁判理由

法院生效裁判认为：关于劳动关系的认定标准，《劳动和社会保障部关于确立劳动关系有关事项的通知》（劳社部发〔2005〕12 号）第 1 条规定："用人单位招用劳动者未订立书面劳动合同，但同时具备下列情形的，劳动关系成立：（一）用人单位和劳动者符合法律、法规规定的主体资格；（二）用人单位依法制定的各项规章制度适用于劳动者，劳动者受用人单位的劳动管理，从事用人单位安排的有报酬的劳动；（三）劳动者提供的劳动是用人单位业务的组成部分。"参照上述规定，劳动者人格及经济从属性是认定劳动关系的最核心标准。互联网平台用工虽然与传统劳动用工，在管理方式和生产资料配置方式等方面存在不同，但判断平台用工是否构成劳动关系，仍应以案件具体事实为基础，从双方是否符合劳动关系的本质特征来进行合理判断。

第一，关于人格从属性。其一，何某在某商务服务公司担任全职骑手。某商务服务公司通过钉钉软件、微信群对何某进行排班、考勤等用工管理。何某按排班时间在蜂鸟团队 App 上线，接受

某商务服务公司的派单，对外提供配送服务。何某休假需要提前申请，如果不上线、接单，则某商务服务公司会作为旷工处理或予以罚款。工作时需统一着装，其配送过程始终处于平台的监控状态下。以上事实反映，某商务服务公司对于何某的工作时间、工作任务、工作数量及休息休假等基本劳动要素具有决定权，何某不上线、不接单均会承担处罚等不利后果，足以说明何某在提供服务过程中并无实质的自主决定权。在双方的劳动用工过程中，均体现某商务服务公司的意志，并通过惩戒机制予以保障。因此，某商务服务公司实际行使了对何某劳动全过程的指挥、管理和监督权，而非其抗辩的仅对服务质量后果进行监督管理。其二，蜂鸟平台 App 本身的信息和技术手段系平台从业者进行工作的重要生产资料，系由某商务服务公司向何某提供。虽然何某自备车辆从事配送业务，但是合理利用自有的生产工具是共享经济下优化资源配置的体现，相较于市场信息等核心生产资料而言，何某自备车辆的事实不足以成为否定劳动关系的独立要素。综上，可认定的双方劳动用工关系具有较强的人格从属性。

第二，关于经济从属性。首先，何某的工资薪酬按接单数量计算，并视距离、天气状况等有一定的补贴，由某平台以"薪资"名义每月定期发放。既非某网络科技公司与何某在《项目转包协议》约定的"服务费"，亦非某商务服务公司和某网络科技公司在《某平台服务协议》约定的当日结算方式。可见，何某劳动报酬的发放具有持续稳定的特点。其次，双方关于"未经某商务服务公司同意，何某同时与其他单位建立合作等关系，对完成某商务服务公司项目任务造成严重影响，某商务服务公司有

权终止合作关系"之约定，具有排他性质，限制了何某为其他平台提供服务从而获得报酬。最后，虽然本案中《某平台服务协议》约定某商务服务公司将配送业务发包给某网络科技公司，某网络科技公司再转包给有关商事主体，《项目转包协议》约定何某承接某网络科技公司的配送业务并结算相应的服务费，但某商务服务公司与何某工作室签署的《承揽合作协议》又约定何某工作室承揽某商务服务公司的配送业务，与前述两份协议的约定内容不一致。且从实际配送业务的履行情况来看，某商务服务公司向何某派单，由何某接单对外提供配送服务，结合何某预支工资需向某商务服务公司申请的事实，可认定某网络科技公司并未参与配送业务的承包或转包，而仅系工资薪酬的代付主体。这与在平台用工模式下，部分劳动要素被拆分至其他主体的普遍做法一致，不足以否认何某与某商务服务公司之间的经济从属性特征。综上，何某作为某商务服务公司的全职骑手，对于交易价格和劳动对价均无决定权，且其从某商务服务公司处领取的工资报酬为其主要生活来源。因此，可认定双方的劳动用工关系具有相当的经济从属性。

此外，关于某商务服务公司提出双方已约定排除劳动关系的抗辩。某商务服务公司主张双方签署《承揽合作协议》约定某商务服务公司与何某注册的个人工作室建立承揽合作关系，不构成任何劳动关系，故双方并无建立劳动关系的合意。法院认为，劳动关系属于身份关系，不仅涉及劳动者劳动权益的保护，也事关劳动用工秩序的维护。对于双方之间真实的法律关系性质，关键应从案件法律事实出发，审查是否符合劳动关系的从属性特征，而不能仅因双方在协议中对身份关系性质存在事先约定

而排除劳动法律法规的适用，否则容易导致用人单位利用优势地位规避其应负的法律责任。在本案中，何某入职时应某商务服务公司的要求注册个体工商户，该个体工商户亦未实际经营。因此，某商务服务公司依据上述协议提出的抗辩主张不成立，本院不予采纳。

综上，何某和某商务服务公司均符合法律、法规规定的劳动关系主体资格。何某从事的外卖配送业务与某商务服务公司的经营范围相符，其提供的劳动是某商务服务公司业务组成部分；在双方劳动用工全过程中，某商务服务公司的指挥、管理与监督权具有决定性作用，何某并无相应自主权，双方之间劳动用工关系具有较强的人格从属性及经济从属性，故可确认何某与某商务服务公司于 2020 年 10 月 23 日入职时起建立劳动关系。另外，虽然双方并无约定劳动合同期限，但何某在发生交通事故后住院至 2020 年 11 月 26 日，依据相关劳动法律法规，无论职工是否因工作遭受事故伤害而接受医疗，在医疗期间内均不得解除劳动合同。何某现主张双方劳动关系持续至 2020 年 11 月 26 日，合法合理，本院予以支持。

需要指出的是，互联网平台用工这一新就业形态，相对于传统劳动用工，实现了管理方式由线下到线上的转变，显著降低了招工用工和管理成本，对于优化资源配置、激发社会创造力、促进经济发展有着重要作用。但新业态用工企业不能因采用了新的技术手段与管理方式，一概排斥劳动关系情形，从而规避本应由其承担的法律责任与社会责任。具体判断经营者与从业人员之间的真实法律关系为劳动关系、不完全符合确立劳动关系情形的新型用工关系还是其他民事关系，仍须结合实际用工情况考察是否符合劳动关系核心特征予以认定。新业态行业经营者应在法律框架内，更好地规范自身经营管理、构建和谐劳动关系、保障劳动者合法权益，进而促进新业态经济健康长远发展。

裁判要旨

劳动者人格及经济从属性是认定劳动关系最核心的标准。判断互联网平台用工是否构成劳动关系，应以事实为基础，审查双方是否符合劳动关系核心特征；对于适格主体之间，平台企业的指挥、管理与监督权具有决定作用，从业者无实质自主决定权，从业者获得的报酬为其主要经济来源且具有持续稳定特点，其提供的劳动是平台企业的业务组成部分的，应认定双方存在劳动关系。从业者应平台企业要求注册个体工商户、自备部分生产资料、薪酬由其他主体代发、双方事先对身份关系性质进行约定等均不影响劳动关系的认定。

关联索引

《中华人民共和国劳动法》第 2 条

《中华人民共和国劳动合同法》第 2 条、第 7 条

《劳动和社会保障部关于确立劳动关系有关事项的通知》第 1 条

一审：广东省广州市南沙区人民法院（2021）粤 0115 民初 17045 号民事判决（2022 年 1 月 27 日）

二审：广东省广州市中级人民法院（2022）粤 01 民终 6300 号民事判决（2022 年 8 月 31 日）

廖某诉某劳务派遣公司确认劳动关系纠纷案

——确认劳动关系纠纷中的举证责任分配

关键词

民事 确认劳动关系 举证责任 用人单位 拒不提供证据

基本案情

原告廖某诉称：2009 年 4 月，原告进入被告某劳务派遣公司承建的某宾馆改造项目（一期工程）从事木工工作，未签订劳动合同。2009 年 6 月 15 日，原告在下班途中驾驶摩托车并搭乘同在该工地上班的妻子，与一轿车相撞发生交通事故受伤。原告廖某就与被告某劳务派遣公司是否存在劳动关系问题，于 2010 年 4 月向劳动部门申请仲裁，劳动部门作出的仲裁裁决书与客观事实不符。原告诉请人民法院确认原告自 2009 年 4 月至 2009 年 6 月 15 日（原告受伤时）与被告存在事实劳动关系。

被告某劳务派遣公司辩称：原、被告之间未签订劳动合同，不存在事实劳动关系，故请求驳回原告的诉讼请求。

法院经审理查明：2008 年年初，中铁某公司承建某宾馆改造项目（一期工程）。2008 年 12 月 22 日，中铁某公司与某劳务派遣公司签订《劳务承包合同》，约定由某劳务派遣公司承包"某宾馆改造项目（一期工程）1 号楼的模板制作安装工程（其具体施工范围以甲方根据现场实际安排的施工范围为准）"，该合同劳务定于 2008 年 12 月 28 日开始，2009 年 1 月 21 日结束。2009 年 3 月 15 日，双方又根据工程的实际情况签订《劳务承包合同补充协议

（二）》，约定由某劳务派遣公司承包"某宾馆改造项目（一期工程）3、4、5 号楼的模板制作安装工程及 1、2、3、4、5 号楼的垂直封闭脚手架工程"，该合同劳务定于 2009 年 3 月 25 日开始，2009 年 5 月 25 日结束。2009 年 4 月，廖某到该宾馆从事 3、4、5 号楼的模板加工制作工作。2009 年 6 月 15 日 18 时 40 分，廖某驾驶二轮摩托车与一轿车相撞，致廖某受伤。2009 年 12 月 16 日，廖某向自贡市仲裁委申请仲裁，要求确认其与中铁某公司之间存在劳动关系。自贡市仲裁委于 2010 年 3 月 2 日裁决廖某与中铁某公司之间不存在劳动关系。后廖某于 2010 年 5 月 5 日又向自贡市仲裁委申诉，自贡市仲裁委于 2010 年 7 月 22 日作出自劳仲案字〔2010〕第 210 号仲裁裁决，裁决廖某与某劳务派遣公司在 2009 年 4 月至 2009 年 5 月 25 日期间双方存在劳动关系。后廖某不服仲裁裁决，向法院提起诉讼。一、二审期间，某劳务派遣公司均未向法院提交 2009 年 3 月 15 日《劳务承包合同补充协议（二）》实际履行情况的证据。

自贡市自流井区人民法院于 2010 年 11 月 16 日作出（2010）自流民一初字第 1266 号民事判决：廖某在 2009 年 6 月 15 日发生交通事故时与某劳务派遣公司之间不存在劳动关系。宣判后，廖某以自贡市仲裁委裁决廖某与某劳务派遣公司在 2009 年 4 月至 2009 年 5 月 25 日期间双方存在劳动关系，实际工期至

2009 年 7 月 31 日才基本完工以及廖某工作卡、证人证言、出勤记录、施工记录、监理施工记录能相互印证双方存在事实劳动关系为由，提起上诉。四川省自贡市中级人民法院于 2011 年 4 月 19 日作出（2011）自民一终字第 53 号民事判决：一、撤销自贡市自流井区人民法院（2010）自流民一初字第 1266 号民事判决；二、廖某与某劳务派遣公司自 2009 年 4 月至 2009 年 6 月 15 日期间双方存在劳动关系。

裁判理由

法院生效裁判认为：2009 年 4 月，廖某到某劳务派遣公司承包的某宾馆改造项目工程从事 3~5 号楼的模板加工制作工作，虽然某劳务派遣公司与中铁某公司签订的《劳务承包合同补充协议（二）》约定，某劳务派遣公司改造项目工程工期至 2009 年 5 月 25 日结束，但廖某提供的证人证言、出勤记录、施工记录等证据证明该工程在 2009 年 6 月 15 日尚未竣工，某劳务派遣公司应就其与中铁某公司签订的《劳务承包合同补充协议（二）》的履行情况提供证据加以证明，而某劳务派遣公司未提供证据证明该工程系在其与中铁某公司签订的《劳务承包合同补充协议（二）》中约定的工期内竣工，故某劳务派遣公司应承担举证不利的法律后果。根据《最高

人民法院关于民事诉讼证据的若干规定》第 75 条关于"有证据证明一方当事人持有证据无正当理由拒不提供，如果对方当事人主张该证据的内容不利于证据持有人，可以推定该主张成立"的规定，应认定廖某与某劳务派遣公司之间自 2009 年 4 月至 2009 年 6 月 15 日存在劳动关系。原判认定事实不清，判决不当，予以纠正。廖某的上诉理由成立，予以支持。

裁判要旨

劳动者已提供证人证言、出勤记录、施工记录等证据证明存在劳动关系，用人单位无正当理由拒不提供相反证据的，应当承担举证不利的法律后果。

关联索引

《最高人民法院关于民事诉讼证据的若干规定》（2019 年修正）第 95 条（本案适用的是 2002 年 4 月 1 日施行《最高人民法院关于民事诉讼证据的若干规定》第 75 条）

一审：自贡市自流井区人民法院（2010）自流民一初字第 1266 号民事判决（2010 年 11 月 16 日）

二审：四川省自贡市中级人民法院（2011）自民一终字第 53 号民事判决（2011 年 4 月 19 日）

薛某景诉新疆某建设公司劳动争议案
——建筑施工违法转包、分包中劳动关系的认定

关键词

民事　劳动争议　违法转包　分包　工伤保险　责任单位

基本案情

薛某景以在新疆某建设公司承包工地工作并受伤为由起诉请求：（1）判令

新疆某建设公司与薛某景解除劳动关系；（2）新疆某建设公司支付薛某景工资3000元、垫付的工资4600元、垫付的吊篮运费1200元，合计8800元；（3）2019年8月3日至解除劳动关系的3个月经济补偿21750元（500元/天×21.75天/月×2个月）；（4）薛某景垫付的暂按医疗费7960.36元的25%的赔偿费用5608.75元；（5）补缴薛某景2019年8月3日至今的养老保险费、失业保险费以及期间利息；（6）住院期间的医疗费7960.36元、轮椅费550元、伙食补助费5273.5元，交通费200元，合计13983.86元；（7）停工留薪期间的原工资待遇164625元（15个月×500元/天×21.75天/月×2个月+3天×500元/天）；（8）陪护费用5803元（5738元+21.75元/月×22天）；（9）一次性伤残补助金59372元（11个月×5392元/月）；（10）一次性工伤医疗补助金暂按45904元（8个月×5738元/月）、一次性伤残就业补助金暂按103284元（18个月×5738元/月），新标准颁布后庭审时确定为准；（11）依法驳回新疆某建设公司要求薛某景返还费用的请求；（12）新疆某建设公司承担诉讼费。

诉讼中，薛某景自愿放弃第二项、第三项诉讼请求，分别变更诉讼请求为第四项医疗费10000元、第六项医疗费10023.5元、第九项一次性伤残补助金119652元、第十项一次性工伤医疗补助金52248元、一次性伤残就业补助金117557元。

新疆某建设公司提出反诉请求：（1）薛某景返还新疆某建设公司垫付的各项费用37507.01元；（2）反诉费用由薛某景承担。

法院经审理查明：2019年8月5日，薛某景与新疆某建设公司项目经理宋某国签订《外墙外保温一体板施工合同》，约定由薛某景分包新疆某建设公司承建的昭苏垦区公安局业务用房及办证大厅的墙面打底、墙面排版放线、线条金属龙骨制作安装、粘贴10CM岩棉一体板、撕保护膜、打胶、板面清理、电动吊篮租赁运输等工程，承包方式为"清包人工费"。

2019年8月8日，薛某景在工地被吊篮砸伤，送往昭苏县人民医院治疗，新疆某建设公司垫付急诊费用5550.31元（含救护车费用）。当日下午被送往兵团四师医院住院治疗，经医院诊断造成薛某景右侧肋骨骨折、右侧血气胸、创伤性湿肺、右侧横突骨折、骨盆骨折、膀胱破裂、肠系膜破裂、左胫腓骨开放性骨折、阴囊血肿受损。经兵团四师医院救治，薛某景逐渐康复出院。其于2019年8月9日至2019年10月14日期间因骨折住院治疗66天，支出治疗费用243741.14元；于2019年10月14日至2020年1月20日期间因关节脱位、骨折等原因住院治疗98天、支出治疗费用39709.69元；于2020年6月4日至2020年6月12日因肺炎等原因治疗8天，支出治疗费用及2020年6月18日体检费用合计9565.77元；于2020年7月7日至2020年7月14日因肺炎等原因治疗7天，支出治疗费用10643.06元；于2020年7月28日至2020年8月4日期间因尿道等原因治疗7天，支出医疗费用3135.47元和救护车费用120元；于2020年9月27日至2020年10月10日期间因骨折等原因住院治疗13天，支出治疗费用12016.05元；

2020年7月10日，薛某景的伤情经新疆生产建设兵团第四师人力资源和社会保障局认定为工伤。受伤害部位情况：（1）右侧2~11肋骨骨折；（2）右侧血气胸；（3）创伤性湿肺；（4）T8~9

右侧横突；（5）L1~5 右侧横突；（6）骨盆骨折；（7）膀胱破裂；（8）肠系膜破裂；（9）右胫腓骨开放性骨折；（10）阴囊血肿。

新疆某建设公司给薛某景购买人血白蛋白 24480 元、养老院费用 21210 元、住院期间伙食补助费 6010 元、房租费、生活费 11500 元、自购药品 529.2 元、超市购买日用品、卫生用品、食品共计 1025.6 元、被褥费用 300 元、肢具费用 1900 元、护工费用 54870 元。

2020 年 12 月 14 日，经第四师社会保险事业管理局工伤保险待遇审核，其中包含 2019 年 8 月 8 日至 2019 年 8 月 9 日昭苏县人民医院急诊费用 5550.31 元（含救护车费用），2019 年 8 月 9 日至 2019 年 10 月 14 日治疗费用 243741.14 元、2019 年 10 月 14 日至 2020 年 1 月 20 日住院治疗费用 39709.69 元、2020 年 6 月 4 日至 2020 年 6 月 12 日住院治疗费用及 2020 年 6 月 18 日体检费用两项合计 9565.77 元、2020 年 7 月 7 日至 2020 年 7 月 14 日住院治疗费用 10643.06 元、2020 年 9 月 27 日至 2020 年 10 月 10 日住院治疗费用 12016.05 元，以上共计 321226.02 元，第四师社保经办机构给薛某景报销了工伤医疗费 288171.01 元、伙食费 3458 元，共计 291629.01 元。

2021 年 1 月 4 日，薛某景的伤情经新疆生产建设兵团四师劳动能力鉴定委员会鉴定，认定薛某景的工伤级别为八级伤残。

2021 年 1 月 14 日，薛某景就要求新疆某建设公司支付一次性伤残补助金 143000 元、一次性伤残就业赔偿金 103284 元、一次性工伤医疗补助金 45904 元、停工留薪期工资 195283 元、住院期间的伙食补助费 4975 元、交通费 2300 元、护理费 86141 元、住院医疗费 10579.65 元向第四师劳动人事争议仲裁委员会申请仲裁，该仲裁委员会于 2021 年 5 月 9 日作出的四师

人劳仲案字〔2021〕第 27 号仲裁裁决书，裁决如下：一、新疆某建设公司于裁决生效后一个月内支付薛某景的停工留薪期工资 32352 元、支付住院期间护理人员工资 45615 元、两项合计 77967 元；二、新疆某建设公司应于裁决生效后一个月内协助薛某景办理在第四师社保经办机构办理按工伤待遇核定金额领取一次性工伤伤残补助金待遇；三、薛某景应于裁决生效后一个月内返还新疆某建设公司 117062.83 元；四、驳回薛某景的其他申诉请求。薛某景不服该裁决，于 2021 年 5 月 27 日向一审法院提起诉讼。

另查明，2018 年新疆维吾尔自治区城镇非私营单位就业人员平均工资和城镇私营单位就业人员平均工资加权计算的全口径城镇单位就业人员平均工资为 64705 元（5392 元/月）。

新疆生产建设兵团霍城垦区人民法院于 2022 年 5 月 25 日作出（2021）兵 0401 民初 794 号民事判决：一、新疆某建设公司支付薛某景停工留薪期工资 32352 元、住院期间的护理费用 45615 元、一次性伤残就业补助金 97056 元，扣减新疆某建设公司已支付的护理费 54870 元、养老院费用 36102.6 元、非因工伤产生的医疗费用 24225.23 元后，新疆某建设公司还应向薛某景支付 59825.17 元，此款于本判决生效后 5 日内付清；二、驳回薛某景的其他诉讼请求；三、驳回新疆某建设公司的其他反诉请求。宣判后，薛某景不服提起上诉。新疆生产建设兵团第四师中级人民法院于 2022 年 12 月 12 日作出（2022）兵 04 民终 162 号民事判决：驳回上诉，维持原判。薛某景不服申请再审，新疆维吾尔自治区高级人民法院生产建设兵团分院于 2023 年 11 月 13 日作出（2023）兵民申 938 号民事裁定，驳回其再审申请。

裁判理由

法院生效裁判认为：本案争议的焦点

有三个：（1）薛某景与新疆某建设公司之间是否存在劳动关系；（2）薛某景上诉主张的各项费用是否成立；（3）薛某景是否应返还新疆某建设公司垫付的相关费用。

关于焦点一薛某景与新疆某建设公司之间是否存在劳动关系的问题。《最高人民法院关于审理工伤保险行政案件若干问题的规定》第 3 条第 1 款第 4 项规定："社会保险行政部门认定下列单位为承担工伤保险责任单位的，人民法院应予支持……（四）用工单位违反法律、法规规定将承包业务转包给不具备用工主体资格的组织或者自然人，该组织或者自然人聘用的职工从事承包业务时因工伤亡的，用工单位为承担工伤保险责任的单位……"根据上述规定，通常情况下，社会保险行政部门认定职工工伤，应以职工与用人单位之间存在劳动关系，但在法律、法规及司法解释另有规定的情况下，职工与用人单位之间即使不存在劳动关系，用人单位也会成为工伤保险责任的承担主体。承担用工主体责任与是否形成劳动关系是两个不同的概念，承担了用工主体责任的组织与个人不必然形成劳动关系。本案中，新疆某建设公司将承建的涉案工程中的部分工程中劳务部分发包给薛某景，双方之间是施工合同关系。双方之间不具有建立劳动关系的合意，更没有人身依附性，一审判决认定双方不存在劳动关系，并无不当。新疆某建设公司虽与薛某景之间不存在劳动关系，但对薛某景受伤依法承担用工主体责任。薛某景以认定工伤的前提是双方存在劳动关系为由，要求解除双方劳动关系，无事实和法律依据，其上诉理由不能成立，不予支持。

关于焦点二薛某景上诉主张的各项费用是否成立的问题。新疆某建设公司为涉案工程项目投保了建设施工项目工伤保险，社会保险行政部门也认定薛某景为工伤，故按照《工伤保险条例》的相关规定，薛某景因工伤住院所产生医疗费、住院伙食补助费、一次性工伤伤残补助金、一次性工伤医疗补助金属于工伤保险基金支付项目，薛某景向新疆某建设公司主张上述费用依据不足，不予支持，薛某景虽与新疆某建设公司之间不存在劳动关系，但依照相关法律、法规规定，新疆某建设公司对薛某景受伤依法承担用工主体责任，应当支付薛某景停工留薪期工资 32352 元、住院期间的护理费用 45615 元、一次性伤残就业补助金 97056 元。一审法院对上述三项费用认定的标准及金额说理清楚，适用法律正确，并无不当。薛某景上诉主张的各项费用依据不足，不予支持。

关于焦点三薛某景是否应返还新疆某建设公司垫付的相关费用的问题。二审认为根据查明的事实，薛某景受伤后，新疆某建设公司为薛某景垫付了医疗费、住院伙食补助费。后经社会保险行政部门核定，薛某景于 2020 年 6 月 4 日至 12 日、7 月 7 日至 14 日的两次住院，属于非因工伤住院，对这两次住院的医疗费、住院伙食补助费未予核定报销。因新疆某建设公司已先行垫付了薛某景这两次住院的医疗费、住院伙食补助费，一审判决薛某景返还上述费用 24225.23 元并无不当。新疆某建设公司已先行支付的护理费 54870 元应予扣减；新疆某建设公司还支付了薛某景的养老院费用、房租费、生活费等费用，其中 36102.6 元费用新疆某建设公司承担无法律依据，应予扣减。综上，薛某景的上诉请求不能成立，应予驳回。

裁判要旨

建设单位将工程发包给承包人，承包人又非法转包或者违法分包给实际施工人，实际施工人招用的劳动者请求确认与具有用工主体资格的发包人之间存在劳动关系的不予支持。通常情况下，社会保险行政部门认定职工工伤，应以职工与用人单位之间存在劳动关系，但在法律、法规及司法解释另有规定的情况下，职工与用人单位之间即使不存在劳动关系，用人单位也会成为工伤保险责任的承担主体。

关联索引

《最高人民法院关于审理工伤保险行政案件若干问题的规定》第 3 条

一审：新疆生产建设兵团霍城垦区人民法院（2021）兵 0401 民初 794 号民事判决（2022 年 5 月 25 日）

二审：新疆生产建设兵团第四师中级人民法院（2022）兵 04 民终 162 号民事判决（2022 年 12 月 12 日）

再审审查：新疆维吾尔自治区高级人民法院生产建设兵团分院（2023）兵民申 938 号民事裁定（2023 年 11 月 13 日）

滦县某物流公司诉王某劳动争议案

——挂靠经营者聘用的人员与被挂靠单位不存在事实劳动关系

关键词

民事　劳动争议　劳动关系　事实挂靠

基本案情

原告滦县某物流公司诉称：其和第三人张某之间是车辆买卖合同关系，车辆登记在其名下但实际使用者是第三人。第三人在营运过程中雇用了王某，王某由第三人管理、发放劳动报酬等，滦县某物流公司和王某之间没有任何关系。请求法院依法确认滦县某物流公司和王某之间不存在事实劳动关系。

被告王某辩称：第三人张某租赁滦县某物流公司车辆，以滦县某物流公司的名义从事道路运输，对于张某招聘的王某所受伤害，应当由滦县某物流公司承担用工主体责任，应判决滦县某物流公司和王某之间存在劳动关系。

法院经审理查明：滦县某物流公司于 2013 年 9 月 25 日成立，经营范围为普通货运、普通货物装卸、仓储服务；九座以上商用车、卸货车、农机车销售。2015 年 9 月 1 日，第三人张某的父亲张某某与滦县某物流公司签订车辆租赁协议，张某某租赁滦县某物流公司的 21 台车辆，包括冀 BU44×× 号车辆。合同约定：（1）租赁方法：自合同签订之日起，由张某某承担该 21 辆车日后需交由庞大汽贸的全部月租；（2）双方约定：月租交清后，经见证人同意，张某某对租赁物拥有 100% 的股权，有权对租赁物进行处置。在未交清月租之前，租赁物所有权归滦县某物流公司方所有；（3）权利与义务：自合同签订之日起，张某某负责对车辆进行维修、保养、加气，并交纳月租及保险，在租赁物期间所有的债权、债务、事故及责任全部由张某某负责，滦县某物流公司不承担任何责任。滦县某物流公司负责为张某某提供车辆出车前的所有相关手续。王某于 2016 年 11 月经人介绍认识了第三人张某，并由张某安排其成为冀 BU44×× 号重型自卸货车的司机，从事运输工作，由第三人张某为王某发放劳动报酬并负责对王某的日常工作进行管理。王某在事故发生前不知道滦县某物流公司。第三人张某不是滦县某物流公司的工作人员。2016 年 12 月 2 日 3 时，王某驾驶冀 BU44×× 号重型自卸货车与他人相撞，造成王某受伤。滦县劳动人事争议调解仲裁委员会作出滦劳人仲案〔2017〕147 号仲裁裁决书，认为滦县某物流公司是依法成立的用人单位，滦县某物流公司将车辆租赁给自然人张某，张某以滦县某物流公司的名义对外从事经营活动，王某平时受张某管理，从事其安排的有报酬的劳动，应认定为张某招用的劳动者，认定滦县某物流公司应依法承担用工主体责任，王某在受伤时与滦县某物流公司之间事实劳动关系成立，裁定确认王某与滦县某物流公司之间存在劳动关系。滦县某物流公司不服该仲裁裁决，遂向人民法院提起本案诉讼。

河北省滦县人民法院 2018 年 4 月 11 日作出（2018）冀 0223 民初 862 号民事判决：滦县某物流公司与王某之间事实劳动关系不成立。宣判后，王某不服提起上诉。唐山市中级人民法院于 2018 年 8 月 31 日作出（2018）冀 02 民终 5614 号民事判决：一、撤销河北省滦县人民法院（2018）冀 0223 民初 862 号民事判决；二、王某与滦县某物流公司存在事实劳动关系。滦县某物流公司不服，申请再审。河北省高级人民法院于裁定提审本案，并于 2020 年 3 月 2 日作出（2019）冀民再 191 号民事判决：一、撤销河北省唐山市中级人民法院（2018）冀 02 民终 5614 号民事判决；二、维持河北省滦县人民法院（2018）冀 0223 民初 862 号民事判决。

裁判理由

法院生效裁判认为：本案中，王某经人介绍被张某安排从事驾驶车辆的工作，日常工作受张某的管理，从张某处领取报酬，至事故发生前王某均不知道存在滦县某物流公司。张某并非滦县某物流公司的职工，张某之父张某军与滦县某物流公司之间签订有租赁合同，张某进行的经营活动不受滦县某物流公司的支配。张某安排王某驾驶的车辆的行车手续虽在滦县某物流公司的名下，但滦县某物流公司是从张某处收取租赁费，张某使用车辆的所得利益与滦县某物流公司无关。故滦县某物流公司与王某之间不具备事实劳动关系的构成要件。本案亦符合《最高人民法院关于车辆实际所有人聘用的司机与挂靠单位之间是否形成事实劳动关系的答复》的精神。《最高人民法院关于审理工伤保险行政案件若干问题的规定》第 3 条第 1 款第 5 项规定："个人挂靠其他单位对外经营，其聘用的人员因工伤亡的，被挂靠单位为承担工伤保险责任的单位。"该条确定的是工伤保险责任承担的问题，并非确认双方存在劳动关系。二审依据该条款，确认王某与滦县某物流公司之间存在事实劳动关系错误，应予纠正。

裁判要旨

《最高人民法院关于审理工伤保险行政案件若干问题的规定》第 3 条第 1 款第 5 项规定的宗旨在于更加有效地保护劳动者的合法权益，而非改变认定劳动关系存在的实质要件，也不能作为反向推定劳动者与被挂靠企业存在劳动关系的法律依据。

关联索引

《最高人民法院关于审理工伤保险行政案件若干问题的规定》第 3 条

一审：河北省滦县人民法院（2018）冀 0223 民初 862 号民事判决（2018 年 4 月 11 日）

二审：唐山市中级人民法院（2018）冀 02 民终 5614 号民事判决（2018 年 8 月 31 日）

再审：河北省高级人民法院（2019）冀民再 191 号民事判决（2020 年 3 月 2 日）

（二）劳动合同的终止与解除

指导案例 18 号

中兴通讯（杭州）有限责任公司诉
王鹏劳动合同纠纷案

（最高人民法院审判委员会讨论通过　2013 年 11 月 8 日发布）

关键词

民事　劳动合同　单方解除

裁判要点

劳动者在用人单位等级考核中居于末位等次，不等同于"不能胜任工作"，不符合单方解除劳动合同的法定条件，用人单位不能据此单方解除劳动合同。

相关法条

《中华人民共和国劳动合同法》第三十九条、第四十条

基本案情

2005 年 7 月，被告王鹏进入原告中兴通讯（杭州）有限责任公司（以下简称中兴通讯）工作，劳动合同约定王鹏从事销售工作，基本工资每月 3840 元。该公司的《员工绩效管理办法》规定：员工半年、年度绩效考核分别为 S、A、C1、C2 四个等级，分别代表优秀、良好、价值观不符、业绩待改进；S、A、C（C1、C2）等级的比例分别为 20%、70%、10%；不胜任工作原则上考核为C2。王鹏原在该公司分销科从事销售工作，2009 年 1 月后因分销科解散等原因，转岗至华东区从事销售工作。2008 年下半年、2009 年上半年及 2010 年下半年，王鹏的考核结果均为 C2。中兴通讯认为，王鹏不能胜任工作，经转岗后，仍不能胜任工作，故在支付了部分经济补偿金的情况下解除了劳动合同。

2011 年 7 月 27 日，王鹏提起劳动仲裁。同年 10 月 8 日，仲裁委作出裁决：中兴通讯支付王鹏违法解除劳动合同的赔偿金余额 36596.28 元。中兴通讯认为其不存在违法解除劳动合同的行为，故于同年 11 月 1 日诉至法院，请求判令不予支付解除劳动合同赔偿金余额。

裁判结果

浙江省杭州市滨江区人民法院于 2011 年 12 月 6 日作出（2011）杭滨民初字第 885 号民事判决：原告中兴通讯（杭州）有限责任公司于本判决生效之日起十五日内一次性支付被告王鹏违法解除劳动合同的赔偿金余额 36596.28 元。宣判后，双方均未上诉，判决已发生法律效力。

裁判理由

法院生效裁判认为：为了保护劳动者的合法权益，构建和发展和谐稳定的劳动关系，《中华人民共和国劳动法》

《中华人民共和国劳动合同法》对用人单位单方解除劳动合同的条件进行了明确限定。原告中兴通讯以被告王鹏不胜任工作，经转岗后仍不胜任工作为由，解除劳动合同，对此应负举证责任。根据《员工绩效管理办法》的规定，"C（C1、C2）考核等级的比例为10%"，虽然王鹏曾经考核结果为C2，但是C2等级并不完全等同于"不能胜任工作"，中兴通讯仅凭该限定考核等级比例的考核结果，不能证明劳动者不能胜任工

作，不符合据此单方解除劳动合同的法定条件。虽然2009年1月王鹏从分销科转岗，但是转岗前后均从事销售工作，并存在分销科解散导致王鹏转岗这一根本原因，故不能证明王鹏系因不能胜任工作而转岗。因此，中兴通讯主张王鹏不胜任工作，经转岗后仍然不胜任工作的依据不足，存在违法解除劳动合同的情形，应当依法向王鹏支付经济补偿标准二倍的赔偿金。

指导案例 179 号

聂美兰诉北京林氏兄弟
文化有限公司确认劳动关系案

（最高人民法院审判委员会讨论通过　2022年7月4日发布）

关键词

民事　确认劳动关系　合作经营
书面劳动合同

裁判要点

1. 劳动关系适格主体以"合作经营"等为名订立协议，但协议约定的双方权利义务内容、实际履行情况等符合劳动关系认定标准，劳动者主张与用人单位存在劳动关系的，人民法院应予支持。

2. 用人单位与劳动者签订的书面协议中包含工作内容、劳动报酬、劳动合同期限等符合劳动合同法第十七条规定的劳动合同条款，劳动者以用人单位未订立书面劳动合同为由要求支付第二倍工资的，人民法院不予支持。

相关法条

《中华人民共和国劳动合同法》第10条、第17条、第82条

基本案情

2016年4月8日，聂美兰与北京林氏兄弟文化有限公司（以下简称林氏兄弟公司）签订了《合作设立茶叶经营项目的协议》，内容为："第一条：双方约定，甲方出资进行茶叶项目投资，聘任乙方为茶叶经营项目经理，乙方负责公司的管理与经营。第二条：待项目启动后，双方相机共同设立公司，乙方可享有管理股份。第三条：利益分配：在公司设立之前，乙方按基本工资加业绩方式取酬。公司设立之后，按双方的持股比例进行分配。乙方负责管理和经营，取酬方式：基本工资+业绩、奖励+股份分红。第四条：双方在运营过程中，未尽事宜由双方友好协商解决。第五条：本合同正本一式两份，公司股东各执一份。"

协议签订后，聂美兰到该项目上工

作，工作内容为负责《中国书画》艺术茶社的经营管理，主要负责接待、茶叶销售等工作。林氏兄弟公司的法定代表人林德汤按照每月基本工资10000元的标准，每月15日通过银行转账向聂美兰发放上一自然月工资。聂美兰请假需经林德汤批准，且实际出勤天数影响工资的实发数额。2017年5月6日林氏兄弟公司通知聂美兰终止合作协议。聂美兰实际工作至2017年5月8日。

聂美兰申请劳动仲裁，认为双方系劳动关系并要求林氏兄弟公司支付未签订书面劳动合同二倍工资差额，林氏兄弟公司主张双方系合作关系。北京市海淀区劳动人事争议仲裁委员会作出京海劳人仲字（2017）第9691号裁决：驳回聂美兰的全部仲裁请求。聂美兰不服仲裁裁决，于法定期限内向北京市海淀区人民法院提起诉讼。

裁判结果

北京市海淀区人民法院于2018年4月17日作出（2017）京0108民初45496号民事判决：一、确认林氏兄弟公司与聂美兰于2016年4月8日至2017年5月8日期间存在劳动关系；二、林氏兄弟公司于判决生效后七日内支付聂美兰2017年3月1日至2017年5月8日期间工资22758.62元；三、林氏兄弟公司于判决生效后七日内支付聂美兰2016年5月8日至2017年4月7日期间未签订劳动合同二倍工资差额103144.9元；四、林氏兄弟公司于判决生效后七日内支付聂美兰违法解除劳动关系赔偿金27711.51元；五、驳回聂美兰的其他诉讼请求。林氏兄弟公司不服一审判决，提出上诉。北京市第一中级人民法院于2018年9月26日作出（2018）京01民终5911号民事判决：一、维持北京市海淀区人民法院（2017）京0108民初45496号民事判决

第一项、第二项、第四项；二、撤销北京市海淀区人民法院（2017）京0108民初45496号民事判决第三项、第五项；三、驳回聂美兰的其他诉讼请求。林氏兄弟公司不服二审判决，向北京市高级人民法院申请再审。北京市高级人民法院于2019年4月30日作出（2019）京民申986号民事裁定：驳回林氏兄弟公司的再审申请。

裁判理由

法院生效裁判认为：申请人林氏兄弟公司与被申请人聂美兰签订的《合作设立茶叶经营项目的协议》系自愿签订的，不违反强制性法律、法规规定，属有效合同。对于合同性质的认定，应当根据合同内容所涉及的法律关系，即合同双方所设立的权利义务来进行认定。双方签订的协议第一条明确约定聘任聂美兰为茶叶经营项目经理，"聘任"一词一般表明当事人有雇用劳动者为其提供劳动之意；协议第三条约定了聂美兰的取酬方式，无论在双方设定的目标公司成立之前还是之后，聂美兰均可获得"基本工资""业绩"等报酬，与合作经营中的收益分配明显不符。合作经营合同的典型特征是共同出资，共担风险，本案合同中既未约定聂美兰出资比例，也未约定共担风险，与合作经营合同不符。从本案相关证据上看，聂美兰接受林氏兄弟公司的管理，按月汇报员工的考勤、款项分配、开支、销售、工作计划、备用金的申请等情况，且所发工资与出勤天数密切相关。双方在履行合同过程中形成的关系，符合劳动合同中人格从属性和经济从属性的双重特征。故原判认定申请人与被申请人之间存在劳动关系并无不当。双方签订的合作协议还可视为书面劳动合同，虽缺少一些必备条款，但并不影响已约定的条款及效力，仍可起到固定双方劳动关系、权利

义务的作用，二审法院据此依法改判是正确的。林氏兄弟公司于 2017 年 5 月 6 日向聂美兰出具了《终止合作协议通知》，告知聂美兰终止双方的合作，具有解除双方之间劳动关系的意思表示，根据《最高人民法院关于民事诉讼证据的若干规定》第六条，在劳动争议纠纷案件中，因用人单位作出的开除、除名、辞退、解除劳动合同等决定而发生的劳动争议，由用人单位负举证责任，林氏兄弟公司未能提供解除劳动关系原因的相关证据，应当承担不利后果。二审法院根据本案具体情况和相关证据所作的判决，并无不当。

（生效裁判审判人员：陈伟红、符忠良、彭红运）

指导案例 180 号

孙贤锋诉淮安西区人力资源开发有限公司劳动合同纠纷案

（最高人民法院审判委员会讨论通过　2022 年 7 月 4 日发布）

关键词

民事　劳动合同　解除劳动合同合法性判断

裁判要点

人民法院在判断用人单位单方解除劳动合同行为的合法性时，应当以用人单位向劳动者发出的解除通知的内容为认定依据。在案件审理过程中，用人单位超出解除劳动合同通知中载明的依据及事由，另行提出劳动者在履行劳动合同期间存在其他严重违反用人单位规章制度的情形，并据此主张符合解除劳动合同条件的，人民法院不予支持。

相关法条

《中华人民共和国劳动合同法》第39 条

基本案情

2016 年 7 月 1 日，孙贤锋（乙方）与淮安西区人力资源开发有限公司（以下简称西区公司）（甲方）签订劳动合同，约定：劳动合同期限为自 2016 年 7月 1 日起至 2019 年 6 月 30 日止；乙方工作地点为连云港，从事邮件收派与司机岗位工作；乙方严重违反甲方的劳动纪律、规章制度的，甲方可以立即解除本合同且不承担任何经济补偿；甲方违约解除或者终止劳动合同的，应当按照法律规定和本合同约定向乙方支付经济补偿金或赔偿金；甲方依法制定并通过公示的各项规章制度，如《员工手册》《奖励与处罚管理规定》《员工考勤管理规定》等文件作为本合同的附件，与本合同具有同等效力。之后，孙贤锋根据西区公司安排，负责江苏省灌南县堆沟港镇区域的顺丰快递收派邮件工作。西区公司自 2016 年 8 月 25 日起每月向孙贤锋银行账户结算工资，截至 2017 年 9月 25 日，孙贤锋前 12 个月的平均工资为 6329.82 元。2017 年 9 月 12 日、10月 3 日、10 月 16 日，孙贤锋先后存在工作时间未穿工作服、代他人刷考勤卡、在单位公共平台留言辱骂公司主管等违纪行为。事后，西区公司依据《奖励与处罚管理规定》，由用人部门负责人、建议部门负责人、工会负责人、人力资源部负责人共同签署确认，对孙贤锋上述违纪行为分别给予扣2分、扣10分、扣10分处罚，但具体扣分处罚时间难以认定。

2017年10月17日，孙贤锋被所在单位用人部门以未及时上交履职期间的营业款项为由安排停工。次日，孙贤锋至所在单位刷卡考勤，显示刷卡信息无法录入。10月25日，西区公司出具离职证明，载明孙贤锋自2017年10月21日从西区公司正式离职，已办理完毕手续，即日起与公司无任何劳动关系。10月30日，西区公司又出具解除劳动合同通知书，载明孙贤锋在未履行请假手续也未经任何领导批准情况下，自2017年10月20日起无故旷工3天以上，依据国家的相关法律法规及单位规章制度，经单位研究决定自2017年10月20日起与孙贤锋解除劳动关系，限于2017年11月15日前办理相关手续，逾期未办理，后果自负。之后，孙贤锋向江苏省灌南县劳动人事争议仲裁委员会申请仲裁，仲裁裁决后孙贤锋不服，遂诉至法院，要求西区公司支付违法解除劳动合同赔偿金共计68500元。

西区公司在案件审理过程中提出，孙贤锋在职期间存在未按规定着工作服、代人打卡、谩骂主管以及未按照公司规章制度及时上交营业款项等违纪行为，严重违反用人单位规章制度；自2017年10月20日起，孙贤锋在未履行请假手续且未经批准的情况下无故旷工多日，依法自2017年10月20日起与孙贤锋解除劳动关系，符合法律规定。

裁判结果

江苏省灌南县人民法院于2018年11月15日作出（2018）苏0724民初2732号民事判决：一、被告西区公司于本判决发生法律效力之日起十日内支付原告孙贤锋经济赔偿金18989.46元。二、驳回原告孙贤锋的其他诉讼请求。西区公司不服，提起上诉。江苏省连云港市中级人民法院于2019年4月22日作出（2019）苏07民终658号民事判决：驳回上诉，维持原判。

裁判理由

法院生效裁判认为：用人单位单方解除劳动合同是根据劳动者存在违法违纪、违反劳动合同的行为，对其合法性的评价也应以作出解除劳动合同决定时的事实、证据和相关法律规定为依据。用人单位向劳动者送达的解除劳动合同通知书，是用人单位向劳动者作出解除劳动合同的意思表示，对用人单位具有法律约束力。解除劳动合同通知书明确载明解除劳动合同的依据及事由，人民法院审理解除劳动合同纠纷案件时应以该决定作出时的事实、证据和法律为标准进行审查，不宜超出解除劳动合同通知书所载明的内容和范围。否则，将偏离劳资双方所争议的解除劳动合同行为的合法性审查内容，导致法院裁判与当事人诉讼请求以及争议焦点不一致；同时，也违背民事主体从事民事活动所应当秉持的诚实信用这一基本原则，造成劳资双方权益保障的失衡。

本案中，孙贤锋与西区公司签订的劳动合同系双方真实意思表示，合法有效。劳动合同附件《奖励与处罚管理规定》作为用人单位的管理规章制度，不违反法律、行政法规的强制性规定，合法有效，对双方当事人均具有约束力。根据《奖励与处罚管理规定》，员工连续旷工3天（含）以上的，公司有权对其处以第五类处罚责任，即解除合同、永不录用。西区公司向孙贤锋送达的解除劳动合同通知书明确载明解除劳动合同的事由为孙贤锋无故旷工达 3 天以上，孙贤锋诉请法院审查的内容也是西区公司以其无故旷工达 3 天以上而解除劳动合同行为的合法性，故法院对西区公司解除劳动合同的合法性审查也应以解除劳动合同通知书载明的内容为限，而不能超越该诉争范围。虽然西区公司在庭审中另提出孙贤锋在工作期间存在不及时上交营业款、未穿工服、代他人刷考勤卡、在单位公共平台留言辱骂公司主管等其他违纪行为，也是严重违反用人单位规章制度，公司仍有权解除劳动合同，但是根据在案证据及西区公司的陈述，西区公司在已知孙贤锋存在上述行为的情况下，没有提出解除劳动合同，而是主动提出重新安排孙贤锋从事其他工作，在向孙贤锋出具解除劳动合同通知书时也没有将上述行为作为解除劳动合同的理由。对于西区公司在诉讼期间提出的上述主张，法院不予支持。

西区公司以孙贤锋无故旷工达 3 天以上为由解除劳动合同，应对孙贤锋无故旷工达 3 天以上的事实承担举证证明责任。但西区公司仅提供了本单位出具的员工考勤表为证，该考勤表未经孙贤锋签字确认，孙贤锋对此亦不予认可，认为是单位领导安排停工并提供刷卡失败视频为证。因孙贤锋在工作期间被安排停工，西区公司之后是否通知孙贤锋到公司报到、如何通知、通知时间等事实，西区公司均没有提供证据加以证明，故孙贤锋无故旷工 3 天以上的事实不清，西区公司应对此承担举证不能的不利后果，其以孙贤锋旷工违反公司规章制度为由解除劳动合同，缺少事实依据，属于违法解除劳动合同。

（生效裁判审判人员：王小姣、李季、戴立国）

指导案例 181 号

郑某诉霍尼韦尔自动化控制（中国）有限公司劳动合同纠纷案

（最高人民法院审判委员会讨论通过　2022 年 7 月 4 日发布）

关键词

民事　劳动合同　解除劳动合同　性骚扰　规章制度

裁判要点

用人单位的管理人员对被性骚扰员工的投诉，应采取合理措施进行处置。管理人员未采取合理措施或者存在纵容性骚扰行为、干扰对性骚扰行为调查等情形，用人单位以管理人员未尽岗位职责，严重违反规章制度为由解除劳动合同，管理人员主张解除劳动合同违法的，人民法院不予支持。

相关法条

《中华人民共和国劳动合同法》第 39 条

基本案情

郑某于 2012 年 7 月入职霍尼韦尔自动化控制（中国）有限公司（以下简称霍尼韦尔公司），担任渠道销售经理。霍尼韦尔公司建立有工作场所性骚扰防范培训机制，郑某接受过相关培训。霍尼韦尔公司《商业行为准则》规定经理和主管"应确保下属能畅所欲言且无须担心遭到报复，所有担忧或问题都能专业并及时地得以解决"，不允许任何报复行为。2017年版《员工手册》规定：对他人实施性骚扰、违反公司《商业行为准则》、在公司内部调查中作虚假陈述的行为均属于会导致立即辞退的违纪行为。上述规章制度在实施前经过该公司工会沟通会议讨论。

郑某与霍尼韦尔公司签订的劳动合同约定郑某确认并同意公司现有的《员工手册》及《商业行为准则》等规章制度作为本合同的组成部分。《员工手册》修改后，郑某再次签署确认书，表示已阅读、明白并愿接受2017年版《员工手册》内容，愿恪守公司政策作为在霍尼韦尔公司工作的前提条件。

2018年8月30日，郑某因认为下属女职工任某与郑某上级邓某（已婚）之间的关系有点僵，为"疏解"二人关系而找任某谈话。郑某提到昨天观察到邓某跟任某说了一句话，而任某没有回答，其还专门跑到任某处帮忙打圆场。任某提及其在刚入职时曾向郑某出示过间接上级邓某发送的性骚扰微信记录截屏，郑某当时对此答复"我就是不想掺和这个事""我往后不想再回答你后面的事情""我是觉得有点怪，我也不敢问"。谈话中，任某强调邓某是在对其进行性骚扰，邓某要求与其发展男女关系，并在其拒绝后继续不停骚扰，郑某不应责怪其不搭理邓某，也不要替邓某来对其进行敲打。郑某则表示"你如果这样干工作的话，让我很难过""你越端着，他越觉得我要把你怎么样""他这么直接，要是我的话，先靠近你，摸摸看，然后聊聊天。"

后至2018年11月，郑某以任某不合群等为由向霍尼韦尔公司人事部提出与任某解除劳动合同，但未能说明解除任某劳动合同的合理依据。人事部为此找任某了解情况。任某告知人事部其被间接上级邓某骚扰，郑某有意无意撮合其和邓某，其因拒绝骚扰行为而受到打击报复。霍尼韦尔公司为此展开调查。

2019年1月15日，霍尼韦尔公司对郑某进行调查，并制作了调查笔录。郑某未在调查笔录上签字，但对笔录记载的其对公司询问所做答复做了诸多修改。对于调查笔录中有无女员工向郑某反映邓某跟其说过一些不合适的话、对其进行性骚扰的提问所记录的"没有"的答复，郑某未作修改。

2019年1月31日，霍尼韦尔公司出具《单方面解除函》，以郑某未尽经理职责，在下属反映遭受间接上级骚扰后没有采取任何措施帮助下属不再继续遭受骚扰，反而对下属进行打击报复，在调查过程中就上述事实作虚假陈述为由，与郑某解除劳动合同。

2019年7月22日，郑某向上海市劳动争议仲裁委员会申请仲裁，要求霍尼韦尔公司支付违法解除劳动合同赔偿金368130元。该请求未得到仲裁裁决支持。郑某不服，以相同请求诉至上海市浦东新区人民法院。

裁判结果

上海市浦东新区人民法院于2020年11月30日作出（2020）沪0115民初10454号民事判决：驳回郑某的诉讼请求。郑某不服一审判决，提起上诉。上海市第一中级人民法院于2021年4月22日作出（2021）沪01民终2032号民事判决：驳回上诉，维持原判。

裁判理由

法院生效裁判认为，本案争议焦点在于：一、霍尼韦尔公司据以解除郑某劳动合同的《员工手册》和《商业行为准则》对郑某有无约束力；二、郑某是否存在足以解除劳动合同的严重违纪行为。

关于争议焦点一，霍尼韦尔公司据以解除郑某劳动合同的《员工手册》和《商业行为准则》对郑某有无约束力。在案证据显示，郑某持有异议的霍尼韦尔公司 2017 年版《员工手册》《商业行为准则》分别于 2017 年 9 月、2014 年 12 月经霍尼韦尔公司工会沟通会议进行讨论。郑某与霍尼韦尔公司签订的劳动合同明确约定《员工手册》《商业行为准则》属于劳动合同的组成部分，郑某已阅读并理解和接受上述制度。在《员工手册》修订后，郑某亦再次签署确认书，确认已阅读、明白并愿接受 2017 年版《员工手册》，愿恪守公司政策作为在霍尼韦尔公司工作的前提条件。在此情况下，霍尼韦尔公司的《员工手册》《商业行为准则》应对郑某具有约束力。

关于争议焦点二，郑某是否存在足以解除劳动合同的严重违纪行为。一则，在案证据显示霍尼韦尔公司建立有工作场所性骚扰防范培训机制，郑某亦接受过相关培训。霍尼韦尔公司《商业行为准则》要求经理、主管等管理人员在下属提出担忧或问题时能够专业并及时帮助解决，不能进行打击报复。霍尼韦尔公司 2017 年版《员工手册》还将违反公司《商业行为准则》的行为列为会导致立即辞退的严重违纪行为范围。现郑某虽称相关女职工未提供受到骚扰的切实证据，其无法判断骚扰行为的真伪、对错，但从郑某在 2018 年 8 月 30 日谈话录音中对相关女职工初入职时向其出示的微信截屏所作的"我是觉得有点怪，我也不敢问""我就是不想掺和这个事"的评述看，郑某本人亦不认为相关微信内容系同事间的正常交流，且

郑某在相关女职工反复强调间接上级一直对她进行骚扰时，未见郑某积极应对帮助解决，反而说"他这么直接，要是我的话，先靠近你，摸摸看，然后聊聊天"。所为皆为积极促成自己的下级与上级发展不正当关系。郑某的行为显然有悖其作为霍尼韦尔公司部门主管应尽之职责，其相关答复内容亦有违公序良俗。此外，依据郑某自述，其在 2018 年 8 月 30 日谈话后应已明确知晓相关女职工与间接上级关系不好的原因，但郑某不仅未采取积极措施，反而认为相关女职工处理不当。在任某明确表示对邓某性骚扰的抗拒后，郑某于 2018 年 11 月中旬向人事经理提出任某性格不合群，希望公司能解除与任某的劳动合同，据此霍尼韦尔公司主张郑某对相关女职工进行打击报复，亦属合理推断。二则，霍尼韦尔公司 2017 年版《员工手册》明确规定在公司内部调查中作虚假陈述的行为属于会导致立即辞退的严重违纪行为。霍尼韦尔公司提供的 2019 年 1 月 15 日调查笔录显示郑某在调查过程中存在虚假陈述情况。郑某虽称该调查笔录没有按照其所述内容记录，其不被允许修改很多内容，但此主张与郑某对该调查笔录中诸多问题的答复都进行过修改的事实相矛盾，法院对此不予采信。该调查笔录可以作为认定郑某存在虚假陈述的判断依据。

综上，郑某提出的各项上诉理由难以成为其上诉主张成立的依据。霍尼韦尔公司主张郑某存在严重违纪行为，依据充分，不构成违法解除劳动合同。对郑某要求霍尼韦尔公司支付违法解除劳动合同赔偿金 368130 元的上诉请求，不予支持。

（生效裁判审判人员：孙少君、韩东红、徐焰）

上海某公司诉王某劳动合同纠纷案

——用人单位的用工管理应遵守法律法规、尊重公序良俗

关键词

民事　劳动合同　用工管理权
合理边界　公序良俗　休息休假权
事假　丧假

基本案情

王某系上海某公司（以下简称公司）保安，做二休一。公司的考勤管理细则规定，员工请事假一天由主管领导审批……连续 3 天以上（含 3 天）由公司总裁（总经理）审批；累计旷工 3 天以上（含 3 天）者，视为严重违反公司规章制度和劳动纪律，公司有权辞退，提前解除劳动合同并依法不予支付经济补偿。王某学习并签收了上述文件。

2020 年 1 月 6 日，王某因父亲生病向主管提交请假单后回安徽老家，请假时间为 1 月 6 日至 13 日。次日，因公司告知未准假而返回，途中得知父亲去世，王某向主管汇报，主管让其安心回家料理后事，王某便再次回家。后公司未再联系王某，王某于 1 月 14 日返回上海，次日上班。2020 年 1 月 6 日至 14 日期间，王某应出勤日期为 6 日、8 日、9 日、11 日、12 日、14 日。2020 年 1 月 31 日，公司向王某出具《解除劳动合同通知书》，以旷工累计达 3 天为由解除劳动合同。

王某于 2020 年 3 月 27 日申请仲裁，要求公司支付违法解除劳动合同赔偿金等，劳动人事争议仲裁委员会予以支持。公司不服该判决，诉至法院。上海市青浦区人民法院于 2020 年 10 月 10 日

作出（2020）沪 0118 民初 14509 号民事判决：公司支付王某违法解除劳动合同赔偿金 75269.04 元等。

公司不服一审判决，提起上诉，称对村委会出具的其父死亡及火化下葬证明存合理质疑。上海市第二中级人民法院于 2020 年 12 月 15 日作出（2020）沪 02 民终 10692 号民事判决：驳回上诉，维持原判。

裁判理由

法院生效判决认为：劳动合同履行期间，用人单位及劳动者均负有切实、充分、妥善履行合同的义务。劳动者有自觉维护用人单位劳动秩序，遵守用人单位的规章制度的义务；用人单位管理权的边界和行使方式亦应善意、宽容及合理。

公司以王某旷工累计达 3 天为由解除劳动合同，是否构成违法解除，应审视王某是否存在相应违纪事实。王某工作做二休一，2020 年 1 月 6 日至 14 日，其请假日期为 6 日至 13 日，应出勤日期为 6 日、8 日、9 日、11 日、12 日、14 日。

对于 6 日，王某于该日早上提交请假手续，其主管签字同意，但迟至下午才报公司审批，次日才告知未获批准，因公司未及时行使审批权，6 日不应认定为旷工。对于 7 日至 13 日，7 日王某因公司未准假返回上海，途中得知父亲去世便再次回家办理丧事，至此，事假性质发生改变，转化为丧假事假并存，

扣除 3 天丧假，王某实际事假天数为两天。王某请假事出有因，回老家为父亲操办丧事，符合中华民族传统人伦道德和善良风俗，无可厚非，且并未超过合理期限，公司应以普通善良人的宽容心、同理心加以对待。村委会出具的证明亦显示王某之父从去世到火化下葬尚在合理期间，尊重民俗、体恤员工的具体困难与不幸亦是用人单位应有之义。至于 14 日，不在请假期间范围，王某未到岗，公司可认定旷工。综上，王某旷工未达 3 天，公司系违法解除劳动合同。

裁判要旨

劳动者有自觉遵守用人单位规章制度的义务，而用人单位用工管理权的边界和行使方式亦应善意、宽容及合理，尊重法律法规及公序良俗。用工管理权合理边界审查应遵循合法性、正当性及合理性限度。劳动者因直系亲属死亡等紧迫事由向用人单位请事假，且未超过合理期间的，符合公序良俗，用人单位行使管理权时应秉持"普通善良人"之衡量标准，予以理解和尊重。劳动者已履行请假申报程序，用人单位未予准假，事后以劳动者擅自离岗、严重违反规章制度为由径行解雇，属于违法解除劳动合同。

关联索引

《中华人民共和国劳动合同法》第47 条、第 87 条

一审：上海市青浦区人民法院（2020）沪 0118 民初 14509 号民事判决（2020 年 10 月 10 日）

二审：上海市第二中级人民法院（2020）沪 02 民终 10692 号民事判决（2020 年 12 月 15 日）

北京某制药公司诉李某某劳动合同纠纷案

——用人单位以劳动者违反规章制度为由解除劳动合同应符合比例原则

关键词

民事　劳动合同　劳动争议　用人单位规章制度　解除劳动合同

基本案情

北京某制药公司诉称：判令北京某制药公司无须向李某某支付 1995 年 7 月 21 日至 2016 年 1 月 15 日期间解除劳动关系经济补偿金 120001.9 元。北京某制药公司系药品生产企业，需要严格按照《药品生产质量管理规范》（俗称"GMP"）进行生产。根据 GMP 的要求，数据完整性是制药质量体系确保药品质量的基石。保证记录的准确性，可靠性，可追溯性都属于数据完整性的范畴。北京某制药公司《员工劳动纪律管理细则》规定，篡改公司文件记录；虚报工作、个人资料（如：雇佣申请表、考勤记录、病假证明、学历证明等）的，属于严重违反工厂规章制度，公司有权依照《劳动合同法》第 39 条的规定解除劳动关系。李某某作为生产流水部门长期从事相关工作的药品包装操作员，已经充分知悉相关法律法规及公司规章制度对于数据完整性的要求，但 2015 年 12 月 16 日其在昌平工厂 A-730 包装操作间进行 LAMX0190 的批文件结

算过程中，在批文件中故意伪造说明书的废品数量，以保证物料平衡计算结果满足批文件设置的限度要求。李某某的篡改批文件记录的行为，严重违反了北京某制药公司的规章制度，北京某制药公司有权解除劳动合同。

李某某辩称：其行为属于违反工厂相关标准操作流程及安全行为，未达到解除劳动合同的程度，借用说明书的数量只体现在废品中，对诺华制药公司未产生实际损失。北京某制药公司违法辞退李某某，应支付解除劳动关系经济补偿金。

法院经审理查明：李某某于1995年7月21日入职北京某制药公司，担任生产流水部门的包装操作员。双方共签订三次劳动合同，自2007年1月1日起，劳动合同期限变更为无固定期限合同。李某某的月工资标准为5853.75元。双方于2016年1月15日解除劳动关系。李某某就此提起劳动仲裁申请，要求北京某制药公司支付解除劳动关系经济补偿金，劳动人事争议仲裁委员会裁决北京某制药公司支付其解除劳动关系经济补偿金120001.9元。北京某制药公司不服仲裁裁决，提起诉讼。

北京某制药公司提交的《违纪处理函》显示：2015年12月16日，李某某在A-730包装操作间进行LAMX0191的批文件结算过程中，没有按照批文件的要求计算说明书物料平衡相关数据，而是伪造说明书废品数量，以保证物料平衡计算结果满足批文件设置的最低限度要求。进而影响到后续批次LAMX0191说明书物料平衡计算结果异常。该行为违反了良好文件记录与数据完整性的要求。为了严肃操作纪律，提高全员的数据完整性意识，给予解除劳动关系的处分。李某某收到该函，但不接受处理结果。诉讼中，北京某制药公司称，解除

原因是李某某在进行LAMX0190的批文件结算过程中，在批文件中故意伪造说明书的废品数量，以保证物料平衡计算结果满足批文件设置的限度要求，该行为违反了《员工手册》第4.1.1条解除劳动关系项下"直接或间接篡改公司文件或记录"等内容，构成严重违纪，应当解除劳动合同。李某某称其借用说明书的行为只是违反了批次药品整体中的一个操作流程，是符合员工守则所规定的警告的一个行为。

北京某制药公司《员工劳动纪律管理细则》第3条内容："纪律处分类别。对违反劳动纪律的处分分为下列四种：口头警告、书面警告、最后书面警告、解除劳动关系。违反本细则未明示的其他纪律，经调查核实，并经工厂管委会讨论决定，依情节轻重，给予相应处罚。（1）口头警告。有下列情况之一，经调查核实，给予口头警告……违反工厂相关标准操作流程及安全行为规定，但尚未对公司造成损失的行为……（2）书面警告。有下列情况之一，经调查核实，给予书面警告……违反工厂相关标准操作流程及安全行为规定，造成实际损失，但情节较轻……（3）最后书面警告。有下列情况之一，经调查核实，给予最后书面警告……违反工厂相关标准操作流程及安全行为规定，造成实际损失，情节较重……（4）解除劳动关系。有下列情况之一，经调查核实，属严重违纪行为并构成严重违反工厂规章制度，公司有权依照《劳动合同法》第39条的规定解除劳动关系：……玩忽职守、违反工厂相关标准操作流程，且给公司业务造成严重影响或损失，或对他人造成严重人身、财产损失的……篡改公司文件记录；虚报工作、个人资料（如：雇佣申请表、考勤记录、病假证明、学历证明等）……"

北京市昌平区人民法院于 2017 年 4 月 11 日作出（2017）京 0114 民初 502 号民事判决：一、北京某制药公司于判决生效后 10 日内支付李某某 1995 年 7 月 21 日至 2016 年 1 月 15 日期间解除劳动合同经济补偿金 120001.88 元；二、驳回北京某制药公司的其他诉讼请求。北京某制药公司不服，以李某某的行为属于《员工手册》第 4.1.1 条规定的"直接或间接篡改公司文件或记录"，该行为导致所涉批次产品延误放行，已经给北京某制药公司造成重大影响为由提起上诉。北京市第一中级人民法院于 2017 年 8 月 4 日作出（2017）京 01 民终 4436 号民事判决，驳回上诉，维持原判。

裁判理由

法院生效裁判认为：结合双方的诉辩主张，本案的争议焦点为李某某未如实记录 LAMX0190 批文件中说明书废品数量、其自行按照物料平衡计算要求填写说明书废品数量的行为是否属于篡改公司文件记录，并达到解除劳动合同的程度。

《劳动法》第 3 条第 2 款规定，劳动者应当遵守劳动纪律。《最高人民法院关于审理劳动争议案件适用法律若干问题的解释》第 19 条规定，用人单位根据《劳动法》第 4 条之规定，通过民主程序制定的规章制度，不违反国家法律、行政法规及政策规定，并已向劳动者公示的，可以作为人民法院审理劳动争议案件的依据。本案中，北京某制药公司的《员工手册》和《员工劳动纪律管理细则》经过民主程序且已告知李某某，故可以作为本案审理依据。根据北京某制药公司提交的培训记录，北京某制药公司亦对李某某进行了良好文件规范培训，可见李某某知悉正确、及时记录批文件的工作要求。根据庭审中当事人陈述，李某某认可其应当遵守《药品

生产质量管理规范》的相关要求。其中《药品生产质量管理规范》第 184 条规定，所有药品的生产和包装均应当按照批准的工艺规程和操作规程进行操作并有相关记录，以确保药品达到规定的质量标准，并符合药品生产许可和注册批准的要求。对员工违反劳动纪律的行为北京某制药公司制定的规章制度区分严重程度设定了口头警告、书面警告、最后书面警告、解除劳动关系四种处分形式，在四种形式下均规定了不同程度违反工厂相关标准操作流程导致的后果。

本案中，要判断李某某的行为属于北京某制药公司规章制度中的哪一具体情形及其行为后果，必须考量李某某的工作岗位和职责要求。第一，李某某的行为属于北京某制药公司规章制度中的哪一具体情形。李某某为包装操作员，根据北京某制药公司提供的工作描述，李某某的主要职责要求包括产品知识、工艺知识、操作技能、生产协调、设备维护、设备故障处理、质量合规、偏差处理、工艺/清洁/设备验证、安全等方面的内容。根据李某某的工作岗位及工作职责要求，结合《药品生产质量管理规范》第 184 条的规定，法院认为，李某某作为包装操作员应当按照操作规程进行操作并如实记录，其如实记录义务应属于操作规程的必然要求。故其未如实记录废品说明书数量、自行按照物料平衡计算要求填写说明书废品数量的行为应当属于违反工厂相关标准操作流程，而不属于直接或间接篡改公司文件记录。第二，李某某的行为造成的后果是否达到解除劳动关系的程度。法院认为，《员工劳动纪律管理细则》规定违反工厂相关标准操作流程，且给公司业务造成严重影响或损失，或对他人造成严重人身、财产损失的，北京某制药公司有权解除劳动合同。根据《药品生产

质量管理规范》第 215 条的规定，在物料平衡检查中，发现待包装产品、印刷包装材料以及成品数量有显著差异时，应当进行调查，未得出结论前，成品不得放行。北京某制药公司主张因李某某未如实记录废品说明书数量的行为导致本案所涉批次产品迟延放行，对此，法院予以采信。但法院需要指出的是，李某某的行为所造成的产品迟延放行并未达到给公司业务造成严重影响或损失，或对他人造成严重人身、财产损失的程度。故对北京某制药公司所持李某某直接或间接篡改公司文件记录，构成严重违反公司规章制度依法解除劳动合同的主张，法院不予采信，对其上诉请求，法院不予支持。

裁判要旨

用人单位以劳动者违反规章制度为由解除劳动合同，应审查劳动者的行为是否严重违反公司规章制度，给用人单位业务造成严重影响或损失，或者对他人造成严重人身、财产损失。在用人单位规章制度设置了纪律处分类别的情况下，应判断劳动者的行为属于规章制度中的哪一具体情形及其行为后果，同时考量劳动者的工作岗位和职责要求，判定解除劳动合同的合法性。如果劳动者违反规章制度的行为并未达到规章制度规定的应予解除劳动关系的严重程度，用人单位不能以此为由解除劳动合同。

关联索引

《中华人民共和国劳动法》第 3 条

一审：北京市昌平区人民法院（2017）京 0114 民初 502 号民事判决（2017 年 4 月 11 日）

二审：北京市第一中级人民法院（2017）京 01 民终 4436 号民事判决（2017 年 8 月 4 日）

北京某贸易有限公司诉王某劳动合同纠纷案

——解除或终止劳动合同经济补偿金的支付可否附条件

关键词

民事　劳动合同　解除劳动合同　终止劳动合同　经济补偿　经济补偿金支付　附条件　竞业限制

基本案情

北京某贸易有限公司（以下简称某贸易公司）诉称：某贸易公司与王某签订了合同期限为 2017 年 1 月 1 日至 2019 年 12 月 31 日的《劳动合同》，约定岗位为招商。2019 年 9 月 17 日，双方签订了《解除劳动合同协议书》，后王某未按照协议约定履行竞业限制义务及保密义务，其行为已经构成违约。某贸易公司有权不支付经济补偿金 70500 元。故请求判令：（1）某贸易公司不向王某支付解除劳动合同经济补偿金 70500 元；（2）本案诉讼费由王某承担。

王某辩称：不同意某贸易公司的诉讼请求及所陈述的理由，解除劳动合同由某贸易公司提出，支付经济补偿是其义务，不应附带其他条件。

法院经审理查明：王某于 2013 年 8 月入职某贸易公司，担任招商岗位，其工资标准为 21000 元/月。2017 年 9 月，某贸易公司（甲方）与王某（乙方）签订《保密及竞业禁止协议》，其中约定

"乙方应承担竞业限制义务，承担竞业限制义务的竞业限制期限为甲乙双方劳动关系存续期间及甲乙双方解除或终止劳动关系后12个月""甲方的竞争方包括但不限于……某购物公司"。

2019年9月，王某（乙方）与某贸易公司（甲方）协商一致解除劳动合同，签订《解除劳动合同协议书》，其中载明：在乙方履行本协议各项义务的基础上，甲方同意，2019年10月31日前一次性给付乙方经济补偿金70500元；乙方妥善办理工作交接、离职手续，移送并归还办公用品、各类资料、财务借款等。解除日后，乙方同意继续依据双方已签订的《保密协议》（如有）及《竞业限制协议》（如履行）之约定，就"保密信息"的范围继续履行保密义务。后某贸易公司未支付70500元给王某。

2019年10月，某贸易公司发现王某违反离职协议及竞业限制，在某购物公司工作。

2020年7月，某贸易公司申请仲裁，要求王某支付某贸易公司违反竞业限制违约金、返还竞业限制补偿金、支付违反竞业限制义务所获得收益。劳动人事争议仲裁委员会作出裁决：王某支付某贸易公司违反竞业限制违约金281168.1元。王某不服上述裁决，已诉至法院另案处理。

2020年9月，王某申请仲裁，要求某贸易公司支付王某解除劳动合同经济补偿金70500元。劳动人事争议仲裁委员会作出裁决：某贸易公司支付王某解除劳动合同经济补偿金70500元。王某同意仲裁裁决，某贸易公司不同意上述裁决，遂提起本案诉讼。

北京市大兴区人民法院于2021年6月29日作出（2020）京0115民初19879号民事判决：一、某贸易公司于本判决生效之日起10日内支付王某解除劳动合同经济补偿金70500元；二、驳回某贸易公司的诉讼请求。宣判后，某贸易公司以双方所签《解除劳动合同协议书》第2条明确约定了支付补偿金的条件，包括王某应当履行关于竞业限制的相关义务，但王某在竞业限制期限内违反《解除劳动合同协议书》约定为由，提起上诉。北京市第二中级人民法院于2021年9月6日作出（2021）京02民终12085号民事判决，驳回上诉，维持原判。

裁判理由

法院生效裁判认为：本案的争议焦点系王某履行保密及竞业限制义务是否系某贸易公司向王某支付解除劳动关系经济补偿金的前提条件。

其一，《解除劳动合同协议书》系双方当事人就解除劳动关系事宜达成的一致意见，其目的和结果是解除双方之间的劳动关系；解除劳动关系经济补偿金具有补偿性和救济性特征，在案涉劳动关系已解除且《解除劳动合同协议书》的目的已经达成的情况下，经济补偿金的给付具有必要性和确定性。

其二，根据双方《解除劳动合同协议书》的约定，双方劳动关系于2019年9月17日解除且某贸易公司于2019年10月31日之前向王某支付经济补偿金，该支付时间节点系经双方协商一致，明确而具体，并不能就此成为约束除达到解除劳动关系之目的以外其他事项的时间标准。

其三，《解除劳动合同协议书》第5条明确约定，解除日后王某同意继续依据《保密协议》《竞业限制协议》之约定以及原劳动合同中保密条款之约定，履行保密及竞业限制义务；而其中有关保密期以及竞业限制期终止日的约定，均晚于经济补偿金的支付时间。即在经济补偿金的支付时间到来之时，王某是否能够完全履行保密义务及竞业限制义务尚存在不确定性。故某贸易公司主张以王某履行保密义务及竞业限制义务制约经济补偿金的支付，缺乏逻辑。

其四，从《解除劳动合同协议书》的订立目的来看，该协议第5条约定的支付经济补偿金的前提应理解为，王某应履行"办理工作交接、离职手续，移送并归还办公用品、各类材料、财务借款等"为达成双方解除劳动关系以及支付经济补偿金之目的的义务。

综上，本案的审理不以王某是否违反保密及竞业限制义务的相关认定为前提，某贸易公司以王某违反保密及竞业限制义务为由上诉主张不予支付解除劳动关系经济补偿金，依据不足。

裁判要旨

1. 解除或终止劳动合同经济补偿是用人单位在非因劳动者主观过错的情况下解除劳动合同时，为保障劳动者在离职后一段时间内的生活，依法需一次性支付给劳动者的补偿。在用人单位、劳动者签订《解除劳动合同协议书》已经解除劳动关系且协议目的已经达成的情况下，经济补偿金的给付具有必要性和确定性，用人单位应当根据协议约定向劳动者支付解除劳动关系经济补偿金。

2. 用人单位与劳动者可以在离职协议中约定经济补偿金的支付附条件，但该条件应以达成双方解除劳动关系为目的，限于对劳动者解除劳动合同之前已发生的工作或者行为成就与否的约定，同时不违反法律、行政法规的强制性规定，且不存在欺诈、胁迫或者乘人之危的情形。

3. 在用人单位与劳动者解除劳动合同后，竞业限制主要约束劳动者离职后的行为，在经济补偿金支付时间到来时劳动者能否履行竞业限制义务具有不确定性。劳动者竞业限制义务的承担通常由保密及竞业禁止协议规制，法律亦对劳动者违反竞业限制义务应承担的赔偿责任作出规定。用人单位主张以劳动者离职后履行保密、竞业限制等义务作为支付解除劳动合同经济补偿金条件的，人民法院不予支持。

关联索引

《中华人民共和国劳动合同法》第46条、第50条

《最高人民法院关于审理劳动争议案件适用法律若干问题的解释（一）》第35条〔本案适用的是2010年9月13日施行的《最高人民法院关于审理劳动争议案件适用法律若干问题的解释（三）》第10条〕

一审：北京市大兴区人民法院（2020）京0115民初19879号民事判决（2021年6月29日）

二审：北京市第二中级人民法院（2021）京02民终12085号民事判决（2021年9月6日）

张某诉上海某国际货物运输代理有限公司
劳动合同纠纷案

——劳动合同到期终止，用人单位无须支付经济补偿金情形的认定

关键词

民事 劳动合同 到期终止 经济补偿金 免除

基本案情

张某诉请：（1）判令上海某国际货物运输代理有限公司（以下简称某公司）支付张某 2017 年 4 月 1 日至 2020 年 5 月 30 日期间的工资差额人民币 27300 元；（2）判令某公司支付张某 2020 年 6 月 1 日至 2020 年 7 月 31 日期间的工资差额 5200 元；（3）判令某公司支付张某终止劳动合同经济补偿金 104500 元。张某于 2009 年 11 月 9 日入职某公司，双方签订的最后一份劳动合同期限为 2015 年 8 月 1 日至 2020 年 7 月 31 日。2020 年 7 月 2 日，某公司通过微信向张某发送《劳动合同续签通知书》，但未将劳动合同文本交予张某。某公司未足额发放张某工资，应予补足。某公司应当支付张某相应的经济补偿金。

某公司辩称：张某的工资组成为基本工资+绩效的浮动工资制，某公司已经足额发放了张某上述期间的工资，不存在差额。某公司不同意支付张某主张的工龄工资。某公司在 2020 年 7 月 2 日即通知张某劳动合同将于 2020 年 7 月 31 日期满，要求其到公司办公室续签，但张某并未前往续签，而且在合同期满后自行离岗，应视为张某不同意续签劳动合同，故某公司无须支付经济补偿

金。综上，不同意张某的诉讼请求。

法院经审理查明：张某于 2009 年 11 月 9 日进入某公司工作。双方签订的最后一份劳动合同期限为 2015 年 8 月 1 日起至 2020 年 7 月 31 日止，劳动合同约定工资计发形式为基本工资 2020 元/月+其他。2020 年 7 月 2 日，某公司代理人成某通过微信向张某发送了落款日期为 2020 年 4 月 30 日的《通知》，载明"张某：因公司受物流行业大环境和疫情影响，公司原有业务萎缩，公司变更业务模式，调整了管理模式，自 2020 年 4 月开始你以不愿意接受其他公司人员管理为由拒绝履行工作职责，公司决定取消你的岗位工资"；以及落款日期为 2020 年 7 月 1 日的《劳动合同续签通知书》，载明"张某你好，公司与你的《劳动合同》的期限将于 2020 年 7 月 31 日到期，现通知你于 2020 年 7 月 20 日前至公司办公室办理续签劳动合同"。当日，张某通过微信回复某公司"一、愿意续签合同；二、不同意取消工资"。某公司按照 3500 元/月的标准支付了张某 2020 年 6 月 1 日至 2020 年 7 月 31 日期间的工资，双方劳动合同于 2020 年 7 月 31 日到期终止。张某离职前 12 个月的平均工资为 7000 元/月。2020 年 9 月 8 日，张某向上海市浦东新区劳动人事争议仲裁委员会（以下简称仲裁委员会）申请仲裁，仲裁委员会于 2020 年 9 月 14 日依法受理，张某申请仲裁要求

某公司支付：（1）2017 年 4 月 1 日至 2020 年 5 月 30 日期间工资差额 27300 元；（2）2020 年 6 月 1 日至 2020 年 7 月 31 日期间工资差额 13504 元；（3）终止劳动合同经济补偿金 104500 元；（4）2019 年 1 月 1 日至 2020 年 7 月 31 日期间未休年休假折算工资 13080 元。在仲裁审理阶段，仲裁员询问："申请人是否不同意续签劳动合同？"张某回答："合同终止原因是被申请人取消岗位工资，故申请人不愿意续订。"仲裁员询问："被申请人，与申请人续签劳动合同时候，新合同里是否取消了岗位工资？"某公司回答："没有取消，且申请人从未就岗位工资事宜与我方进行沟通。之前不发放岗位工资是因为申请人没有履行理货的岗位职责。"仲裁委员会于 2020 年 11 月 12 日作出仲裁裁决，裁令某公司支付张某 2020 年 2 月至 2020 年 5 月的工资差额 7750 元、2020 年 6 月至 2020 年 7 月的工资差额 4500 元、2019 年 1 月 1 日至 2020 年 7 月 31 日期间未休年休假工资 7356.32 元，对张某的其他请求不予支持。张某不服该裁决结果，遂向上海市浦东新区人民法院提起诉讼。

另查明：（1）2020 年 6 月 30 日，某公司通过银行转账的方式支付了张某 2020 年 4 月的税后工资 2742.20 元以及 2020 年 5 月的税后工资 2742.20 元；（2）2020 年 7 月 1 日，张某通过微信向某公司实际控人李某发送消息"李总、成总，你们好，我工资发得不对，希望尽快给我补齐"，李某未予回复。

上海市浦东新区人民法院于 2021 年 4 月 27 日作出（2021）沪 0115 民初 9755 号民事判决：一、上海某国际货物运输代理有限公司于本判决生效之日 10 日内支付张某 2020 年 2 月 1 日至 2020 年 5 月 31 日期间的工资差额 7750 元；

二、上海某国际货物运输代理有限公司于本判决生效之日 10 日内支付张某 2020 年 6 月 1 日至 2020 年 7 月 31 日期间的工资差额 4500 元；三、上海某国际货物运输代理有限公司于本判决生效之日 10 日内支付张某 2019 年 1 月 1 日至 2020 年 7 月 31 日期间的未休年休假折算工资 7356.32 元；四、驳回张某的其余诉讼请求。

一审判决后，张某不服，提起上诉，要求撤销一审判决第四项，改判某公司支付经济补偿金 77000 元。上海市第一中级人民法院于 2021 年 10 月 25 日作出（2021）沪 01 民终 10455 号民事判决：一、维持上海市浦东新区人民法院（2021）沪 0115 民初 9755 号民事判决第一、二、三项；二、撤销上海市浦东新区人民法院（2021）沪 0115 民初 9755 号民事判决第四项；三、上海某国际货物运输代理有限公司于本判决生效之日起 10 日内支付张某终止劳动合同的经济补偿金 77000 元。

裁判理由

法院生效裁判认为：其一，劳动合同因期满而终止的情况下，如用人单位主张其无须支付经济补偿金，应当举证证明存在《劳动合同法》第 46 条第 5 项规定的无须支付经济补偿金的情形。本案中，从某公司于 2020 年 7 月 1 日发送给张某的《劳动合同续签通知书》的内容来看，并未明确是否维持或提高原劳动合同条件。

其二，某公司于同日向张某发送了续订劳动合同通知与取消岗位工资通知，张某据此而将其理解为某公司的意思表示为以取消岗位工资为条件续签劳动合同，亦符合通常逻辑。在张某明确回复"一、愿意续签合同；二、不同意取消工资"的情况下，某公司也未再进一步与张某解释或沟通确认，故有理由认为某公司的实际意思表示确为以取消岗位工资为条件续签劳动合同。

其三，就某公司取消张某岗位工资事宜，某公司虽称其此前已经跟张某口头沟通过，但对此未能提供证据证明。反之，其公司于 2020 年 6 月 30 日方才通过银行转账方式支付张某 2020 年 4 月、5 月的税后工资，张某于次日即对工资金额提出异议，可见 2020 年 7 月 1 日某公司通知张某续签劳动合同时，双方对于取消岗位工资事宜并未达成一致，亦即双方对于原劳动合同约定的工资标准的降低尚未达成一致。而就岗位工资的取消，某公司所举证据尚不足以证明该降薪行为充分合理。在此前提下，其提出取消岗位工资并续订劳动合同，难以维持原劳动合同约定条件续订。

综上，本案不符合用人单位以维持或提高原劳动合同约定条件续订合同而劳动者不同意续签的情形，某公司应支付张某终止劳动合同经济补偿金。

裁判要旨

劳动合同到期终止后，用人单位主张无须支付经济补偿金的，应就其以维持或者提高劳动合同约定的条件续订劳动合同而劳动者不同意续订承担举证责任。续订条件是否相对维持或提高的识别应以原合同终止前所达成的约定条件为基准。劳动者因不满降薪决定而拒绝续订合同，用人单位须举证证明双方就此达成一致或者降薪具备合理性，否则用人单位以劳动者不同意续订为由主张无须支付经济补偿金的，人民法院不予支持。

关联索引

《中华人民共和国劳动合同法》第 46 条

一审：上海市浦东新区人民法院（2021）沪 0115 民初 9755 号民事判决（2021 年 4 月 27 日）

二审：上海市第一中级人民法院（2021）沪 01 民终 10455 号民事判决（2021 年 10 月 25 日）

张某诉某劳务服务有限公司、某工业有限公司劳动合同纠纷案

——用人单位能否与未进行离岗前职业健康检查的劳动者协商解除劳动合同

关键词

民事 劳动合同 解除劳动关系 职业病 恢复劳动关系

基本案情

张某诉称：其于 2014 年 1 月 13 日与某劳务服务有限公司签订协商解除劳动合同协议书时曾提出做离职前职业健康检查，公司法定代表人承诺签订协议后安排其体检，但第二天即反悔。张某向有关部门举报投诉后，某劳务服务公司才让其做相关体检。张某认为，对未进行离岗前职业健康检查的劳动者不得解除或者终止与其订立的劳动合同，故提起仲裁、诉讼，要求与某劳务服务公司自 2014 年 1 月 13 日起恢复劳动关系。

某劳务服务公司、某工业有限公司

共同辩称：张某与某劳务服务有限公司于 2014 年 1 月 13 已经达成解除劳动关系的协议，并支付补偿金。现张某已离职一年多，故不同意恢复劳动关系。

法院经审理查明：2010 年 1 月，张某与某劳务服务公司建立劳动关系后被派遣至某工业有限公司担任电焊工，双方签订的最后一期劳动合同的期限系自 2010 年 1 月 1 日至 2014 年 6 月 30 日。2014 年 1 月 13 日，某劳务服务公司（甲方）与张某（乙方）签订协商解除劳动合同协议书，双方自愿达成如下协议：（1）甲、乙双方一致同意劳动关系于 2014 年 1 月 13 日解除，双方的劳动权利义务终止；（2）甲方向乙方一次性支付人民币 48160 元，以上款项包括解除劳动合同的经济补偿、其他应得劳动报酬及福利待遇……某劳务服务公司于 2014 年 1 月 21 日向张某支付 48160 元。2014 年 4 月，张某经上海市肺科医院诊断为电焊工尘肺一期。2014 年 12 月 10 日，张某经上海市劳动能力鉴定委员会鉴定为职业病致残程度七级。后张某于 2014 年 11 月 27 日向上海市崇明县劳动人事争议仲裁委员会申请仲裁，要求自 2014 年 1 月 13 日起恢复与某劳务服务公司的劳动关系。该仲裁委员会裁决对张某的请求事项不予支持。张某不服仲裁裁决，提起诉讼。

上海市崇明县人民法院于 2015 年 6 月 24 日作出（2015）崇民一（民）初字第 1021 号民事判决：驳回张某要求与某劳务服务有限公司自 2014 年 1 月 13 日起恢复劳动关系的诉讼请求。判决后，张某不服一审判决，上诉至上海市第二中级人民法院。上海市第二中级人民法院于 2015 年 11 月 12 日作出（2015）沪二中民三（民）终字第 962 号民事判决：一、撤销上海市崇明县人民法院（2015）崇民一（民）初字第

1021 号民事判决；二、张某与某劳务服务有限公司自 2014 年 1 月 13 日起恢复劳动关系至 2014 年 12 月 10 日止。

裁判理由

法院生效裁判认为：本案的争议焦点为从事接触职业病危害作业的劳动者未进行离岗前职业健康检查的，用人单位与劳动者协商一致解除劳动合同是否当然有效。

根据《劳动合同法》第 42 条第 1 款的规定，从事接触职业病危害作业的劳动者未进行离岗前职业健康检查的，用人单位不得依照该法第 40 条、第 41 条的规定解除劳动合同。此款规定虽然没有排除用人单位与劳动者协商一致解除劳动合同的情形，但根据《职业病防治法》第 36 条的规定，"对从事接触职业病危害的作业的劳动者，用人单位应当按照国务院安全生产监督管理部门、卫生行政部门的规定组织上岗前、在岗期间和离岗时的职业健康检查，并将检查结果书面告知劳动者……对未进行离岗前职业健康检查的劳动者不得解除或者终止与其订立的劳动合同"。因此，用人单位安排从事接触职业病危害的作业的劳动者进行离岗职业健康检查是其法定义务，该项义务并不因劳动者与用人单位协商一致解除劳动合同而当然免除。

本案中，某劳务服务有限公司与张某于 2014 年 1 月 13 日签订的《协商解除劳动合同协议书》并未明确张某已经知晓并放弃了进行离岗前职业健康检查的权利，且张某于事后亦通过各种途径积极要求某劳务服务公司为其安排离岗职业健康检查。因此，张某并未放弃对该项权利的主张，某劳务服务公司应当为其安排离岗职业健康检查。在张某的职业病鉴定意见未出之前，双方的劳动关系不能当然解除。2014 年 12 月 10 日，张某被鉴定为"职业病致残程度七

级"。根据《工伤保险条例》第 37 条规定，职工因工致残被鉴定为七级至十级伤残的，劳动、聘用合同期满终止，或者职工本人提出解除劳动、聘用合同的，由工伤保险基金支付一次性工伤医疗补助金，由用人单位支付一次性伤残就业补助金。因此，鉴于双方签订的劳动合同原应于 2014 年 6 月 30 日到期，而张某 2014 年 12 月 10 日被鉴定为"职业病致残程度七级"，依据《工伤保险条例》的规定，用人单位可以终止到期合同，故张某与某劳动服务公司的劳动关系应于 2014 年 12 月 10 日终止。

裁判要旨

1. 用人单位安排从事接触职业病危害的作业的劳动者进行离岗职业健康检查是其法定义务，劳动者未明确已经知晓并放弃离岗前职业健康检查的权利的，该项义务并不因劳动者与用人单位协商一致解除劳动合同而免除。用人单位与劳动者协商一致解除劳动合同的，解除协议应认定无效。

2. 在劳动者职业病鉴定意见未作出之前，双方的劳动关系并不因协议解除或者劳动合同到期终止。在经过职业病认定及劳动能力鉴定后，如妨碍双方劳动合同解除或者终止的情形均已消失，而用人单位亦无继续履行或者续订的意思表示，在符合终止劳动合同条件的情况下，双方的劳动关系可于劳动者职业病致残程度鉴定结果出具之日依法终止。

关联索引

《中华人民共和国劳动合同法》第 42 条

《中华人民共和国职业病防治法》第 36 条

《工伤保险条例》第 37 条

一审：上海市崇明县人民法院（2015）崇民一（民）初字第 1021 号民事判决（2015 年 6 月 24 日）

二审：上海市第二中级人民法院（2015）沪二中民三（民）终字第 962 号民事判决（2015 年 11 月 12 日）

陆某诉某轧钢作业服务有限公司劳动合同纠纷案

——职业病患者在申请职业病认定期间的权利应予保障

关键词

民事　劳动合同　劳动合同终止　职业病危害作业员工的离岗前健康检查　职业病患者的权利保障

基本案情

陆某诉称：其于 2009 年 1 月 1 日起与某轧钢作业服务有限公司建立劳动关系，工作岗位属接触职业病危害作业岗位。某轧钢作业服务有限公司对员工没有采取必要的健康防护措施。因工作中

长时间接触苯，陆某患上白血病，自 2011 年 1 月 1 日起住院治疗。2013 年 12 月 30 日，某轧钢作业服务有限公司在未为陆某进行职业病检查的情况下，与陆某终止了劳动关系。2015 年，经职业病鉴定委员会鉴定，陆某所患之病确认为苯中毒所致职业病，2016 年经工伤鉴定为伤残六级。陆某曾提起仲裁要求恢复同某轧钢作业服务有限公司之间的劳动关系，但未获支持，其不服仲裁裁

决起诉至法院，要求判决：（1）自 2014 年 1 月 1 日起恢复同某轧钢作业服务有限公司之间的劳动关系，并要求某轧钢作业服务有限公司按 3902.4 元/月的标准向陆某支付自 2014 年 1 月 1 日起至实际恢复之日止的工资；（2）某轧钢作业服务有限公司支付陆某 2011 年 1 月 1 日至 2013 年 12 月 30 日期间因病假扣除的应付工资 44000 元；（3）某轧钢作业服务有限公司支付陆某 2011 年 1 月 1 日至 2015 年 12 月 30 日期间护理费 339000 元（护工护理费 216000 元、家属护理费 123000 元）、交通费 7800 元；（4）某轧钢作业服务有限公司支付陆某因职业病造成的营养费（含精神损失费）200000 元，其余同意仲裁裁决。

某轧钢作业服务有限公司辩称：当时公司因劳动合同期满与陆某协商终止了劳动关系，陆某亦签收了到期终止的通知，该行为合法，故不同意与陆某恢复劳动关系。双方劳动关系终止后，不存在劳动关系，故不同意支付陆某 2014 年 1 月 1 日之后的工资。陆某要求某轧钢作业服务有限公司支付 2011 年 1 月 1 日至 2013 年 12 月 30 日期间的工资差额，但当时未作出职业病认定，某轧钢作业服务有限公司按病假工资的标准向陆某发放工资符合规定，且陆某的诉讼请求已超过仲裁申请时效。陆某要求某轧钢作业服务有限公司支付护理费、交通费、营养费均不合理。综上，要求驳回陆某全部诉讼请求，维持仲裁裁决。

法院经审理查明：陆某曾系某轧钢作业服务有限公司员工，工作岗位为涂漆岗位。2011 年 1 月 1 日起陆某因病休假。陆某、某轧钢作业服务有限公司签有两份劳动合同，最后一份劳动合同期限自 2011 年 1 月 1 日至 2013 年 12 月 31 日，劳动合同到期后双方未续签，双方劳动关系于劳动合同到期当日终止。

2015 年 5 月 8 日，上海市肺科医院为陆某出具职业病诊断证明书，诊断结论为苯所致白血病。陆某自该日起向某轧钢作业服务有限公司要求恢复劳动关系。2015 年 10 月 21 日，上海市宝山区人力资源和社会保障局出具认定工伤决定书，认定陆某所患职业病为工伤。2016 年 1 月 4 日，上海市劳动能力鉴定中心出具鉴定意见，意见为陆某完全丧失劳动能力。2016 年 4 月 19 日，上海市劳动能力鉴定委员会出具鉴定意见，意见为陆某因职业病致残程度六级。陆某 2010 年度正常出勤的工资为 29591.78 元。自 2011 年 1 月 1 日起，某轧钢作业服务有限公司每月按病假工资标准向陆某支付工资。2011 年 1 月至 12 月，陆某所得工资共计 22411.98 元，2012 年 1 月至 12 月，陆某所得工资共计 19784.1 元。2017 年 8 月 9 日，陆某提起仲裁，要求裁决某轧钢作业服务有限公司自 2014 年 1 月 1 日起恢复同陆某之间的劳动关系，并向陆某支付自 2014 年 1 月 1 日起至实际恢复之日止的工资；要求某轧钢作业服务有限公司支付陆某 2011 年 1 月 1 日至 2013 年 12 月 30 日期间因病假扣除的应付工资 44000 元、医疗费 107774.58 元、住院伙食补助费 9600 元；要求某轧钢作业服务有限公司支付陆某 2011 年 1 月 1 日至 2015 年 12 月 30 日期间护理费 339000 元（护工护理费 216000 元、家属护理费 123000 元）、家属往返医院交通费 3000 元、就医交通费 4800 元和营养费 100000 元、劳动能力鉴定费 700 元、一次性伤残补助金 48000 元、辅助器具费 5386 元、律师费 30000 元和后续治疗费 200000 元。2017 年 9 月 19 日，劳动仲裁委员会作出裁决，裁决某轧钢作业服务有限公司支付陆某 2011 年 1 月 1 日至 2013 年 12 月 31 日期间医疗费 107774.58 元、住院伙食补助费 4720 元、劳动能力鉴定费 700 元，对陆某其余申诉请求不予支持。陆某不服，提起诉讼。庭审中，陆某称其于 2015 年 10 月至 2016 年 4 月期间，在某汽车服务有限公司工作；2016 年 10 月至 2017 年 4 月期间，在上海某投资管理有限公司工作。

上海市宝山区人民法院于 2018 年 1 月 3 日作出（2017）沪 0113 民初 19141 号民事判决：一、某轧钢作业服务有限公司于本判决生效之日起 10 日内支付陆某 2011 年 1 月 1 日至 2012 年 12 月 31 日期间工资差额 16983.48 元；二、某轧钢作业服务有限公司于本判决生效之日起 10 日内支付陆某就医交通费 2000 元；三、某轧钢作业服务有限公司于本判决生效之日起 10 日内支付陆某 2011 年 1 月 1 日至 2013 年 12 月 31 日期间医疗费 107774.58 元；四、某轧钢作业服务有限公司于本判决生效之日起 10 日内支付陆某 2011 年 1 月 1 日至 2013 年 12 月 31 日期间住院期间伙食费 4720 元；五、某轧钢作业服务有限公司于本判决生效之日起 10 日内支付陆某劳动能力鉴定费 700 元；六、驳回陆某其余诉讼请求。陆某不服，以某轧钢作业服务有限公司未对其进行职业病健康检查就以劳动合同到期为由终止与其之间的劳动合同，在得知职业病认定及伤残等级鉴定意见后仍拒绝恢复劳动关系，违反《劳动合同法》《职业病防治法》强制性规定为由，提起上诉。上海市第二中级人民法院于 2018 年 5 月 18 日作出（2018）沪 02 民终 2013 号民事判决：一、维持上海市宝山区人民法院（2017）沪 0113 民初 19141 号民事判决书判决主文第一项、第二项、第三项、第四项、第五项；二、撤销上海市宝山区人民法院（2017）沪 0113 民初 19141 号民事判决书判决主文第六项；三、某

轧钢作业服务有限公司应于 2014 年 1 月 1 日起与陆某恢复劳动关系；四、某轧钢作业服务有限公司应于本判决生效之日起 10 日内支付陆某 2014 年 1 月 1 日至本判决之日的工资人民币 79047.7 元；五、陆某的其他诉讼请求不予支持。

裁判理由

法院生效裁判认为：为预防、控制、和消除职业病危害，保障劳动者的身体健康，国家专门制定了《职业病防治法》，明确用人单位应当采取措施保障劳动者获得职业卫生保护，并对本单位产生的职业病危害承担责任。职业病是指劳动者在职业活动中因接触粉尘、放射性物质和其他有毒、有害因素而引起的疾病。对于预防职业病，用人单位除了积极采取防护措施外，平时还应当为劳动者建立职业健康监护档案；对从事接触职业病危害作业的劳动者，应当按规定组织上岗前、在岗期间和离岗时的职业健康检查，并将检查结果书面告知劳动者。用人单位不得安排未经上岗前职业健康检查的劳动者从事接触职业病危害的作业；不得安排有职业禁忌的劳动者从事其所禁忌的作业；对在职业健康检查中发现有与所从事的职业相关的健康损害的劳动者，应当调离原工作岗位，并妥善安置；对未进行离岗前职业健康检查的劳动者不得解除或者终止与其订立的劳动合同。

陆某在某轧钢作业服务有限公司从事涂漆工作，工作中与挥发性有毒有害气体接触，其属于接触职业病危害作业的劳动者。某轧钢作业服务有限公司应当按照职业病防治法的相关规定给予陆某相应的保护、上岗前健康检查以及离岗时健康检查，对其要求进行职业病检查亦应当积极配合。根据查明的事实，首先，某轧钢作业服务有限公司没有证据证明陆某在进入某轧钢作业服务有限

公司前即已患有该职业病，其将陆某患职业病的责任推给他人，缺乏依据。其次，某轧钢作业服务有限公司未对陆某进行定期检查、未配合陆某进行职业病检查亦存在过错。用人单位对本单位有毒有害岗位可能产生的职业危害应当有一定的认识并应积极采取防范和救治的措施。某轧钢作业服务有限公司在法院审理期间并未提供证据证实陆某在职期间公司曾对其进行定期健康检查，其在陆某患病并提出职业病检查时又予以拒绝，显然未尽法定义务。最后，某轧钢作业服务有限公司未安排陆某做离岗前检查即终止劳动合同亦属违法。某轧钢作业服务有限公司主张合同到期终止是一种事实状况，无须协商。对此，法院认为，合同期限届满是劳动合同终止的法定事由之一，但《劳动合同法》亦同时明确，劳动合同期满，在本单位患职业病或者因工负伤并被确认丧失或者部分丧失劳动能力的；其劳动合同的终止，按照国家有关工伤保险的规定执行。而《工伤保险条例》明确规定，职工因工致残被鉴定为五级、六级伤残的，应当保留与用人单位的劳动关系，由用人单位安排适当工作。对于该类人员的合同关系，《工伤保险条例》同时亦明确，只有经工伤职工本人提出，可以与用人单位解除或者终止劳动关系。显然，对于被鉴定为五级、六级伤残的工伤职工，其劳动合同的终止应当以劳动者的意愿为准。因此，某轧钢作业服务有限公司主张其与陆某的合同可以到期终止缺乏依据。至于某轧钢作业服务有限公司提出的陆某签收了合同到期终止通知书以及收取了经济补偿金，法院认为，根据陆某提供的证据，陆某在劳动合同到期前已经向相关医院提出了职业病检查的要求，显然其并不认可某轧钢作业服务有限公司终止合同的行为。

用人单位违法终止劳动合同时，劳动者签收退工单的行为并不能改变该终止劳动合同行为的违法性质。从查明的事实看，陆某系六级伤残的职工，其劳动合同虽然到期，但该劳动合同的终止并非陆某提出。某轧钢作业服务有限公司终止双方劳动合同属于违法，陆某要求恢复劳动合同理由正当。陆某在被某轧钢作业服务有限公司终止劳动合同后一直在申请职业病认定、工伤认定，在相关结论出来后其请求某轧钢作业服务有限公司恢复劳动关系又遭拒绝。陆某在此情况下虽曾去他处工作，但确为生计所迫，且时间短暂，不能将此认定为阻断双方劳动关系恢复的合法理由。故法院对陆某要求某轧钢作业服务有限公司与其恢复劳动关系的请求予以支持。

根据《工伤保险条例》规定，对于伤残五级、六级的工伤职工，难以安排工作的，由用人单位按月发给伤残津贴，六级伤残的发放标准为本人工资的60%，并由用人单位按照规定为其缴纳应缴纳的各项社会保险费。伤残津贴实际金额低于当地最低工资标准的，由用人单位补足差额。其中本人工资，是指工伤职工因工作遭受事故伤害或者患职业病前12个月平均月缴费工资。本人工资低于统筹地区职工平均工资60%的，按照统筹地区职工平均工资的60%计算。陆某经鉴定为6级伤残，在2014年1月1日至双方恢复劳动关系期间，某轧钢作业服务有限公司应按上述规定支付陆某伤残津贴。根据查明事实，陆某患职业病前正常出勤期间其月平均收入为2465.98元，经计算后陆某应得的伤残津贴均低于同期最低工资，故某轧钢作业服务有限公司应按同期最低工资标准支付陆某2014年1月1日至本判决之日的工资。此后，某轧钢作业服务有限公司应安排陆某适当工作，不能安排陆某工作的，仍应按工伤保险条例的规定继续支付陆某伤残津贴。在法院审理期间，陆某表示不再向某轧钢作业服务有限公司主张其在外短暂工作期间的工资，与法无悖，予以准许。陆某另同意在本判决履行过程中在某轧钢作业服务有限公司给付的款项中抵扣已拿到的经济补偿金，亦无不可。

裁判要旨

《职业病防治法》明确规定，用人单位应当采取措施保障劳动者获得职业卫生保护，并对本单位产生的职业病危害承担责任。用人单位的保障义务包括对从事接触职业病危害作业的劳动者进行上岗前、在岗期间和离岗时的职业健康检查。对未进行离岗前职业健康检查的劳动者不得解除或者终止与其订立的劳动合同。对用人单位在劳动者离职前拖延履行相应的义务，在劳动者离职后被认定职业病时，又以双方劳动合同已经终止或者劳动者在外有过就业行为为

由逃避履行《职业病防治法》上相关义务的，应结合过错程度，分析职业病认定结论的时间先后、劳动合同终止的原因以及劳动者在外就业等因素进行综合判断。处理结果应既能保障职业病患者的生存和康复，又能起到惩戒用人单位违法行为、引导规范用工的作用。

关联索引

《中华人民共和国劳动合同法》第45条

《中华人民共和国职业病防治法》（2018年修正）第35条（本案适用的是2011年12月31日修正的《中华人民共和国职业病防治法》第36条）

《工伤保险条例》第36条、第64条

一审：上海市宝山区人民法院（2017）沪0113民初19141号民事判决（2018年1月3日）

二审：上海市第二中级人民法院（2018）沪02民终2013号民事判决（2018年5月18日）

曹某诉苏州某通信科技股份有限公司劳动合同纠纷案

——用人单位以未完成"军令状"为由解除劳动合同的，人民法院不予支持

关键词

民事 劳动合同 "军令状"
解除劳动合同 意思自治 约束效力

基本案情

曹某诉称：曹某虽在销售人员"军令状"上签字，但不是曹某的真实意思表示，曹某是被迫签字。苏州某通信科技股份有限公司（以下简称某通信公司）违法解除双方的劳动合同。故请求判令：（1）某通信公司支付曹某违法解

除劳动合同赔偿金人民币122641.83元；（2）某通信公司支付曹某未提前30日通知解除劳动合同的1个月工资12139.5元等。

某通信公司辩称：曹某的第一项诉讼请求未经仲裁前置，而且曹某是基于承诺自行离职，并非某通信公司违法解除劳动合同，故不同意曹某的第一项、第二项诉讼请求。

法院经审理查明：曹某于2015年

11 月 12 日入职某通信公司，双方的最近一份劳动合同期限为 2018 年 11 月 13 日至 2021 年 11 月 13 日。某通信公司支付曹某 2020 年 2 月工资 2020 元。

曹某于 2019 年 1 月 19 日签订销售人员"军令状"，承诺曹某自愿选择 2019 年的业绩目标为 2700 万元，完成率低于 30% 则自动离职。曹某实际 2019 年度完成业绩 264 万元。

2020 年 3 月 17 日，某通信公司向曹某出具通知书，上载："曹某先生：因您于 2019 年销售业绩未能完成《销售人员"军令状"》的销售承诺，且销售业绩完成率低于业绩目标的 30%。该情形触发了'您将在业绩未达到目标 30% 时则自动离职'的许诺，现公司根据上述约定，通知您：自 2020 年 3 月 17 日起，公司与您的劳动合同即告终止。请于 2020 年 3 月 20 日以前办理好工作交接及其他离职手续……"曹某、某通信公司于当日进行交接。

2020 年 3 月 26 日，曹某向上海市闵行区劳动人事争议仲裁委员会申请仲裁，要求某通信公司支付解除劳动合同的经济补偿 54627.5 元、未提前 30 日通知解除劳动合同的 1 个月工资 12139.5 元等。该仲裁委员会于 2020 年 5 月 19 日作出闵劳人仲（2020）办字第 795 号裁决书，对曹某上述两项仲裁请求不予支持。曹某不服裁决，提起诉讼。

上海市闵行区人民法院于 2020 年 8 月 14 日作出（2020）沪 0112 民初 22927 号民事判决：一、某通信公司于本判决生效之日起 10 日内支付曹某违法解除劳动合同赔偿金 122641.83 元；二、某通信公司于本判决生效之日起 10 日内支付曹某提成 6060 元；三、某通信公司于本判决生效之日起 10 日内支付曹某工资差额 6980 元；四、驳回曹某的其余诉讼请求。宣判后，某通信公司提起上诉。上海市第一中级人民法院于 2020 年 12 月 16 日作出（2020）沪 01 民终 11389 号民事判决：驳回上诉，维持原判。

裁判理由

法院生效裁判认为：《劳动合同法》对劳动合同的解除及终止的情形已作出明确规定。某通信公司主张曹某未达到销售人员"军令状"的销售业绩自动离职，但曹某从未向某通信公司作出过解除劳动合同的意思表示。某通信公司表示双方系协商一致解除劳动合同，但提供的证据并不能证明其主张。此外，曹某虽在销售人员"军令状"上签字，但在曹某的销售业绩达不到预期目标时，某通信公司应对其进行培训或者调整工作岗位，仍不能胜任工作的，某通信公司方可依法解除劳动合同。现某通信公司直接以曹某销售业绩未达到目标 30% 为由解除双方的劳动合同确属违法，应当依法向曹某支付违法解除劳动合同赔偿金。

裁判要旨

劳动者与用人单位就工作内容、工作目标订立"军令状"，未违反法律强制性规定的，应当认定有效。以解除劳动关系作为惩戒措施的"军令状"中，若约定的解除条件违反法律强制性规定的，应当认定约定无效。用人单位以"军令状"约定目标未完成为由主张依据约定解除劳动合同的，人民法院不予支持。

关联索引

《中华人民共和国劳动合同法》第 30 条、第 48 条、第 87 条

一审：上海市闵行区人民法院（2020）沪 0112 民初 22927 号民事判决（2020 年 8 月 14 日）

二审：上海市第一中级人民法院（2020）沪 01 民终 11389 号民事判决（2020 年 12 月 16 日）

上海某品牌管理有限公司诉姚某劳动合同纠纷案

——劳动合同对工作地点约定不明确时，应适当限制地点范围

关键词

民事　劳动合同　单方变更工作地点　协商不一致　旷工认定

基本案情

上海某品牌管理有限公司（以下简称某管理公司）诉称：姚某在某管理公司处担任专柜导购。某管理公司某商城专柜撤销后，湖南地区已无专柜。某管理公司按合同约定上调工资后调动姚某至上海专柜工作，没有变更合同内容，符合《劳动合同法》的规定。姚某未按时至上海专柜报到，擅自离岗，连续旷工超过3天，某管理公司与姚某其解除劳动合同符合劳动合同约定，某管理公司无须支付经济补偿。姚某对所有店铺的货品负有保管之责，姚某擅自将撤柜时尚存的货品及电脑一台交于未经某管理公司确认并授权的长沙鸿某服装贸易有限公司（以下简称鸿某公司），造成某管理公司损失，姚某应根据合同约定承担赔偿责任。某管理公司应支付姚某工资3669.19元，某管理公司已经分两次支付了708.62元及1800元，剩余工资已抵扣姚某对某管理公司造成的损失。现不服仲裁裁决诉至法院。请求判令：（1）某管理公司无须支付姚某工资差额1896.19元；（2）某管理公司无须支付姚某经济赔偿7242.53元；（3）姚某赔偿某管理公司库存商品赔偿款39307元。

姚某辩称：不同意某管理公司的全部诉请。姚某于2017年1月13日担任某管理公司旗下品牌的位于某商城处的营业员一职，2019年4月3日，某管理公司突然宣布撤柜。某管理公司应分别支付姚某2019年3月和同年4月的工资2997元、993元，现某管理公司仅分别支付了1800元、708.62元，尚有工资差额1481元未支付。某管理公司将姚某调到远离其经常居住地的上海就职，属不合理调岗，某管理公司以姚某3天未到岗为由违法解除与姚某的劳动合同，姚某亦不服仲裁裁决，诉至法院。请求判令：（1）某管理公司支付姚某2019年3月1日至同年4月8日期间的工资差额1481元；（2）某管理公司支付姚某违法解除劳动合同的赔偿金14485.05元。

法院经审理查明：2017年1月13日，姚某入职芝某服饰有限公司（以下简称芝某公司），担任导购（营业员），双方签有期限自2017年1月13日至2020年6月30日的劳动合同。2018年3月1日，某管理公司、姚某与芝某公司签订劳动合同主体变更协议，约定自2018年4月1日起，用人单位变更为某管理公司，其他劳动合同条款不变。劳动合同第5条约定："姚某的工作地点为服从公司安排。"2019年4月2日，某管理公司通过钉钉工作群向姚某送达员工调岗通知书，通知自2019年4月12日起将姚某从长沙专柜导购岗位调往上海专柜导购岗位，调岗后岗位不变，基本工资由1800元调整到2050元，如

超期未报到者，视为旷工。姚某当即向某管理公司提出不接受该调动，某管理公司后通过快递方式将该书面通知送达姚某，姚某于 2019 年 4 月 7 日签收。2019 年 4 月 8 日，某管理公司从某商城撤柜，姚某实际工作至该日。2019 年 4 月 17 日，某管理公司通过快递向姚某寄送《因连续旷工超过三天解除劳动合同函》，称因姚某自 2019 年 4 月 12 日起未办理任何手续擅自离岗，已连续旷工超过 3 天，与姚某解除劳动合同。姚某于 2019 年 4 月 20 日收到该函。某管理公司与鸿某公司之间签有期限自 2019 年 1 月 1 日至同年 8 月 31 日的品牌托管经营合同，约定某管理公司委托鸿某公司负责湖南省长沙市商场某管理公司专柜的品牌托管，主要包括店铺人员管理、货品管理等。2019 年 4 月 8 日，某管理公司从某商城撤柜，姚某将货物交由鸿某公司托管。2019 年 5 月 9 日，某管理公司发函至鸿某公司要求将 2019 年 4 月 8 日撤柜后的所有商品及物料归还某管理公司。同年 5 月 15 日，鸿某公司函复某管理公司，货品物料在鸿某公司处，后又出具证明函称货品和物料均由长沙托管公司暂时保管，与店铺员工无关。某管理公司、姚某双方均确认姚某 2019 年 3 月实际应发工资为 2997.43 元、2019 年 4 月应发工资为 900.03 元，某管理公司已实际向姚某支付 2019 年 3 月至 4 月工资 2508.62 元。某管理公司、姚某均确认计算赔偿金的基数为 2897.01 元。2019 年 4 月，姚某向长沙市劳动人事争议仲裁委员会申请仲裁，要求某管理公司支付姚某 2019 年 3 月 1 日至同年 4 月 8 日期间的工资 3990.5 元、经济补偿 11811 元（含代通知金 3374.81 元）。后某管理公司向该仲裁委员会提出仲裁申请，要求姚某赔偿某管理公司库存商品赔款 39307 元。

长沙市劳动人事争议仲裁委员会于 2019 年 6 月 4 日作出仲裁裁决：一、某管理公司于本裁决生效之日起 5 日内支付姚某工资差额 1896.19 元；二、某管理公司于本裁决生效之日起 5 日内支付姚某经济补偿 7242.53 元；三、对姚某的其他仲裁请求不予支持；四、对某管理公司的仲裁反请求不予支持。某管理公司、姚某均不服上述仲裁裁决，向上海市闵行区人民法院提起诉讼。上海市闵行区人民法院于 2019 年 9 月 27 日作出（2019）沪 0112 民初 24465 号民事判决：一、某管理公司于本判决生效之日起 10 日内支付姚某工资差额 1388.84 元；二、某管理公司于本判决生效之日起 10 日内支付姚某违法解除劳动合同赔偿金 14485.05 元；三、驳回某管理公司的其余诉讼请求。宣判后，某管理公司以事实认定不清等为由，提起上诉。上海市第一中级人民法院于 2019 年 12 月 23 日作出（2019）沪 01 民终 15760 号民事判决：驳回上诉，维持原判。

裁判理由

法院生效裁判认为：其一，某管理公司与姚某的劳动合同中约定的工作地点无效。某管理公司出于用工便利角度，在劳动合同中约定的工作地点为"服从公司安排"，属于工作地点约定不明，系无效约定。姚某的工作岗位系普通营业员，应当认定以劳动合同实际履行地长沙为姚某的工作地点。

其二，某管理公司不可单方变更姚某的工作地点。劳动合同实际履行地为长沙，姚某的工作地点变更范围应当以长沙市为限，超出长沙市变更姚某的工作地点，属于变更劳动合同内容，根据《劳动合同法》规定，某管理公司若变更劳动合同内容应与姚某协商一致，否则不可单方变更。

其三，某管理公司异地调动姚某的

工作地点缺乏合理性。某管理公司在某商城专柜撤柜后，将姚某调至上海专柜工作，但姚某的职位系营业员，又是湖南本地人，长期工作生活均在长沙。某管理公司在未与其协商一致的前提下，要求姚某至远离其经常居住地的上海工作，且未对姚某来沪后的工作生活进行妥善安排，某管理公司异地变更姚某工作地点缺乏合理性。

其四，双方就工作地点变更未达成一致，姚某拒绝去新的工作地点上班，不构成旷工。本案中，某管理公司与姚某就变更工作地点未达成一致，本质为就变更劳动合同内容未达成一致。在某管理公司异地变更姚某工作地点明显不合理的前提下，姚某拒绝去新的工作地点上海工作，并不存在旷工的主观恶意。某管理公司未能妥善安排姚某新的合理工作地点，某管理公司由此认定姚某旷工显然不合理，据此解除与姚某之间的劳动合同之行为欠妥。故法院判决支持姚某要求某管理公司支付违法解除劳动合同赔偿金的请求。

裁判要旨

1. 用人单位为了用工便利，在劳动合同中约定的工作地点为全国或服从公司安排等。对此类情形，应结合实际用工岗位和工作内容等要素进行综合判断，如劳动者为总经理等公司高级管理人员，因其负责的公司业务范围广，可以将工作地点约定的范围适当扩大。如劳动者仅为普通工作人员，则应当对工作地点的范围作适当限制。

2. 用人单位变更劳动者工作地点超出劳动合同约定范围的，属于变更劳动合同。劳动合同法规定，用人单位变更劳动合同应当与劳动者协商一致。判断用人单位异地变更劳动者的工作地点是否属于合理变更时，应以符合用人单位生产经营的合理需要、对劳动者劳动报酬、其他劳动条件未作不利变更等作为判断标准。

3. 在用人单位单方变更劳动者工作地点对劳动者造成不利影响的情况下，劳动者拒绝去新的工作地点上班，用人单位以旷工为由解除劳动合同属于违法解除。

关联索引

《中华人民共和国劳动合同法》第17条、第47条、第48条、第87条

一审：上海市闵行区人民法院（2019）沪0112民初24465号民事判决（2019年9月27日）

二审：上海市第一中级人民法院（2019）沪01民终15760号民事判决（2019年12月23日）

（三） 劳动报酬

指导案例 182 号

彭宇翔诉南京市城市建设开发（集团）有限责任公司追索劳动报酬纠纷案

（最高人民法院审判委员会讨论通过　2022 年 7 月 4 日发布）

关键词

民事　追索劳动报酬　奖金　审批义务

裁判要点

用人单位规定劳动者在完成一定绩效后可以获得奖金，其无正当理由拒绝履行审批义务，符合奖励条件的劳动者主张获奖条件成就，用人单位应当按照规定发放奖金的，人民法院应予支持。

相关法条

《中华人民共和国劳动法》第 4 条、《中华人民共和国劳动合同法》第 3 条

基本案情

南京市城市建设开发（集团）有限责任公司（以下简称城开公司）于 2016 年 8 月制定《南京城开集团关于引进投资项目的奖励暂行办法》（以下简称《奖励办法》），规定成功引进商品房项目的，城开公司将综合考虑项目规模、年化平均利润值合并表等综合因素，以项目审定的预期利润或收益为奖励基数，按照 0.1%～0.5% 确定奖励总额。该奖励由投资开发部拟定各部门或其他人员的具体奖励构成后提出申请，经集团领导审议、审批后发放。2017 年 2 月，彭宇翔入职城开公司担任投资开发部经理。2017 年 6 月，投资开发部形成《会议纪要》，确定部门内部的奖励分配方案为总经理占部门奖金的 75%、其余项目参与人员占部门奖金的 25%。

彭宇翔履职期间，其所主导的投资开发部成功引进无锡红梅新天地、扬州 GZ051 地块、如皋约克小镇、徐州焦庄、高邮鸿基万和城、徐州彭城机械六项目，后针对上述六项目投资开发部先后向城开公司提交了六份奖励申请。

直至彭宇翔自城开公司离职，城开公司未发放上述奖励。彭宇翔经劳动仲裁程序后，于法定期限内诉至法院，要求城开公司支付奖励 1689083 元。

案件审理过程中，城开公司认可案涉六项目初步符合《奖励办法》规定的受奖条件，但以无锡等三项目的奖励总额虽经审批但具体的奖金分配明细未经审批，及徐州等三项目的奖励申请未经审批为由，主张彭宇翔要求其支付奖金的请求不能成立。对于法院"如彭宇翔现阶段就上述项目继续提出奖励申请，城开公司是否启动审核程序"的询问，城开公司明确表示拒绝，并表示此后也

不会再启动六项目的审批程序。此外，城开公司还主张，彭宇翔在无锡红梅新天地项目、如皋约克小镇项目中存在严重失职行为，二项目存在严重亏损，城开公司已就拿地业绩突出向彭宇翔发放过奖励，但均未提交充分的证据予以证明。

裁判结果

南京市秦淮区人民法院于 2018 年 9 月 11 日作出（2018）苏 0104 民初 6032 号民事判决：驳回彭宇翔的诉讼请求。彭宇翔不服，提起上诉。江苏省南京市中级人民法院于 2020 年 1 月 3 日作出（2018）苏 01 民终 10066 号民事判决：一、撤销南京市秦淮区人民法院（2018）苏 0104 民初 6032 号民事判决；二、城开公司于本判决生效之日起十五日内支付彭宇翔奖励 1259564.4 元。

裁判理由

法院生效裁判认为：本案争议焦点为城开公司应否依据《奖励办法》向彭宇翔所在的投资开发部发放无锡红梅新天地等六项目奖励。

首先，从《奖励办法》设置的奖励对象来看，投资开发部以引进项目为主要职责，且在城开公司引进各类项目中起主导作用，故其系该文适格的被奖主体；从《奖励办法》设置的奖励条件来看，投资开发部已成功为城开公司引进符合城开公司战略发展目标的无锡红梅新天地、扬州 GZ051 地块、如皋约克小镇、徐州焦庄、高邮鸿基万和城、徐州彭城机械六项目，符合该文规定的受奖条件。故就案涉六项目而言，彭宇翔所在的投资开发部形式上已满足用人单位规定的奖励申领条件。城开公司不同意发放相应的奖励，应当说明理由并对此举证证明。但本案中城开公司无法证明无锡红梅新天地项目、如皋约克小镇项目存在亏损，也不能证明彭宇翔在二项

目中确实存在失职行为，其关于彭宇翔不应重复获奖的主张亦因欠缺相应依据而无法成立。故而，城开公司主张彭宇翔所在的投资开发部实质不符合依据《奖励办法》获得奖励的理由法院不予采纳。

其次，案涉六项目奖励申请未经审核或审批程序尚未完成，不能成为城开公司拒绝支付彭宇翔项目奖金的理由。城开公司作为奖金的设立者，有权设定相应的考核标准、考核或审批流程。其中，考核标准系员工能否获奖的实质性评价因素，考核流程则属于城开公司为实现其考核权所设置的程序性流程。在无特殊规定的前提下，因流程本身并不涉及奖励评判标准，故而是否经过审批流程不能成为员工能否获得奖金的实质评价要素。城开公司也不应以六项目的审批流程未启动或未完成为由，试图阻却彭宇翔获取奖金的实体权利的实现。此外，对劳动者的奖励申请进行实体审批，不仅是用人单位的权利，也是用人单位的义务。本案中，《奖励办法》所设立的奖励系城开公司为鼓励员工进行创造性劳动所承诺给员工的超额劳动报酬，其性质上属于《国家统计局关于工资总额组成的规定》第 7 条规定中的"其他奖金"，此时《奖励办法》不仅应视为城开公司基于用工自主权而对员工行使的单方激励行为，还应视为城开公司与包括彭宇翔在内的不特定员工就该项奖励的获取形成的约定。现彭宇翔通过努力达到《奖励办法》所设奖励的获取条件，其向城开公司提出申请要求兑现该超额劳动报酬，无论是基于诚实信用原则，还是基于按劳取酬原则，城开公司皆有义务启动审核程序对该奖励申请进行核查，以确定彭宇翔关于奖金的权利能否实现。如城开公司拒绝审核，应说明合理理由。本案中，城开公司关

于彭宇翔存在失职行为及案涉项目存在亏损的主张因欠缺事实依据不能成立，该公司也不能对不予审核的行为作出合理解释，其拒绝履行审批义务的行为已损害彭宇翔的合法权益，对此应承担相应的不利后果。

综上，法院认定案涉六项目奖励的条件成就，城开公司应当依据《奖励办法》向彭宇翔所在的投资开发部发放奖励。

（生效裁判审判人员：冯驰、吴晓静、陆红霞）

指导案例 183 号

房玥诉中美联泰大都会
人寿保险有限公司劳动合同纠纷案

（最高人民法院审判委员会讨论通过　2022 年 7 月 4 日发布）

关键词

民事　劳动合同　离职　年终奖

裁判要点

年终奖发放前离职的劳动者主张用人单位支付年终奖的，人民法院应当结合劳动者的离职原因、离职时间、工作表现以及对单位的贡献程度等因素进行综合考量。用人单位的规章制度规定年终奖发放前离职的劳动者不能享有年终奖，但劳动合同的解除非因劳动者单方过失或主动辞职所导致，且劳动者已经完成年度工作任务，用人单位不能证明劳动者的工作业绩及表现不符合年终奖发放标准，年终奖发放前离职的劳动者主张用人单位支付年终奖的，人民法院应予支持。

相关法条

《中华人民共和国劳动合同法》第40 条

基本案情

房玥于 2011 年 1 月至中美联泰大都会人寿保险有限公司（以下简称大都会公司）工作，双方之间签订的最后一份劳动合同履行日期为 2015 年 7 月 1 日至2017 年 6 月 30 日，约定房玥担任战略部高级经理一职。2017 年 10 月，大都会公司对其组织架构进行调整，决定撤销战略部，房玥所任职的岗位因此被取消。双方就变更劳动合同等事宜展开了近两个月的协商，未果。12 月 29 日，大都会公司以客观情况发生重大变化、双方未能就变更劳动合同协商达成一致，向房玥发出《解除劳动合同通知书》。房玥对解除决定不服，经劳动仲裁程序后起诉要求恢复与大都会公司之间的劳动关系并诉求 2017 年 8 月至 12月未签劳动合同二倍工资差额、2017 年度奖金等。大都会公司《员工手册》规定：年终奖金根据公司政策，按公司业绩、员工表现计发，前提是该员工在当年度 10 月 1 日前已入职，若员工在奖金发放月或之前离职，则不能享有。据查，大都会公司每年度年终奖会在次年3 月份左右发放。

裁判结果

上海市黄浦区人民法院于 2018 年

10 月 29 日作出（2018）沪 0101 民初 10726 号民事判决：一、大都会公司于判决生效之日起七日内向原告房玥支付 2017 年 8 月至 12 月期间未签劳动合同双倍工资差额人民币 192500 元；二、房玥的其他诉讼请求均不予支持。房玥不服，上诉至上海市第二中级人民法院。上海市第二中级人民法院于 2019 年 3 月 4 日作出（2018）沪 02 民终 11292 号民事判决：一、维持上海市黄浦区人民法院（2018）沪 0101 民初 10726 号民事判决第一项；二、撤销上海市黄浦区人民法院（2018）沪 0101 民初 10726 号民事判决第二项；三、大都会公司于判决生效之日起七日内支付上诉人房玥 2017 年度年终奖税前人民币 138600 元；四、房玥的其他请求不予支持。

裁判理由

法院生效裁判认为：本案的争议焦点系用人单位以客观情况发生重大变化为依据解除劳动合同，导致劳动者不符合《员工手册》规定的年终奖发放条件时，劳动者是否可以获得相应的年终奖。对此，一审法院认为，大都会公司的《员工手册》明确规定了奖金发放情形，房玥在大都会公司发放 2017 年度奖金之前已经离职，不符合奖金发放情形，故对房玥要求 2017 年度奖金之请求不予支持。二审法院经过审理认为，现行法律法规并没有强制规定年终奖应如何发放，用人单位有权根据本单位的经营状况、员工的业绩表现等，自主确定奖金发放与否、发放条件及发放标准，但是用人单位制定的发放规则仍应遵循公平合理原则，对于在年终奖发放之前已经离职的劳动者可否获得年终奖，应当结合劳动者离职的原因、时间、工作表现和对单位的贡献程度等多方面因素综合考量。本案中，大都会公司对其组织架构进行调整，双方未能就劳动合同的变更达成一致，导致劳动合同被解除。房玥在大都会公司工作至 2017 年 12 月 29 日，此后两日系双休日，表明房玥在 2017 年度已在大都会公司工作满一年；在大都会公司未举证房玥的 2017 年度工作业绩、表现等方面不符合规定的情况下，可以认定房玥在该年度为大都会公司付出了一整年的劳动且正常履行了职责，为大都会公司作出了应有的贡献。基于上述理由，大都会公司关于房玥在年终奖发放月之前已离职而不能享有该笔奖金的主张缺乏合理性。故对房玥诉求大都会公司支付 2017 年度年终奖，应予支持。

（生效裁判审判人员：郭征海、谢亚琳、易苏苏）

李某某诉某足球俱乐部有限公司
追索劳动报酬纠纷案
——运动员持工资欠条起诉可作为普通民事纠纷处理

关键词

民事　劳动报酬纠纷　工资欠条　受案范围

基本案情

2019年1月11日，某足球俱乐部有限公司给李某某出具《欠条》一份，载明：某足球俱乐部有限公司尚欠一线运动员李某某2018赛季绩效工资及中甲联赛赢球奖金共计295200元（大写：贰拾玖万伍仟贰佰整），我俱乐部承诺于2019年2月28日之前向李某某支付上述所欠款项。某足球俱乐部有限公司在欠条上加盖公章。因某足球俱乐部有限公司未向李某某支付，李某某遂起诉请求其返还欠条所载的工资奖金295200元。

内蒙古自治区呼和浩特市新城区人民法院于2021年9月24日作出（2021）内0102民初3000号民事判决：某足球俱乐部有限公司于判决生效后10日内一次性支付李某某欠付工资、奖金295200元。宣判后，某足球俱乐部有限公司不服提出上诉。内蒙古自治区呼和浩特市中级人民法院于2022年2月21日作出（2021）内01民终6248号民事判决：驳回上诉，维持原判。

裁判理由

法院生效裁判认为：劳动者的工资报酬应当按时发放。某足球俱乐部有限公司拖欠李某某工资及奖金未予发放，并为李某某出具欠条，对李某某要求某足球俱乐部有限公司支付295200元工资奖金的诉请，予以支持。《最高人民法院关于审理劳动争议案件适用法律问题的解释（一）》第15条规定："劳动者以用人单位的工资欠条为证据直接提起诉讼，诉讼请求不涉及劳动关系其他争议的，视为拖欠劳动报酬争议，人民法院按照普通民事纠纷受理。"李某某以《欠条》为证据直接提起诉讼，一审法院按照普通民事纠纷受理，无须经过劳动仲裁前置程序。同时按照普通民事纠纷，应适用《民法典》第188条的规定，即"向人民法院请求保护民事权利的诉讼时效期间为三年。"故李某某的起诉未超过了法定的诉讼时效。

裁判要旨

《体育法》第92条第2款将《仲裁法》规定的可仲裁纠纷和《劳动争议调解仲裁法》规定的劳动争议排除在体育仲裁范围之外，明晰了体育仲裁的范围。《最高人民法院关于审理劳动争议案件适用法律问题的解释（一）》第15条规定，劳动者持用人单位的工资欠条直接提起诉讼，诉讼请求不涉及劳动关系其他争议的，无须经过仲裁前置程序。因此，运动员追索劳动报酬纠纷应纳入人民法院民事案件受案范围。

关联索引

《中华人民共和国体育法》第92条

《最高人民法院关于审理劳动争议案件适用法律问题的解释（一）》第15条

一审：内蒙古自治区呼和浩特市新城区人民法院（2021）内 0102 民初 3000 号民事判决（2021 年 9 月 24 日）

二审：内蒙古自治区呼和浩特市中级人民法院（2021）内 01 民终 6248 号民事判决（2022 年 2 月 21 日）

杨某某诉重庆某公司劳动合同纠纷案

——支付二倍赔偿金应自劳动者入职之日起连续计算

关键词

民事　劳动合同　违法解除　赔偿金　劳动者　入职之日　连续计算

基本案情

杨某某以重庆某公司违法解除劳动合同为由起诉请求：（1）支付违法解除劳动合同赔偿金 72447 元；（2）支付低于最低工资标准的差额工资 13800 元；（3）支付住院伙食补助费 120 元；（4）支付停工留薪期工资 5301 元；（5）支付护理费 4560 元；（6）支付一次性伤残补助金 20428.20 元；（7）支付一次性工伤医疗补助金 15132 元；（8）支付一次性伤残就业补助金 34047 元；（9）支付失业赔偿金 11025 元。

重庆某公司辩称：双方系协商解除劳动关系，其也愿意支付经济补偿，不是违法解除。杨某某主张的失业保险待遇请求没有经过仲裁前置程序，不属于人民法院受案范围。重庆某公司每月支付的工资高于最低工资，不存在支付最低工资差额的问题。杨某某住院只有 15 天，其主张的护理费标准过高。重庆某公司为杨某某缴纳了工伤保险，对于住院伙食补助费、一次性伤残补助金和工伤医疗补助金等应由社保机构支付。杨某某主张的停工留薪期工资过高，停工

留薪期也不到两个月。综上，请法院依法判决。

法院经审理查明：杨某某于 1993 年 9 月 20 日到重庆某公司从事炊事员工作。2012 年 1 月 1 日，杨某某与重庆某公司签订了为期两年的劳动合同。2012 年 11 月 26 日，杨某某打扫食堂卫生时从梯子摔下受伤，被认定为工伤，经鉴定伤残等级为 9 级。2013 年 11 月 28 日，重庆某公司向杨某某出具解除劳动合同通知书，内容如下："经公司董事会研究，为节约成本，减少开支，对后勤人员裁员，特通知杨某某，解除你与我公司于 2012 年 1 月 1 日签订的劳动合同，请你接通知后来我公司办理交接手续。"后重庆某公司出具了解除劳动合同证明书，并欲按 1610.85 元的工资标准支付 12 个月经济补偿。杨某某不服，经申请仲裁后向法院提起诉讼。

重庆市万州区人民法院于 2014 年 4 月 2 日作出（2014）万法民初字第 01627 号民事判决：一、由重庆某公司在本判决生效后 10 日内支付杨某某违法解除劳动合同赔偿金 72447 元；二、由重庆某公司在本判决生效后 10 日内支付杨某某住院伙食补助费 120 元；三、由重庆某公司在本判决生效后

10 日内支付杨某某停工留薪期工资 3980 元；四、由重庆某公司在本判决生效后 10 日内支付杨某某一次性伤残补助金 18018 元；五、由重庆某公司在本判决生效后 10 日内支付杨某某一次性工伤医疗补助金 15132 元；六、由重庆某公司在本判决生效后 10 日内支付杨某某一次性伤残就业补助金 34047 元；七、由重庆某公司在本判决生效后 10 日内支付杨某某护理费 1200 元。宣判后，双方未上诉，该判决发生法律效力。后重庆某公司申请再审。重庆市第二中级人民法院于 2015 年 12 月 3 日作出（2015）渝二中法民提字第 00009 号民事判决：维持重庆市万州区人民法院（2014）万法民初字第 01627 号民事判决。

裁判理由

法院生效裁判认为：重庆某公司以节约成本、减少开支为由提前解除杨某某劳动合同，不符合法律可以提前解除劳动合同的规定。再审中重庆某公司称其解除劳动合同的事由为杨某某不适合原工种。虽然杨某某因工受伤经鉴定为九级伤残，但不会当然导致其无法从事原工作。即使杨某某不能胜任原工作，重庆某公司也未能根据相关程序解除双方劳动合同关系。重庆某公司作出解除劳动合同通知书，系单方解除与杨某某的劳动合同，并未提供证据证实其按照规定事先已将解除理由通知工会。重庆某公司称双方系协商一致解除劳动合同，未提供充分证据证实，应承担举证不能的法律后果。故重庆某公司系违法解除劳动合同。《劳动合同法》第 87 条、《劳动合同法实施条例》第 25 条旨在通过提高用人单位的违法解除劳动合同的成本，在一定程度上遏制用人单位违法解除劳动合同的行为。从立法目的、条文的本意，均应解释为用人单位违法解除劳动合同的应二倍向劳动者支付赔偿金，赔偿金的计算标准应从用工之日起计算。《劳动合同法》第 97 条只规定了经济补偿金的分段计算，并未规定赔偿金亦应分段计算。重庆某公司据以主张的《劳动合同法》第 97 条第 3 款规定，该法条规定的是该法第 46 条规定的经济补偿金，但重庆某公司向杨某某支付赔偿金的事由并不符合该法第 46 条规定的情形。且《劳动合同法》第 97 条第 3 款规定的是用人单位无过错性解除或终止合同，而重庆某公司系违法解除，属用人单位有过错性解除劳动合同，相对于无过错性的经济补偿，用人单位应对劳动者予以更高的赔偿。本案并不涉及"法不溯及既往"原则的适用，重庆某公司的违法解除劳动合同的行为发生在 2008 年 1 月 1 日《劳动合同法》实施后，该行为当然适用《劳动合同法》及《劳动合同法实施条例》，而不是分段适用《劳动合同法》施行前的相关法律、法规。故重庆某公司主张二倍赔偿金分段计算的理由不能成立。

裁判要旨

在劳动合同法实施前已经成立并存续至实施后的劳动合同关系，用人单位违法解除劳动合同的，应自实际用工之日（入职之日）起向劳动者支付二倍赔偿金，不应对该法实施前后的赔偿金进行分段计算。

关联索引

《中华人民共和国劳动合同法》第 87 条

一审：重庆市万州区人民法院（2014）万法民初字第 01627 号民事判决（2014 年 4 月 2 日）

再审：重庆市第二中级人民法院（2015）渝二中法民提字第 00009 号民事判决（2015 年 12 月 3 日）

唐某诉重庆某工业有限公司劳动合同纠纷案

——《劳动合同法》实施之前，劳动者因用人单位拖欠劳动报酬而解除劳动合同的，用人单位应支付自入职之日起至《劳动合同法》实施之日止的经济补偿金

关键词

民事　劳动合同　劳动合同法实施前解除劳动合同　经济补偿金　计算年限

基本案情

原告肖某诉称：肖某（再审申请人唐某之配偶，因肖某在再审审查期间死亡，故再审申请人由肖某变更为唐某）于1998年2月4日在重庆某集团公司（以下简称某集团公司）从事质检工作，该公司于2012年2月4日将肖某安排到其子公司重庆某工业有限公司（以下简称某工业公司）依然从事质检工作。肖某与某工业公司签订劳动合同，期限为2012年2月4日至2015年2月3日，该合同约定将肖某在某集团公司的工作年限计入某工业公司。因某工业公司未依法给肖某缴纳社会保险费，未及时足额支付劳动报酬，未支付未休年休假工资，未支付高温津贴，且在肖某每天上班11小时的情况下，未足额支付加班工资，故肖某被迫于2017年7月31日向某工业公司提出解除劳动关系，解除劳动合同时间为2017年8月1日。肖某诉至法院，请求判令：某工业公司支付其解除劳动合同经济补偿金54400元，并由某集团公司承担连带付款责任。

某工业公司辩称：该公司与原告肖某于2012年2月4日签订劳动合同书，建立劳动关系。在此之前，双方未签订劳动合同，也不存在事实劳动关系。原告在2012年2月4日以前是否参加社会保险与被告某工业公司无关。从双方签订劳动合同之日起，被告按照社会保险法规定为原告肖某办理了包括失业保险在内的社会保险，从未欠缴，且已足额支付了劳动报酬，没有给原告肖某造成损失。原告肖某主动提出解除劳动合同，故不应支付其经济补偿金。

某集团公司辩称：其不应承担连带付款责任。

法院经审理查明：肖某与唐某系夫妻关系，二人育有一子，肖某于2019年7月19日死亡，唐某于2019年12月7日向法院递交《变更申请书》，要求将再审申请人肖某变更为唐某，二人之子向法院出具承诺书载明其放弃继承权。

1998年2月4日至2012年2月3日，肖某在某集团公司从事检验工作，后肖某被某集团公司安排在其子公司某工业公司继续从事检验工作。2012年2月4日，肖某（乙方）与某工业公司（甲方）签订《劳动合同书》，约定合同期限为3年，即2012年2月4日至2015年2月3日；工作岗位为从事检验工作；实行标准工时制度，每日工作时间不超过8小时，每周工作不超过40小时，每周休息日为周六、周日。乙方在公司入职的时间是1998年2月。2015年2月4日，肖某与某工业公司签订《劳动合同

书》，约定劳动合同期限为 2015 年 2 月 4 日至 2018 年 2 月 3 日，月工资标准为 1250 元，其他合同内容与 2012 年 2 月 4 日双方签订的劳动合同一致。

肖某的工资支付方式是当月工资次月发放。某工业公司已足额支付了肖某自 2016 年 1 月至 2017 年 6 月期间的工资，肖某予以签字确认；对于 2017 年 7 月份的工资表，肖某未签字确认。该工资表显示：扣减绩效工资 211 元、缺勤扣减工资 80 元，实发工资 1568 元。2017 年 9 月 27 日，某工业公司支付肖某 2017 年 7 月份工资 1576 元。2017 年 7 月 29 日，肖某以用人单位未依法为其缴纳社会保险费，未及时足额支付劳动报酬，未安排年休假且未支付年休假工资，未支付高温津贴等理由向某工业公司发出解除劳动关系通知书，该公司称收到了该通知。庭审中，肖某、某工业公司均认可解除劳动合同时间为 2017 年 7 月 31 日，肖某和某集团公司、某工业公司均确认肖某在解除劳动合同前 12 个月平均工资为每月 2720 元。

重庆市长寿区人民法院于 2018 年 12 月 7 日作出（2017）渝 0115 民初 8399 号民事判决：一、某工业公司从本判决生效之日起 3 日内支付肖某经济补偿金 27200 元；二、驳回肖某对某集团公司的诉讼请求；三、驳回肖某的其他诉讼请求。肖某不服，提起上诉。重庆市第一中级人民法院 2019 年 3 月 5 日作出（2019）渝 01 民终 564 号民事判决：驳回上诉，维持原判。肖某不服，申请再审。重庆市高级人民法院提审后作出（2020）渝民再 92 号民事判决：一、撤销重庆市第一中级人民法院（2019）渝 01 民终 564 号及重庆市长寿区人民法院（2017）渝 0115 民初 8399 号民事判决；二、某工业公司支付唐某经济补偿金 53040 元；三、驳回唐某其他诉讼请求。

裁判理由

法院生效裁判认为：本案是肖某要求某工业公司支付经济补偿金，原审法院已经确认某工业公司存在未足额支付肖某工资、未休年休假工资情形，故依照《劳动合同法》第 38 条第 1 款的规定，某工业公司应当支付解除合同的经济补偿金。对于《劳动合同法》实施后应当支付经济补偿金双方并无异议，本案双方争议的焦点是《劳动合同法》实施前即自肖某入职的 1998 年 2 月至 2008 年 1 月 1 日前某工业公司应否支付经济补偿金的问题。

第一，《劳动合同法》第 97 条第 3 款规定："本法施行之日存续的劳动合同在本法施行后解除或者终止，依照本法第 46 条规定应当支付经济补偿的，经济补偿年限自本法施行之日起计算；本法施行前按照当时有关规定，用人单位应当向劳动者支付经济补偿的，按照当时有关规定执行。"依照该规定，在《劳动合同法》实施前，只要当时有支付经济补偿金的规定，用人单位就应当支付经济补偿金。

第二，《劳动法》第 91 条规定："用人单位有下列侵害劳动者合法权益情形之一的，由劳动行政部门责令支付劳动者的工资报酬、经济补偿，并可以责令支付赔偿金：（一）克扣或者无故拖欠劳动者工资的；（二）拒不支付劳动者延长工作时间工资报酬的；（三）低于当地最低工资标准支付劳动者工资的；（四）解除劳动合同后，未依照本法规定给予劳动者经济补偿的。"按照该规定，用人单位无故拖欠劳动者工资的，用人单位要支付经济补偿金。

第三，1995 年 8 月 4 日劳动部发出了《关于贯彻执行〈中华人民共和国劳动法〉若干问题的意见》（劳部发〔1995〕309 号），该意见第 40 条规定：

"劳动者依据劳动法第三十二条第（一）项解除劳动合同，用人单位可以不支付经济补偿金，但应按照劳动者的实际工作天数支付工资。"《劳动法》第 32 条规定："有下列情形之一的，劳动者可以随时通知用人单位解除劳动合同：（一）在试用期内的。"按照该条规定，劳动者只要不是在试用期内解除合同，用人单位即应支付经济补偿金。

综上，在《劳动合同法》实施之前，劳动者因用人单位拖欠劳动报酬而解除劳动合同的用人单位应支付经济补偿金。原二审判决未支持肖某 1998 年 2 月起至 2008 年 1 月 1 日止的经济补偿金系适用法律错误，应予以纠正。

裁判要旨

依据《劳动合同法》第 97 条第 3 款之规定，在《劳动合同法》实施前，只要当时有支付经济补偿金的规定，用人单位就应当支付经济补偿金。若用人单位存在《劳动法》第 91 条规定的损害劳动者合法权益的情形，除非劳动者是在试用期内解除合同，否则用人单位应支付自入职之日起至劳动合同法实施之日止的经济补偿金。

关联索引

《中华人民共和国劳动法》第 32 条、第 91 条

《中华人民共和国劳动合同法》第 38 条、第 46 条、第 47 条、第 97 条

一审：重庆市长寿区人民法院（2017）渝 0115 民初 8399 号民事判决（2018 年 12 月 7 日）

二审：重庆市第一中级人民法院（2019）渝 01 民终 564 号民事判决（2019 年 3 月 5 日）

再审：重庆市高级人民法院（2020）渝民再 92 号民事判决（2021 年 7 月 15 日）

刘某诉北京某公司劳动争议纠纷案

——因用人单位违法解除劳动合同而导致员工离职的，不能成为用人单位拒付年终奖的理由

关键词

民事 劳动争议 违法解除劳动合同 离职 拒付年终奖

基本案情

原告刘某诉称：刘某于 2019 年 9 月 9 日入职北京某公司，双方签订有书面劳动合同。2020 年 12 月 10 日，北京某公司违法解除劳动合同，导致刘某未拿到年终奖，并致使刘某于 2021 年 2 月 18 日在网上进行失业登记时无法申领失业保障。经仲裁支持了刘某 2 月 18 日之后的损失赔偿，但 1 月 1 日至 2 月 17 日期间的损失未处理。故请求判令：（1）北京某公司支付 2020 年年终奖金月工资 4 倍 26000 元；（2）北京某公司支付 2020 年团队建设费、补充医疗保险报销费用、未休年休假工资等，合计 16521.21 元；（3）北京某公司支付 2021 年 1 月 1 日至 2 月 17 日期间失业保险金损失 3034.6 元；（4）案件诉讼费由北京某公司承担。

被告北京某公司辩称：北京某公司

有权自主决定年终奖是否发放。双方就年终奖没有约定，北京某公司没有支付义务。同时员工手册明确规定了对年终奖发放前以任何形式离职的员工不发放奖金，刘某已离职，不符合年终奖发放情形。领取失业保障金是个人行为，刘某在离职后未第一时间去申领，属于个人失误造成的损失，北京某公司无须承担刘某2021年2月18日之前的失业金费用。

法院经审理查明：北京某公司《员工手册》第6.14条规定，公司依据当年的业绩和盈利状况考虑为员工发放奖金，当年度的奖金发放方案以公司的公布内容为准。员工的工作表现和出勤情况将作为奖金计算的参考。在奖金发放之日（含当日）前以任何形式离职的员工都不予发放本年度的奖金，另外，处于辞职通知期内的员工同样不予发放年度奖金。正常退休人员按实际出勤天数发放本年度奖金。奖金政策每年会有调整，具体情况请向人力资源经理/总监咨询。

2020年12月11日，北京某公司与刘某解除劳动合同，后经仲裁机构裁决，北京某公司属违法解除与刘某的劳动合同，为此北京某公司向刘某支付违法解除劳动合同赔偿金19500元。

北京某公司在2021年1月29日向员工发放了2020年的年度奖金。

北京市东城区人民法院于2021年7月19日作出（2021）京0101民初12408号民事判决：一、北京某公司自判决生效之日起10日内，向刘某支付失业金损失1264.67元；二、北京某公司自判决生效之日起10日内，赔偿刘某失业保险金损失2971.91元；三、驳回刘某的其他诉讼请求。刘某以劳动合同系北京某公司违法解除为由提起上诉，北京某公司以公司有权自主决定是

否发放年终奖为由提起上诉。北京市第二中级人民法院于2021年12月15日作出（2021）京02民终13615号民事判决：一、撤销北京市东城区人民法院（2021）京0101民初12408号民事判决第二项、第三项；二、变更北京市东城区人民法院（2021）京0101民初12408号民事判决第一项为北京某公司支付刘某失业金损失1264.67元（已履行）；三、北京某公司自判决生效之日起10日内支付刘某2020年年终奖金26000元；四、驳回刘某的其他诉讼请求。

裁判理由

法院生效裁判认为：本案争议焦点有二：一是北京某公司不支付已离职员工刘某年终奖是否具有正当性；二是北京某公司是否应当赔偿刘某2021年1月1日至2月17日期间的失业保险金损失。

其一，关于北京某公司不支付已离职员工刘某年终奖是否具有正当性。依据《员工手册》关于"在奖金发放之日（含当日）前以任何形式离职的员工都不予发放本年度的奖金"的规定，北京某公司以刘某在发放奖金时已经离职，且在2020年度存在多次迟到和数次违纪行为为由，不予发放其2020年奖金。但刘某离职原因系北京某公司违法解除与刘某的劳动合同，未提供劳动的原因并非刘某导致，北京某公司依据《员工手册》的规定不予发放刘某2020年年终奖金不合理，且北京某公司未提供充分证据证明经考核认定刘某不应享有年终奖，故北京某公司应发放刘某2020年度年终奖。

其二，关于北京某公司是否应当赔偿刘某2021年1月1日至2月17日期间的失业保险金损失。刘某系城镇户口，其进行失业登记时间为2021年2月18日，刘某依法应自该日起按月领取失

业保险金，该日之前的失业保险金损失并未产生，故北京某公司无须赔偿刘某2021年2月18日之前的失业保险金损失。

裁判要旨

用人单位违法解除劳动合同致使劳动者不满足年终奖发放条件，但未提供充分证据证明劳动者存在其他不应享有年终奖情形的，应认定劳动者满足年终奖发放条件。用人单位以其年终奖发放的限制性规定拒绝支付劳动者年终奖

的，人民法院不予支持。

关联索引

《中华人民共和国劳动法》第73条

《中华人民共和国社会保险法》第45条

一审：北京市东城区人民法院（2021）京0101民初12408号民事判决（2021年7月19日）

二审：北京市第二中级人民法院（2021）京02民终13615号民事判决（2021年12月15日）

曾某诉某网络科技公司劳动争议案

——用人单位的薪酬制度规定绩效考核与年终绩效奖金挂钩的，规范合理的考核结果可以作为年终绩效奖金是否发放以及发放数额的依据

关键词

民事　劳动争议　绩效考核　年终绩效奖金　事先明示原则

基本案情

曾某诉称：年终奖是其享有的固定收入，某网络科技公司给曾某D的年终评价不符合其真实表现，年终奖的评定依据掌握在网络科技公司手中，网络科技公司应就其不予支付年终奖的依据进行举证。曾某并非主动离职，而是某网络科技公司提出要求其离职后，其同意离职，双方属于协商解除劳动合同，仅就赔偿金额未达成一致。曾某要求某网络科技公司确认解除时间以及依据法律规定提出赔偿金额的行为，不应被认定为主动提出辞职，而是其依法主张自己的合法权益。故要求某网络科技公司支付其年底三薪71199元和解除劳动合同经济补偿金103190.5元。

某网络科技公司辩称：曾某的绩效不符合年终奖发放条件，从一审期间提交的劳动合同、录用通知书、员工手册可以看出，员工的奖金与绩效相关。曾某2018年绩效考核成绩为D，根据规定奖金可以为0，某网络科技公司不应支付其年终奖。

法院查明事实：曾某于2018年10月8日入职某网络科技公司，双方约定曾某的工龄自2017年1月13日起计算，工作岗位为研发，曾某的月工资标准为23000元。曾某正常工作至2019年1月28日。某网络科技公司向曾某出具的录用通知书中载明：目标年终奖金为税前人民币69000元。员工获得绩效奖金的前提和条件是在奖金所对应考核期的最后一天在职（季度考核的要求在当季的最后一天在职；年度考核的要求12月31日在职），根据组织/个人绩效确定奖

金系数（绩效 D、E 奖金系数可以为 0）。如为项目奖金，则员工在该项目完结时的最后一个工作日应在职。

曾某主张：某网络科技公司告知其不能胜任工作，与其解除劳动合同，但双方就解除劳动合同经济补偿金金额未达成一致意见。双方的劳动关系是在 2019 年 1 月 28 日由某网络科技公司提出，双方协商一致后解除的。就其主张，曾某提交录音予以证明，录音中对话人为曾某与某网络科技公司人事部门工作人员王某，内容为某网络科技公司向曾某提出解除劳动合同的方案，曾某对相关内容提出异议，并未签订解除协议。某网络科技公司认可该录音的真实性。

某网络科技公司主张：其公司发现曾某不能胜任工作，与曾某协商解除劳动合同或在其公司内部对曾某转岗，曾某要求解除劳动合同，所以双方就解除补偿金的金额进行协商但是并未达成一致。某网络科技公司并未明确提出与曾某解除劳动合同，仍为其保留转岗的机会。此后曾某自行提出解除劳动合同。就其主张，某网络科技公司提交电子邮件予以证明。电子邮件为 2019 年 1 月 24 日曾某向王某发送的离职声明，内容："之前公司让我签订的补偿协议不合理，主要有以下几个方面：（1）入职时签订的三方协议中有条款说明，计算法定福利和公司福利，要求承认我的工作年限，但是在赔偿协议里面没有对我应得的股票给予赔偿。（2）不承认公司给我（已经被迫申请休）的年假，并强制休加班假来抵销法律要求的"加一"（一个月工资）中剩余部分补偿。（3）没有之前公司规定中的年底三薪福利。所以我已经向北京市劳动争议仲裁委员会提出合理赔偿并解除劳动合同的申请。要求在我休完已经申请的年假（2019 年

1 月 28 日）之后，解除劳动合同，赔偿金相关事宜参照仲裁结果。特此声明。"某网络科技公司于 2019 年 1 月 28 日回复曾某，内容如下："曾某，您好！您于 2019 年 1 月 24 日通过邮件书面向公司提交了主动离职声明。公司同意您的离职申请，确定您的结薪日为 2019 年 1 月 28 日。基于您提交的离职声明，公司将尽快配合您完成离职交接，并开具离职证明。"曾某认可电子邮件的真实性，不认可其证明目的。

就年底三薪一节，曾某主张其享有年底三薪，某网络科技公司应当予以支付。某网络科技公司对此不予认可，称曾某的绩效考核结果为 D，不享有目标年终奖金（年底三薪）。对此某网络科技公司提交绩效考核截屏，其中员工自我评估中显示：因入职较晚，甘愿被离职。曾某认可该证据的真实性，但不认可证明目的。

曾某以要求某网络科技公司解除劳动合同、支付解除劳动合同经济补偿金、年底三薪为由向北京市劳动人事争议仲裁委员会提出仲裁申请。该仲裁委员会裁决：驳回曾某的全部仲裁请求。曾某不服仲裁裁决，提起诉讼。

北京市海淀区人民法院于 2020 年 2 月 26 日作出（2019）京 0108 民初 45800 号民事判决：驳回曾某的全部诉讼请求。曾某不服，提起上诉。北京市第一中级人民法院于 2020 年 8 月 3 日作出（2020）京 01 民终 4210 号民事判决：驳回上诉，维持原判。

裁判理由

法院生效裁判认为：曾某上诉主张双方之间的劳动合同系由某网络科技公司提出，双方协商一致解除，但曾某提供的证据仅能证明双方曾就劳动合同的解除进行协商，不能证明在其申请仲裁前双方已就劳动合同解除的时间等具体

内容达成一致。在某网络科技公司并未向曾某送达解除劳动合同通知书的情况下，曾某提出解除劳动合同的仲裁请求并向某网络科技公司发送离职声明，应认定双方之间的劳动合同最终由曾某提出解除。因曾某解除劳动合同的理由不符合《劳动合同法》第 38 条规定的法定情形，对曾某要求某网络科技公司支付解除劳动合同经济补偿金的上诉请求不予支持。

曾某上诉主张年终奖是其固定收入，但对此其未提交有效证据予以证明，且某网络科技公司向曾某出具的录用通知书显示，根据个人绩效确定奖金系数，故年终奖并非曾某的固定收入，对其该项上诉理由不予采信。曾某上诉主张某网络科技公司给其 D 的年终评价不符合其真实表现，年终奖的评定依据掌握在某网络科技公司手中，某网络科技公司应就其不予支付年终奖的依据进行举证。某网络科技公司提交的绩效考核管理截屏显示其考核体系较为完备，某网络科技公司结合其细化的考核标准对曾某作出的考核评价，属于其行使用工管理权的范畴。在考核结果 D 对应的奖金系数为 0 的情况下，法院对曾某要求网络科技公司支付年底三薪的上诉请求不予支持。

裁判要旨

劳动者的年终奖与可量化的业绩挂钩，虽然在形式上被称为"年底三薪"或者"年终奖"，但实质上属于"绩效工资"的范畴，即根据绩效考核薪酬制度的规定将工资中绩效部分在年终结合用人单位效益予以发放。用人单位对员工进行内容恰当、过程完备、结果透明的绩效考核的，考核结果可以作为年终绩效奖金是否发放以及发放数额的依据。

关联索引

《中华人民共和国劳动法》第 47 条

《劳动部关于贯彻执行〈中华人民共和国劳动法〉若干问题的意见》第 53 条

一审：北京市海淀区人民法院（2019）京 0108 民初 45800 号民事判决（2020 年 2 月 26 日）

二审：北京市第一中级人民法院（2020）京 01 民终 4210 号民事判决（2020 年 8 月 3 日）

杨某诉某科技公司劳动争议纠纷案

——违法解除劳动关系赔偿金和病假工资、医疗补助费应一并支持

关键词

民事　劳动争议　违法解除　医疗期　病假工资　医疗补助费　医疗保险差额

基本案情

杨某于 2009 年 11 月 27 日进入某科技公司工作，担任清洁工一职。双方未签劳动合同，某科技公司也未为杨某参加社会保险，杨某于 2013 年 1 月起在河南省南阳市参加了新型农村合作医疗保险。杨某患病前的月平均工资为 2801.67 元/月。2015 年 6 月 29 日，杨某称因膝盖疾病导致下肢瘫痪，向科技公司请假至同年 7 月 20 日。因需住院治疗，2015 年 7 月 18 日杨某向部门主管

发短信请求继续请假，科技公司确认收到短信，并于同年 7 月 24 日以杨某"自离"为由解除劳动关系。杨某自 2015 年 7 月 8 日至 2016 年 2 月 16 日在东莞市人民医院等多个医疗机构治疗，产生医疗费共计 65632.08 元。双方确认杨某上班至 2015 年 6 月 28 日。

杨某曾向某市劳动人事争议仲裁院某仲裁庭申请劳动仲裁。仲裁裁决：确认双方劳动关系已经解除；某科技公司支付杨某违法解除劳动关系赔偿金 33620.04 元、2015 年 6 月 29 日至 2015 年 7 月 24 日期间病假工资 1047 元等，驳回杨某其他请求。

杨某诉至法院，请求：某科技公司支付杨某违法解除劳动关系赔偿金 39223.38 元、2015 年 6 月 29 日至 2016 年 5 月 30 日期间的病假工资 30908.37 元、不低于九个月医疗补助费 25215.03 元及医疗费用等。

广东省东莞市第二人民法院于 2016 年 12 月 21 日作出（2016）粤 1972 民初 10075 号民事判决：一、确认杨某与某科技公司之间劳动关系已经解除……四、限某科技公司于判决发生法律效力之日起 5 日内向杨某支付违法解除劳动关系赔偿金 33620.04 元；五、限某科技公司于判决发生法律效力之日起 5 日内向杨某支付 2015 年 6 月 29 日至 2015 年 7 月 24 日期间病假工资 1047 元；六、驳回杨某其他诉讼请求。杨某不服一审判决，提起上诉。广东省东莞市中级人民法院于 2018 年 1 月 4 日作出（2017）粤 19 民终 3131 号民事判决：驳回上诉，维持原判。二审判决生效后，杨某向检察机关申诉，广东省人民检察院以杨某主张的医疗期内病假工资及医疗补助费应予支持，终审判决适用法律错误为由向广东高院提出抗诉。

广东省高级人民法院提审本案并于 2021 年 5 月 10 日作出（2020）粤民再 330 号民事判决：一、撤销广东省东莞市中级人民法院（2017）粤 19 民终 3131 号民事判决和广东省东莞市第二人民法院（2016）粤 1972 民初 10075 号民事判决第六项；二、维持广东省东莞市第二人民法院（2016）粤 1972 民初 10075 号民事判决第一项、第二项、第三项、第四项；三、变更广东省东莞市第二人民法院（2016）粤 1972 民初 10075 号民事判决第五项为：限某科技公司于本判决发生法律效力之日起 5 日内向杨某支付 2015 年 6 月 29 日至 2016 年 3 月 28 日期间病假工资 10872 元；四、限某科技公司于本判决发生法律效力之日起 5 日内向杨某支付医疗补助费 16810.02 元及鉴定费用 2212 元；五、限某科技公司于本判决发生法律效力之日起 5 日内向杨某支付医疗费报销差额损失 9954.77 元；六、驳回杨某的其他诉讼请求。

裁判理由

法院生效裁判认为：综合检察机关的抗诉意见和当事人的诉辩意见，再审的主要争议：（1）杨某主张的 2015 年 7 月 24 日以后剩余医疗期内的病假工资是否应予支持；（2）杨某主张的医疗补助费等是否应予支持；（3）杨某主张的医疗保险报销差额是否应予支持。

1. 关于杨某主张的 2015 年 7 月 24 日以后剩余医疗期内的病假工资是否应予支持的问题。劳动合同法并未明确用人单位支付违法解除劳动关系赔偿金后是否还需支付病假工资。其一，病假工资属于劳动者保护性给付，违法解除劳动合同赔偿金属于惩罚性的法律责任。其二，依照《劳动合同法》第 45 条、《广东省工资支付条例》第 24 条第 1 款等规定，病假工资是劳动者应当获得的工资待遇，用人单位在医疗期内应当向劳动者支付病假工资，劳动合同合法终止的情况下，劳动者尚可获得病假工资，对于用人单位在医疗期内违法解除劳动关系导致劳动合同提前终止的，用人单位亦应对劳动者因此丧失的病假工资承担赔偿责任。根据《企业职工因病或非因公负伤医疗期规定》第3条的规定，杨某享有9个月的医疗期，再审改判某科技公司向杨某支付2015年6月29日至2016年3月28日共9个月的医疗期内病假工资10872元。

2. 关于杨某主张的医疗补助费等是否应予支持的问题。劳动合同法对于医疗补助费并无相关规定，该项费用是为保障劳动者继续治疗疾病而赋予单位的一项社会责任和法定责任。司法实践中，适用医疗补助费的情形主要是劳动合同解除时或者劳动合同终止时。依照现有的关于适用医疗补助费的规定，用人单位在无过错解除劳动关系以及劳动合同期满终止的情况下尚需支付医疗补助费，根据"举轻以明重"的原则，在用人单位违法解除劳动关系的情况下，亦不应免除其支付医疗补助费的责任。且赔偿金与医疗补助费的性质和功能不同，现有法律规定亦未明确赔偿金可覆盖医疗补助费。结合杨某患病的具体情况及大部分劳动能力丧失的司法鉴定意见，再审改判酌定某科技公司向杨某支付相当于六个月工资的医疗补助费。

3. 关于杨某主张的医疗保险报销差额是否应予支持的问题。依照《社会保险法》第23条第1款等规定，用人单位和劳动者必须依法参加医疗保险，缴纳医疗保险费，否则用人单位应向劳动者赔偿未为其办理社会保险手续，且社会保险经办机构不能补办导致其无法享受社会保险待遇而遭受的损失。杨某主

张的本可在东莞市职工基本医疗保险与其已享受的新型农村合作医疗保险之间的报销差额，属于因某科技公司未为其办理社会保险手续所遭受的损失，再审予以支持。再审经向广东省某市社会保险基金管理中心调查并经该中心核算，改判某科技公司向杨某补足两种类型医疗保险报销差额损失9954.77元。

裁判要旨

1. 残疾人劳动者医疗期内的合法权益应依法保护。用人单位在医疗期内违法解除劳动合同并已支付赔偿金，劳动者主张医疗期内的病假工资及医疗补助费的，人民法院应予支持。

2. 用人单位未为劳动者参加城镇职工基本医疗保险，劳动者自行参加新型农村合作医疗保险并主张用人单位补足医疗费报销差额的，人民法院应予支持。

关联索引

《中华人民共和国劳动合同法》第42条、第45条、第47条、第48条、第87条

《中华人民共和国社会保险法》第23条第1款

《最高人民法院关于审理劳动争议案件适用法律若干问题的解释（三）》第1条

《广东省工资支付条例》第24条

一审：广东省东莞市第二人民法院（2016）粤1972民初10075号民事判决（2016年12月21日）

二审：广东省东莞市中级人民法院（2017）粤19民终3131号民事判决（2018年1月4日）

再审：广东省高级人民法院（2020）粤民再330号民事判决（2021年5月10日）

某教育公司诉王某劳动争议案

——在法定最长试用期内延长试用期属于二次约定试用期，用人单位应当依法支付赔偿金

关键词

民事　劳动争议　试用期
延长试用期　法定最长试用期
二次约定试用期

基本案情

某教育公司诉称：某教育公司无须支付王某违法约定试用期赔偿金和相应期间税后工资差额。某教育公司与王某在劳动合同中约定了 3 个月的试用期，在此期间，王某的销售业绩为零，与其简历中自我介绍的优秀销售能力严重不符，因此某教育公司延长 3 个月的试用期，王某予以认可。延长后总计为 6 个月的试用期不符合应当支付违法约定试用期赔偿金的法律规定。

王某辩称：某教育公司属于违法约定试用期，应当支付违法约定试用期赔偿金及工资差额。

法院经审理查明：王某于 2018 年 3 月 26 日入职某教育公司，任渠道总监一职，双方订立有效期限自 2018 年 3 月 26 日起至 2021 年 3 月 25 日止的劳动合同，其中试用期至 2018 年 6 月 25 日止。王某正常工作至 2018 年 12 月 27 日。某教育公司在 2018 年 12 月 28 日中午向王某送达解除劳动合同通知书。

某教育公司主张，其与王某在劳动合同中约定了 3 个月试用期，但因王某销售业绩为零，与简历所介绍的优异销售能力不符，故延长 3 个月试用期，总计 6 个月试用期符合法律规定，因此其无须支付王某违法约定试用期赔偿金及 2018 年 6 月 26 日至 2018 年 9 月 30 日期间的工资差额。为此，某教育公司提交了王某个人简历、聘用通知书、延迟考察期通知书复印件以及某教育公司人事部门工作人员赵某与王某的微信截屏作为证据。聘用通知书显示试用期为 3 个月。延期考察通知书内容显示："王先生……在三个月试用期间没有签单，按照公司《营销人员绩效激励办法》，不予转正……现经公司决议，将王某的考察期延长三个月，日期为 2018 年 6 月 26 日至 2018 年 9 月 25 日……"微信聊天记录内容显示："赵某：早！你的转正还是想等你有了第一份合同回来再说哈，觉得你快了！加油！合同签了就第一时间告诉我。王某：嗯嗯，好！谢谢！"王某主张其再次约定的试用期至 2018 年 9 月 30 日才结束，为证明其主张，王某提交了《试用期转正通知书》予以佐证，该通知书载有"王某……经过试用期的综合考评，您已经顺利地通过了公司的转正审核，自 2018 年 10 月 1 日起成为公司的一名正式员工"，落款时间为 2018 年 9 月 30 日。某教育公司对《试用期转正通知书》的真实性无异议。

王某向北京市海淀区劳动人事争议仲裁委员会提出申请，要求某教育公司支付违法约定试用期赔偿金等。该仲裁委员会作出裁决后，某教育公司不服，

提起诉讼。

北京市海淀区人民法院于 2020 年 4 月 27 日作出（2019）京 0108 民初 44374 号民事判决：一、某教育公司于判决生效之日起 7 日内支付王某 2018 年 11 月 26 日至 2018 年 12 月 28 日期间工资差额 2982.3 元；二、某教育公司于判决生效之日起七日内支付王某 2018 年 10 月 1 日至 2018 年 11 月 25 日期间绩效工资差额 5406.9 元；三、某教育公司于判决生效之日起 7 日内支付王某 2018 年 6 月 26 日至 2018 年 9 月 30 日违法约定试用期赔偿金 42027.59 元；四、某教育公司于判决生效之日起 7 日内支付王某 2018 年 6 月 26 日至 2018 年 9 月 30 日工资差额 6480.04 元；五、某教育公司于判决生效之日起 7 日内支付王某违法解除劳动合同赔偿金 22557.47 元；六、某教育公司于判决生效之日起 7 日内支付王某 2018 年 3 月 26 日至 2018 年 12 月 28 日延时加班工资 1777.45 元。宣判后，教育公司不服一审判决，向北京市第一中级人民法院提起上诉。北京市第一中级人民法院于 2020 年 7 月 27 日作出（2020）京 01 民终 5195 号民事判决：驳回上诉，维持原判。

裁判理由

法院生效裁判认为：关于违法约定试用期赔偿金问题，同一用人单位与同一劳动者只能约定一次试用期。本案中，某教育公司与王某订立期限自 2018 年 3 月 26 日起至 2021 年 3 月 25 日止的劳动合同，其中试用期为 2018 年 3 月 26 日至 2018 年 6 月 25 日。后某教育公司以王某在 3 个月试用期间没有签单为由将试用期延长至 2018 年 9 月 25 日，这一行为属于二次约定试用期。某教育公司虽主张王某对延长试用期表示认可，但二次约定试用期行为已违反法律强制性规定，延长的期间不再属于法定试用期。此外，某教育公司出具的《试用期转正通知书》显示，王某自 2018 年 10 月 1 日成为正式员工，结合 2018 年 9 月 26 日至 2018 年 10 月 25 日期间的工资发放情况，可以认定某教育公司将王某的试用期延长至了 2018 年 9 月 30 日，某教育公司这一行为违反法律规定，故某教育公司应支付王某 2018 年 6 月 26 日至 2018 年 9 月 30 日期间违法约定试用期的赔偿金 42027.59 元。

裁判要旨

用人单位与劳动者协商顺延试用期因违反同一用人单位与同一劳动者只能约定一次试用期的法律规定，属于二次约定试用期，用人单位应当按照《劳动合同法》第 83 条的规定向劳动者支付违法约定试用期赔偿金。

关联索引

《中华人民共和国劳动合同法》第 19 条、第 83 条

一审：北京市海淀区人民法院（2019）京 0108 民初 44374 号民事判决（2020 年 4 月 27 日）

二审：北京市第一中级人民法院（2020）京 01 民终 5195 号民事判决（2020 年 7 月 27 日）

（四）工伤

蒋某甲等诉浙江某公司劳动争议纠纷案

——工亡受害人亲属已获得的侵权赔偿款应否从工伤保险赔偿中扣除

关键词

民事　劳动争议　工伤保险赔偿　侵权赔偿　第三人侵权和工伤保险责任竞合

基本案情

原告蒋某甲、邓某某、田某、蒋某丙以蒋某乙因公死亡为由，就其工亡保险待遇起诉请求：判令浙江某公司支付一次性工亡补助金 576880 元、丧葬补助金 19860 元、供养亲属抚恤金 202572 元，共计 799312 元。

法院经审理查明：被告浙江某公司承建了沁阳市锦绣江南三期工程、南阳市唐河县和谐广场工程，李某分包了两工地的部分工程。2013 年 6 月，李某招用蒋某乙等人在其分包的工地干活。李某没有建筑资质和劳务资质。2013 年 10 月 6 日，李某带领蒋某乙等人到南阳市唐河县和谐广场工地干活。10 月 7 日凌晨 3 时 24 分左右，李某驾车带领蒋某乙等人返回沁阳市途中发生交通事故，蒋某乙经现场抢救无效死亡。2013 年 12 月 25 日，南召县人民检察院以李某犯交通肇事罪向南召县人民法院提起公诉。在法院审理过程中，蒋某甲、邓某某、田某、蒋某丙向南召县人民法院提起刑事附带民事诉讼。经南召县人民法

院调解，李某赔偿四原告死亡赔偿金、丧葬费、被扶养人生活费等损失共计 28 万元。2014 年 4 月 10 日，四原告向沁阳市劳动争议仲裁委员会申请认定蒋某乙与被告浙江某公司之间存在劳动关系。2014 年 7 月 2 日，该仲裁委员会作出沁劳仲案字〔2014〕第 14 号仲裁裁决书，裁定确认蒋某乙与浙江某公司存在劳动关系。2014 年 9 月 22 日，田某向温州市鹿城区人力资源和社会保障局提出蒋某乙的工伤认定申请。2014 年 10 月 31 日，该人社局作出温鹿人社认字〔2014〕143 号认定工伤决定书，认定蒋某乙属于因工死亡。2015 年 5 月 5 日，四原告向沁阳市劳动人事争议仲裁委员会申请工伤保险待遇。2015 年 5 月 5 日，该仲裁委作出沁劳人仲案字〔2015〕24 号不予受理通知书，称因蒋某乙《认定工伤决定书》由温州市鹿城区人力资源和社会保障局作出，根据属地管理原则，沁阳市劳动人事争议仲裁委员会不予受理。2016 年 1 月 4 日，四原告就蒋某乙的工亡保险待遇向河南省沁阳市人民法院提起诉讼。

原告田某与蒋某乙系夫妻关系，两人生育一女蒋某丙，原告田某、蒋某丙与蒋某乙的经常居住地在沁阳市。原告

蒋某甲、邓某某系蒋某乙父母，二人生育三个儿子，分别是蒋某丁、蒋某戊、蒋某乙，原告蒋某甲、邓某某的经常居住地在重庆市永川区。2014年度全国城镇居民人均可支配收入为28844元，2014年焦作市城镇非私营单位在岗职工年平均工资为39717元。

河南省沁阳市人民法院于2016年6月15日作出（2016）豫0882民初5号民事判决：一、被告浙江某公司于判决生效后10日内支付原告蒋某甲、邓某某、田某、蒋某丙一次性工亡补助金、丧葬补助金、供养亲属抚恤金共计388231元；二、驳回原告蒋某甲、邓某某、田某、蒋某丙的其他诉讼请求。宣判后，双方均未上诉，该判决发生法律效力。之后，蒋某甲、邓某某、田某、蒋某丙向河南省焦作市中级人民法院申请再审。该院于2017年6月29日作出（2017）豫08民再31号民事判决：一、撤销河南省沁阳市人民法院（2016）豫0882民初5号民事判决；二、浙江某公司于本判决生效后10日内支付蒋某甲、邓某某、田某、蒋某丙一次性工亡补助金、丧葬补助金、供养亲属抚恤金共计781613元；三、驳回蒋某甲、邓某某、田某、蒋某丙的其他诉讼请求。

裁判理由

法院生效裁判认为：根据《社会保险法》第41条第1款、《工伤保险条例》第39条第1款之规定，四再审申请人因蒋某乙的死亡有权获得丧葬补助金、一次性工亡补助金和供养亲属抚恤金。再审诉讼中，浙江某公司对原审判决计算的丧葬补助金19860元、一次性工亡补助金576880元、蒋某丙的抚恤金71491元均无异议，故再审予以确认。关于蒋某甲、邓某某的抚恤金，四再审申请人请求按照焦作地区2013年度在岗职工年平均工资37794元的30%计算

五年，要求支付113382元；因蒋某乙对其父母负有扶养义务，且蒋某乙死亡时，其父母均已超过70周岁，已丧失劳动能力；故浙江某公司除了应向再审申请人蒋某甲、邓某某、田某、蒋某丙支付一次性工亡补助金576880元、丧葬补助金19860元、蒋某丙抚恤金71491元之外，还应支付蒋某甲、邓某某二人的抚恤金113382元，以上合计781613元。根据《最高人民法院关于审理工伤保险行政案件若干问题的规定》第8条第3款规定："职工因第三人的原因导致工伤，社会保险经办机构以职工或者其近亲属已经对第三人提起民事诉讼为由，拒绝支付工伤保险待遇的，人民法院不予支持，但第三人已经支付的医疗费用除外。"因此，四再审申请人有权对侵权人提起民事诉讼，也有权要求浙江某公司赔偿工伤保险待遇。四再审申请人从李某处获得的赔偿款28万元，不应从浙江某公司的工伤保险赔偿中扣除。

裁判要旨

1. 劳动者发生交通事故因工死亡的，产生第三人侵权和工伤保险责任竞合，受害人亲属有权分别起诉，既有权向侵权第三人请求民事损害赔偿，也有权向用人单位请求工伤保险赔偿。

2. 劳动者一方因第三人侵权已经获得赔偿的，受害人亲属起诉用人单位要求赔偿工伤保险款项时，其已获得的第三人侵权赔偿不应从用人单位应赔付的工伤保险中予以扣除。

关联索引

《中华人民共和国社会保险法》第41条

《最高人民法院关于审理人身损害赔偿案件适用法律若干问题的解释》第12条

一审：河南省沁阳市人民法院

（2016）豫 0882 民初 5 号民事判决 （2016 年 6 月 15 日） 　　再审：河南省焦作市中级人民法院	（2017）豫 08 民再 31 号民事判决 （2017 年 6 月 29 日）

冯某诉大连某公司北京研发中心劳动争议案

——用人单位未按规定足额缴纳社会保险致使劳动者工伤保险待遇降低的赔偿责任

关键词

民事　劳动争议　社会保险
一次性伤残补助金　工伤保险

基本案情

原告冯某诉称：其于 2012 年 7 月 26 日入职大连某公司北京研发中心，2015 年 3 月 17 日发生工伤并鉴定为八级伤残。因大连某公司北京研发中心长达 16 个月不协助我报销医疗费、未发病假工资，未支付工伤保险待遇，冯某诉至法院，北京市朝阳区人民法院作出（2017）京 0105 民初 28978 号判决，判令大连某公司北京研发中心支付病假工资，解除劳动关系经济补偿金，一次性伤残就业补助金。但仍有以下问题没有解决：（1）因工伤产生的医疗费共计 15854.6 元，医保核准报销 3172.94 元，余下 12681.7 元应由大连某公司北京研发中心承担；（2）上述判决书认定冯某发生工伤前 12 个月缴费基数为 12500 元，而大连某公司北京研发中心按 3878 元缴费，致使一次性伤残补助金产生 94842 元［（12500 元-3878 元）×11］的差额，根据《北京市工伤保险条例实施细则》第 27 条，此差额应由大连某公司北京研发中心承担；（3）发生工伤后，大连某公司北京研发中心委派冯某母亲在半年停工留薪期间进行护理，并

承诺每月支付 6000 元，合计 36000 元。提出如下请求：（1）判令大连某公司北京研发中心支付 2015 年 3 月 17 日至 2016 年 7 月 11 日期间的医药费 12681.7元；（2）一次性伤残补助金差额 94842元［（12500 元-3878 元）×11］；（3）2015 年 3 月 18 日至 2015 年 9 月 17 日期间的护理费 36000 元。

被告大连某公司北京研发中心辩称：本案系重复诉讼，且冯某诉请的各项费用均无事实和法律依据，不应由其承担。

法院经审理查明：冯某于 2012 年 7 月 26 日入职大连某公司北京研发中心，双方签订《劳动合同》，合同约定双方按照国家和北京市的规定参加社会保险，办理有关社会保险手续等内容。2013 年 3 月 17 日，冯某在工作中受伤，经鉴定已达到职工工伤与职业病致残等级标准捌级。后冯某申请仲裁，要求大连某公司北京研发中心支付病假工资、医疗费、一次性伤残补助金差额等。仲裁裁决作出后，冯某不服诉至法院。北京市朝阳区人民法院经审理作出（2017）京 0105 民初 28978 号民事判决，认定冯某月工资标准为 12500 元，并判令大连某公司北京研发中心支付冯某 2015 年 10 月 1 日至 2016 年 3 月 24

日期间病假工资 21462.99 元、解除劳动关系经济补偿金 50000 元、一次性伤残就业补助金 63774 元。双方均未上诉，该判决已生效。

2018 年 3 月 26 日，北京市朝阳区社会保险基金管理中心（以下简称社保管理中心）出具《北京市一至十级工伤职工待遇核准表》，载明：冯某受伤前 12 个月平均月缴费工资：3878 元……伤残程度鉴定等级：伤残八级，一次性伤残补助金：3878×11 个月 = 42658 元，一次性工伤医疗补助金：7086×9 个月 = 63774 元等内容。2019 年 5 月 7 日，大连某公司北京研发中心与冯某共同完成社会保险费稽核补缴 372660 元。

本案二审期间，冯某请求社保管理中心补发单位补缴社保后一次性伤残补助金差额。朝阳社保管理中心明确回复，用人单位进行补缴后，新发生的费用不包含一次性伤残补助金。

北京市朝阳区人民法院于 2019 年 2 月 20 日作出（2018）京 0105 民初 47689 号民事判决：驳回冯某的全部诉讼请求。冯某不服提起上诉。北京市第三中级人民法院于 2019 年 6 月 28 日作出（2019）京 03 民终 6229 号民事判决：驳回上诉，维持原判。冯某不服，申请再审。北京市高级人民法院裁定提审本案，并于 2020 年 8 月 25 日作出（2020）京民再 84 号民事判决：撤销北京市第三中级人民法院（2019）京 03 民终 6229 号民事判决和北京市朝阳区人民法院（2018）京 0105 民初 47689 号民事判决；大连某公司北京研发中心于本判决生效后 7 日内支付冯某一次性伤残补助金差额 94842 元；驳回冯某其他诉讼请求。

裁判理由

法院生效裁判认为：冯某主张应由大连某公司北京研发中心支付医疗费以及停工留薪期护理费，因大连某公司北京研发中心为冯某缴纳了工伤保险，医疗费和护理费属于按照国家规定从工伤保险基金中支付的项目，且已经社保机构核准、处理，故原审法院对其诉讼请求未予支持，并无不当。有关一次性伤残补助金差额问题，朝阳社保管理中心 2017 年 12 月 11 日支付冯某一次性伤残补助金 42658 元，是依据大连某公司北京研发中心每月缴纳社会保险费 3878 元的基数计算的。经生效判决确认冯某月工资标准为 12500 元，冯某请求大连某公司北京研发中心补缴社会保险，并要求朝阳社保管理中心补发一次性伤残补助金差额。朝阳社保管理中心明确回复，用人单位进行补缴后，新发生的费用不包含一次性伤残补助金。据此，因大连某公司北京研发中心未足额缴纳工伤保险费用，事实上导致冯某工伤保险待遇降低，且无法通过行政途径予以救济，原审法院对此项诉讼请求未予支持欠妥，冯某主张由大连某公司北京研发中心承担其一次性伤残补助金差额 94842 元，应予支持。

裁判要旨

用人单位未按照相关规定为劳动者足额缴纳社会保险，其向有关部门补缴应当缴纳的工伤保险费、滞纳金后，工伤保险基金按照规定向劳动者支付相应费用，其有证据证明工伤保险待遇仍然降低，劳动者要求用人单位承担差额损失赔偿责任的，人民法院应予支持。

关联索引

《中华人民共和国社会保险法》第 38 条、第 86 条

《工伤保险条例》第 37 条、第 62 条

《人力资源社会保障部关于执行〈工伤保险条例〉若干问题的意见（二）》第 3 条

一审：北京市朝阳区人民法院

（2018）京 0105 民初 47689 民事判决（2019 年 2 月 20 日）

二审：北京市第三中级人民法院（2019）京 03 民终 6229 号民事判决

（2019 年 6 月 28 日）

再审：北京市高级人民法院（2020）京民再 84 号民事判决（2020 年 8 月 25 日）

（五）平等就业权

指导案例 185 号

闫佳琳诉浙江喜来登度假村有限公司平等就业权纠纷案

（最高人民法院审判委员会讨论通过　2022 年 7 月 4 日发布）

关键词

民事　平等就业权　就业歧视　地域歧视

裁判要点

用人单位在招用人员时，基于地域、性别等与"工作内在要求"无必然联系的因素，对劳动者进行无正当理由差别对待的，构成就业歧视，劳动者以平等就业权受到侵害，请求用人单位承担相应法律责任的，人民法院应予支持。

相关法条

《中华人民共和国就业促进法》第 3 条、第 26 条

基本案情

2019 年 7 月，浙江喜来登度假村有限公司（以下简称喜来登公司）通过智联招聘平台向社会发布了一批公司人员招聘信息，其中包含有"法务专员""董事长助理"两个岗位。2019 年 7 月 3 日，闫佳琳通过智联招聘手机 App 软件针对喜来登公司发布的前述两个岗位分别投递了求职简历。闫佳琳投递的求

职简历中，包含有姓名、性别、出生年月、户口所在地、现居住城市等个人基本信息，其中户口所在地填写为"河南南阳"，现居住城市填写为"浙江杭州西湖区"。据杭州市杭州互联网公证处出具的公证书记载，公证人员使用闫佳琳的账户、密码登录智联招聘 App 客户端，显示闫佳琳投递的前述"董事长助理"岗位在 2019 年 7 月 4 日 14 点 28 分被查看，28 分时给出岗位不合适的结论，"不合适原因：河南人"；"法务专员"岗位在同日 14 点 28 分被查看，29 分时给出岗位不合适的结论，"不合适原因：河南人"。闫佳琳因案涉公证事宜，支出公证费用 1000 元。闫佳琳向杭州互联网法院提起诉讼，请求判令喜来登公司赔礼道歉、支付精神抚慰金以及承担诉讼相关费用。

裁判结果

杭州互联网法院于 2019 年 11 月 26 日作出（2019）浙 0192 民初 6405 号民事判决：一、被告喜来登公司于本判决

生效之日起十日内赔偿原告闫佳琳精神抚慰金及合理维权费用损失共计10000元。二、被告喜来登公司于本判决生效之日起十日内，向原告闫佳琳进行口头道歉并在《法制日报》公开登报赔礼道歉（道歉声明的内容须经本院审核）；逾期不履行，本院将在国家级媒体刊登判决书主要内容，所需费用由被告喜来登公司承担。三、驳回原告闫佳琳其他诉讼请求。宣判后，闫佳琳、喜来登公司均提起上诉。杭州市中级人民法院于2020年5月15日作出（2020）浙01民终736号民事判决：驳回上诉，维持原判。

裁判理由

法院生效裁判认为：平等就业权是劳动者依法享有的一项基本权利，既具有社会权利的属性，亦具有民法上的私权属性，劳动者享有平等就业权是其人格独立和意志自由的表现，侵害平等就业权在民法领域侵害的是一般人格权的核心内容——人格尊严，人格尊严重要的方面就是要求平等对待，就业歧视往往会使人产生一种严重的受侮辱感，对人的精神健康甚至身体健康造成损害。据此，劳动者可以在其平等就业权受到侵害时向人民法院提起民事诉讼，寻求民事侵权救济。

闫佳琳向喜来登公司两次投递求职简历，均被喜来登公司以"河南人"不合适为由予以拒绝，显然在针对闫佳琳的案涉招聘过程中，喜来登公司使用了主体来源的地域空间这一标准对人群进行归类，并根据这一归类标准而给予闫佳琳低于正常情况下应当给予其他人的待遇，即拒绝录用，可以认定喜来登公司因"河南人"这一地域事由要素对闫佳琳进行了差别对待。

《中华人民共和国就业促进法》第三条在明确规定民族、种族、性别、宗教信仰四种法定禁止区分事由时使用"等"字结尾，表明该条款是一个不完全列举的开放性条款，即法律除认为前述四种事由构成不合理差别对待的禁止性事由外，还存在与前述事由性质一致的其他不合理事由，亦为法律所禁止。何种事由属于前述条款中"等"的范畴，一个重要的判断标准是，用人单位是根据劳动者的专业、学历、工作经验、工作技能以及职业资格等与"工作内在要求"密切相关的"自获因素"进行选择，还是基于劳动者的性别、户籍、身份、地域、年龄、外貌、民族、种族、宗教等与"工作内在要求"没有必然联系的"先赋因素"进行选择，后者构成为法律禁止的不合理就业歧视。劳动者的"先赋因素"，是指人们出生伊始所具有的人力难以选择和控制的因素，法律作为一种社会评价和调节机制，不应该基于人力难以选择和控制的因素给劳动者设置不平等条件；反之，应消除这些因素给劳动者带来的现实上的不平等，将与"工作内在要求"没有任何关联性的"先赋因素"作为就业区别对待的标准，根本违背了公平正义的一般原则，不具有正当性。

本案中，喜来登公司以地域事由要素对闫佳琳的求职申请进行区别对待，而地域事由属于闫佳琳乃至任何人都无法自主选择、控制的与生俱来的"先赋因素"，在喜来登公司无法提供客观有效的证据证明，地域要素与闫佳琳申请的工作岗位之间存在必然的内在关联或存在其他的合法目的的情况下，喜来登公司的区分标准不具有合理性，构成法定禁止事由。故喜来登公司在案涉招聘活动中提出与职业没有必然联系的地域事由对闫佳琳进行区别对待，构成对闫佳_琳的就业歧视，损害了闫佳琳平等地获得就业机会和就业待遇的权益，主观上具有过错，构成对闫佳琳平等就业权的侵害，依法应承担公开赔礼道歉并赔偿精神抚慰金及合理维权费用的民事责任。

（生效裁判审判人员：石清荣、俞建明、孔文超）

（六）加班

李某艳诉北京某科技公司劳动争议案

——劳动者利用社交媒体"隐形加班"的认定

关键词

民事　劳动争议　隐形加班　社交媒体　提供实质工作

基本案情

李某艳于 2019 年 4 月 1 日入职北京某科技公司担任产品运营，双方签订了期限至 2022 年 3 月 31 日的劳动合同。李某艳主张北京某科技公司应向其支付 2019 年 12 月 21 日至 2020 年 12 月 11 日加班费、2020 年 2 月 1 日至 12 月 11 日工资差额、未休年休假工资、违法解除劳动关系经济赔偿金。关于加班情况，劳动合同中约定执行不定时工作制，北京某科技公司认可未进行不定时工作制审批。李某艳主张其下班后存在延时加班共计 140.6 小时，未调休的休息日加班 397.9 小时，法定节假日加班 57.3 小时，公司未向其支付加班费。李某艳就此提交了微信聊天记录、《假期社群官方账号值班表》等证据。

经查，李某艳主张的加班系在微信或者钉钉等软件中与客户或者同事的沟通交流，李某艳表示自己系运营岗位，岗位职责是搭建运营组织构架、程序整

体运营、管理内容团队、投放计划制定和实施、研究产品优劣并做跟踪、商务拓展等。北京某科技公司则表示，李某艳是运营部门负责人，在下班之后，如果公司有事，其他员工给李某艳打电话咨询不应属于加班。对于李某艳主张的周末及法定节假日值班的情况，北京某科技公司表示，微信群里有客户也有公司其他员工，客户会在群里发问，只是需要员工回复客户信息，北京某科技公司认为这不属于加班的范畴。

北京市朝阳区人民法院于 2022 年 3 月 17 日作出（2021）京 0105 民初 67920 号民事判决：驳回李某艳的全部诉讼请求。宣判后，李某艳提起上诉。北京市第三中级人民法院于 2022 年 10 月 17 日作出（2022）京 03 民终 9602 号民事判决，改判：一、撤销北京市朝阳区人民法院（2021）京 0105 民初 67920 号民事判决；二、北京某科技公司支付李某艳 2020 年 1 月 21 日至 2020 年 12 月 11 日期间加班费 30000 元；三、驳回李某艳的其他诉讼请求。

裁判理由

法院生效裁判认为：虽然双方在合同中约定实行"不定时工作制"，但北京某科技公司未进行"不定时工作制"审批。李某艳的工作岗位为"产品运营"，李某艳主张的加班为利用微信、钉钉等社交媒体与客户及员工的沟通，从在案证据来看，李某艳往往以微信等作为工作媒介进行沟通，从李某艳提供的微信记录等证据特别是李某艳提交的《假期社群官方账号值班表》分析，北京某科技公司在部分工作日下班时间及休息日安排李某艳工作。

随着经济发展及互联网技术的进步，劳动者工作模式越来越灵活，可以通过电脑、手机随时随地提供劳动，不再拘束于用人单位提供的工作地点、办公工位，特别是劳动者在非工作时间、工作场所以外利用微信等社交媒体开展工作等情况并不少见，对于此类劳动者"隐形加班"问题，不能仅因劳动者未在用人单位工作场所进行工作来否定加班，而应虚化工作场所概念，综合考虑劳动者是否提供了实质工作内容认定加班情况。对于利用微信等社交媒体开展工作的情形，如果劳动者在非工作时间使用社交媒体开展工作已经超出一般简单沟通的范畴，劳动者付出了实质性劳动内容或者使用社交媒体工作具有周期性和固定性特点，明显占用了劳动者休息时间的，应当认定为加班。本案中，虽然北京某科技公司称值班内容就是负责休息日客户群中客户偶尔提出问题的回复，并非加班，但根据聊天记录内容及李某艳的工作职责可知，李某艳在部分工作日下班时间、休息日等利用社交媒体工作已经超出了简单沟通的范畴，且《假期社群官方账号值班表》能够证明北京某科技公司在休息日安排李某艳利用社交媒体工作的事实。该工作内容具有周期性和固定性的特点，有别于临时性、偶发性的一般沟通，体现了用人单位管理用工的特点，应当认定为加班，北京某科技公司应支付加班费。

对于加班费数额，法院综合考虑李某艳加班的频率、时长、内容及其薪资标准，酌定北京某科技公司支付李某艳加班费3万元。

裁判要旨

1. 关于"隐形加班"的认定标准。对于用人单位安排劳动者在非工作时间、工作场所以外利用微信等社交媒体开展工作，劳动者能够证明自己付出了实质性劳动且明显占用休息时间，并请求用人单位支付加班费的，人民法院应予支持。

2. 关于加班费数额。利用社交媒体加班的工作时长、工作状态等难以客观量化，用人单位亦无法客观掌握，若以全部时长作为加班时长，对用人单位而言有失公平。因此，在无法准确衡量劳动者"隐形加班"时长与集中度的情况下，对于加班费数额，应当根据证据体现的加班频率、工作内容、在线工作时间等予以酌定，以平衡好劳动者与用人单位之间的利益。

关联索引

《中华人民共和国劳动法》第39条、第44条

一审：北京市朝阳区人民法院（2021）京0105民初67920号民事判决（2022年3月17日）

二审：北京市第三中级人民法院（2022）京03民终9602号民事判决（2022年10月17日）

（七）竞业限制

指导案例 184 号

马筱楠诉北京搜狐新动力信息技术有限公司竞业限制纠纷案

（最高人民法院审判委员会讨论通过　2022 年 7 月 4 日发布）

关键词

民事　竞业限制　期限　约定无效

裁判要点

用人单位与劳动者在竞业限制条款中约定，因履行竞业限制条款发生争议申请仲裁和提起诉讼的期间不计入竞业限制期限的，属于劳动合同法第二十六条第一款第二项规定的"用人单位免除自己的法定责任、排除劳动者权利"的情形，应当认定为无效。

相关法条

《中华人民共和国劳动合同法》第 23 条第 2 款、第 24 条、第 26 条第 1 款

基本案情

马筱楠于 2005 年 9 月 28 日入职北京搜狐新动力信息技术有限公司（以下简称搜狐新动力公司），双方最后一份劳动合同期限自 2014 年 2 月 1 日起至 2017 年 2 月 28 日止，马筱楠担任高级总监。2014 年 2 月 1 日，搜狐新动力公司（甲方）与马筱楠（乙方）签订《不竞争协议》，其中第 3.3 款约定："……竞业限制期限从乙方离职之日开始计算，最长不超过 12 个月，具体的月数根据甲方向乙方实际支付的竞业限制补偿费计算得出。但如因履行本协议发生争议而提起仲裁或诉讼时，则上述竞业限制期限应将仲裁和诉讼的审理期限扣除；即乙方应履行竞业限制义务的期限，在扣除仲裁和诉讼审理的期限后，不应短于上述约定的竞业限制月数。"2017 年 2 月 28 日劳动合同到期，双方劳动关系终止。2017 年 3 月 24 日，搜狐新动力公司向马筱楠发出《关于要求履行竞业限制义务和领取竞业限制经济补偿费的告知函》，要求其遵守《不竞争协议》，全面并适当履行竞业限制义务。马筱楠自搜狐新动力公司离职后，于 2017 年 3 月中旬与优酷公司开展合作关系，后于 2017 年 4 月底离开优酷公司，违反了《不竞争协议》。搜狐新动力公司以要求确认马筱楠违反竞业限制义务并双倍返还竞业限制补偿金、继续履行竞业限制义务、赔偿损失并支付律师费为由向北京市劳动人事争议仲裁委员会申请仲裁，仲裁委员会作出京劳人仲字〔2017〕第 339 号裁决：一、马筱楠一次性双倍返还搜狐新动力公司 2017 年 3 月、4 月竞业限制补偿金共计 177900 元；二、马筱楠继续履行对搜狐

新动力公司的竞业限制义务；三、驳回搜狐新动力公司的其他仲裁请求。马筱楠不服，于法定期限内向北京市海淀区人民法院提起诉讼。

裁判结果

北京市海淀区人民法院于 2018 年 3 月 15 日作出（2017）京 0108 民初 45728 号民事判决：一、马筱楠于判决生效之日起七日内向搜狐新动力公司双倍返还 2017 年 3 月、4 月竞业限制补偿金共计 177892 元；二、确认马筱楠无须继续履行对搜狐新动力公司的竞业限制义务。搜狐新动力公司不服一审判决，提起上诉。北京市第一中级人民法院于 2018 年 8 月 22 日作出（2018）京 01 民终 5826 号民事判决：驳回上诉，维持原判。

裁判理由

法院生效裁判认为：本案争议焦点为《不竞争协议》第 3.3 款约定的竞业限制期限的法律适用问题。搜狐新动力公司上诉主张该协议第 3.3 款约定有效，马筱楠的竞业限制期限为本案仲裁和诉讼的实际审理期限加上 12 个月，以实际发生时间为准且不超过二年，但本院对其该项主张不予采信。

一、竞业限制协议的审查

法律虽然允许用人单位可以与劳动者约定竞业限制义务，但同时对双方约定竞业限制义务的内容作出了强制性规定，即以效力性规范的方式对竞业限制义务所适用的人员范围、竞业领域、限制期限均作出明确限制，且要求竞业限制约定不得违反法律、法规的规定，以期在保护用人单位商业秘密、维护公平竞争市场秩序的同时，亦防止用人单位不当运用竞业限制制度对劳动者的择业自由权造成过度损害。

二、"扣除仲裁和诉讼审理期限"约定的效力

本案中，搜狐新动力公司在《不竞争协议》第 3.3 款约定马筱楠的竞业限制期限应扣除仲裁和诉讼的审理期限，该约定实际上要求马筱楠履行竞业限制义务的期限为：仲裁和诉讼程序的审理期限+实际支付竞业限制补偿金的月数（最长不超过 12 个月）。从劳动者择业自由权角度来看，虽然法律对于仲裁及诉讼程序的审理期限均有法定限制，但就具体案件而言该期限并非具体确定的期间，将该期间作为竞业限制期限的约定内容，不符合竞业限制条款应具体明确的立法目的。加之劳动争议案件的特殊性，相当数量的案件需要经过"一裁两审"程序，上述约定使得劳动者一旦与用人单位发生争议，则其竞业限制期限将被延长至不可预期且相当长的一段时间，乃至达到二年。这实质上造成了劳动者的择业自由权在一定期间内处于待定状态。另一方面，从劳动者司法救济权角度来看，对于劳动者一方，如果其因履行《不竞争协议》与搜狐新动力公司发生争议并提起仲裁和诉讼，依照该协议第 3.3 款约定，仲裁及诉讼审理期间劳动者仍需履行竞业限制义务，即出现其竞业限制期限被延长的结果。如此便使劳动者陷入"寻求司法救济则其竞业限制期限被延长""不寻求司法救济则其权益受损害"的两难境地，在一定程度上限制了劳动者的司法救济权利；而对于用人单位一方，该协议第 3.3 款使得搜狐新动力公司无须与劳动者进行协商，即可通过提起仲裁和诉讼的方式单方地、变相地延长劳动者的竞业限制期限，一定程度上免除了其法定责任。综上，法院认为，《不竞争协议》第 3.3 款中关于竞业限制期限应将仲裁和诉讼的审理期限扣除的约定，即"但如因履行本协议发生争议而提起仲裁或诉讼时……乙方应履行竞业限制义务的期限，在扣除仲裁和诉讼审理的期限

后，不应短于上述约定的竞业限制月数"的部分，属于劳动合同法第二十六条第一款第二项规定的"用人单位免除自己的法定责任、排除劳动者权利"的情形，应属无效。而根据该法第二十七条规定，劳动合同部分无效，不影响其他部分效力的，其他部分仍然有效。

三、本案竞业限制期限的确定

据此，依据《不竞争协议》第3.3款仍有效部分的约定，马筱楠的竞业限制期限应依据搜狐新动力公司向其支付

竞业限制补偿金的月数确定且最长不超过12个月。鉴于搜狐新动力公司已向马筱楠支付2017年3月至2018年2月期间共计12个月的竞业限制补偿金，马筱楠的竞业限制期限已经届满，其无须继续履行对搜狐新动力公司的竞业限制义务。

（生效裁判审判人员：赵悦、王丽蕊、何锐）

指导案例 190 号

王山诉万得信息技术股份有限公司竞业限制纠纷案

（最高人民法院审判委员会讨论通过 2022 年 12 月 8 日发布）

关键词

民事 竞业限制 审查标准 营业范围

裁判要点

人民法院在审理竞业限制纠纷案件时，审查劳动者自营或者新入职单位与原用人单位是否形成竞争关系，不应仅从依法登记的经营范围是否重合进行认定，还应当结合实际经营内容、服务对象或者产品受众、对应市场等方面是否重合进行综合判断。劳动者提供证据证明自营或者新入职单位与原用人单位的实际经营内容、服务对象或者产品受众、对应市场等不相同，主张不存在竞争关系的，人民法院应予支持。

相关法条

《中华人民共和国劳动合同法》第23条、第24条

基本案情

王山于2018年7月2日进入万得信

息技术股份有限公司（以下简称万得公司）工作，双方签订了期限为2018年7月2日至2021年8月31日的劳动合同，约定王山就职智能数据分析工作岗位，月基本工资4500元、岗位津贴15500元，合计20000元。

2019年7月23日，王山、万得公司又签订《竞业限制协议》，对竞业行为、竞业限制期限、竞业限制补偿金等内容进行了约定。2020年7月27日，王山填写《辞职申请表》，以个人原因为由解除与万得公司的劳动合同。

2020年8月5日，万得公司向王山发出《关于竞业限制的提醒函》，载明"……您（即王山）从离职之日2020年7月27日起须承担竞业限制义务，不得到竞业企业范围内工作或任职。从本月起我们将向您支付竞业限制补偿金，请您在收到竞业限制补偿金的10日内，提供新单位签订的劳动合同及社保记

录，若为无业状态的请由所在街道办事处等国家机关出具您的从业情况证明。若您违反竞业限制义务或其他义务，请于 10 日内予以改正，继续违反竞业协议约定的，则公司有权再次要求您按《竞业限制协议》约定承担违约金，违约金标准为 20 万元以上，并应将公司在离职后支付的竞业限制补偿金全部返还……"。

2020 年 10 月 12 日，万得公司向王山发出《法务函》，再次要求王山履行竞业限制义务。

另查明，万得公司的经营范围包括：计算机软硬件的开发、销售，计算机专业技术领域及产品的技术开发、技术转让、技术咨询、技术服务。

王山于 2020 年 8 月 6 日加入上海哔哩哔哩科技有限公司（以下简称哔哩哔哩公司），按照营业执照记载，该公司经营范围包括：信息科技、计算机软硬件、网络科技领域内的技术开发、技术转让、技术咨询、技术服务等。

王山、万得公司一致确认：王山竞业限制期限为 2020 年 7 月 28 日至 2022 年 7 月 27 日；万得公司已支付王山 2020 年 7 月 28 日至 2020 年 9 月 27 日竞业限制补偿金 6796.92 元。

2020 年 11 月 13 日，万得公司向上海市浦东新区劳动人事争议仲裁委员会申请仲裁，要求王山：1. 按双方签订的《竞业限制协议》履行竞业限制义务；2. 返还 2020 年 8 月、9 月支付的竞业限制补偿金 6796 元；3. 支付竞业限制违约金 200 万元。2021 年 2 月 25 日，仲裁委员会作出裁决：王山按双方签订的《竞业限制协议》继续履行竞业限制义务，王山返还万得公司 2020 年 8 月、9 月支付的竞业限制补偿金 6796 元，王山支付万得公司竞业限制违约金 200 万元。王山不服仲裁裁决，诉至法院。

裁判结果

上海市浦东新区人民法院于 2021 年 6 月 29 日作出（2021）沪 0115 民初 35993 号民事判决：一、王山与万得公司继续履行竞业限制义务；二、王山于本判决生效之日起十日内返还万得公司 2020 年 7 月 28 日至 2020 年 9 月 27 日竞业限制补偿金 6796 元；三、王山于本判决生效之日起十日内支付万得公司违反竞业限制违约金 240000 元。王山不服一审判决，提起上诉。上海市第一中级人民法院于 2022 年 1 月 26 日作出（2021）沪 01 民终 12282 号民事判决：一、维持上海市浦东新区人民法院（2021）沪 0115 民初 35993 号民事判决第一项；二、撤销上海市浦东新区人民法院（2021）沪 0115 民初 35993 号民事判决第二项、第三项；三、上诉人王山无须向被上诉人万得公司返还 2020 年 7 月 28 日至 2020 年 9 月 27 日竞业限制补偿金 6796 元；四、上诉人王山无须向被上诉人万得公司支付违反竞业限制违约金 200 万元。

裁判理由

法院生效裁判认为：关于王山是否违反了竞业限制协议的问题。所谓竞业限制是指对原用人单位负有保密义务的劳动者，于离职后在约定的期限内，不得生产、自营或为他人生产、经营与原用人单位有竞争关系的同类产品及业务，不得在与原用人单位具有竞争关系的用人单位任职。竞业限制制度的设置系为了防止劳动者利用其所掌握的原用人单位的商业秘密为自己或为他人谋利，从而抢占了原用人单位的市场份额，给原用人单位造成损失。所以考量劳动者是否违反竞业限制协议，最为核心的是应评判原用人单位与劳动者自营或者入职的单位之间是否形成竞争关系。

需要说明的是，正是因为竞业限制制度在保护用人单位权益的同时对劳动者的就业权利有一定的限制，所以在审查劳动者是否违反了竞业限制义务时，应当全面客观地审查劳动者自营或入职公司与原用人单位之间是否形成竞争关系。一方面考虑到实践中往往存在企业登记经营事项和实际经营事项不相一致的情形，另一方面考虑到经营范围登记类别是工商部门划分的大类，所以这种竞争关系的审查，不应拘泥于营业执照登记的营业范围，否则对劳动者抑或对用人单位都可能造成不公平。故在具体案件中，还可以从两家企业实际经营的内容是否重合、服务对象或者所生产产品的受众是否重合、所对应的市场是否重合等多角度进行审查，以还原事实之真相，从而能兼顾用人单位和劳动者的利益，以达到最终的平衡。

本案中，万得公司的经营范围为计算机软硬件的开发、销售、计算机专业技术领域及产品的技术开发、技术转让、技术咨询、技术服务。而哔哩哔哩公司的经营范围包括从事信息科技、计算机软硬件、网络科技领域内的技术开发、技术转让、技术咨询、技术服务等。对比两家公司的经营范围，确实存在一定的重合。但互联网企业往往在注册登记时，经营范围都包含了软硬件开发、技术咨询、技术转让、技术服务。若仅以此为据，显然会对互联网就业人员尤其是软件工程师再就业造成极大障碍，对社会人力资源造成极大的浪费，也有悖于竞业限制制度的立法本意。故在判断是否构成竞争关系时，还应当结合公司实际经营内容及受众等因素加以综合评判。

本案中，王山举证证明万得公司在其 Wind 金融手机终端上宣称 Wind 金融终端是数十万金融专业人士的选择、最佳的中国金融业生产工具和平台。而万得公司的官网亦介绍，"万得公司（以下简称 Wind）是中国大陆领先的金融数据、信息和软件服务企业，在国内金融信息服务行业处于领先地位，是众多证券公司、基金管理公司、保险公司、银行、投资公司、媒体等机构不可或缺的重要合作伙伴，在国际市场中，Wind 同样受到了众多中国证监会批准的合格境外机构投资者的青睐。此外，知名的金融学术研究机构和权威的监管机构同样是 Wind 的客户；权威的中英文媒体、研究报告、学术论文也经常引用 Wind 提供的数据……"由此可见，万得公司目前的经营模式主要是提供金融信息服务，其主要的受众为相关的金融机构或者金融学术研究机构。而反观哔哩哔哩公司，众所周知其主营业务是文化社区和视频平台，即提供网络空间供用户上传视频、进行交流。其受众更广，尤其年轻人对其青睐有加。两者对比，不论是经营模式、对应市场还是受众，都存在显著差别。即使普通百姓，也能轻易判断两者之差异。虽然哔哩哔哩公司还涉猎游戏、音乐、影视等领域，但尚无证据显示其与万得公司经营的金融信息服务存在重合之处。在此前提下，万得公司仅以双方所登记的经营范围存在重合即主张两家企业形成竞争关系，尚未完成其举证义务。且万得公司在竞业限制协议中所附录的重点限制企业均为金融信息行业，足以表明万得公司自己也认为其主要的竞争对手应为金融信息服务企业。故一审法院仅以万得公司与哔哩哔哩公司的经营范围存在重合，即认定王山入职哔哩哔哩公司违反了竞业限制协议的约定，继而判决王山返还竞业限制补偿金并支付违反竞业限制违约金，有欠妥当。

关于王山是否应当继续履行竞业限

制协议的问题。王山与万得公司签订的竞业限制协议不存在违反法律法规强制性规定的内容，故该协议合法有效，对双方均有约束力。因协议中约定双方竞业限制期限为 2020 年 7 月 28 日至 2022 年 7 月 27 日，目前尚在竞业限制期限内。故一审法院判决双方继续履行竞业限制协议，并无不当。王山主张无须继续履行竞业限制协议，没有法律依据。需要强调的是，根据双方的竞业限制协

议，王山应当按时向万得公司报备工作情况，以供万得公司判断其是否违反了竞业限制协议。本案即是因为王山不履行报备义务导致万得公司产生合理怀疑，进而产生了纠纷。王山在今后履行竞业限制协议时，应恪守约定义务，诚信履行协议。

（生效裁判审判人员：王茜、周寅、郑东和）

上海某实业股份有限公司诉韩某某劳动合同纠纷案

——对隐蔽竞业行为的审查认定

关键词

民事　劳动合同　竞业限制　配偶持股　隐蔽竞业行为

基本案情

上海某实业股份有限公司（以下简称实业公司）诉称：韩某某于 2015 年 6 月 1 日进入实业公司工作，从事石英加工环节最为关键的旋盘加工。旋盘加工生产的产品单价价值高，工艺流程复杂，对实际负责的员工技术性和熟练性较高。实业公司是一家主营石英制品的公司，具有独特加工工艺，故对从事石英加工生产的员工具有高度保密性的要求。实业公司在韩某某入职期间，对其进行了大量的培训，并与韩某某签署了《保密协议书》《上海某实业股份有限公司竞业限制合同》。韩某某作为公司的高级技术人员和其他负有保密义务的人员而纳入实业公司股权激励范围，认购了 4 万股股份并实际缴纳了股款。实业公司在员工持股平台中对韩某某的身份进行了注册登记。2019 年 9 月 30 日，

韩某某离职后，实业公司根据竞业限制合同的约定向韩某某按时足额发放了竞业限制补偿费用。韩某某作为王某的丈夫，参与设立与经营江苏某石英有限公司（以下简称石英公司），该公司的经营范围与实业公司的经营范围完全一致，该公司的股东之一是韩某某之妻王某。韩某某存在违约行为严重导致实业公司在同行业的竞争力下降、潜在客户流失，给实业公司带来了直接和间接的经济损失，故请求判令：韩某某继续履行竞业限制义务至 2021 年 9 月 30 日、支付违约金 1617966.2 元、返还违约期间取得竞业限制补偿金 24560 元（2019年 10 月至 2020 年 7 月）、返还因违约行为所获得的收益 100000 元（估算）。

韩某某辩称：同意继续履行竞业限制义务至 2021 年 9 月 30 日，韩某某不存在违反竞业限制义务的行为，无须支付违约金、返还收益。

法院经审理查明：实业公司、韩某某订有两份劳动合同，期限分别自 2015

年 6 月 1 日起至 2018 年 5 月 31 日止及自 2018 年 6 月 1 日起至 2021 年 5 月 31 日止，约定韩某某从事旋盘岗位工作。双方于 2018 年 3 月 28 日签订一份竞业限制合同，约定韩某某在离职后 3 年内不得到与实业公司具有竞争关系的单位就职，竞业限制自离职后开始计算。实业公司支付的竞业限制补偿金额为韩某某前一年的当地最低月工资，韩某某违反竞业限制义务的违约金额为其离职前一年所得薪资的 10 倍，并应返还因违约行为获得的收益。同日，双方签订一份保密协议书、股份认购协议。韩某某于 2019 年 9 月 30 日离职。

2019 年 10 月至 2020 年 6 月期间，实业公司支付韩某某竞业限制补偿每月为 2420 元，2020 年 7 月支付 2480 元。

韩某某 2012 年 3 月至 2014 年 6 月期间的社保缴费单位为石英公司。

2018 年 10 月至 2019 年 9 月期间，实业公司支付韩某某工资共计 161796.62 元。

韩某某前妻王某与实业公司签订有二份劳动合同，期限分别自 2015 年 6 月 1 日起至 2018 年 5 月 31 日止及自 2018 年 6 月 1 日起至 2021 年 5 月 31 日止，分别约定从事外贸销售岗位工作及采购主管岗位工作。王某于 2019 年 10 月 31 日离职。

实业公司的经营范围如下：从事电子领域内的技术开发、技术服务、技术咨询，石英玻璃制品生产加工及销售，仪器仪表，光学材料，电子材料，日用百货，电子设备销售，环保工程，绿化工程，商务信息咨询，从事货物进出口及技术进出口业务，道路货物运输（普通货物，除危险化学品），自有房屋租赁。

石英公司成立于 2020 年 1 月 16 日，法定代表人祁某某，注册资本 1000 万元。经营范围：石英玻璃制品制造、销售，石英制品、五金产品、电子产品、电子元器件、仪器仪表、橡胶制品、塑料制品……该公司原股东为王某。2020 年 5 月 6 日，王某退出该公司。

2020 年 5 月 7 日，韩某某与王某签订离婚协议书，其中内容载有"……婚姻存续期间，女方与祁某某共同投资了石英公司，公司未实际经营，目前正在办理退出手续。男方对此投资既不知情也不同意，此投资前期成本、后期退出产生的任何负担和可能的收益由女方承担和享有，均与男方无涉……"

2020 年 4 月 8 日，实业公司向上海市金山区劳动人事争议仲裁委员会申请劳动仲裁，要求韩某某：（1）继续履行竞业限制合同；（2）支付违约金 1617966.20 元；（3）返还 2019 年 10 月至 2020 年 4 月取得竞业限制补偿金 16940 元；（4）返还违约获得的收益 100000 元。该仲裁委员会于 2020 年 6 月 4 日作出裁决：（1）对实业公司要求韩某某继续履行竞业限制合同的请求予以支持；（2）对实业公司的其他请求不予支持。仲裁裁决书下达后，实业公司对裁决书不服，提起诉讼。

上海市金山区人民法院于 2020 年 9 月 30 日作出（2020）沪 0116 民初 9577 号民事判决：一、韩某某继续履行竞业限制义务至 2021 年 9 月 30 日止；二、韩某某于本判决生效之日起 10 日内支付实业公司违反竞业限制义务违约金 120000 元；三、韩某某于本判决生效之日起 10 日内返还实业公司竞业限制经济补偿 17273.79 元；四、驳回实业公司的其他诉讼请求。一审判决后，韩某某提起上诉，上海市第一中级人民法院经审理于 2021 年 1 月 11 日作出（2020）沪 01 民终 13707 号民事判决：驳回上诉，维持原判。

裁判理由

法院生效裁判认为：实业公司与韩某某对继续履行约定竞业限制义务未持异议，故对韩某某继续履行竞业限制义务至2021年9月30日之诉请予以支持。

其一，韩某某是否属于竞业限制适用人员。韩某某在实业公司处从事旋盘技术岗位，接受实业公司培训，工作中有接触技术秘密或经营秘密的便利，且基于其核心业务（技术）人员身份获得股份，故系竞业限制适用人员。

其二，韩某某是否违反竞业限制义务。本案涉及韩某某近亲属行为是否可认定为韩某某存在违反竞业限制的行为。根据实业公司提供的石英公司工商登记所载经营范围，两公司存在同业竞争关系。石英公司设立时股东之一为韩某某前妻王某，韩某某不可能对大额家庭投资毫不知情，韩某某亦无证据证明该期间夫妻财产各自独立。在无证据证明其不知情的情况下，可认定系夫妻共同行为；其次，王某作为配偶，对签订竞业限制合同及保密合同事实应当明确知晓。二人于2019年9月及10月底相继从实业公司离职，石英公司成立于次年1月，故实业公司有理由相信韩某某离职是为创立石英公司；再次，王某并不知晓石英加工技术，虽其认缴出资额250万元，但未有实际出资，且其以0元价格转让其股份，故基于韩某某技术入股的可能性较高。实业公司已提供初步证据证明韩某某存在隐蔽竞业行为。对于韩某某是否直接参与公司设立及生产经营等确有取证难度，而韩某某未有合理解释并提供证据予以证明，故综合

认定韩某某存在竞业行为。

其三，竞业限制违约金金额。韩某某主张，约定的违约金过高。法院结合其原职务、收入情况及过错程度、未履约期限不长、石英公司成立时间较短对实业公司造成损失不大、实业公司支付韩某某的补偿金标准仅为最低工资，且实业公司并未就违约金约定数额合理性及特定商业秘密的经济价值进行充分举证等情况，酌情调整竞业限制义务违约金为120000元。

裁判要旨

审查劳动者配偶持股行为是否构成该劳动者违反竞业限制义务，应综合考虑行为发生时间、业务重合性、夫妻财产独立状况、劳动者本人技术条件等。在原用人单位已提供初步证据使法官产生劳动者存在隐蔽竞业行为的合理怀疑时，可根据具体案情将举证责任适当分配给劳动者。若配偶行为与劳动者存在实质牵连关系，行为间接与劳动者自身技术有关，在无其他相反证据情况下，可认定劳动者违反竞业限制协议。劳动者主张违约金过高的，可综合考察违反竞业限制的行为与用人单位损失的关联度等因素予以合理调整。

关联索引

《中华人民共和国劳动合同法》第23条第2款

一审：上海市金山区人民法院（2020）沪0116民初9577号民事判决（2020年9月30日）

二审：上海市第一中级人民法院（2020）沪01民终13707号民事判决（2021年1月11日）